U0927895

明代九边史地研究

Research on History and Geography of the Nine Border Defense Areas in Ming Dynasty

刘景纯 著

图书在版编目（CIP）数据

明代九边史地研究/刘景纯著. —北京：中华书局，2014. 8（2024. 4 重印）
（国家社科基金后期资助项目）
ISBN 978-7-101-10157-7

Ⅰ. 明…　Ⅱ. 刘…　Ⅲ. 乡镇-历史地理-研究-陕西省-明代
Ⅳ. K924. 1

中国版本图书馆 CIP 数据核字（2014）第 093418 号

书　　名	明代九边史地研究
著　　者	刘景纯
丛 书 名	国家社科基金后期资助项目
责任编辑	王传龙
责任印制	陈丽娜
出版发行	中华书局 （北京市丰台区太平桥西里 38 号　100073） http://www.zhbc.com.cn E-mail:zhbc@zhbc.com.cn
印　　刷	三河市中晟雅豪印务有限公司
版　　次	2014 年 8 月第 1 版 2024 年 4 月第 2 次印刷
规　　格	开本/710×1000 毫米　1/16 印张 25¾　插页 3　字数 400 千字
国际书号	ISBN 978-7-101-10157-7
定　　价	78.00 元

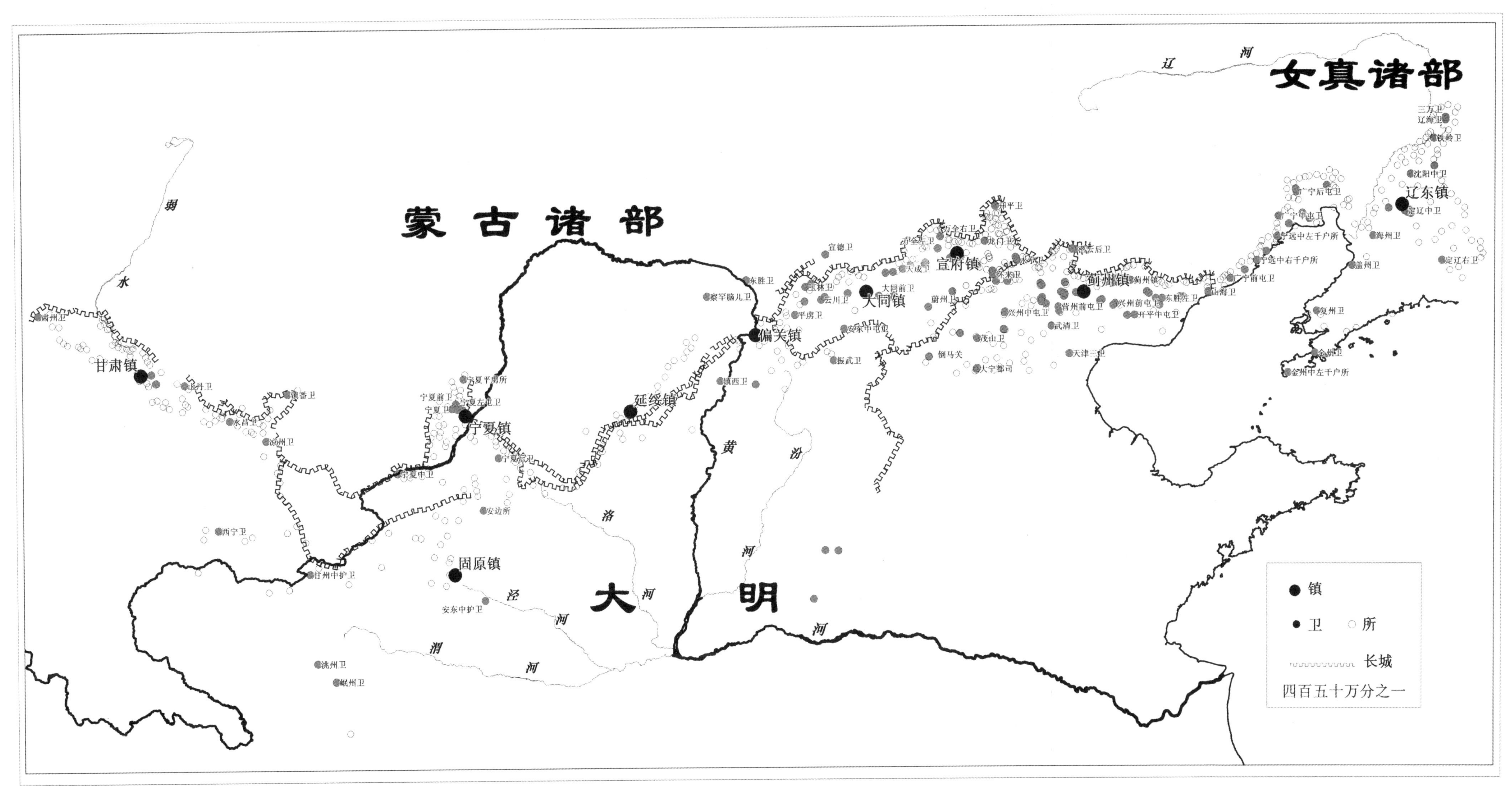

蒙古诸部
女真诸部
大
明
甘肃镇
宁夏镇
延绥镇
固原镇
偏关镇
大同镇
宣府镇
蓟州镇
辽东镇
弱
水
黄
河
洛
河
泾
河
渭
河
汾
河
辽
河
镇
卫
所
长城
四百五十万分之一

明代九边形势图

国家社科基金后期资助项目出版说明

后期资助项目是国家社科基金设立的一类重要项目，旨在鼓励广大社科研究者潜心治学，支持基础研究多出优秀成果。它是经过严格评审，从接近完成的科研成果中遴选立项的。为扩大后期资助项目的影响，更好地推动学术发展，促进成果转化，全国哲学社会科学规划办公室按照“统一设计、统一标识、统一版式、形成系列”的总体要求，组织出版国家社科基金后期资助项目成果。

全国哲学社会科学规划办公室

目　录

第一章　九边与九边研究概说

“九边”是明王朝防御蒙古诸部和西北、东北少数民族侵扰势力的过程中逐步形成的一个边防区域概念，《明史》说：“元人北归，屡谋兴复。永乐迁都北平，三面近塞。正统以后，敌患日多。故终明之世，边防甚重。东起鸭绿，西抵嘉峪，绵亘万里，分地守御。初设辽东、宣府、大同、延绥四镇，继设宁夏、甘肃、蓟州三镇，而太原总兵治偏头，三边制府驻固原，亦称二镇，是为九边。”[①]这里所说的“九边”指的就是这一特定区域及其军事建置。九个边镇依次相连，形成广阔的万里边防带以及特殊的准军事社会形态。九边地带的军事防御实践与明王朝相始终，与此相应，明朝对九边的经营也经历了二百多年的历史。出于应时的需要，明时已有众多的文武将官和一些学人在关注和研究九边问题，产出了不少相关论著。近现代以来，“九边”问题也长期备受关注，并成为明史研究、历史地理学和边疆史地研究领域的重要课题。

一、“九边”概念

九边不是明朝建立一开始就出现的概念，而是在日后的防御实践中，随着九边的完整建立而形成的一个地理概念。就北方防卫线而言，明代最初的边境防御线是洪武时期奠定的。明人魏焕说：“（我）国朝扫除夷虏，恢复中原，复申命致讨，以靖边宇，一时虏酋远遁穷荒，仅存喘息。于是设东胜城于三降城之东，与三降城并东联开平、独石、大宁、开元，西联贺兰山、甘肃北山，通为一边。地势直则近而易守，后多失利。退而守河，又退而守边墙。”[②]这里所说的“三降城”，也称“三受降城”，是唐代为防御突厥于景龙二年（708）由张仁愿建议并主持修筑的三座军事城池，其中东受降城

---

① 张廷玉：《明史》卷91《兵三》，中华书局，《二十四史》本，1997年，第2235页。

② 魏焕：《皇明九边考》卷1《镇戍通考》，中国西北文献丛书第三辑《西北史地文献》第四卷，兰州古籍书店影印出版，1990年，第46页。

在今内蒙古托克托县中滩乡大黑河东岸，中受降城在今内蒙古包头市五原县，西受降城在今内蒙古杭锦后旗乌加河北岸、狼山口南。东胜城，即元东胜州城，在今内蒙古托克托县东。洪武初年置东胜卫于此，隶大同行都司。开平，即开平卫，治所在今内蒙古正蓝旗东闪电河北岸，旧元上都所在[①]。独石，即独石口，位置在今河北省赤城县北。大宁，即大宁卫，治所在今内蒙古宁城县西。开元，即今辽宁开原市。这一条线实际上就是洪武时期所形成的基本的边防线。在此，明政府设置行都司和卫所进行防御。

九边体制从永乐时期开始逐步构建，弘治至正德年间全面形成。构建之初：(1)蒙古诸部与明朝的南北对峙态势已经非常明朗；(2)永乐初年将大宁卫所在的北平行都司内迁至今河北保定，东胜卫的主要兵力则被迁往北平周边屯驻。这就使得新边境线的防御重心南移至大同、宣府到蓟州一线。在此情况下，虽然这一边境线以外不平衡地分布有不少的羁縻卫所，但其中潜在的不稳定性，依然没有使得明朝政府稍感松懈。为了切实保障边境安全，自永乐初年起相继在此建设边境防御重镇，约到正德年间，九个重镇全面形成，后人称为“九边”。

“九边”一词首次出现于正德十六年(1521)。当时，明世宗嘉靖皇帝刚刚继位，朝廷因为各边镇钱粮管理比较混乱，经过一番讨论，特命官员下去进行核查，但不知什么原因，突然内部有命，要罢停前往宣府、大同二镇核查的使者。“于是，户科都给事中邵锡言：‘九边一体，宣大二镇不宜独免查核，且二镇钱粮视他处倍多，而巡抚都御史刘达、宁杲侵渔尤甚，仍宜遣官为是。’诏从之，乃命官集往。”[②]这是“九边”一词文献所见最早的出现时间。此后，“九边”一词开始普遍使用，仅《明实录》就出现有259次。随着“九边”一词的出现，以及九边观念的形成，专门以九边为对象的著述也开始出现，其中最早的当数嘉靖前期郑晓所撰的《九边图志》[③]。根据王庸辑录的明代北方边地论著来看，此后以“九边”命名的论著或图籍就有27种

① 李逸友：《明开平卫及其附近遗迹的考察》，《内蒙古文物考古》1999年第2期。

② 《明世宗实录》卷2，正德十六年五月甲戌，(台湾)中研究历史语言研究所，1962年，第105页。

③ 王逸明编著：《1609中国古地图集——〈三才图会·地理卷〉导读》，首都师范大学出版社，2010年，第120页。

之多，这些论著大多撰写于嘉靖、万历年间，最晚至崇祯年间也有几部[①]。这些情况表明，嘉靖以后“九边”观念已经普遍被人们接受。

其实，在“九边”建成及其观念形成以前，按照明人的认识，尚有“四镇”、“六边(镇)”之说，这些说法应当是九边概念形成以后，一些官僚、士人基于边镇概念而对这一带军事布防的历史性认识的产物，实际上也反映了九边形成过程中的一些阶段性变化。如前所述，洪武时期仅有“一边”，也就是魏焕在《皇明九边考》中所说的，“设东胜城于三降城之东，与三降城并东联开平、独石、大宁、开元，西联贺兰山、甘肃北山，通为一边”[②]。在此边防线上，有辽东、大宁、宣府、大同、东胜、延绥等六个重要的驻防城镇，也就是魏焕所说的“实为六镇”[③]。另外，所谓“国家设六边以驭胡”[④]，也是就此而言的。明初设立六镇的主要动意虽然说是在“卫京师、防边虏”，但其根本意义则在守卫京师上。永乐年间，大宁都司移置保定以及东胜卫内徙以后，就剩下四个镇了，所以魏焕说“于是所赖以卫京师、防虏患者，不过辽东、宣府、大同、榆林四镇而已”[⑤]。至于他又说，明“初设辽东、宣府、大同、延绥四镇”[⑥]。隆庆三年(1569)，尚书刘体乾等回答穆宗提问时也说，“国家备边之制，在祖宗朝止辽东、大同、宣府、延绥四镇”[⑦]。如果撇开这一背景，而就九边立论，说先有这几镇后来在此基础上增设宁夏、甘肃、蓟镇、山西、固原等，特别是就其设置的先后顺序来说，这就错了。这一点今人研究已经指出，参见后文。

“六镇”概念或提法，在正德以后也还经常为人称道，但其意义不但与上述六镇的意义不相同，就是因地区所指亦往往各异，所以它并没有形成一个普遍的概念。如正德十一年(1516)兵部言：“祖宗御戎之法，规模宏远，东起辽阳，西至甘肃，烽堠万里，画为六镇，而蓟州、雁门又设重关以屏蔽之，各镇带甲几四十万，岁费粮草以百万计。每镇设镇守总兵、副参、游

① 参见王庸：《明代北方边防图籍录》，《中国地理图籍丛考》(修订本)，(上海)商务印书馆，1956年，第24—39页。

② 《皇明九边考》卷1《镇戍通考》，第46页。

③ 《皇明九边考》卷1《经略总考》，第50页。

④ 《皇明九边考》卷3《蓟州镇·经略考》，第196页。

⑤ 《皇明九边考》卷1《经略总考》，第51页。

⑥ 《皇明九边考》卷1《镇戍通考》，第33页。

⑦ 《明穆宗实录》卷39，隆庆三年十一月乙亥，第970页。

击官，以专一方之寄，又遣都御史、监察御史以总理而纠察之，立法不为不周。”[①]该“六镇”应当指的是长城沿线辽东、宣府、大同、延绥、宁夏、甘肃六个镇[②]。至于“宣大六镇”[③]、“宣大蓟辽等六镇”[④]等，则应有具体所指，与一般概念无涉，此处不再细论。

“九边”是“九镇”的习惯称呼，但它不是九个孤立的军事重镇的总称，而是包括了九镇及其下辖的并分布于沿边重要的军事据点的卫所及其民众的总称。九边既是个军事防卫单位，也是个管辖有一定土地和民众的行政区划单位。对于后者，各镇的情形不一，既有“实土卫所”，也有非实土卫所。“实土卫所”是军政与民政相统一的单位，非实土卫所只是单纯的军政单位。同时从各镇屯田的情况看，既有军屯，也有一定数量的民屯，军屯为主，民屯为辅。至于商屯，不但时代的差异较大，而且在各镇的具体实践中差异也较大。

九边“疆域”明代史籍多有记载，但除了长城一线分边情况比较明晰以外，南部多不清晰，这里粗略作一交代，详细情况有待进一步确证。

辽东镇：东至鸭绿江，西至山海关，南至旅顺海口，北至开元城，东西长1460里，南北广1070里。其中设25卫，18个千户所。这其中有永乐七年(1409)设于开元、辽阳二卫的安乐、自在两个州，专门安置“内附夷人”[⑤]。

蓟州镇：东至山海关，西到黄花镇(西南起自居庸关)，东西800里。其中设卫22个，守御千户所3个。内辖关寨212个，营堡44个[⑥]。亦说，东自山海关起，西迄居庸关，东西延袤千有余里[⑦]。其南北疆界，文献记载多不甚具体。从当时的情况看，北边应当到长城，南面到达今河北中部、山东北部一带。文献记载，当时设有整饬天津兵备副使一员，驻扎天津卫城。

① 《明武宗实录》卷134，正德十一年二月庚辰，第2666—2667页。

② 明末张岱说：“明朝设(九边)以限华夷。洪武初设重镇六，曰宣府，曰大同，曰甘肃，曰辽东，曰延绥，曰宁夏。”(《夜航船》，刘耀林校注，浙江古籍出版社，2012年，第59页)所说六镇为洪武初所设，是错误的。

③ 《明世宗实录》卷112，嘉靖九年四月壬午，第2668页。

④ 《明世宗实录》卷550，嘉靖四十四年九月戊午，第8866页。

⑤ 《皇明九边考》卷2《辽东镇》，第111—112页；申时行等修《明会典》卷124《职方清吏司》，中华书局，1989年，第638页。

⑥ 《皇明九边考》卷3《蓟州镇》，第166—167页。

⑦ 王圻、王思义编集：《三才图会》(上)《地理三卷·蓟州图说》，上海古籍出版社，1988年，第156页。

"敕书责任:令其专在天津、沧州二处往来住坐。其所管辖地方,自天津起,至德州止,并河间、沧州军卫、有司衙门悉听管辖。……德州、河间军卫,已有守备专一管理操练,本官不必干涉。"[①]又整饬霸州兵备副使一员,驻扎霸州城。"敕书责任:该管州县卫所,天津迤北直抵漷县止,霸州、文安、大城、保定、同安、永清、东安、武清县、武清卫、漷县、查河、宝坻县、营州中前屯卫、梁城守御千户所,俱其所属。……提督各州县并境内军卫衙门。"[②]据此,则天津卫、河间卫、沧州、保定以西至紫荆关以东,都在蓟州镇的管辖范围以内。

宣府镇:明初置万全都司,"其地东据黑山,南距紫荆关,西据枳儿岭,北据西高山,东南距居庸关,西南尽顺圣川,西北跨德胜口距野狐岭,东北据独石",广 470 里,袤 865 里,统卫 19 处[③]。《读史方舆纪要》引《边略》云:宣府边疆,东起昌平延庆州界之火焰山,西迄山西大同境之平远堡,延袤1300 余里。洪武二十六年(1393)置万全都司,领 15 卫,3 守御千户所,5堡。其蔚州、延庆左、永宁、保安 4 卫,广昌、美峪 2 千户所,散建于各州县,而属于万全都司[④]。《明会典》之"九边图"说,东自蓟州黄花镇起,西至大同边平远堡止 1200 余里[⑤]。大同镇平远堡,《三云筹俎考》说,东距宣府西阳河堡只有 5 里路程。平远堡南有永嘉堡,距宣府李信屯 10 里[⑥]。《读史方舆纪要》记载,成化十九年(1483),宣府镇设南路参将,驻守顺圣西城,该城与大同镇所辖天成卫、阳和卫接壤,西南距离蔚州城 90 里,并且参将管辖蔚州境内的深井、滹沱、黑石、桃花等堡[⑦]。据此,宣府镇管辖的西境,西南至倒马关、紫荆关,北上并蔚州深井、滹沱、黑石、桃花等堡,再经枳儿岭、李信屯、西阳河,西与大同镇永嘉堡、平远堡相接,直至北边长城。宣府镇所辖卫所前后略有变化,故上述记述有所不同。

大同镇:明初与永乐以后有较大变化。《读史方舆纪要》引《边防考》

---

① 《皇明九边考》卷 3《蓟州镇》,第 171 页。

② 《皇明九边考》卷 3《蓟州镇》,第 173 页。

③ 《皇明九边考》卷 4《宣府镇》,第 201—202 页,第 204 页。

④ 顾祖禹:《读史方舆纪要》卷 18《北直九》,贺次君、施和金点校,中华书局,2005 年,第 792—793 页。

⑤ 《明会典》卷 133《镇戍八》,第 681 页。

⑥ 王士琦:《三云筹俎考》卷 3《险隘考》,中国西北文献丛书第三辑《西北史地文献》第二十七卷,兰州古籍书店影印出版,1990 年,第 97—99 页"图注"。

⑦ 《读史方舆纪要》卷 18《北直九》,第 794—795 页。

说:大同川原平衍,三面临边,多大举之寇。明初封代藩于此,置大同五卫(大同前、后、左、右卫及朔州卫也)及阳和五卫(阳和、高山、天成、镇虏、蔚州卫也。谓之大同以东五卫)、东胜五卫(东胜左右二卫及玉林、云川、威远三卫也)。明初烟墩,东路起天成卫北榆林口,直抵朔州煖会口;西路自朔州北忙牛岭,直抵东胜路黄河西岸灰沟村[①]。这是早期的情况,东胜撤卫以后,边防线内缩,后来只在长城一线。《明会典》说:东自宣府镇西阳河堡,西至山西镇丫角山止640余里。另从其所绘《大同边图》知,其南部界限似应从倒马关向西,依次经过应州、山阴县、马邑、朔州,并西北与灭胡堡相接[②]。《三云筹俎考》所绘图与此一致[③]。

山西镇(偏关镇):东自大同丫角山,西至老牛湾黄河止,边长100余里。又按《明会典》所绘"山西镇图",向南、向东包括繁峙县、忻州、太原、岚县、临县、石州等地[④]。

延绥镇:东起山西边老牛湾起,西与宁夏镇花马池相接,边长1500余里[⑤]。南到府谷县、葭州、米脂县、延长县、宜川县、洛川县、甘泉县、鄜州。《延绥镇志》说:"榆镇东抵偏关,西接宁夏,绵亘千八百里。辖卫四、城堡三十七。起黄甫川,抵双山十二营堡,为东路神木道,葭州暨府谷、神木、吴堡三县隶焉。起常乐,抵清平十堡,为中路榆林道,绥德州暨米脂、清涧两县隶焉。起龙州,抵盐场十五营,为西路靖边道,保安、安定、安塞三县隶焉。延安州县则属河西分巡道。庆阳州县则属河西分守道。直指东西,地悬如尾与首应;横指边腹,区异如齿以唇附。而分摄监司,又总摄于镇之中丞台。"[⑥]所谓"四卫",即榆林卫、绥德卫、延安卫、庆阳卫,另有庆阳府、延安府诸州县,基本上包括了黄龙山到子午岭一线以北的地方。张雨《边政考》以庆阳府归榆林镇管辖[⑦]。与此一致,《皇明九边考》固原镇下有"守备环庆官一员,驻扎环庆",其"责任常在环县,不时往来庆阳槐安、柔远等城堡

---

① 《读史方舆纪要》卷44《山西六》,第1993页。

② 《明会典》卷133《镇戍八》,第681—682页。

③ 《三云筹俎考》卷3《险隘考》,第92—94页。

④ 《明会典》卷133《镇戍八》,第682页。

⑤ 《明会典》卷133《镇戍八》,第682页。

⑥ 郑汝璧等:万历《延绥镇志》卷1《延绥镇图说》,上海古籍出版社,2011年,第4页。

⑦ 张雨:《边政考》卷2《榆林镇》,中国西北文献丛书第三辑《西北史地文献》第三卷,兰州古籍书店影印出版,1990年,第321页。

操练军马，修理城池，防御虏寇，保障居民。凡事听镇巡官节制”①。《明会典》卷133之“固原边图”将庆阳府画于固原镇所辖范围以内。造成这一状况的原因，可能在于“弘治间，复用御史陈瑶议，以延(安)、庆(阳)州县尽属于陕西之巡抚，而延绥巡抚专责之巡边，事权已不无稍异。敕谕犹以巡抚延绥为名者，仍其旧也”②的缘故。据此，弘治以后，延安、庆阳府州县属于陕西巡抚管辖，其中兵备所辖自然归于固原镇，但“敕谕犹以巡抚延绥为名”，上述史籍不明此点，遂有这样看似矛盾的不同记述。《明会典》将庆阳府画于固原镇所辖范围以内，应该是对的。这种情况大致与蔚州的情况类似，即军政系统属于宣府管辖，民政由山西管辖③。

宁夏镇：东至省嵬墩外境200里，西至贺兰山外境100里，南至庆阳府界360里，北至西瓜山外境290里，东南至延绥界350里，西南至固原卫界400里。辖宁夏卫、宁夏前卫、宁夏左屯、宁夏右屯、中屯卫，该五卫与宁夏卫同城，外辖有宁夏后卫、中卫和兴武营、灵州、平虏、韦州四千户所④。

固原镇：固原镇疆域分为两大块：一是北部区，即《皇明九边考》所说的“固、靖、甘、兰四卫”⑤，其中“甘”，指甘州中护卫，此见《读史方舆纪要》。其北界，“自环县、萌城、西响、石沟，至靖虏卫地名花儿岔，长六百三十六里，系陕西固原镇该管边界”⑥。张雨说：“(固原)镇溯黄河上流为靖虏，为兰州；镇东为环县，为庆阳府，皆固原镇守所辖。故合环、庆、兰、靖为一镇。”⑦二是南部区，包括河州、岷州、洮州三卫等地。后者不见于《皇明九边考》之《疆域》，但在《责任考》中有“分守洮岷河参将一员，驻扎洮州”⑧，说明这一部分应属于固原镇管辖。张雨《边政考》于固原镇部分记载了固原、兰州、靖虏、洮州、岷州、河州六卫，以及西安州、镇戎、平虏、阶州、文县五个守御千户所和西固城军民千户所。则它们应是当时固原镇管辖的基

① 《皇明九边考》卷10《固原镇》，第416页。

② 姚镆：《巡抚延绥都察院题名记》，万历《延绥镇志》卷8《艺文下》，第617页。

③ 《三云筹俎考》卷3《险隘考》，第108页；《读史方舆纪要》，第2044页。

④ 《边政考》卷3《宁夏卫》，第336—337页。

⑤ 《皇明九边考》卷10《固原镇》，第410页。

⑥ 王琼：《北虏事迹》，中国西北文献丛书第三辑《西北史地文献》第一〇三卷，兰州古籍书店影印出版，1990年，第140页。

⑦ 《边政考》卷3《固原靖兰图》，第358页。

⑧ 《皇明九边考》卷10《固原镇》，第414页。

本组成部分。

甘肃镇:包括西宁卫、庄浪卫、镇番卫及其以西河西走廊诸卫所,西至嘉峪关为止,北依长城,南靠祁连山,祁连山以南偏东属于镇辖西宁卫。

明代后期,对于“边”的认识有所变化,隆庆四年(1570),掌吏部事大学士高拱建议朝廷,明确边方属县,以杜绝腹里官员“而借边方省分之名以图幸进者”,由此“查得:蓟边,则昌平、顺义、密云、怀柔、蓟州、玉田、丰润、遵化、平谷、迁安、抚宁、昌黎、乐亭、延庆、永宁、保安、自在、安乐等州县;山西,则河曲、临县、忻州、崞县、代州、五台、繁峙、定襄、永宁、宁乡、岢岚、岚县、兴县、静乐、保德、大同、怀仁、浑源、应州、山阴、朔州、马邑、蔚州、广灵、广昌、灵丘等州县;陕西,则固原、静宁、隆德、安定、会宁、兰州、环县、安塞、安定、保安、清涧、绥德、米脂、葭州、吴堡、神木、府谷等州县。此六十一处,乃是边方,其它虽系蓟辽山陕所属,不得概以边称,徒资俸禄,其各府佐贰在边任事者,赏罚亦同前议”①。这里没有提及甘肃、宁夏、辽东,说明这些地方属于边方没有什么问题。

二、九边研究概说

对九边及其地域的研究在明代初年已经开始,至明代中后期形成高潮,自此以后则日渐衰落。明末清初,依稀有一点重新燃起的征象,但终究没有发展起来。直到中华民国时期,国内政治纷纭,日本伺机侵吞,至抗日战争兴起,遂在爱国旗帜下,于边疆史地研究热潮中,再次燃起研究的兴趣。新中国建立之初,史学研究的重心在于马克思主义史学的系统建设之中,此后又经历了各种各样的政治运动和思想改造运动,对于这方面的关注极少。改革开放以后,对明代九边或与此相关的研究重新兴起。这是其经历的基本线索,下面就此略作陈述。

明代初年到九边形成以前,对九边地带的研究虽然已经不同程度地出现,但尚未出现专门的书籍。当时,人们关注的焦点问题是如何防卫和治理这一地区。关注和参与的主要人员,主要是直接从事地方防卫和管理的卫所将官、文职官员和朝廷各部大臣。著述的主要形式表现为实践层面的

---

① 《明穆宗实录》卷46,隆庆四年六月庚子,第1145页。

应世之作，主要是文武大臣、将官的上奏，并通过朝议、部议和制定政策来实现的，如杨一清著名的《关中奏议》[①]以及编入《明经世文编》里的相关奏疏等。这类著述，主要是针对当时现实治理的研究或思想之作，是历史实践过程中的产物。严格地说，还不能算作“史”的研究，但为后来的历史研究准备了必要的历史资料。

九边形成以后，“九边”概念开始形成，这时以九边为对象的专门性撰著开始出现。据研究，当时最早出现的是郑晓所撰的《九边图志》。郑晓是嘉靖二年(1523)进士，曾被分到兵部职方清吏司任主事，在尚书金献民的建议下撰写了《九边图志》一书。该书比大家熟知的许论的《九边图论》早10年[②]。此后以“九边”为名的撰述，据王庸辑考，至少有27种(不包括可能重复之撰著)之多。另据《皇明九边考》卷首“凡例”，“镇戍沿革，取诸各边图志”[③]，知当时各边多有“图志”上报。实际上各边图志以及相关的区域性图志也顺应这种要求和编撰风气日益兴起。王庸《明代北方边防图籍录》同时辑有“边镇合志”30种、“各边镇别志”64种、“各路关卫区分记”91种。这些撰述绝大部分产生于嘉靖以后的明代中后期，其数量之多，有学者称是“空前绝后”[④]。这些志书虽然主要是不同时代边镇具体事项的辑录，但也在一定程度上包含着撰著者的研究，如魏焕《皇明九边考》“凡例”所言“间亦窃附鄙见”[⑤]者是。因此，这是九边研究的第一期。

第一期约分四派：一是区域图志派。其所志所图，或以九边为区域，或以一边为区域，或以几边为一区域，或以关镇为对象等，不一而足。这是当时撰述的主流，包括总志图、各镇志图、诸镇合志图，以及以图志、图论、图说、论、考、志等名目出现的各种撰述。其主旨在于明确九边或各镇的疆域、道里、建置、人口、军卫堡寨、兵力、经略，以及其间发生的重要政治、经济和社会大事，为边防经营提供可资参考的依据。本来“明儒之学”就以“用以应事”[⑥]而著称，而九边防务与经营更是国家“应事”中的重中之重，所以很多学人，以保国安民为己任，以“图论”等形式图绘和说明九边形势，

① 杨一清：《杨一清集》，唐景绅、谢玉杰点校，中华书局，2001年，第1—702页。

② 《1609中国古地图集——〈三才图会·地理卷〉导读》，第120—121页。

③ 《皇明九边考》“凡例”，第9页。

④ 向燕南：《明代北塞军事危机与边镇志书的编纂》，《中州学刊》2006年第1期。

⑤ 《皇明九边考》“凡例”，第11页。

⑥ 刘师培：《清儒得失论》，中国人民大学出版社，2009年，第259页。

为当世者提供认识和执政的参考。二是地图派。主要就是绘制地图,以图为主,简单附以注记或说明的形式,如闻人诠辑《东关图》等。三是专题辑论派。如栗在廷《九边破虏方略》,毕自严《国朝九边兵略》,陈子龙等《明经世文编》相关部分,茅元仪《武备志》"镇戍",郑文彬《筹边纂议》,萧大亨《夷俗记》,杨时乔《马政纪》,胡彦《茶马类考》,陈讲《马政志》,尹耕《塞语》,以及严从简《殊域周咨录》相关部分。四是纪事派。如马文升的《西征石城记》、《安抚辽东记》、《兴复哈密记》等等。

第二期是清王朝时期,九边研究总体上衰落。衰落的客观原因,是清室统一天下,四海为一家,九边一隅不复为边防重地,这样,像明代时期那样的关注焦点已经不复存在,或者已经转移,导致关注的人员比较少。更重要的原因,正如章太炎讲清代史家时所说:"讲到清代史家,尚有一事应注意,即论史不敢论及《明史》,甚至考史亦不敢考及《明史》。"[①]这种惧清的精神,加上这一领域涉及清早期的活动,使得众多的学人不敢对这一领域进行系统的研究。即便如明人魏焕所撰《皇明九边考》,亦因其中"述及辽东边夷",被列入禁书[②]。在这样的政治背景和社会意识下,谁还愿意为此而冒大不韪呢?所以,九边研究总体上就衰落下去了。与此衰落相对立的是:一些富有民族气节或富有一定历史精神的士人,或怀抱着明遗民的遗恨,试图通过对历史的考察,总结经验,以启后人;或秉承修志的传统,察往知来,为地方治理和社会教化提供借鉴,从而不同程度地投入到涉及这一领域的研究和撰述当中。他们的九边研究往往以别种形式寄托出现,总体上可称作方舆派或地志派。其中又可分为三个别派:一是历史军事地理派。其主旨和精神在申明明代的军事地理形势和具体地点的军事地理价值,代表作是顾祖禹的《读史方舆纪要》。该书虽然不是针对"九边"而作,但其血脉与精神却与此有着深刻的渊源关系。按其"总叙",其高祖父顾大栋于嘉靖时期"好谈边徼利病,跃马游塞上,与大司马许公论善,撰次《九边图说》,梓行于世"。曾祖父顾文耀,万历中"奉使九边"。而他自己又痛感明统治者因不明"边防利病之处,兵戎措置之宜",不谙"疆域之盘错,山泽

① 章太炎:《清代学术之系统》,《中国近三百年学术史论》,上海古籍出版社,2006年,第31页。

② 王庸:《明代北方边防图籍录》,《中国地理图籍丛考》(修订本),第39页。

之薮慝，与夫畊桑水泉之利，民情风俗之理”，而造成亡国之根[①]。正因为作者有这样的情怀和志向，所以贯穿于书中的有限的九边内容，也是非常珍贵的。与此相类者，有朱约淳的《阅史津逮》，其中有 11 幅“九边图”[②]。二是地志派。有总志和分志之分。总志，如顾炎武的《肇域志》、《天下郡国利病书》，《许氏方舆考证稿》、《大清一统志》等。其中关于九边均有详略不同的记述和议论。分志，清代编纂的非常多，其中以康熙年间谭吉璁修纂的《延绥镇志》为代表。《四库全书总目》说，该书“所载皆明代边防之事”[③]，虽然不完全正确，却可以看出其中对于明代延绥镇史地的重视。三是边防派。主要有康熙年间梁份所撰《秦边纪略》。该书“论边鄙疆域及防守攻剿情形，一一详备”[④]，有学者称，“筹边方略才是全书的核心”[⑤]。书中内容主要是明代西北诸边及其在清代初年的变化的记述。

明清两代，即第一、二期的著述或研究形式一脉相承，总体上都是以地志的形式出现的，研究的主体基本上限定在沿革地理学的范畴，其它有关方略等专论性辑录也没有超出传统分类地纪、奏议等的范畴。部分意见和观点的表达，多不系统，也没有系统的论证。就现代意义上的科学研究、人文研究的衡量标准来看，只能说这些研究还处在研究的最低层次，也就是对于资料的辑录、编纂和整理，真正以某个对象为研究对象，并将相关资料联系起来加以分析、综合，以揭示事物之间的相互关系及其特点、规律的研究总体上尚没有出现。

第三期是 1912—1980 年。这期间，史学研究、历史地理学研究经历并实现了由传统研究向现代研究的转变。在此背景下，九边研究开始作为历史研究、边疆史地研究和民族关系研究的一个重要组成部分，成为比较集中的研究领域之一。由于时代的关系，30—40 年代出现一次研究高潮。当时由于日本的侵入和蚕食，中国面临着严重的民族危机和边疆危机，一时间边疆问题成为时代思潮，知识界纷纷投入到事关中国边疆问题的历史和现实研究当中，发表了大量的研究论文和时论。九边作为有明一代最重

---

① 中华书局编辑部：《读史方舆纪要·前言》，第 2 页。

② 朱约淳：《阅史津逮》，《四库全书存目丛书》史部第 173 册，齐鲁书社，1995 年。

③ 永瑢等撰：《四库全书总目》上册，中华书局，1965 年，第 657 页。

④ 《四库全书总目》上册，第 657 页。

⑤ 梁份：《秦边纪略》“前言”，赵盛世、王子贞、陈希夷校注，青海人民出版社，1987 年，第 13 页。

要的边防区域，自然成为中国学者的关注点之一。另一方面，日本自20年代以来，积极向外扩张，并形成“欲征服中国，必先征服满蒙”的观念，与此同时，日本知识界也以“满蒙史”研究为中心，为其帝国主义扩张张本，从而出现了一批研究著作和成果①。这就从正反两个方面促进了明代九边研究进入一个高潮。这一时期的研究成果，主要是以论文形式出现的，并且多是针对明代九边的具体问题来论述的。中国方面的论文重在边备、边防，尤以“边墙”方面的文章最为集中。虽然都是学术论文，其中浸透着一定的民族意识和爱国情怀。日本方面的论文重在“满蒙”史地研究，其中也有不少论文涉及到明代九边，以及蒙古诸部与明代的关系，虽然也打着“为学术而学术”的旗号，但其中依然渗透着自外向内、自北向南的意识。这是时代使然，两种情景无论从主观还是从客观上来看都是在所难免。正是在这一背景下，宁墨公于1942年发表《明代九边学说之研究》②一文，第一次提出“九边学”的概念，在一定程度上反映了明代九边研究的潮流和趋势。但“九边学”在以后并没有系统地发展起来。

抗战结束以后，九边研究虽然不是很热，但依然是明史研究中的关注点之一，一直到1980年代，相沿未辍。关注的人依然主要是中国学者和日本学者，发表文章约有五六十篇。其中研究的重点问题依然是边防防务及其相关制度问题，但在研究内容上进一步细化，有涉及边防内移的，有涉及民壮与边防的，有研究北方防务的，有专门研究防卫体制的，有研究人物的，等等，研究进一步向多样化和深入层面发展。

1980年代以后，学术文化界迎来了科学的春天。与此相应，人文学科在思想解放的时代潮流中迅速发展，历史学、历史地理学的研究得以复兴。关于明代九边的研究也在这一大潮中有所回升，并在90年代以后逐步成为明史研究中的热点之一。其中有多方面的原因：一是哲学社会科学的繁荣发展，有更多的学人投入到史学研究领域；二是西部大开发，从政策层面的促进；三是史学研究的领域在广度和深度上的进一步拓展；四是90年代以来的环境史研究形成热点；五是地方开发和区域史学的新发展。在这种

---

① 参见杜瑜、朱玲玲编：《中国历史地理学论著索引》(1900—1980)，书目文献出版社，1986年；中国社会科学院历史研究所明史研究室编：《中国近八十年明史论著目录》，江苏人民出版社，1981年。

② 《中国边疆》1942年第1卷，第5—7期。

背景下，史学研究、历史地理学研究、边疆史地研究、民族史研究、军事史研究、地区开发史研究、环境变迁研究等等，都不同程度地参与到这一地区的研究中来。就纵向比较而言，这一时期的研究在历史上是空前的。其特点是：(1)涉猎学科广泛。举凡历史、地理、社会、政治、军事、交通、环境变迁、民族、文化、建筑、屯垦、志书等等，都不同程度地有所研究。(2)研究在传统研究基础上向系统化、深入化发展。如军事边防方面，这是传统研究的重点，但以前很少有系统的研究专著。这一时期先后出现肖立军《明代中后期九边兵制研究》(吉林人民出版社，2001 年)，赵现海《明代九边军镇体制研究》(东北师范大学博士论文，2005 年)、《明代九边长城军镇史——中国边疆假说视野下的长城制度史研究》(上、下册，社会科学文献出版社，2012 年)，周松《明初河套周边边政研究》(甘肃人民出版社，2008 年)，彭勇《明代北边防御体制研究——以边操班军的演变为线索》(中央民族大学出版社，2009 年)、《明代班军制度研究——以京操班军为中心》(中央民族大学出版社，2006 年)，赖建诚《边镇粮饷：明代中后期的边防经费与国家财政危机(1531—1602)》(浙江大学出版社，2010 年)，王尊旺《明代九边军费考论》(厦门大学博士学位论文，2011 年)等。显示了专题化、系统性和深入研究的发展趋势。至于专题论文，数量庞大，内容涉及各个方面。(3)在研究方法上更多样化，特别是多学科交叉研究更为突出。其详细情况见于各种综述和相关评述，此不赘言。九边研究虽然在各方面都取得了长足的发展，但自 1942 年提出“九边学”以来，关于这一学科的系统研究尚未形成，这也是我们所期待的。

第二章 九边区域防御形态的演变

明代的九边防御在明代整个边防体系中的地位是非常重要的。从发展的历史过程看，九边防御实际上分为前后两个阶段：九边建立以前，是以九边地带为主的北方边疆防御；九边形成以后，则是以边防线为主的九边防御。这里所说的九边防御，实际上包含这两个方面的意义。不论是前者还是后者，明朝总体上在此实行的都是区域防卫为主体的防御形式，这种防卫的形式及其意义在明朝历史的演进中并不完全相同，其间经历了较为复杂的变化。

一、防守区的初步构建与基本结构

明代九边防御的初步构建工作是从洪武时期开始的。洪武五年(1372)以后，随着明军对甘肃河西走廊地区的占领，旨在全面控制北方传统农耕区的军事活动基本结束。在这种情况下，明朝将自己直接统治地区的边界，基本上确定在东自辽东，西经大宁、开平、东胜、宁夏、甘州、肃州诸卫一线[①]。但在如何防卫新边界地带的问题上，在最初的几十年里并没有形成一个系统完整的防守计划。从文献记载来看，明代初年没有任何有针对性的大型兵部会议来讨论此事；在实践层面，对于这一地带的防御，基本上沿袭了以前征战过程中的一些传统做法，即建立卫所和驻守关隘。这种情况说明，无论是边境线，还是与此相关的系统的防卫工作，都还处在未完全确定的状态下。造成这种状况的根本原因，是明朝政府与北元势力的关系尚未完全明朗。这种不明朗表现在两个方面：一是明政府还在积极争取北元势力的归附，主观上希望他们能够称臣纳贡，建立臣服于明朝的“自治王国”，而北元势力实际上还保持有相当的军事实力，并且始终没有归附明朝的迹象；二是明朝军事鼎盛时，虽然有条件实施大规模的北征，但面对浩

---

① 《皇明九边考》卷1《镇戍通考》，第46页。

瀚的沙漠、茫茫的大草原，以及国内百废待兴的现实局面，要顺利征服北元势力也不是轻而易举的事。因此，朝廷上下在这一问题上较为疑惑，在思想上难以形成一致的意见。洪武十八年(1385)国子监祭酒宋讷献《守边策》说："今海内既安，蛮夷奉贡，惟沙漠胡虏未遵声教，若置之不治，则恐岁久丑类为患边圉，若欲穷追远击，又恐六师往返万里，馈运艰难，士马疲劳。陛下欲为圣子神孙万世之计，要不过谨备边之策耳。……陛下宜选其有智谋勇略者数人，每将以东西五百里为制，随其高下立法分屯，所领卫兵以充国(汉赵充国)兵数斟酌损益，率五百里屯一将，布列缘边之地，远近相望，首尾相应，耕作以时，训练有法，遇敌则战，寇去则耕，此长久安边之策也。又何必劳师万里，求侥幸之功，以取无用之地哉！"[①]《守边策》在自觉反思和分析明朝征战北元势力的矛盾的基础上，揭示了政府在对待北元问题上的不确定性特征。同时在正视现实和保守精神的指导下，首次明确提出了"谨备边之策"的主张、思想和具体的布防方案。其中潜意识地批评了此前做法的盲目性，从反面证明，洪武十八年(1385)以前，政府在北方边境防守上尚没有形成明确的思想，与此相应，也没有形成完整的、成熟的布防计划。实际存在的卫所、都卫防守体制，总体上反映的是初占领过程中的应时性特征，不能被认为是自觉地针对边防的设置。至于后来出现的都司和行都司建置，虽然考虑到了边防的布局，但其防卫重心总体上在省区，而不是边境地带。明代初年北方边防格局的基本状况就是在这一背景中逐步实现的。

(1)在驱逐元政权并夺取北疆的过程中，防守关塞和建立卫所是巩固新边疆的最初形式，也是从事边地防守的"原点"和基础。洪武九年(1376)朱元璋说，"今朕有天下，封疆之广，四际遐荒，各选能臣，握强兵而守险塞"[②]。洪武二十四年(1391)又说，"曩者胡虏近塞，兵卫未立，所以设兵守关"[③]。除驻守关塞外，在新占领区适时地建立卫所，借以实现防卫和巩固边疆的目的。这两种形式是边境推进过程中最基本的守卫形式，也是后来边地防御的基础。

(2)在环边疆地带设立团块状军事防卫区——都卫，用于防卫军事战

① 《明太祖实录》卷171，洪武十八年二月甲辰，第2594—2595页。

② 《明太祖实录》卷103，洪武九年正月丁卯，第1734页。

③ 《明太祖实录》卷208，洪武二十四年四月己未，第3098页。

略要地。这种形式后来发展为以行都司为主体的边地特别防御区体制。洪武三年(1370)开始,明政府先后在沿边地带设立燕山都卫(治北平)、定辽都卫(治辽阳)、大同都司(初治白羊城,二十五年迁往大同)、甘肃都卫(治甘州)、西安行都卫(治河州)[①]。这些都司或都卫分布于边地的军事战略要地,在防御上具有明确的针对性,在地理表现上具有鲜明的团块性。它们的设立标志着沿边特别防御区的初步确立。洪武八年(1375),明政府实行"以在外各处所设都卫,并改为都指挥使司"[②]的改制,边地诸都卫均改为行都司或都司。但其建置并不平衡,有的地方甚至还游移不定。如甘肃都卫,可能在设立不久就被撤销,所以此次改制中没有提及。陕西行都司(治河州)在洪武九年(1376)撤销,十二年(1379)又在庄浪设置,当年又被废除,直到二十六年(1393)才最终建于甘州。这就是说,洪武五年(1372)到二十六年的22年间,作为北边边防线最长的陕西省,一直没有稳定地设置特别防御区(行都司)。而北平行都司(治大宁),也迟至二十一年(1388)才由北平都司中划分出来。总之,至洪武末年,在西至甘肃东到辽东的万里边境线上,实际上只设立了四个独立的特别防御区(3个行都司,1个都司)。北平都司、山西都司和陕西都司仅部分与边境相连,不能算是独立的边境特别防御区。这种情况说明,行都司思想并没有得到全面贯彻,沿边特别防御区的建构尚处在不统一和不完整的阶段。

(3)以省区为单位来构建地方防卫区域。"明初,置各行省行都督府,设官如都督府。又置各都卫指挥使司"[③]。行都督府和都卫(后改为都司)是地方最高的军事管理机构,都司下辖卫所,由此形成以省区为基本单位的区域防卫与管理。这种军事管防思想是典型的地方防守依附于省区防卫的思想。在此体制下,地方最高军事管理中心和指挥中心设在省会城市,省会城市因而成为一省的军事防卫中心,包括边疆省份也概莫例外。洪武八年(1375)实行的都卫改都司变革,所改设的十三个都司大都设在各省会[④],清楚地说明了这一点。这种情况表明,洪武时期总体上实行的是

① 参见郭红、靳润成:《中国行政区划史》(明代卷)的相关考述,复旦大学出版社,2007年。关于甘肃都卫,该著没有谈到,据《明太祖实录》卷76,洪武五年九月壬子,"置甘肃卫都指挥使司"。说明甘肃都卫曾经是存在的。

② 《明太祖实录》卷101,洪武八年九月癸丑,第1711页。

③ 张廷玉:《明史》卷76《职官五》,第507页。

④ 《明史》卷76《职官五》,第507页。

大省区、"大关隘"、大战略要地为主体的战略区防卫，它的防卫重心不是边防线，而是省区以及边疆的战略要点。前文所述的行都司体制，实际上就是旨在防卫边疆的战略要点。如果回到前文提到的宋讷的《守边策》来看，朱元璋实际上并没有采纳宋讷的沿边布防方案，也没有进行以沿边防御为重点的系统布局和防御。

除了上述几种基本的防卫构建外，在具体的防御过程中，由于一些特别制度，在已有的防卫体制下，又不断产生一些不具区划特征的虚级防守区域。例如，当时实行由朝廷委派公、侯、伯、都督等驻守或节制边防的制度。该制度运行的结果，是客观上形成了中央与地方共防，地方区划性防区与应时性非区划防区并存的防御局面。这种应时性非区划防区是一种客观存在的虚级防守区域。主要有：

(1)北平、大同一体防区。洪武四年(1371)朝廷命徐达前往北平、山西"操练士马"，太原、蔚州、朔州、大同、东胜军马及新归附鞑靼官军"悉听节制"①。六年(1373)又命徐达、李文忠前往山西、北平练兵防边。此次动用人员众多，除大将军徐达、左副将军李文忠、右副将军冯胜、右副副将军汤和外，还有10个侯、3个都督佥事和1个平章，分统骑兵、步兵分驻山西、北平②。洪武八年(1375)朱元璋敕谕徐达、李文忠说"将军总兵塞上"③，当是针对这件事说的。徐达与诸公侯在洪武七年(1374)后相继被召回京，在此之前的四五年里，徐达是山西、北平边疆的"总兵"。这一区域实际上就形成一个大的防区。

(2)宁夏、四川西北一体防区。明朝夺取河西走廊后，河西一带尚未稳固，所以从洪武六年(1373)起，采纳太仆寺丞梁野仙帖木儿的建议，构建宁夏到四川西北黄河一线地带的防御④。洪武七年(1374)政府将西安行都卫设在河州，用来监管河州卫和乌斯藏、朵甘两个都司。河州成为这一线的南部中心，由宁正出任都指挥使。后来宁正升为骠骑将军、龙虎将军，并于十二年(1379)兼领宁夏卫事，标志着这一防区构建初具成效。北面以宁

---

① 《明太祖实录》卷67，洪武四年七月辛亥，第1254页。

② 《明太祖实录》卷78，洪武六年正月壬子，第1424页；卷80，洪武六年三月壬子，第1451页；卷83，洪武六年六月丙午，第1486页。

③ 《明太祖实录》卷96，洪武八年正月庚辰，第1653页。

④ 《明太祖实录》卷81，洪武六年四月壬申，第1457页。

夏为中心，洪武九年(1376)置卫，此后，先后任用重将耿忠、徐真、沐英、马鉴等防守[①]。十二年又设置庄浪行都司，试图西控河西，南卫河(州)、宁(夏)一线。这期间，李文忠曾一度督理河州、岷州、临洮、巩昌一带军事[②]，也是构建这一防区的辅助性工作。不过，庄浪行都司旋置旋废，实际上并没有发挥什么作用。后因为河西走廊地区边防的发展，川、宁黄河一体防区自然结束。

(3)延绥、庆阳和宁夏一体防区。延安、绥德、宁夏、庆阳诸卫在洪武初年已经设立。洪武六年临江侯陈德、巩昌侯郭子兴、都督佥事叶升等奏："绥德、庆阳之境，胡寇出没无常，民多惊溃，请迁入内地，听其耕种……"[③]诏可。这是构建军事防区的基础。洪武十年(1377)，绥德州废除，其地划归延安府，延绥一体化的工作初显端倪。二十五年(1392)长兴侯耿炳文督理延、绥、庆阳、宁夏左右等五卫。二十八年(1395)曹国公李景隆整饬陕西军事时，这几处卫所总归庆王"理之"[④]。可见，区域一体整防的雏形已经出现。

(4)甘州、肃州一体防区建立。甘州、肃州、凉州、山丹、永昌等卫，洪武五年(1372)以后相继建立，但各自划地自守。直到二十三年(1390)才"谕都督宋晟训练凉州、甘肃等处兵马"备边。二十五年(1392)"上以西凉、山丹等处远在西陲，凡诸军务，宜命重臣专制之，乃命都督宋晟为总兵，都督刘真副之。遣使制谕曰：其西凉、山丹诸军马，凡有征调，悉听节制"[⑤]。甘肃开始向区域一体防御的体制转化，直到二十六年(1393)陕西行都司建立，一体化的西北特别防区最终确立。

洪武中后期，诸王分封镇边制度开始运作[⑥]。对此明人说："国初都金陵。以西北胡戎之故，列镇分封……今考广宁辽王、大宁宁王、宣府谷王、大同代王、宁夏庆王、甘州肃王，皆得专制率师御虏。而长陵时在北平为燕

---

① 弘治《宁夏新志》卷2《宦绩》，天一阁藏明代方志选刊续编(72)，上海书店，1990年，第280—281页。

② 《明史》卷2《太祖二》，第45页。

③ 《明太祖实录》卷86，洪武六年十一月庚戌，第1526页。

④ 《明太祖实录》卷112，洪武十年五月乙未，第1857页；卷217，洪武二十五年三月癸未，第3188页；卷239，洪武二十八年六月丁亥，第3477页。

⑤ 《明太祖实录》卷204，洪武二十三年九月戊申，第3057页；卷216，洪武二十五年二月癸酉，第3183页。

⑥ 吴晗说，此制洪武二年决定，十一年后才实际运作。见吴晗《朱元璋传》，人民出版社，2004年，第160页。

王，尤英武。稍内则西安秦王、太原晋王，亦时时出兵，与诸藩镇将表里防守。”[①]王国镇边制度的出现，逐渐取替传统的公侯伯等的驻边制度，在一定程度上促进了以王国为中心的新区域防卫格局的产生。

综上所述，洪武时期，北疆防御由关塞、卫所，进而以省区为基本单位，以都司和行都司为基本结构，形成基本的防御结构体系。行都司专在沿边地带设置，是相对于都司的特别防御区，但构建并不完整。在一定时期，在具体的防御实践中，地方都司、行都司以及沿边卫所，往往受代表中央驻守地方的公侯伯等将军的节制，使得地方防御表现出明显的二重性。这种二重性经常导致一定时期、一定地域内不时形成一些新的管防区或虚级防御区，也使得地方区划性防区不时出现“新区域”的重组，由此造成地方区域防守的复杂化。洪武中后期兴起的王国驻边，逐渐改变着固有的防御格局，但存在时间短促，发展又不平衡，对整个洪武时代北边区域防御的总体影响不大。

二、边地防御的新道路与九边新模式的建立

永乐时期北方边境防御发生了两个重大变化：一是大同以东边境线的内移；二是边防建设道路的改变。边境线的内移从永乐帝继位开始，先将山西行都司所属诸卫官军迁往北平一带设卫屯种，又“因兀良哈三卫部落内附”，“徙大宁都司于保定……以大宁全地与之”，从而放弃东胜、大宁，以防守“内边”[②]。这条“内边”就是大同东经古北口至山海关一线。边境线的内迁，改变了山西以东原有的防卫格局，长城一线的防御成为日后布局规划的基本任务。在这一过程中，明政府逐渐改变旧的防御形式，建设以九镇为中心的区域防御新模式。

新模式的突出表现是将防御重心转移到沿边重点军镇的布防和建设上，由此造成边疆区域防御重心和中心在整体上向边境转移。这是一种新的发展道路。其主要内容包括：

(1)由重将或总兵长期驻防沿边军镇。洪武时期沿边防御主要由行都司、都司分区负责，总兵官等虽有驻守，多是执行具体任务，时间不长即行

---

① 郑晓：《今言》，李致忠点校，中华书局，1984 年，第 46 页。

② 《皇明九边考》卷 3《蓟州镇》，第 164 页。

诏回。永乐以后，总兵、都督等官开始长期驻守边镇，边境驻防的地位明显改变。据《明太宗实录》等记载，总兵官何福在建文四年（1402）到永乐五年（1407）镇守宁夏；总兵官陈懋在永乐十二年（1414）以后长期镇守宁夏，直到永乐朝结束；总兵官郑亨从永乐元年（1403）到宣德九年（1434），先后镇守宣府、大同十四五年，其中以总兵官身份镇守大同十多年；而都督总兵官宋晟，“凡四镇凉州，前后二十余年，威信著绝域”[①]。都督总兵官费瓛在永乐十二年（1414）后镇守甘肃，直到宣宗即位才还京[②]。到永乐十二年（1414），宁夏、甘肃、大同、宣府和辽东五镇已经都以总兵官镇守，标志着沿边军事重镇向总兵官镇守制度的总体转变。

（2）镇守都督或总兵官职权转变。镇守都督或总兵官不仅是边境重镇的最高统领，而且节制都司或行都司。《明太宗实录》记载，何福镇守宁夏时，曾一度节制陕西都司、行都司，山西都司、行都司，河南都司；宋琥镇守甘肃时，曾一度节制陕西都司及行都司；吴高镇守大同时，节制山西行都司诸卫；朱荣镇守大同时，节制山西都司、行都司；刘贞、孟善、刘江镇守辽东时，节制都司属卫军马等。这种情况表明，边疆防御重心和指挥管理中心总体上开始向边境沿线的军事重镇转移。

（3）行都司、都司地位下降，王国节制以及参与区域军事防卫的力量削弱。永乐朝及其以后，几乎看不到诸王节制驻军御边的例子，只有诸护卫军被征调的史实。地方行都司、都司虽然存在，但都无例外地受制于总兵官等的节制，从而失去独立负责防御的权利。

永乐时期在边镇建设上所走的新道路，促进了沿边军事重镇的新发展，加速了九边形成的进程。在这种悄然进行的变革中，辽东、宣府、大同、宁夏、甘肃五镇率先实现了变革，初步实现了沿边五大军事重镇的布防格局。当然，这一时期完整的九边布局尚未形成。不过，在此后的发展中，日渐兴起的蓟镇、延绥镇、山西镇（偏关镇）和陕西镇（固原）所走的道路却与上述五边基本相同，基本上都是按照这一模式进行的。

（1）延绥镇。延绥镇形成于正统元年至十年（1436—1445）间[③]。在此以前，延安、绥德二卫长期以卫的身份守卫边疆。其间虽然不乏公侯伯等

① 《明史》卷155《宋晟传》，第1105页。

② 参见张廷玉：《明史》卷155《费瓛传》，第1107页。

③ 胡凡：《论明代九边延绥镇之形成》，《中国史研究》2008年第2期。

将军的不定期驻守、整治，甚至也曾与宁夏、庆阳等卫联为一体，形成不定期的虚级整防单元，但都不是严格意义上的边镇形态，直到正统元年(1436)至十年(1445)王永、王祯镇守延绥时，在管辖区域、卫的数量、镇守官员职权以及朝廷意象中，延绥才具备了镇的基本形态，这一点胡凡先生已有专文论述。不过，从前述五边的形态看，这时的延绥镇还只能算是一个初级形态。因为沿边行都司和都司只是边镇设立的基本因素，公侯、都督和总兵官，特别是总兵官较为长期稳定的驻守并节制诸都司，才是九边军镇设立的典型形态表现。延绥镇向典型形态军镇的变革，发生在天顺二年(1458)，即彰武伯杨信充总兵官镇守延绥等处地方之时，这比前述五镇总体上晚了四十余年。韦占彬[①]和赵现海[②]二先生以此作为延绥设镇的时间虽然不完全正确，但他们都看到了这一标志性变革的意义，这对于认识九边的发展还是有积极意义的。

(2)蓟镇。蓟镇形成于永乐二十年(1422)。此前是蓟州卫，隶属于北京留守行后军都督府。永乐十二年(1414)后由卫指挥陈景先等长期镇守。二十年朝廷敕命陈景先“蓟州、山海等卫官军可调参用”[③]。于是，蓟州、山海、永平等卫连为一体，并长期为都指挥陈景先镇守节制，蓟镇就是在这一时期形成的。据明仁宗、宣宗、英宗实录资料，洪熙元年(1425)至正统九年(1444)，先后有陈英、薛禄、陈敬、王彧充总兵官镇守蓟州、永平、山海等处，而都督陈景先实际上相当于行都司都指挥使，分别与他们组成最高的镇守将官。在这其中，陈敬于宣德五年到九年(1430—1435)，王彧于宣德十年到正统九年(1435—1444)为总兵官，镇边时间最长。因此，蓟镇从形成时的初级形态向典型形态的变革，应当从洪熙元年(1425)开始算起，到宣德年间完成转变。这比前述五镇略晚一些。韦占彬先生以宣德十年(1435)王彧充总兵官为蓟镇形成的时间，未免过于拘泥于总兵官的长期驻守这一标准，应当根据胡凡先生的判断标准予以修正。至于《明史·兵三》所说“蓟之称镇，自(嘉靖)二十七年(1548)始”，则是一个很大的错误[④]，这一点

---

① 韦占彬：《明代九边设置时间辨析》，《石家庄师范专科学校学报》2002年第3期。

② 赵现海：《明代九边军镇体制研究》，中国期刊网——中国博士学位论文全文数据库。

③ 《明太宗实录》卷254上，永乐二十年十二月庚戌，第2369页。

④ 正德十六年户科给事中邵锡言，“九边一体，宣大二镇不宜独免”。见《明世宗实录》卷2，正德十六年五月甲戌，第105页。说明正德十六年以前，九边已经形成。

前人已经指出，不必赘论。

(3)偏关镇。也称山西镇，又称三关镇。其形成时间，《九边图论》列在最后，以后《皇明九边考》、《明史》等相沿袭，其实都不准确。明人严从简说："(明朝)国初建将屯兵，首先偏头，以其极边耳。故偏头当与宣大较，不当与雁(门关)、宁(武关)较也。"①就是说，偏头关在明代初年就是与宣府、大同相当的沿边重镇，这一说法其实并不符合史实。今有研究认为，该镇形成于成化年间②，也与史实不符。那么，该镇到底形成于什么时间？因涉及到镇的转变，这里一并简要加以说明。

首先，偏关镇的初级形态形成于宣德至正统初年。理由有二：一，有都司官员专门镇守，并开始较大规模的建设。都司官员如山西都司都督李谦(后为偏头关都督)"每年二月终回山西镇守，候九月中仍至偏头关提督"③。宣德元年(1426)到四年(1429)，偏关开拓关城，并增筑烟墩26所④。后在马贵的领导下，又先后设水泉营堡、滑石涧堡，在沿边挑壕堑、立柞木，在黄河东岸设楼子营等7堡⑤。二，在朝廷意象中，偏关与大同、宣府、延绥等边并列为一方重镇。宣德七年(1432)后，偏头关如大同、宣府例，每年冬初发兵烧荒⑥。兵部右侍郎于谦上奏中也称，"大同、宣府、偏头关三边"⑦。可见，初级形态的偏关镇已经形成。

偏关镇形成后，地位越来越重要，天顺至成化年间(1457—1487)不断增设文武官员协守，在此过程中，三关(偏头、雁门、宁武)防御体系的构建初步完成。成化四年(1468)，山西署都督佥事王信移镇代州，提督雁门、偏头、宁武三关⑧，而分守三关参将也经常因为边防事务紧急而移屯偏头关。如成化二十年(1484)"命分守代州右参将支玉移屯偏头关，以时巡视代州、

---

① 严从简：《殊域周咨录》，余思黎点校，中华书局，1992年，第555页。

② 《明代九边设置时间辨析》，《石家庄师范专科学校学报》2002年第3期。

③ 《明英宗实录》卷29，正统二年四月丁卯，第577页。

④ 《明宣宗实录》卷19，宣德元年七月戊午，第513页；卷57，宣德四年八月己卯，第1350页。

⑤ 《明英宗实录》卷151，正统十二年三月戊寅，第2965页。

⑥ 《明宣宗实录》卷95，宣德七年九月丁巳，第2143页。

⑦ 《明英宗实录》卷55，正统四年五月丁巳，第1053页。

⑧ 《明宪宗实录》卷57，成化四年八月辛丑，第1163页。按：《明史·地理二》说，"成化十一年十二月置偏头关守御千户所，与宁武、雁门为三关"(第278页)。这一说法不确。三关中，偏关在宣德初已有都督驻守，而代州、雁门二关在天顺初年也已有都督守备，这在《明实录》中有明确的记载。因此，不能说三关在成化十一年才形成。事实是，三关驻防体系至少在成化四年前就已经形成。

雁门、宁武诸处”[①]。成化二十一年(1485)分守代州等处兼提督偏头等关都督佥事周玺“请改分守为镇守”,被宪宗皇帝特批允行[②]。偏关的最高驻防将官也在官方意象中意同总兵官。天顺二年(1458)“敕大同、宣府、独石、偏头关等处镇守总兵官戒严边备”[③]。这是《明实录》最早称偏头关守将为总兵官的记录。事实上,偏头关当时尚没有设总兵官,之所以有这样的说法,说明在官方意象中,偏关最高驻防将官与其它镇总兵官的地位是相当的。

其次,弘治十三年至正德十六年(1500—1521),偏关镇完成由初级形态向典型形态的转变,开始正式称镇。弘治十三年(1500)偏关镇增设镇守山西副总兵一员,专门驻防代州,往来提督三关[④]。增设是针对明初已设立的山西副总兵而言的,表明偏关镇从山西副总兵的总体职掌中独立出来,形成专门的总兵官防区。明人严从简说:“初,偏头关置副总兵官,宁武隶焉。论者以偏头数警,副总兵官权轻,改总兵官。……铸印建节,于是三关称镇,峙于宣大矣。”[⑤]副总兵官改为总兵官具体在什么时间,这里没有明确说明,《明实录》也没有准确的记载。从相关资料看,嘉靖二十年(1541)以后,偏关总兵官常为人们说起,如兵部称“三边总兵官旧驻偏头关,东西应援不便,宜改驻宁武关”[⑥];巡按山西御史李一瀚说:“总兵官旧驻偏头关,后畏惧孤悬,乃东移宁武,去河凡二百余里,何以备援?”[⑦]但不能据此将偏关总兵官出现的时间延伸到嘉靖二十年。因为正德十六年(1521)“九边”一词和“九边一体”的观念[⑧]已经出现。据此可以推断,偏关镇总兵官制形成于弘治十三年至正德十六年(1500—1521)之间。随着总

---

① 《明宪宗实录》卷254,成化二十年七月庚子,第4295页。

② 《明宪宗实录》卷268,成化二十一年七月壬子,第4526—4527页。

③ 《明英宗实录》卷296,天顺二年十月癸亥,第6303页。

④ 《明孝宗实录》卷169,弘治十三年十二月丙戌,第3058页。

⑤ 《殊域周咨录》,第680页。

⑥ 《明世宗实录》卷255,嘉靖二十年十一月丙申,第5122页。

⑦ 《明世宗实录》卷395,嘉靖三十二年三月丙申,第6952页。

⑧ 《明史》卷189《孙磐传》记载:正德元年,孙磐上疏说,“今九边镇守、监枪诸内臣,恃势专恣,侵克百端”(第5011页);《明世宗实录》卷2,正德十六年五月甲戌,户科给事中邵锡说,“九边一体,宣大二镇不宜独免”(第105页)。前者,据《明武宗实录》卷14,正德元年六月辛未,作“今各边镇守”(第436页),所以《明史》引述有误。正确时间当以正德十六年为准,此时“九边”观念已经形成。

兵官制的出现，偏关镇完成了由初级形态向典型形态的转变。据此，严从简《殊域周咨录》所说“（宣德）四年（1429），置镇守偏头及雁门、宁武三关总兵官驻偏头”，以及引尹畊所说“夫（明）国初之经略边镇也，以宣大、偏头为极边，是故宣大置总兵，偏头置副总兵，所谓重之也”[①]。是不完全符合史实的。

（4）固原镇。又称陕西镇。建置时间在明人的著作中有较为明确的认识，即弘治十四五年（1501—1502）[②]。后《明史》卷91《兵三》沿袭此说，以弘治十四年（1501）作为固原镇设置的时间。韦占彬认为《明史》说法不确，遂定固原镇设于弘治年间（1488—1505）[③]，较以前诸说更为模糊，对此应结合固原镇的形成和变化作进一步的研究。

固原镇的形成是总制诸边思想及其实践的产物。成化初年，陕西三边战事吃紧，但各边划地自守，互不相顾，以致于边地屡遭重创[④]。所以从成化二年（1466）起，巡抚陕西右副都御史项忠就指出“兵贵节制”，要求增设“总制”一员，节制和调度三边防御[⑤]。至成化十年（1474），先后有陕西右参政朱英、吏部右侍郎叶盛、参赞军务右都御史王越、刑部主事张鼎等多位文武将官言及此事[⑥]。在这一过程中，先后有多位文臣武将总制或提督三边，但驻地或在延绥，或在陕西（西安），或在固原，颇不稳定。后来经过长期酝酿，对固原核心地位的认识日益明确[⑦]，最终将总制驻扎之地稳定在固原。在这一过程中，固原的军事地位日渐提高。成化五年（1469）固原由千户所升为卫，以后不时增置官员。九年（1473）命总兵官刘聚在固原，都御使王越在沿边调度诸边协同防御。十年（1474）张鼎建议于固原置总兵，

① 《殊域周咨录》，第554页，第680页。

② 《殊域周咨录》，第613页；《皇明九边考》卷10《固原镇》，第410页。

③ 《明代九边设置时间辨析》，《石家庄师范专科学校学报》2002年第3期。

④ 《明宪宗实录》卷37，成化二年十二月庚戌条载：“陕西右参政朱英奏，陕西自近年以来，虏酋孛来西寇甘凉，毛里孩南侵延庆，军民被害，财畜一空。所在官军，既以坚壁清野为能，邻近人马，又以据守信地为重，宁夏不顾延绥，甘肃不恤宁夏，各拥重兵，傍观坐视。”（第731页）

⑤ 《明宪宗实录》卷30，成化二年五月辛未，第585—586页。

⑥ 《明宪宗实录》卷37，成化二年十二月庚戌，第731页；卷102，成化八年三月乙卯，第1991页；卷117，成化九年六月己巳，第2259—2261页；卷124，成化十年正月癸卯，第2375页。

⑦ 《明宪宗实录》卷124，成化十年正月癸卯条记载：刑部主事张鼎言，欲举都御史一员总制三边。今固原、平凉乃三边总会之所，虏寇侵犯累由此入，宜置立总府。定西侯蒋琬谋勇素著，堪充总兵，总制各路军马，左都御史王越通达有奇，可提督军务兼理钱粮，仍乞假以便宜之权，使陕西、甘、宁、延绥等处总兵巡抚等官悉听节制（第2375页）。

被朝廷否定，遂敕命左都御史王越专居固原，总督诸路军马。二十年(1484)令陕西巡抚都御史于固原等处往来提督。此后仍有多次奏请陕西都督同知白玘专守固原、靖虏等处，甚至督统陕边的请求，但都没有得到朝廷批准。可见，当时固原虽然重要，但总制、提督或总兵等官的驻守，多是一时的权宜之计，作为一种制度尚没有完全建立。尽管如此，在频繁而长期的地区征战和防御实践中，固原、环庆、平凉，包括兰州以东、宁夏以南的广大地区，实际上已经形成为一个大的防区。在此防区中，固原经常驻守着各种名目的重要的文臣武将，成为实际的防区中心，总制诸边的思想在一定程度上得以实现，固原镇的初级形态实际上已经形成。

弘治十五年(1502)固原镇建置正式完成。弘治十四年(1501)朝廷命户部尚书兼都察院右副都御史秦纮总制固原，"凡军马钱粮等项事宜逐一从新整理"，"各该镇巡等官悉听节制"[①]。后经秦纮建议，同年添设曹雄充副总兵分守固原等处。另有大臣建议，"请令固原自为一镇，照广西梧州事例，总兵官、太监则常居固原，巡抚官则九月至(第)二年二月在固原，三月至八月往来陕西会城巡历"。兵部原则上同意此意见，并认为"固原自为一镇，事体重大，请行令镇巡等官议处，……从之"[②]。关于此事，镇巡等官讨论的情况怎样，史文缺载，不可确知。不过，秦纮做总制一直到十七年(1504)，以后武安侯郑英、三边总制杨一清等大概都遵循此制度。所以《皇明九边考》说，弘治十五年(1502)秦纮总制固原，"后总制皆驻扎此城，于是始改立州卫，以固、靖、甘、兰四卫隶之"[③]。严从简《殊域周咨录》的观点[④]与此基本一致。因此，弘治十五年固原镇正式建立是符合历史事实的正确认识。固原镇的正式建立，实现了该镇由初级形态向典型形态的转变。

需要指出的是，固原镇的建成道路与其它诸镇略有不同，它从一开始起就沿着两条线发展。其中一条线是，固原、平凉、环庆、靖虏至兰州的广大地区，在成化以后日渐成为宁夏、甘肃、延绥镇等三边防线的"二边"；另一条是，甘肃、宁夏、延绥三边在具体的防御实践中，划地自首，各不相顾，

① 《明孝宗实录》卷179，弘治十四年九月甲辰，第3311页。

② 《明孝宗实录》卷188，弘治十五年六月丙午，第3464—3465页。

③ 《皇明九边考》卷10《固原镇》，第410页。

④ 《殊域周咨录》引《固原边论》说："弘治十五年，兵部议设总制于固原后，总兵亦驻此城，以固靖兰，四卫专隶。"(见余思黎点校，第613页)其中"以固靖兰"，据《皇明九边考》，当为"以固靖甘兰"之误。点校者只在靖、兰下划专名号，将固原卫的"固"理解为"巩固"之意，这是不正确的。

迫切需要在固原适中之地设立总制三边的中心。随着蒙古诸部侵犯的日益频繁，这两个过程日益发展。为了确保三边及其以内广大地区的安全，最终实现了该镇的设立。如果单就第一条线的发展及其需要而言，固原镇的形成途径与其它八镇没有不同，只是其防守区域位于三边以内而已。若就第二条线的发展和需要上讲，其它八镇的设立均与此不同。而后者恰恰是固原镇形成的主要动机。因此，固原镇形成的道路是一种特殊的道路，这里姑且称为固原道路，或固原模式。它与嘉靖时期先后设立的偏头关总督"联属山西诸镇"，以及蓟州总督"联属辽东"[1]的情况，虽然在功能和形式上比较相似，但在形成方式和具体功能上却不完全相同。

永乐以后，北方边地区域防御的布局和建设，改变了洪武时期重在省区和战略要地的布防格局，区域防御开始以边防线为主体来规划和布局，进而形成九边区域布局的新模式。这种布防模式客观上体现了洪武中期宋讷《守边策》的边境布防精神，反映了政府在边疆防御上边境意识的自觉与成熟。九边模式是明代防御蒙古等部族侵扰的新创举。

三、九边内部区域防卫的分化与趋势

九边分布在万里边防线上，各边所管辖的区域面积虽然不大平衡，但都十分广大。起初，镇内实行由总兵官负责镇守，由各卫所具体实施的镇区防守。当时蒙古诸部侵扰有限，且规模不大，这种防守形式尚没有明显的问题。正统以后，"敌患日多"，侵扰规模越来越大，这种防守方式就显得捉襟见肘，屡屡被突破。对此，政府除增设巡抚、副总兵、参将、协守、游击等将官以增强各边的防御能力和实力外，在防御体制上也进行了调整，即在各边内部实行分区防守，《明史》所说的"守一路者曰参将"，指的就是这种防守形式，它一般由参将负责。

镇内分区防守约自正统以后在各边相继实行，其间由于侵扰一方进犯的路径有限，各镇所面临的防守压力不同，政府在副总兵、参将等的配置上也因形势而定，所以各镇内部实施分区防守的时间和过程很不一致。拿陕西四镇来说，宁夏镇在正统八、九年(1443—1444)间形成三路分守：西路分

① 许论:《九边总论》,《明经世文编》卷232,中华书局,1962年,第2431页。

守广武营、鸣沙州、宁夏中卫营等地；东路分守花马池、兴武营和清水营等地；中路分守广武营以北，包括黄河以西的沿边地区。东西二路分别由参将负责守卫，中路由总兵官和副总兵官等直接负责。延绥镇在天顺二年(1458)前不久形成东西二路的划分，后来划分为三路，其中东西二路分别由参将负责分守。而甘肃镇和固原镇实行的就比较晚，前者于成化十年(1474)才比较稳定地出现肃州、凉州、庄浪等的划分，参将分守的体制因此也才确立。后者更晚，要到嘉靖九年(1530)至十一年(1532)才比较稳定地实现了南北二区的划分守卫：即北区由兰州、靖虏二卫组成西路分守区；固原、环庆一带组成东路分守区；南区为洮岷河参将管辖守卫区①。大同、宣府、蓟州和辽东诸镇也在正统以后相继实现了分守区划分，其具体情况不再赘列。

各镇内部分路防守区域划分的总趋势，是分守区越来越小，数量愈来愈多。如大同镇，正统时期分为东、中、西三路②，嘉靖时期分作四路，即大同东路、大同西路、大同中路、大同北路，各由参将驻守。东路参将驻扎阳和城，西路参将驻扎平虏城，中路参将驻扎大同右卫城，北路参将驻扎弘赐堡③。在此基础上，后来又发展为新平(新坪)路、东路、北东路、北西路、中路、威远路、西路、井坪路等八个分区，各由参将驻守④。《明史》记载，大同镇"分守参将九人：曰东路参将，曰北东路参将，曰中路参将，曰西路参将，曰北西路参将，曰井坪城参将，曰新坪堡参将，曰总督标下左掖参将，曰威远城参将(万历八年革)"⑤。就是与上述诸分守区相对应的将官设置。又如蓟州镇，先有三路四分守区⑥，后又有八区⑦、十区⑧的划分。类似划分，在其它各镇都有不同程度的表现，具体情况可参见《明会典》、《明史・职官

---

① 参见拙作：《明代陕西四镇分路防守体制的形成和演变》，《陕西师范大学学报》(哲学社会科学版)2010年第2期。

② 《明英宗实录》卷146，正统十一年十一月癸卯条载：兵部尚书邝野等奏，"(大同)旧分三路操守，总兵官朱冕守中路，领官军七千八百余骑；右参将马义守东路，领官军二千五百余骑；左参将石亨守西路，领官军四千八百余骑"(第2872—2873页)。

③ 《皇明九边考》卷5《大同镇》，第239—243页。

④ 《三云筹俎考》卷3《险隘考》，第95—123页。

⑤ 《明史》卷76《职官五》，第506页。

⑥ 《皇明九边考》卷3《蓟州镇》，第168—174页。

⑦ 《明世宗实录》卷383，嘉靖三十一年三月壬寅，第6777页。

⑧ 《明世宗实录》卷380，嘉靖三十年十二月丙辰，第6732页。

志》和《明实录》的相关记述，此处不再赘述。

九边内部分守区的出现和发展，是应对蒙古诸部日趋严重的侵扰和边政日益损坏的矛盾的产物，它弥补了以九边为单位的大区域防守的弊端，加强了区域内部更加具体的目标责任防卫，取得了较为积极的防守效果。这种大防区与分防区相结合的形式，后来不断发展和完善，最终成为明代九边区域防御最稳定的形式。

第三章　蒙古诸部侵扰九边的时间分布与地域变迁

明朝存在的276年间，与北部蒙古诸部族的关系始终占据着非常重要的地位。洪武初年到洪熙元年(1425)的最初58年，明朝在军事上处于绝对的优势，蒙古诸部总体上处于被动地位，因而对于北部边境威胁不大。宣德以后，形势日渐改变，“敌患日多，故终明之世，边防甚重”[①]。蒙古诸部对明朝的侵扰主要分布于宣德到万历年间(1426—1619)。其侵扰明朝的次数之多，延续时间之长，在一定程度上可以看作助成并加速明王朝灭亡的重要因素。对这种前所未有、旷日持久的侵扰活动和争战现象的研究，是认识蒙古诸部族与明朝关系以及明朝一些重大社会问题的基础。下面主要就时间分布和空间变迁两个方面，对此问题作一综合性论述。

一、蒙古诸部南犯九边的时间分布

宣德至万历年间，北方蒙古诸部侵扰明边的时间分布主要涉及两个方面：一是以侵扰次数为基本依据所反映的时段性分布问题；二是以年为单位的月份分布问题。

(一)以侵扰次数为基本依据的时段分布

虽然宣德至万历年间蒙古诸部族侵扰九边相当频繁，但历史文献或相关研究均没有较为系统的统计。这里我们根据《明实录》、《明通鉴》、《明史》，并参考今人著作，如翦伯赞主编的《中外历史年表》[②](明代部分)，中

① 《明史》卷91《兵三》说，“正统以后，敌患日多。故终明之世，边防甚重”(第599页)。核诸史实，正统时期的14年内主要有8次侵扰，宣德10年内有6次侵犯。因此，蒙古诸部族日渐频繁的侵扰应以宣德年间开始更为准确，见后文。

② 中华书局，1985年。

国军事史编写组《中国历代战争年表》[①](明代部分)等,对其中主要的侵扰活动加以统计(见表3—1),作为讨论这一问题的基本依据。

表3—1 1426—1619年蒙古诸部侵扰九边主要活动的十年分布统计

公元纪年	年号纪年	次数	公元纪年	年号纪年	次数
1426—1435	宣德1—10年	6	1536—1545	嘉靖15—24年	34
1436—1445	正统1—10年	6	1546—1555	嘉靖25—34年	40
1446—1455	正统11—景泰6年	11	1556—1565	嘉靖35—44年	44
1456—1465	景泰7—成化1年	21	1566—1575	嘉靖45—万历3年	25
1466—1475	成化2—11年	26	1576 1585	万历4—13年	14
1476—1485	成化12—21年	10	1586—1595	万历14—23年	15
1486—1495	成化22—弘治8年	9	1596—1605	万历24—33年	9
1496—1505	弘治9—18年	25	1606—1615	万历34—43年	10
1506—1515	正德1—10年	18	1616—1619	万历44—47年	5
1516—1525	正德11—嘉靖4年	13			
1526—1535	嘉靖5—14年	18	1426—1619	合计194年	359

说明:(1)以一年中某次侵扰的首次侵犯为"1次",至于这次侵入的依时、依地的渐次侵犯地,是此次侵犯活动的组成部分,不记入。(2)某次侵犯主方向以外的别部侵扰分别记入。(3)有些文献记载不确定的侵扰,如弘治十七年(1504)北虏"时常出入大同",万历二十六年(1598)冬"大小百余战",应该有不同程度的多次侵扰,没有记入。

通过表3—1基本的统计数字,我们看到:

(1)宣德到嘉靖年间(1426—1566),蒙古诸部族对九边的侵扰活动,总体上呈现日渐增多的上升趋势。万历时期,蒙古诸部日渐衰微,对九边地区的侵扰渐趋减少,特别是最后24年,年均约为1次。这种情况与历史文献的记载和学术界的认识基本上是一致的,但也存在着不同。一致点在于,明代文献和当代研究普遍认为,永乐初年东胜撤卫以后,北部诸部的侵扰日渐增多,"故终明之世,边防甚重"。不同点在于,《明史》卷91《兵三》强调"正统以后,敌患日多",王士琦则强调"景泰、天顺以后"晋北沿边侵扰

① 解放军出版社,2003年。

吃紧①。这些表述固然都是真实的历史反映,但将宣德年间的诸部侵犯排除在外,容易引起误解,似乎在永乐以后的历史中,北部蒙古诸部的侵扰从正统以后开始。而事实是,宣德时期的10年间,北部蒙古的侵扰是以东部蒙古鞑靼包括兀良哈为主体的侵扰,主要侵扰的地域是2次在凉州,4次在辽东及其附近蓟州一带。宣德三年(1428)九月,兀良哈部侵扰蓟州的规模甚至达到一万多人②,影响不能说不小。至于正统时期凡14年,至少有8次侵犯。这时东部鞑靼和兀良哈与西部瓦剌交相侵扰,侵扰地点涉及凉州、大同、辽东等地,特别是正统十四年(1449)瓦剌侵犯,直指北京,造成"土木堡之变",影响最为巨大。《明史》兵志以"正统"为重大转折,显然主要着眼于"土木堡之变"的巨大影响。尽管如此,就蒙古诸部侵扰的历史来讲,说宣德以后蒙古诸部日渐侵扰,边备日益紧迫,则更符合历史事实。

(2)嘉靖十五年(1536)以后的31年间是蒙古诸部侵扰的高峰时期。其间每10年的主要侵扰都在34次以上,呈现出明显的增长态势。嘉靖十九年(1540)以后有12年,每年的侵扰次数都在5次以上,这种情况在中国古代史上是颇为罕见的。王士琦说,"景泰、天顺而后,云中、应、朔之区时时备虏,至嘉靖则无岁不蹂践为战场矣"③。这样的话虽然有些夸张,却从一个侧面反映了这一时期的真实情况。这一时期是明王朝统治时期北部诸部侵扰规模最大、次数最多的阶段。根据我们的初步统计,宣德至万历年间,万人以上规模的侵扰约有70次,其中分布在嘉靖二十五年(1546)至四十一年(1562)期间的就有近20次。为什么这一时期的侵扰活动如此频繁,并且较大规模的侵扰这样多?主要的原因是:

第一,北方蒙古诸部族此时基本上形成了"一种力量庞大的同盟",从而增强了它侵扰的军事实力。这一点黄仁宇先生已经注意到,但他不是用来说明这一侵扰高峰期的。他说:"在北方,蒙古酋领俺答(Altan Khan)自1540年间即已从各部落间构成一种力量庞大的同盟,起自今日中国之东北,西迄青海,所以他能在一次战役中投入10万战士。自1550年代以来,每到秋天即来犯边,无岁无之,有时甚至逼至北京郊外。"④1540年是嘉靖

① 《三云筹俎考》卷1《安攘考》,第41页。

② 《明宣宗实录》卷47,宣德三年九月辛亥,第1139页。

③ 《三云筹俎考》卷1《安攘考》,第41页。

④ (美)黄仁宇:《中国大历史》,生活·读书·新知三联书店,1997年,第205页。

十九年，正在嘉靖十五年(1536)至二十四年(1545)的第一个侵扰高峰的10年期间。其实，黄仁宇先生用一次战役中投入10万战士来说明诸部同盟的强大并不确当，因为，这一时期20万、30万，甚至是40万的侵扰规模也屡见不鲜，而此前部分部族10万人的入侵规模也不乏见载。如：1540年以前的嘉靖十一年(1532)三月，小王子以10万骑犯延绥[①]；十三年(1534)八月，吉囊率10余万骑由花马池侵入[②]。1540年以后，如嘉靖二十一年(1542)闰五月，宣大总督、侍郎翟鹏奏，“据降虏言，贼已会众三十万，将入犯”[③]。二十五年(1546)秋七月，蓟州巡抚郭宗皋奏报，“虏四十万在宣府独石，欲东西分犯”[④]。三十二年(1553)九月，宣大巡按御史毛鹏言，“虏自七月十六日入境(山西)，至八月初七日始出，以二十余万之众，经二十余日之久，地方遭其杀戮，抢掠殆无余类”[⑤]。由于蒙古诸部族强大同盟的形成和军事实力的增强，这一时期大规模的侵犯才较为常见。而这样大规模的侵扰及其数量之多，在以前较为少见。

第二，明朝九边边备弛坏，将士作战不力。这种情况由来已久，嘉靖以后愈演愈烈。具体表现在多个方面，如兵变，先后就有大同兵变、辽东兵变、广宁兵变[⑥]。士兵缺额且羸弱，逃亡或逃叛时有发生[⑦]。白莲教士残余势力渗入，并与逃亡塞外汉人相通，为蒙古诸部所利用，加重边塞危机[⑧]。边将欺瞒兵部时有发生，特别是仇鸾镇守大同时，贿赂俺答，并私下与之结盟以欺骗天下，最为严重。严嵩辅政时，“军困”、“官邪”，贿赂公行，结果是：“文武将吏率由贿进。其始不核名实，但通关节，即与除授。其后不论

① 《明世宗实录》卷136，嘉靖十一年三月癸亥，第3209页。

② 《明世宗实录》卷166，嘉靖十三年八月壬子，第3651页。

③ 《明世宗实录》卷262，嘉靖二十一年闰五月庚午，第5213页。

④ 《明世宗实录》卷314，嘉靖二十五年八月壬寅，第5881页。

⑤ 《明世宗实录》卷402，嘉靖三十二年九月己酉，第7040页。

⑥ 夏燮：《明通鉴》卷56，中华书局，2009年，第1911页，第1927—1928页，第1929页。

⑦ 《明世宗实录》卷464，嘉靖三十七年九月庚寅，唐顺之巡视蓟州，回来后说：“蓟镇两关镇区马步官军原额兵九万一千有奇，见卒五万七千有奇，逃亡三万三千有奇。”(第7828页)卷291，二十三年十月己丑：大同左卫指挥王铎“素与虏酋吉囊通”(第5594页)。卷478，三十八年十一月丙申：山西因为蒙古诸部侵扰，“募标下卒三千名，添设分守太原参将一人领之，类皆市井恶少”，后叛乱，大部分人员逃入“虏中，居板升，大为边患”(第8002—8003页)。

⑧ 据《明史》卷327《鞑靼》，主要人员有萧芹、吕明镇、赵全、丘富、周原、乔源等(第2171页)。《明通鉴》卷61，嘉靖三十四年九月条：白莲教士邱富、周原、赵全等，“在敌招集亡命，居丰州，筑城自卫，构宫殿，垦水田，号曰板升。……教敌习攻战事，敌益爱重之。……(寇)以此势益张，边塞无宁日”(第2132页)。

功次，但勤问遗，即被超迁。托名修边建堡，覆军者得荫子，滥杀者得转官。公肆诋欺，交相贩鬻。而祖宗二百年防边之计尽废坏矣。”[①]还有，朝野上下畏敌情绪滋长，消极保守情绪蔓延，和议之声不息。至于边输困难，边疆士兵生活困苦，在明人奏折中屡见不鲜。所以，嘉靖后期35年间蒙古诸部大肆侵扰，几乎达到了疯狂的地步。

(3)正统十年(1445)到嘉靖十四年(1535)，以至万历时代，蒙古诸部侵扰的频繁程度总体上是较为稳定的，尽管其中也存在着一些波动。黄仁宇先生认为:1570年“俺答媾和，并授以顺义王名号，……自此之后，终明代，蒙古人未再为边防之患。”[②]这一认识看到了俺答归款对于促进蒙古诸部结束九边侵扰的重要性，是值得肯定的，但由此认为，“自此之后，终明代，蒙古人未再为边防之患”，却是不符合历史事实的。因为，从万历四年(1576)到万历四十三年(1615)的40年中，每10年都有10次左右的侵扰活动。其中侵扰主体包括泰宁部、土蛮部和河套部等，这些都属于北部蒙古诸部族。从侵扰规模来讲，2万人以上的侵扰达到12次以上，而20万、10万人规模的侵扰也不乏见载。其侵扰地域虽然主要集中在辽东地区，但对延绥以及甘凉一带的侵扰一度也较为严重。如万历四十三年(1615)闰八月，河套诸部大举侵犯，“西路砖井、宁塞，中路波罗，东路大柏油、柏林、高家、神木”[③]。四十四年(1616)侵犯高家堡、双山堡、波罗堡等地[④]。不过，随着西宁浩尔齐布部与明和好，河套诸部“势孤弱”，“分四十二枝”，“始次第归款，延绥遂少事”[⑤]。由此可见，1570年的俺答归款并被封为顺义王，并没有出现“自此之后，终明代，蒙古人未再为边防之患”的情况，而是自此以后，蓟镇、宣大以及陕西三边，“边境休息，不用兵革者二十余年”[⑥]。蒙古诸部对九边中西部的侵扰总体上已经结束，但对辽东地区的侵扰依然较为频繁。《明史》所谓“自是，……西塞以宁。而东部土蛮(土默

① 《明史》卷210《张翀传》，第1437页。

② 《中国大历史》，第205页。

③ 《明神宗实录》卷537，万历四十三年九月己丑，第10186页。

④ 《明神宗实录》卷547，万历四十四年七月乙未，第10371—10372页。卷550，万历四十四年十月辛丑，第10403页。

⑤ 《明通鉴》卷75，第2656页。

⑥ 《明通鉴》卷65，第2318页。

特)数拥众寇辽塞。……神宗即位,频年入犯。”[①]正确地反映了这一点。

(二)以年为单位侵扰的时间分布。

“防秋”是自古以来中原政权防御北方游牧民族侵扰最为重要的边防活动。明代北方蒙古诸部族侵扰持续的时间很长,侵扰的次数也非常频繁,以致于“防秋”成为当时历史文献中使用频率很高的词语。那么,一年当中的侵扰活动在时间选择上有什么特点?所谓“防秋”在一年当中的侵扰活动中处于什么样的地位?搞清这些问题,对于认识蒙古诸部族的侵扰,以及正确认识防秋和反侵扰都具有重要的意义。

(1)蒙古诸部族的侵扰活动在一年当中各个月份的分布总体上是较为均衡的,这是认识和评判明朝九边防御史的基础。根据《明通鉴》的编年资料及其研究,在与《明实录》、《明史》核证的基础上,我们对宣德至万历年间所有明确见载的主要侵扰活动的月份进行统计和编排(不包括西番等其它部族),结果发现,农历1—12月各月主要侵扰活动的次数依次为:37,28,40,29,30,26,37,47,36,35,21,29。这就是说,从一个较长时段上观察,蒙古诸部族对九边的侵扰活动,在月份分布上是较为均衡的。秋季三个月的侵扰次数固然最多,但并不是与其它各月差别特别巨大。这种现象说明,蒙古诸部族在侵扰九边的时间选择上,受一年当中气候节令变化的影响并不太大,侵扰或侵犯战争在每个月都可能发生。这种状况决定了明朝对于北方边境的防御是全年性的,而不是季节性的,九边防御不容许有较长时间的季节性休整。全年性防御和准备迎战随时而来的侵扰,是导致边兵疲惫,以及一系列边防问题的重要因素之一。

(2)秋季侵扰次数相对较多,尤其是大规模的侵扰活动分布最为显著。就上文各月份主要侵扰活动的次数来看,春季的正月到三月分别是37次、28次和40次,而秋季的七至九月分别是37次、47次和36次,二者相差不是很大。另外,夏季、冬季也都有单月超过30次侵扰的月份。之所以说秋季的侵扰相对较多,这是就主要的侵扰活动而言的。从侵扰规模上看,如果以万人以上的侵扰为较大规模的底线,那么从宣德年间到万历时期,这种规模的侵扰约有70次(文献所记载的“连营数十里”、“连营20里”、“大

① 《明史》卷327《韃靼》,第2172页。

举”等侵扰，估计人数在万人以上，所以被计算在内)，见表3—2。

表3—2　1426—1619年间蒙古诸部万人以上规模侵扰次数的月份与季节分布

1月	2月	3月	4月	5月	6月	7月	8月	9月	10月	11月	12月	冬
4	2	8	3	5	2	9	9	9	7	6	3	2
春季:14			夏季:10			秋季:27			冬季:18			

春季14次，夏季10次，秋季27次，冬季18次，其中秋季的侵扰次数明显多于其它三季。所以，如果说就各种规模的侵扰而言，秋季侵扰次数只是相对于其它三季较多的话，那么，万人以上大规模的侵扰或战争，秋季占有绝对数量优势。这种情况说明，大规模的侵扰在时间的选择上较多受气候和时令的影响。宣德三年(1428)八月诏谕五军都督府都督说，“胡虏每岁秋高马肥必扰边”[①]，代表了明政府对蒙古诸部侵扰时间选择的一般性认识。这里虽然没有强调侵扰规模的大小，但实际上是就较大规模的侵扰而言的，因为小规模的侵扰在各月份不时都会出现。万人以上规模的侵扰次数实际上客观地诠释了这一点，也揭示了明朝高度重视“防秋”的真正原因所在。

夏季是一年四季当中侵扰次数最少的季节，无论是总的侵犯次数，还是万人以上规模的侵犯次数，都反映了这一点。特别是万人以上规模的侵犯少于其它三个季节的情况更为突出，说明该季节对于北方蒙古诸部发动侵扰和掠夺战争是很不利的，对于大规模的侵犯和征战更为不利。张居正说，“暑月非虏骑狂逞之时，料无大事”[②]。成化八年(1472)秋，余子俊上书请修延绥边墙说，“请于明年春夏寇马疲乏时，役陕西运粮民五万，给食兴工，期两月毕事”[③]。代表了政府和边镇官员对夏季侵扰的一般性经验认识，结合我们的统计数字看，这些认识在相当程度上反映了当时的实际情况。但不能因此就认为蒙古诸部的夏季侵扰就真的很少，并且无足轻重。事实上，如上文所述，夏季侵扰的次数只是相对于其它三季较少，万人以上规模的侵扰虽然比其它三个季节，尤其是秋季更少，却也至少有10次之多，只是比秋季侵扰数量少17次，比春、冬二季分别少4次和8次。这些

① 《明宣宗实录》卷46，宣德三年八月癸巳，第1125页。

② 张居正:《论边事疏》,《明经世文编》卷325，第3466页。

③ 《明史》卷178《余子俊传》，第1229页。

侵扰的发动者分别是卫拉特、小王子、鞑靼火筛、俺答，以及土蛮（土默特）联合泰宁部，他们虽然处在不同时期，但都地近边境，较少有大漠以北诸部的劳师远征和乏水之虞，因而也能在炎热的夏季发动一些较大规模的侵扰。

春冬两季也是蒙古诸部侵扰较为频繁的季节，虽然有余子俊所言“春夏寇马疲乏”的情况，但春季毕竟不像夏季那么炎热，冬季的寒冷对于生活在北方草原的蒙古诸部也不会有太多的制约，相反，对于驻守九边的将士倒是更为不利。因此，冬季较大规模的侵扰活动还要多于春季。

总之，宣德至万历一百九十余年间，北方蒙古诸部侵扰九边在一年当中的时间选择上，遵循的基本规律是：秋季第一，春季第二，冬季第三，夏季第四。万人以上规模的侵扰，冬季排在第二，春季排在第三，其它二季位次不变。因此，对于明王朝来讲，防秋固然非常重要，但对于其它三个季度的侵扰也不容忽视。

二、主要部族侵扰九边的时空特征与地域变迁

宣德至万历年间，蒙古诸部对九边的频繁侵扰，在空间的选择以及实际的空间侵扰表现，实际上是有很大的不同的，这种不同随着蒙古诸部族势力的消长、变化，经历了一个较为复杂的演变过程。

（一）从鞑靼阿鲁台到瓦剌也先（1426—1456）。

宣德元年（1426）至景泰七年（1456）间的30年，是明朝结束永乐时期的五次北征和经略后，边防政策一反过去方针，转攻为守[①]的最初30年。在这30年里，北部蒙古诸部侵扰九边的主力军是鞑靼阿鲁台和瓦剌也先前后相继的部族势力。阿鲁台势力源自东北，后被瓦剌等部打败，先移居兀良哈，“驻牧辽塞”，又徙居母纳山、察罕脑剌等处，最后残部逃往亦集乃路。该部侵扰集中在这一时期的前20年里（宣德九年，即1434年阿鲁台死，以后的侵扰是其残部阿台等），主要的侵扰活动约有10次，地点主要集中在两个区域：一是辽东边境，如开平、赤城以及蓟镇喜峰口等；二是甘州、

① 台湾三军大学编：《中国历代战争史》第十四册，军事译文出版社，1983年，第215页。

凉州一带。前者是游徙东北时的侵扰地，后者发生在宣德八年(1433)以后，是其残部逃往亦集乃路时的所为，所谓“外为纳款，而数入寇甘凉”[①]。大同、延绥等地虽然也有侵犯，但只是零星的侵扰，影响不大。

瓦剌是继阿鲁台而起的西蒙古势力，永乐时有三部，分别归附明朝并被封为王。正统元年(1436)以后重新统一，也先继位以后，肆行征略四方，西到中亚，东至朝鲜，北起西伯利亚南境，广大范围内诸部族先后臣属[②]，约到正统十一年(1446)完成了统一北方的事业，从而为大规模侵扰九边奠定了基础。不过，瓦剌长期以来将主要精力放在统一和巩固北方的事业中，所以和明朝长期保持着友好的关系，直到正统十四年(1449)前几乎没有重大的侵犯活动。在此期间，侵扰明朝的主要力量来自东北的兀良哈等三卫，侵扰地点主要分布于大同、延安、绥德、宁夏等西北边[③]。瓦剌的主要侵犯活动从正统十四年开始，这也是最大规模的一次侵犯。此后，从景泰元年(1450)到五年(1454)间先后有十多次主要的侵扰活动，侵犯的主要地点涉及宁夏、庆阳、凉州、大同、宣府、偏关、朔州、雁门、河曲、忻州、代州、辽东等地，频繁侵扰的地区是大同、宣府二镇。景泰元年(1450)五月的侵扰，势力到达太原城北，这是瓦剌势力深入内地最远的界限。

(二)从鞑靼孛来到毛里孩等(1457—1482)。

景泰五年(1454)以后，瓦剌势力衰微，鞑靼孛来继起，随后鞑靼各部迭相称雄，对明的侵扰连绵不绝，九边危机日趋严重。

孛来部：孛来本是东北部哈剌嗔部落大酋，曾归附也先，也先死后，日渐以多伦、经棚一带为根据地，控制东北三卫[④]，成为东部鞑靼重新振兴的第一支力量。此后，主力移居甘肃、宁夏边外。他活动于继也先之后的天顺年间到成化三年(1467)，约 10 年的时间。天顺元年(1457)到成化元年(1465)，他先后发动十多次主要的侵扰，侵扰地点包括甘州、凉州、延绥镇安边营、镇番卫、庄浪、宁夏、河西、宣府、大同、辽东等地，其中最为频繁的侵扰地分布在延绥镇、宁夏镇和甘肃镇沿边。

---

① 《明史》卷 327《鞑靼》，第 2168 页。

② (日)和田清：《明代蒙古史论集》(上册)，潘世宪译，商务印书馆，1984 年，第 221 页。

③ 《明代蒙古史论集》(上册)，第 222—223 页。

④ 《明代蒙古史论集》(上册)，第 304—305 页。

毛里孩部：毛里孩据说是翁牛特部的首领，最初的根据地在大兴安岭北端偏西，后逐步南下，天顺四年（1460）以后进入河套一带，并于孛来，经常在西边活动。成化元年（1465）至成化二年（1466）三月间，毛里孩杀孛来，并继承孛来的势力，开始较多地侵扰明边[①]，到成化六年（1470）正月以后不再见到他的名号。所以称雄强盛并独立发展总共不到4年时间。这期间，主要的侵扰活动有十多次，地点主要选择在延绥镇，至少有7次侵犯，其它几次侵犯分别在宁夏、固原、大同和辽东诸镇。

另外，据《明实录》记载，成化六年（1470）时，已经进入河套的鞑靼部族有：阿罗出部、毛里孩部、乩加思兰、孛罗忽部、满都鲁部[②]。他们或联合，或以一部为主先后侵扰明边。从成化二年（1466）到成化十八年（1482），特别是毛里孩势力衰弱以后，见于记载的鞑靼部的主要侵扰活动达二十多次，只有数处提到鞑靼乩加思兰、鞑靼伊斯玛音、满都鲁，其余多以鞑靼或虏相称。其侵扰有两个特点：（1）成化九年（1473）以前主要围绕延绥镇沿边一带侵扰，向西包括宁夏、固原。特别是成化八年（1472）六月到八月，先后侵入平凉、巩昌、临洮、庆阳、固原，进行大杀掠，一个月期间劫掠4000余户，杀掠人畜364000有奇[③]。成化九年九月，门都尔（满都鲁）、博勒呼（孛罗忽）、释嘉策凌（乩加思兰）三酋联兵入侵，"直抵秦州、安定、会宁诸州县，纵横数千里"[④]，破坏甚大。巩昌、临洮一线是这一时期鞑靼侵入的最远界限。宁夏东部、延绥镇西偏，包括定边、固原、庆阳、平凉、秦州南北通道，逐渐被鞑靼所认识，成为屡次大侵犯的重要线路；（2）成化十年（1474）至十八年（1482），鞑靼诸部侵扰的方向移向大同、宣府一带，各有数次侵扰，深入最远到达河北赤城一带。至于辽东，也遭到鞑靼纠结朵颜三卫的侵扰，但主要还是辽东塞外各部的侵扰，次数不多，不是主要的侵扰方向。

（三）小王子称雄时代（1483—1533）。

小王子，即达延汗，生于天顺八年（1464），成化十七、十八年间（1481—1482）即位为王，嘉靖十一、十二年间（1532—1533）死亡，在位约50年。在

① 《明代蒙古史论集》（上册），第313—315页。

② 《明宪宗实录》卷121，成化九年十月壬申，第2338—2339页。

③ 《明宪宗实录》卷110，成化八年十一月己酉，第2142页。

④ 《明通鉴》卷32，第1132页。

位期间统一了蒙古各部，是蒙古历史上继成吉思汗、忽必烈之后又一位非常重要的人物①。从成化十九年(1483)开始，以小王子为酋领的鞑靼对明发动了数十次主要的侵扰活动，侵扰地点涉及九边各区域。

(1)主要的侵扰地点在大同、宣府二镇。这期间，这两个镇至少各被侵犯达12次以上，是这一时期受侵犯最多的镇。不但如此，大规模的侵扰也屡见不鲜。如成化十九年(1483)七月，以3万骑犯大同②。弘治十年(1497)五月，纵兵犯大同，连营三十里③。正德九年(1514)八月，连营数十里犯宣府、大同④。九月以5万余骑从宣府万全右卫新开口入，又以3万余骑入犯平虏卫南⑤。嘉靖七年(1528)三月犯山西，号称10万⑥。小王子南侵的最远地区大概在山西应州、朔州一线。

(2)其次是延绥、宁夏、固原三镇和甘肃镇东部一带。像前一个时期一样，延绥与宁夏之间的花马池、环县、韦州、灵州、固原、平凉仍是重要的深入通道。按照兵部的说法，"河套之虏自三月后从花马池入，至韦州、鸣沙州，杀掠凡数十次"⑦。正德四年(1509)、十年(1515)两次侵扰，围攻陇州，所以陇州一线成为小王子沿着这一通道南犯最南端的界限。对于甘肃镇的侵扰，"自弘治十一年(1498)七月以来，虏入甘肃境者十八次"⑧。主要侵扰地点，包括山丹、永昌、兰州、庄浪、镇番、凉州等处，凉州、庄浪、兰州、临洮成为小王子部南侵的又一通道。临洮是小王子沿着这一通道南犯的最南端界限。

这一时期这一带大规模的侵扰也不少，如正德十年(1515)八月，以10万余骑自花马池犯固原，"联营而行长七十余里，肆行抢杀，城堡为空"⑨。嘉靖十一年(1532)三月，拥众10万侵犯延绥⑩。其它或数万者尚多，此不赘述。小王子侵扰的主要地点和侵犯通道，清楚表明其主要力量分布在西

---

① 《明代蒙古史论集》(上册)，第338页，第346页。
② 《明宪宗实录》卷242，成化十九年七月戊申，第4088页。
③ 《明孝宗实录》卷125，弘治十年五月己巳，第2236页。
④ 《明武宗实录》卷115，正德九年八月辛丑，第2329页。
⑤ 《明武宗实录》卷116，正德九年九月壬戌，第2344页。
⑥ 《明世宗实录》卷86，嘉靖七年三月丁酉，第1959页。
⑦ 《明孝宗实录》卷177，弘治十四年闰七月己卯，第3242页。
⑧ 《明孝宗实录》卷176，弘治十四年七月己未，第3220页。
⑨ 《明武宗实录》卷129，正德十年九月甲辰，第2574页。
⑩ 《明世宗实录》卷136，嘉靖十一年三月癸亥，第3209页。

到贺兰山后，东到大同、宣府以北，包括河套一带的广大地区[①]。

(3)对于偏关、蓟州和辽东一带的侵扰次数不多，影响相对薄弱。辽东、蓟州仅在沿边地带活动，偏关镇为侵扰大同的右翼路线，其势力曾深入西到岢岚，东到五台、繁峙、崞县、忻州等处一带。正德八年(1513)六月，"晋王知烊奏：虏数万人寇偏头关，入雁门，遂掠五台、繁峙、崞、忻等处，深入五百余里，为害非细"[②]。向南深入五百余里，最南端界限为忻州一带。

(四)鞑靼吉囊时代(1534—1541)。

嘉靖十二年(1533)以后，鞑靼吉囊势力兴起，成为北部蒙古又一支强大的力量。吉囊是小王子的裔孙，属于小王子别部酋领，小王子强盛时被分封在河套一带[③]。嘉靖十四年(1535)，吉囊、青台等率10余万骑屯住黄河东岸，第二年移驻大同近边[④]。十五年(1536)四月又以10万众屯居贺兰山后，侵扰凉州[⑤]。二十二年(1543)吉囊死亡。其所部强盛时期约八九年时间。从十二年到二十年几乎连年侵扰，有明确记载的主要侵扰活动二十多次。主要的侵扰地区有二：一是延绥、宁夏、固原一带，约有8次大的侵犯，6次分布在十五年以前。十五年以后，侵扰移向凉州、庄浪、河西、兰州等地。二是大同、宣府，约有8次大的侵扰，6次分布于十五年以后，在一定程度上显示了后期侵扰重心向东部宣府、大同地区转移的趋势。特别是嘉靖二十年(1541)八月的一次侵犯，吉囊、俺答阿不孩兄弟联合，分道侵扰山西。吉囊部扰掠平定、寿阳、盂县诸处，俺答阿不孩部侵犯石岭关，趋向太原[⑥]。因此，太原以北向东南至平定、寿阳、盂县一线是吉囊部南犯最远

① 小王子驻地屡有移徙，这是学术界的共识。日本学者和田清认为，小王子(达延汗)占据河套以后再没有向西发展，其势力到达"鄂尔多斯以西的河西、海西，还是在可汗之孙吉囊、俺达时代"(《明代蒙古史论集》下册，第626页)。《明孝宗实录》卷95，弘治七年十二月己卯："近闻虏酋小王子人马潜住贺兰山后，节入甘、凉、永昌、庄浪等处抢掠。去岁六七月间，抢去头畜十万之上。今岁九月前后，又二次入境，抢掠头畜十万有余，人口不知其数"(第1752页)。则小王子部曾到达鄂尔多斯以西的河西，即贺兰山后一带。和田清的看法是不正确的。

② 《明武宗实录》卷101，正德八年六月辛亥，第2098页。和田清以此作为小王子势力的侵犯，见《明代蒙古史论集》(上册)，第344页。

③ 《明代蒙古史论集》(上册)，第364页。

④ 《明世宗实录》卷187，嘉靖十五年五月癸亥，第3956页。

⑤ 《明世宗实录》卷190，嘉靖十五年八月丙午，第4011页。

⑥ 《明世宗实录》卷252，嘉靖二十年八月甲子，第5048页。

的界限。

(五)俺答称雄时代(1542—1570)。

俺答是吉囊的弟弟,小王子时被分封在丰州,南与山西相对。吉囊死后,俺答取代了他的势力[①],进而逐渐统一蒙古各部势力,并向明朝发动了前所未有的频繁侵扰。还在吉囊时代,俺答就数次侵扰山西、延绥,尤其是二十一年(1542)六月进扰山西之役,史载:"丑虏入寇,盖自六月十七日由大同地方长驱而来,二十三日越雁门,直驱太原,兵无一御之者。虏遂南下沁、汾、潞安所属襄垣、长子等州县。是月(七月)十二日复回太原,由忻、崞、代州移营而北,至十八日始从雁门故道遁去。"[②]这种历时长久,且在空间上深入到山西东南部潞安府的情形,在此前蒙古诸部族侵扰的活动中是没有的。从这一年算起,到隆庆四年(1570),共28年时间,俺答部的侵犯达到六七十次之多,如果再加上俺答之子辛爱、黄台吉等的侵犯,约有80次。这种频繁的侵扰在以往的历史上是没有的。因此,这一时期的侵扰,将明代北部蒙古诸部族侵扰活动推向最高潮。隆庆四年(1570),俺答遣使请求封贡,得到明朝廷的准许,第二年(1571)俺答被封为顺义王,从此结束了俺答部对明边的侵扰,双方和好,直到万历十年(1582)俺答死亡,俺答时代结束。28年间侵扰活动在地域选择和空间伸展上有三个特点:

(1)侵扰的主要地区是大同、宣府二镇。据初步统计,该部侵扰大同、宣府或与此相关的主要侵扰活动五十多次,《明史》称,该部从嘉靖二十年(1541)起,"扰边者三十年,边臣坐失事得罪者甚众,患视陕西四镇尤剧"[③]。表现了鲜明的侵扰方向。这种侵扰方向和地域选择,一方面与俺答根据地在大同、宣府以北的情形密切相关,另一方面也是对小王子时代主要侵扰方向的继承。之所以能够实现这种继承,是因为俺答在取代了哥哥吉囊的势力以后,实现了北部蒙古诸部的强大同盟,而这种事业与小王子时代虽然不能等同,却是相类似的。从小王子时代到俺答时代,北方蒙古主体部族主要侵扰方向的一致性表明:大同、宣府二镇是北方蒙古诸部族统一或同盟完成时期首选的侵扰区域。

---

① 《明代蒙古史论集》(下册),第420页。

② 《明世宗实录》卷264,嘉靖二十一年七月甲戌,第5245页。

③ 《明史》卷222《王崇古传》,第1506页。

(2)对陕西诸边大的侵扰不到10次,涉及延绥、庆阳、甘肃、延安、固原以及河湟诸地。反映了延绥、宁夏、固原三边危机时代的基本结束。

(3)越过边镇,向内地深入侵扰的次数多,南侵的界限悬远,杀掠惨重。嘉靖二十一年(1542)六月,俺答率30万大军进扰山西,进驻朔州,南扰太原,进而深入潞安,大掠沁、汾、襄垣及长子一带,七月方才退去。《明史纪事本末》记载此事说:"俺答自六月丁酉入塞,至七月庚午始出。凡掠十卫三十八州县,杀戮男女二十余万,牛马羊豕二百万,衣襆金钱称是。焚公私庐舍八万区,蹂田禾数十万顷。"[①]隆庆元年(1567)九月,侵扰大同、偏关、岢岚、朔州,南至汾州,攻破石州,进而散掠孝义、介休、平遥、文水、交城、太谷、隰州等州县,杀男女数万人[②]。可以看出,大同、宣府、三关(偏关、宁武、雁门)等两道防线已经难以抵挡俺答的大举入犯,太原重镇也不足以防御这一侵扰洪流,以致于俺答进入富饶的晋南部地带大肆杀掠。这一时期南犯最远到达平阳府北部隰州、汾州以及沁州和晋东南潞安府一线。这一界限实际上也是宣德至万历年间北方蒙古诸部侵扰并深入山西内地最远、最南端的界限,同时也是明王朝时期北方蒙古诸部侵扰的最南部界限。

(六)土蛮、河套、松山诸部为主的侵扰(1571—1619)。

这一时期从隆庆五年(1571)至万历四十七年(1619),共计48年,分为两个阶段。第一个阶段,从隆庆五年(1571)到万历十九年(1591),共20年,俺答及其子孙为顺义王,与明和好,西部"边境休息,不用兵革者二十余年"[③]。不过,边境并没有文献记述的这般安宁,据记载,这一时期侵扰的主要力量有土蛮(土默特)、泰宁部、朵颜部、青海部、河套部等,尤其以土蛮为主,泰宁部次之,其它诸部又次之。侵扰主体是土蛮和泰宁部,他们曾对辽东镇及其附近进行了多次的侵犯,其中较有影响的侵犯就有二十余次。至于青海部侵扰西宁、洮州,河套卜失菟侵扰甘肃永昌等,多是零星的侵犯。

第二阶段,从万历二十年(1592)到万历四十七年(1619),共计27年。先是,万历十九年(1591),河套部长土昧明安被延绥官兵杀死,自俺答封王

① 谷应泰:《明史纪事本末》卷60《俺答封贡》,中华书局,1977年,第914页。

② 《明通鉴》卷64,第2274页。

③ 《明通鉴》卷65,第2318页。

以来，一向归款纳贡的河套诸部又开始频繁侵扰，西部“边衅复起”①。此后，较大的侵扰有十多次，地点在延绥、宁夏、固原、甘肃四镇，但均深入不远，特别是延绥镇，地缘近套，是侵犯的主要地区。后因“屡不得志，始次第归款，延绥遂少事”②。松山鞑靼，在甘州、宁夏之间，今甘肃天祝藏族自治县境内。部族有宾兔、阿赤兔、宰僧、著力兔等居住于此，屡为两镇边患③。万历二十六年（1598），明军经过大小百余战，收复松山为内地，并筑边墙400里，以屏蔽庄浪、凉州、兰州、靖虏诸卫④。松山诸鞑逃居贺兰山后，伺机连盟青海部侵犯。万历三十三年（1605）、三十五年（1607），其酋领银定、歹成先后犯镇番、凉州。至于土蛮、泰宁、朵颜、东部宰桑诸部，继前一阶段继续侵扰辽东镇沿边，主要的侵犯在12次以上。

可以看出，隆庆五年（1571）以后，蒙古诸部的侵扰发生了很大的变化：对宣府、大同及其以西陕西四镇的侵扰活动基本结束，近20年间无大的侵扰。而东部以土蛮（土默特）和泰宁等部为主的势力始终没有停止对明朝的侵扰，侵扰地区主要在辽东地区；万历十七年（1589）以后，陕西四镇以及西宁卫一带的侵扰活动再起，特别是万历二十年（1592）以后，以河套诸部为主力，又进入一个较为频繁的侵扰时期，直到四十五年（1617）以后基本结束。在这一时期，盘踞在松山一带的蒙古诸部族，经常勾结青海蒙古诸部起事扰边，只不过侵扰次数有限，且其侵扰地点主要集中在甘州、凉州一带。而东部的土蛮（土默特）、泰宁诸部一如既往，侵扰不断，使得辽东镇及其附近自隆庆五年（1571）后一直是北方边境遭受侵扰最为频繁的地区。

综合以上六个阶段蒙古主要部族的侵扰，我们发现：

（1）侵扰九边的主要力量依次来自五大核心地域集团：东蒙古鞑靼阿鲁台集团；西蒙古瓦剌集团；贺兰—河套鞑靼集团；宣大边外鞑靼俺答集团；宣大边外以东至大兴安岭南部的鞑靼土蛮（土默特）和泰宁等部。

---

① 《明史》卷228《魏学曾传》，1541页；《明通鉴》卷69，第2467页。《明神宗实录》卷432，万历三十五年四月庚戌，总督徐三畏言：“河套之虏与河东不同，河东之虏统于一，故约誓一定，历三十年而不变。……河套之虏部分四十二枝，各相雄长，卜失兔虽为虏主，然徒寄空名于上，实无统驭之才，……套虏虽号十万，分为四十二枝，多者不过二三千骑，少者一二千而已。”（第8169—8171页）

② 《明通鉴》卷75，第2656页。

③ 《明史》卷239《达云传》，1602页。

④ 《中国历代战争年表》（下册），第327页。

(2)侵扰活动由鞑靼部自九边东、西两端而起，又以东西两个地域侵犯局面的出现而结束。

(3)正统十四年(1449)以后，瓦剌集团对宣府、大同二镇的重点侵犯，揭开了宣、大边地危机的序幕。此后贺兰一河套集团的孛来、毛里孩、小王子、火筛、吉囊，包括其它名义的各种侵犯势力此起彼伏。由于地缘关系的影响，以孛来、毛里孩、小王子、吉囊为代表的势力都曾以延绥镇、宁夏镇和固原镇为侵犯的重要地区。其中花马池、固原、庆阳、平凉、秦州一线是这一时期开辟的重要的南犯线路。成化十年(1474)以后，贺兰一河套集团侵犯的重心向大同、宣府二镇转移，特别是小王子时期侵犯宣府、大同地区的频繁程度和影响远远高于陕西三边。

(4)宣大边外的鞑靼俺答集团，是继小王子之后鞑靼诸部最为强盛的侵犯势力。其侵犯的绝对重点在宣府、大同地区，以他为代表的28年间的频繁而大规模的侵犯，是宣府、大同地区最为危机的时代。小王子与俺答汗时期侵扰重点地区的同一性表明，北方同盟形成以后，宣府、大同二镇是其进犯的重点选择，并且是长期一贯的侵扰重心。

(5)蒙古诸部南犯并深入内地的情形虽然时有变化，但以三大区域性通道为主：一是突破大同、宣府，向南越过三关(偏关、宁武、雁门)而向南的侵扰。沿此通道及其岔道最远到达山西汾州、隰州、潞安府一带；二是延绥镇与宁夏镇之间的通道，即花马池、环县、庆阳、固原、平凉等地，最远到达秦州、陇州、临洮一带；三是甘州、凉州之间，向南趋庄浪、巩昌一带侵扰，最远到达河、洮、岷三卫一带。从青海方向侵扰洮岷河和松潘卫一带，也是一个通道，但其势力主要来自青海蒙古，且较上述三大通道及其附近的侵扰总体上要弱的多。

三、蒙古诸部侵扰九边的空间等级性征

九边自东而西，依次由辽东、蓟州、宣府、大同、偏关、延绥、固原、宁夏、甘肃九个防御区域构成，护卫着明王朝的北方边疆。就边防建置而言，各区域位置虽然都非常重要，但其特性不是自来就是如此，而是在以后的历程中有所变化，并经过漫长的时代变迁和空间积累才日渐形成了这样的边防格局和区位意义。从宣德以后各区域防御侵扰的历史看，九大防区所面

临的压力和挑战是迥然不同的，有的防区屡遭侵犯，有的防区受到的侵扰和冲击较少。据我们初步统计，宣德至万历时期一百九十余年间，北方蒙古诸部最重要的侵扰活动在各边的分布是：辽东 83 次，蓟镇 25 次，宣府 59 次，大同 74 次，偏关 14 次，延绥 54 次，固原 21 次，宁夏 28 次，甘肃 38 次，合计 396 次①。由于一次侵扰有时会涉及到两个以上的镇而被分别记入，所以这里统计的总侵扰次数多于表 3—1 的侵犯次数。根据这些基本数据，我们初步确定三个等级的主要侵犯区域：第一等级侵犯区，包括辽东镇和大同镇。受侵犯的次数最多，主要的侵犯至少在 74 次以上；第二等级侵犯区，是宣府镇和延绥镇，受侵犯的频数相当，主要侵犯在 54 次以上；第三等级侵犯区，包括甘肃、宁夏、固原、蓟镇和偏关诸镇，是受侵犯相对较少的几个区域。就万人以上大规模的侵扰活动而言，进犯区域的选择与此基本一致，即辽东、大同各近 20 次，宣府、延绥各在 10 次左右，宁夏、固原、偏关、蓟州以及甘肃诸镇位列其次。蒙古诸部的侵犯在区域选择上的差异，反映了一百九十余年间侵扰的总体方向及其重点的不同，显示了九边诸镇一百九十余年间边防地位的总体差异。明了这些情况，对于正确认识明朝北方军事防御的布局和特征具有重要的意义。

---

① 统计以《明实录》、《明史》、《明通鉴》为基础，参考《中国历代战争年表》(下册)，翦伯赞主编《中外历史年表》相关部分。

第四章　九边的军事策应与救援

九边防御是关乎明朝政权安全和社会稳定的重大问题，其中涉及众多的具体问题，在这些具体问题当中，防御过程中的军事策应和救援始终是一个基本问题。对此，历史文献虽然不乏大量记载，但都是针对具体防御而言，总体上支离琐碎，不成系统，让人难以把握。学术界向来对此问题关注较少，没有发表系统的研究成果，下面仅就其中的几个主要方面加以论述。

一、防御布局及其相关的策援基础构建

九边防御首先是一个防御布局问题，策应、协防和救援是防御布局的基本组成部分，也是在既成防御布局基础上不断补充和强化的重要内容，二者关系密切，但决不是同一个问题。明代初年，政府明确了对北方蒙古和西北诸番的防御战略。由此也建立了以都司卫所为基本单位的边境军事防御带。该防御带初由陕西行都司、陕西都司、山西行都司、北平行都司和辽东都司组成，永乐以后在此基础上相继发展为“九边”，实行分区防御。在区域内部，各卫所相应地建在具有重要军事防御价值的重要城镇，以及分兵防守重要关隘。他们各司其职，各自保障自己的防地。明初北方蒙古等部侵扰有限，各区域之间、区域内部的协防和救援并不突出，分区防御的静态特征总体上比较显著。静态性分区防御，势必造成区域之间协防和救援的薄弱。如永乐元年(1403)延安府府谷县一带，“比者虏入其地，杀人畜，山西巡边将士相去仅十五里，乃曰非吾境内，拥兵不救”[①]。比较典型地反映了这一情况。为了保障边防，明代初年，政府经常委派公侯伯等大臣驻节一些重镇，节制比上述区域更大的区域，或因局部的防御需要而暂时形成新的管防区域，或者在特别情况下，发京师或临时征调其它地方卫

① 《明太宗实录》卷26，永乐元年十二月甲午，第485页。

所兵前往增援。但在防御布局上并没有太大的改变。也就是各区域内部，除了控制主要城镇和重要的军事关隘外，对自然地貌系统下的其它众多可能侵扰地点或通道，以及在必要时间内的协防和救援关注不多。因此，各区域内部的防御布局是粗线条的，防御点之间的路程过远，且路况情形不一，在很多情况下很难实现有效的策应和救援。而各防区之间也因为各自的防御任务，经常发生虽然近在咫尺，却坐视不救的情况。这些问题，在以后的历史进程中表现得越来越突出，也是以后历朝不断解决的突出问题。

解决的一个基本途径，就是在布局上下功夫。表现在两个方面：一是不断考察各防区地理，并基于历史事实和防御经验，不断增设防御或协防据点，完善域内布局；二是调整防御区域划分，增强区域内部和具有密切协防关系的区域之间的防御、协防和相互救援的能力。这一过程主要从正统以后开始。“正统以后，敌患日多”①，而“敌患”在侵扰上表现出的特点，正如李杰所论西北边事情况，“虏一鸣鞭，即抵城下，欲战则势力不敌，欲守则刍粮罕继。且其来如猋风，去如收电。我方出兵策应，彼已虏获而归”②。出兵策应难以奏效，固然有很多原因，但设防点距离较远，以及布局上的不尽合理则是一个基本原因。如陕西三边，整饬边备兵部尚书王复奏说：延绥、宁夏、甘凉一带，“东自黄河岸府谷堡起，西至定边营，连接宁夏花马池，边界东西萦纡二千余里，险隘俱在腹里，而境外临边无有屏障，止凭墩台城堡以为守备。缘有旧城堡二十五处，原设地方或出或入，参差不齐，道路不均，远至一百二十余里，近止五六十里。军马屯操反居其内，人民耕牧多在其外。遇贼入境，传报声息，仓卒相接。比及调兵策应，军民已被抢虏，达贼俱已出境。虽称统领人马，不过虚声应援。及西南直抵庆阳等处，相离五六百里，烽火不接，人民不知防避。”③这种情况在各边都有不同程度的存在。因此，不断查勘地形，增设防御点，缩短距离，实现切实的策应救援，就成为各边镇一个长期的任务。正统以后，营建更为严密的防御网络体系的工作日益加快，各镇相继增设卫所、堡寨，改变和调整不合理的防御布局。从总的情况来看，最为重要的补充主要集中在堡寨上面。如延绥镇，正统以后先后增设和改建城堡 38 个，绝大多数为增设；宁夏镇主要城堡 58

① 《明史》卷 91《兵志三》，第 599 页。

② 李杰：《论西北备边事宜三》，《明经世文编》卷 90，第 807 页。

③ 《明宪宗实录》卷 36，成化二年十一月己丑，第 714—715 页。

个，大多数也是后来兴建或改建的[①]。而卫所的增建或迁移则较为谨慎，总体上增建的数量不多[②]。这样的经营在各边虽然不尽相同，但总体上是大同小异的。经过长期的增置、调整，“营堡联络而缓急易于策应，声势相倚而可以遥振军威”[③]的愿望，不同程度地得以实现，为进一步组织防御和实施更为有效的策应和救援奠定了物质基础。

在此过程中，九边防区在布局上进一步发展：一是各边内部进行更为具体的区域划分，进一步明确职责，分区负责，这就是“分守”制度；二是根据蒙古诸部侵扰活动的特点，在大边一体化防御观念指导下，进行相邻诸边的整体布防。“分守”制度是九边诸镇将其管辖的防区划分为东路、中路、西路等若干路的一种分区防御制度。永乐年间，大同已有“东路”、“西路”[④]的概念，但还不是很明确的防御划分。正统元年（1436），“巡抚大同、宣府右佥都御史李仪奏：‘大同东西二路不可无人巡哨，乞遣副总兵罗文巡哨东路阳和、高山、天城、镇虏四卫，听其调度；参将陈斌巡哨西路，大同左、右、云川、玉林、朔五卫，听其调度；其大同迤北关头猫儿庄等处，责之总兵官方政提督，都指挥孙智专一巡哨。如此则兵将相得，地方有守。’事下兵部，移文政等计议，政奏请如议言。从之”[⑤]。八年（1443）“镇守大同太监郭敬言：‘大同分东西路，各遣将臣总督军马备御。其西路已命参将石亨，东路尚缺其人。今访得山西行都司都指挥使马义，屡经战阵，弓马熟闲，乞令总督东路军马。’从之”[⑥]。十一年（1446）兵部尚书邝野等说，大同“旧分兵三路操守，总兵官朱冕守中路，领官军七千八百余骑；右参将马义守东路，领官军二千五百余骑，左参将石亨守西路，领官军四千八百余骑”[⑦]。后来又有大同北路[⑧]、新平路、威远路、井坪路[⑨]等的划分。蓟州镇，先有三

① 参见艾冲：《明代陕西四镇长城》，陕西师范大学出版社，1990年，第45—54页，第87—93页。

② 参见郭红、靳润成：《中国行政区划通史》（明代卷）第二编“明代都司卫所建置”相关部分，复旦大学出版社，2007年。

③ 《明宪宗实录》卷36，成化二年十一月己丑，第716页。

④ 《明太宗实录》卷144，永乐十一年十月己酉，第1709页。

⑤ 《明英宗实录》卷22，正统元年九月壬戌，第451页。

⑥ 《明英宗实录》卷108，正统八年九月己未，第2186—2187页。

⑦ 《明英宗实录》卷146，正统十一年十月癸卯，第2872—2873页。

⑧ 《皇明九边考》卷5《大同镇》，第243页。

⑨ 《三云筹俎考》卷4《军实考》，第109—123页。

路四分守[①]，后又分为八区[②]、十区[③]。可见，分路防守制在正统年间已经实行了。九边建立后，各边相继实行并不同程度发展着这种分区防守制度。

分路防御是深化区域防御布局的组成部分，既有助于提高分守区的防卫能力，又增强了分守区内部协防和救援的有效性。但分路防守的消极影响也是与生俱来的，即各路分守职责更加具体，各路更专注于自身防御，而对它方的协防和救援往往相互推托，就像以往各边之间的策应救援一样。史书关于这方面的记载很多，相关"劾奏案"层出不穷，充分证明了这一点。为了解决这一问题，政府除了不断降"敕"强调以外，(1)在既有基本布局基础上，反复强调制定周密的布防计划，并加强总兵官等重臣"居中调度，以便策应"的作用；(2)实施"总督"管辖下的相邻诸边一体防御。景泰到嘉靖时期，先后产生的陕西三边总制(总督)、宣大山西总督、蓟辽总督，就是这一防御实践的产物。总督的职责则是"经略边务，随宜调度各镇将官，相机战守"[④]，实际上就是重点组织协防、策应与救援，以实现整体防御的目标。

二、策援力量的基本构成与相互策应的基本原则

伴随着防御布局的不断调整、深化和发展，协防和救援的军事力量也不断发展，并随着防御实践的要求，具有专门化发展的趋势。所谓"奇、游兵马，专为应援而设，故一方有警，诸镇策应"[⑤]，就是这方面的反映。不过，九边的协防策应力量不只有"游、奇兵马"，从明初到万历年间，边地策应力量的类型有不少变化，但主要还是京军、游兵、奇兵等。

京军，也称京营军，明初因地方奏请，经常参与边疆策应与救援，但因路途辽远，往往是京军未到，侵扰势力已退。劳民伤财，费用巨大，效果不佳。后来规定，除宣府、辽东近京诸镇外，非有重大侵扰，其它各镇不得辄请京军救援[⑥]。这样各镇救援就主要仰仗自身的组织和邻镇之间的配合了。嘉靖六年(1527)，兵部认为，"京营人马，待报救援，终不若土著招募为

① 《皇明九边考》卷3《蓟州镇》，第166—176页。
② 《明世宗实录》卷383，嘉靖三十一年三月壬寅，第6777页。
③ 《明世宗实录》卷380，嘉靖三十年十二月丙辰，第6732页。
④ 《明世宗实录》卷315，嘉靖二十五年九月壬申，第5891页。
⑤ 《明武宗实录》卷100，正德八年五月辛巳，第2078页。
⑥ 《明孝宗实录》卷186，弘治十五年四月丙午，第3422页。

便”，从而建议“广招募”[①]，以加强地方自身的救援力量，除蓟辽二镇以外，京营救援其它各镇的情况日益减少。

游兵，是专门为策应救援而组建的战守力量。它源自明初组织具体战役或战术安排中的军事策应形式。卫所初建时，游兵在防卫中的作用并不突出，正统以后北边战事吃紧，对游兵的需要日益迫切。随着九边的日渐形成，游兵在各边镇普遍设立，并成为一支重要的策援力量。据《皇明九边考》记载，九边诸镇都设有游击将军，其中，宣府、大同、榆林三镇各设 2 员，辽东、蓟州、三关、宁夏、甘肃、固原六镇各设 1 员。分别驻扎于辽东广宁城、蓟州建昌城、三关老营堡、甘肃永昌或者其它诸镇的镇城。游击将军一般统领 3000 或 2000 兵，或负责分路，或负责全镇，或被调遣他镇，俱听镇巡官调遣，往来截杀，战守策应。如宁夏镇游击将军，“统领义勇土兵三千员名，常年依旗分布清水营按伏，如遇花马池、灵州一带地方有警，俱听镇巡官调遣策应，用防虏患”[②]。甘肃镇游击将军，“常在永昌驻扎，东至庄浪、西至甘州，往来应援，剿杀贼寇。仍听总督、镇巡等官节制”[③]。三关镇游击将军，“务要将选定游兵，精加训练，以作其气……如遇三关并临境各镇有警，统兵应援截杀，不许逗留失误”[④]。游兵初由各卫所精选，加以特别的训练，在游击将军率领下执行应援截杀任务。后来边事日起，卫所兵源不足，遂由募兵补充。募兵约兴起于宣德末年，景泰以后快速发展，明中后期广泛用于北方边疆防御中，成为游兵应援的重要组成部分。上引宁夏镇游击统领“义勇土兵三千员名”，就是募兵。游兵在日后的军事实践中不断增加，这从各边游击将领的增加可以得到说明。《明史》记载，蓟州镇游击将军 6 人，又有“统领南兵游击将军”3 人，“领班游击将军 7 人”。其它各镇游击将军：昌平 2 人，保定 6 人，辽东 8 人，宣府 3 人，大同 2 人（又有入卫游击 4 人），山西 1 人，延绥 2 人（又有入卫游击 4 人），宁夏 3 人（又有入卫游击 1 人），甘肃 4 人，陕西 4 人[⑤]。因此，游兵在日后的防御战场上起到越来越重要的作用。

---

① 《明世宗实录》卷 74，嘉靖六年三月庚寅，第 1622 页。

② 《皇明九边考》卷 8《宁夏镇》，第 334—335 页。

③ 《皇明九边考》卷 9，《甘肃镇》，第 362—363 页。

④ 《皇明九边考》卷 6，《三关镇》，第 274—275 页。

⑤ 《明史》卷 76《职官志第五十二》，第 505—506 页。

奇兵,也是专门为策应和救援而组建的力量,所谓“奇、游兵马,专为应援而设”的“奇”指的就是奇兵。像游兵一样,奇兵也是早年具体战斗中“用奇以致胜”思想和实践的产物,在明朝初年的具体战斗中不时运用,但多为临时选取,尚没有形成专门的防卫和作战力量。正统以后,北方边境战事日多,对作战兵及其作战能力的要求日益增强,所以各镇开始不同程度地组建奇兵力量。如宁夏镇,正统九年(1444)总兵官黄贞等奏,“乞简选宁夏卫,分旗军马匹等为二等,上等者充奇兵,专委勇略都指挥一员统领之。无事则操练,有警则调发;次等者按季更番,哨守营堡”[①]。大同镇,“成化以来,因于大同在城并各卫沿边选取游兵、奇兵,以听延绥调用”[②]。弘治十二年(1499),兵科给事中蔚春建议京营,“请令各营举武艺之精者为教师,立格验试以赏罚之。有警出征,就于教师内选充头目,别为奇兵”[③]。弘治以后,游兵、奇兵并举的情况在《明实录》中屡屡出现,甚至有专门建置的“奇兵营”,如大同奇兵营[④]、宣府奇兵营[⑤]、保定奇兵营[⑥]等等。可见,当时各边镇已经普遍组建了奇兵。

奇兵与“正兵”相对,是执行策应、救援或其它特殊战斗任务的兵种。兵源由各镇精选体质健壮,武艺精良,战斗力较强的士兵构成,并经专门的军事训练。在很多情况下,它与游兵的作战任务一致,所以“游奇兵”或“奇游兵”又往往并称,这一点在《明实录》中记载很多,此处不一一例举。至于二者的异同,不属本文论述的重点,此处姑置不论。

除此而外,万历以后在一些边镇又出现有“援兵营”建置,如万历四年(1576)阅视侍郎王综沐言,“宣大二镇新平等堡各援兵营俱近市场”[⑦]。《三云筹俎考》记载,大同镇之天城城、得胜堡、右卫城、新平堡、助马堡、威远城、平虏城、井坪城等都有“援兵营”,官军人数在 1000—3000 人之间[⑧]。这是救援建置进一步发展的表现。在上述几种常见的策应、救援力量以

---

① 《明英宗实录》卷 121,正统九年九月乙卯,第 2434 页。

② 《明孝宗实录》卷 21,弘治元年十二月丁巳,第 499 页。

③ 《明孝宗实录》卷 152,弘治十二年七月乙卯,第 2695 页。

④ 《明孝宗实录》卷 169,弘治十三年十二月戊戌,第 3065 页。

⑤ 《明武宗实录》卷 86,正德七年四月庚辰,第 1843 页。

⑥ 《明世宗实录》卷 263,嘉靖二十一年六月甲午,第 5223 页。

⑦ 《明神宗实录》卷 51,万历四年六月癸酉,第 1186 页。

⑧ 《三云筹俎考》卷 4《军实考》,第 130—138 页。

外，在特殊情况下，中后期兴起的义兵（义勇）、民兵[①]，也经常参与救援，他们是边疆救援和防卫力量的补充。

如果说与策应和救援相关的上述经营，主要是“硬件”建设的话，那么，使这些“硬件”发挥作用的必要因素，就是制度或一些制度性规定。但这些内容并不是一开始就明确下来的，而是在长期的防御作战实践中逐步形成的。它包括两个方面：一是基本的制度，包括职责、义务等规定；二是具体的制度性规定及其“成例”。一般性制度适用于一切防御及其策援形式，我们先作以说明。

（1）就近策应。就是相邻卫所在邻境遭受侵扰时，要积极投入策应。兵部说，“朝廷命将守边，遇警策应，此其常也”[②]。就是认为彼此策应是各防区之间的基本职责。但由于“就近”没有明确的距离规定，各地卫所距离分布及其交通状况千差万别，特别是官员往往借守“信地”，不肯策应，或相互推托，所以在具体实践中屡屡出问题。《明实录》中与此有关的“奏劾案”不胜枚举，朝廷也一再申令“互相策援，勿分彼此”。鉴于这些情况，后来要求各防区（点）“遇警飞报”邻境卫所，以求策应救援，各邻境相关驻防机构，接到“飞报”不得推诿，否则治罪。不过“警”有大小，有时不好把握，后来又有规定：“分守、守备等官，凡遇虏大众入寇，方许报总制、镇巡，调兵策应。”[③]这些原则既适用于各镇内部，也适用于邻边之间。

（2）巡边哨备策应地方。明代实行巡边制度，或由朝廷委派将官统领军士，或由各边都督总兵官等组织本边人员巡哨，遇有地方警急，即行策应救援。如洪熙元年（1425），“敕口外总兵官太子太保阳武侯薛禄，往来开平、大同缘边一带巡哨，遇有虏寇，即飞报邻境总兵及镇守官，令相策应。如邻境有急，尔亦速须应援，务在同心协力以宁边方。敕宣府、大同、开平等处总兵镇守官亦如之”[④]。此虽为一项具体谕命，实际上对于各边巡边备哨将官士兵的要求都是一致的，这在《明实录》里有不少记载，此处不必一一例举。

① 《明武宗实录》卷40，正德三年七月辛酉：“延绥游、奇、义三项客兵，时方调大同策应”（第948页）；卷100，正德八年五月辛巳，兵部言：“如兵不足，量发各州县民快义勇军余救援。”（第2079页）

② 《明宪宗实录》卷50，成化四年正月庚寅，第1027页。

③ 《明武宗实录》卷116，正德九年九月辛酉，第2343页。

④ 《明仁宗实录》卷13，洪熙元年三月庚寅，第263页。

(3)奏请策应与救援。这是各边总督、总兵官等制定防御计划,或遇到重大军事侵扰需要救援时,须向朝廷奏请,并经兵部等审核和批准调遣的应援制度。是明朝严格控制军事管理和指挥调动权利的典型表现。由于“虏情”难测,成化以后各边奏请五花八门,以至于政府对“京营”应援表现得非常谨慎,而更多的是要求各边镇之间互相策应[①]。适应“虏势”的变化多端和迅疾无常,后来又出现“预调”制度、“随调随奏”制度、“自行策应”制度等,都是对该制度的发展。所谓“预调”,是为赢得救援时间而预先指定调发官军,遇有“虏情”紧急,先调发而后奏闻的制度。弘治三年(1490)大同守臣说:“本镇有急,旧常调延绥游兵策应,然待奏而后行,恐缓不及事,请预敕延绥守臣知此意,自今如遇虏势紧急,先发后闻可也。上曰:‘延绥大同接境,宜互相应援,今后果值虏势紧急,准先调发,然后奏闻所司,其预敕延绥守臣知之。’”[②]就是这种情况。预定策援官军,在成化以后的九边各镇之间相继兴起。而“随调随奏”[③]制与此精神略相一致。“自行策应”,就是设置专门“游兵”于适中地方,“随贼向往,不俟调遣,自行策应”[④]的措施。这些措施或制度虽然不是普遍的“常例”,但在一定程度上反映了救援策应适应防御的新发展。

(4)区域整体防御与总督等提督调遣,有效组织策应、救援。这一思想及其相关制度,在成化以后表现得越来越突出。景泰以后日渐形成的陕西三边总督、宣大总督、蓟辽总督,以及适应地区防御形势,在某些边镇内部部分地区专门设立“提调”官员等,都是这方面进展的反映。由此形成地区整体、区域一体的整体防御体系。这种构建的根本意义,是有效组织区域内部以及区域之间的策应和救援,从而实现成功防御的目的。

---

① 《明孝宗实录》卷178,弘治十四年八月丙寅,吏部主事杨子器奏说:“请令边将遇虏未退,不许辄请京军,就于临近征调来援,敢有拒违者,以军法从事。”后被朝廷采纳(第3280页)。卷186,弘治十五年丙午,南京刑部主事胡世宁所奏也有此意(第3422页)。

② 《明孝宗实录》卷39,弘治三年六月己丑,第824页。

③ 《明孝宗实录》卷186,弘治十五年四月丙午,南京刑部主事胡世宁上奏:边境有事,“除辽东、宣府必须奏请京军出援,其余各边总兵官,一面奏闻,一面径调附近卫所官军前去策应,不必命廷臣以挠其权”(第3422页)。其意见得到了朝廷的采纳。

④ 《明世宗实录》卷315,嘉靖二十五年九月壬申,第5892—5893页。

三、边际之间策应和救援的基本范式

这里的范式是指相邻和相近诸边，在长期策应和救援实践中形成的相对稳定的空间结构形式。由于与侵扰蒙古诸部长期的战争，由自然地理系统和人文构建系统所决定的地区战略形势、侵扰路径、侵扰规模，以及侵扰活动的基本特点，逐步清晰地被人们认识。在制定防御作战计划，或面对突如其来的侵入时，都有了越来越成熟的“套路”。尽管战争的具体情形千变万化，策应救援又是“从来策应，未有定法”[①]，但在较为宏观的层面上，在长期的常规性策应和救援实践中，边际之间还是形成了一些基本范式。

(1)宁夏、延绥、固原三镇。陕西四镇中，宁夏、延绥、固原三镇地理相连，互成犄角，后来形成基本一体的防御区域，由三边总制管辖。所以在面临蒙古等部侵扰时，三边之间相互策应、救援成为定制。天顺以前，当时固原镇尚未形成，宁、延二镇防务状况总体上较为平稳，常规情况下，以备冬最为重要，尤其是延绥镇。正统年间曾从甘肃“下班”官军选人，与陕西兵一起，往来守备以备冬。另外，又增加河南更番戍卒，加强备冬力量。对于特别重大的侵扰，奏请京营救援。边际之间的救援颇少。成化以后，“套虏”侵扰日渐频繁，对外援的要求更加迫切。所以宁夏、甘凉、庄浪、庆阳卫所官兵，和大同游击将军、宣府游击将军统领将士相继成为基本的外来策援力量。各支持兵一般以2000－5000人为限。固原镇形成后，三镇之间形成基本固定的互援关系。以此三角互援为核心，外圈救援，东面来自大同、宣府、偏关；西面来自甘凉、庄浪，有时也有肃州。紧急情况下，特别是侵扰沿着延、宁交接地带南犯，或有此意象时，岷州、洮州、河州、巩昌、临洮、秦州、平凉等处官军也抽调兵力北上，有时也奏请京军救援。由于河套的威胁，兵部移文陕西，“每岁预选洮、岷、河三卫精锐马步官军三千，分布安定、会宁、兰州诸处，协同各该守备冬等官，以防河套之虏”[②]。三镇受辖于总制，相互之间的策应和救援由总制组织提调，所以在制度层面不存在问题。主要的问题在东部大同、偏关和宣府的策应和救援上，因为他们各

---

① 《明孝宗实录》卷21，弘治元年十二月丁巳，第500页。

② 《明宪宗实录》卷282，成化二十二年九月戊申，第4755页。

自分属不同的边镇和总督。成化以来，宁夏、延绥战事频繁，大同游击将军等经常被“敕谕”援助延绥，后逐渐形成一种准制度，史称“常法”或“成例”①，即延绥有事，大同救援策应。大同对宁夏、固原虽然也有救援，但没有形成“定例”。宣府、偏关对延绥也有一些救援，也没有形成“定例”。因此，常规状态下，以延绥为中心的三镇救援，在空间上东不过宣府（京军例外），西不过甘凉，南不过秦岭。

（2）甘肃镇。是陕西行都司所在，西至嘉峪关，东到镇番、凉州、庄浪和西宁等卫，在地理上相对自成一区，“旧例”“有警”，陕西、延绥、宁夏等卫策应救援②。如英宗时，蒙古诸部先后侵犯凉州、永昌，请发宁夏、延绥救援③，或由甘凉、庄浪、兰县、延绥、宁夏等处边将“会议区画”，“相互策应”④。天顺元年至五年（1457—1461），也曾“累调京军策应”⑤，但劳民伤财，没有多少效果。成化以后，宁夏、延绥防御吃紧，常常难以顾及甘肃。所以孝宗初年，余子俊认为，“肃州、甘凉、庄浪、兰州相离为近，如有警，请令互相策应，不得于宁夏、延绥等卫调遣。如贼势重大必用兵者，乃如旧例议上”⑥。得到朝廷批准。在这种情况下，甘肃的常规性策应与救援，主要由本镇内部解决。有时也调洮州、岷州、河州，甚至西宁兵策应。但总的情况还是“地远寡援，一有警急，赴京请兵，往回万里，及调客兵，缓不济事”⑦。有时，延绥兵西移兰州或安定、固原等地策应甘凉时，大同游兵或西移清水营，或驻扎黄河沿边策应延绥，进行间接策应。所以，一般情况下（除京营外），甘肃镇的外援和策应，在空间上东不过黄河，南至洮、河、岷三州卫和西宁卫。

（3）大同、宣府与偏关镇。三镇中，偏关镇形成较晚，宣德至正统年间

① 《明孝宗实录》卷 21，弘治元年十二月丁巳，兵部尚书余子俊言：“成化以来于大同在城并各卫沿边选取游兵、奇兵，以听延绥调用”（第 499 页）；《明世宗实录》卷 102，嘉靖八年六月己巳，陕西总制王琼奏称，“万一虏势孔亟，然后延绥、大同照旧互援，不可拘以常法”（第 2041—2042 页）。“照旧”和“常法”指的就是成化以来形成的准制度。

② 《明孝宗实录》卷 129，弘治十年九月丙寅，兵部云，“往年甘凉有警，多藉延绥、陕西兵马策应”（2291—2292 页）。

③ 《明英宗实录》卷 293，天顺二年七月乙卯，第 6269 页。

④ 《明英宗实录》卷 332，天顺五年九月戊午，第 6818 页。

⑤ 《明宪宗实录》卷 40，成化三年三月丙寅，第 801—802 页。

⑥ 《明孝宗实录》卷 21，弘治元年十二月丁巳，第 501 页。

⑦ 《明孝宗实录》卷 89，弘治七年六月丙寅，第 1645 页。

(1426—1449)初步形成准镇形态,弘治十三年至正德十六年(1500—1521)正式称镇。景泰二年(1451)开始建置总督,后经多次反复,嘉靖二十一年(1542)后遂为定制[①],使三镇策防归于一体。三镇之间的相互策应,由总督负责亦是常例,不必赘述。外来策应和救援:西面主要来自延绥镇。景泰元年(1450)延绥镇就委派“智勇善战武臣,领兵渡河,于保德州设伏”,救援山西[②]。后因“沿边将官多拥兵自卫,互相推托,难以责成(策应)”,朝廷明令镇守总兵、巡抚等官议定,“如偏头有警,延绥东路、大同西路,虽非统属,必须策应”[③]。孝宗时大同守臣上言:“本镇有急,旧常调延绥游兵策应,然待奏而后行,恐缓不及事,请预敕延绥守臣知此意:自今如遇虏势紧急,先发后闻可也。上曰:‘延绥、大同接境,宜互相应援。今后果值虏势紧急,准先调发,然后奏闻所司,其预敕延绥守臣知之。’”[④]又,兵部复大同总兵王玺言,“近有成命,大同有急,则调延绥游兵三千于西路驻劄”[⑤]。可见,偏关、大同有警,延绥游兵策应已成“定例”。当警情重大时,甚至会投入更大的兵力。如武宗时,“延绥游、奇、义三项客兵,时方调大同策应”[⑥]。以后延绥策应更延及宣府,并且曾专设游兵以策应宣大,所谓“延绥新游兵二枝,本为策应宣大而设”[⑦],就是这方面的明证。陕西、宁夏、固原虽然亦有前往宣府增援之事[⑧],但主要是防卫京师,不具有常规性策援的特点。

三镇东面的策应与救援,主要来自京营、蓟州及直隶卫所。由于地近京师的缘故,明初朝廷不时委派总兵大臣领兵在此巡哨,并策应当地。明中期边事频繁,蓟镇对宣大的策应日益增多。世宗曾一度规定:“蓟镇入卫兵,俱听宣大督抚官便宜调遣,先发后闻,与本镇互相应援。”[⑨]弘治十五年(1502)曾规定,“分定在京、直隶卫所官军,止应宣府、辽东”[⑩]。嘉靖二十

① 靳润成:《明朝总督巡抚辖区研究》,天津古籍出版社,1996年,第113页。

② 《明英宗实录》卷191《废帝郕戾王附录第九》,景泰元年四月丙申,第3969页。

③ 《明宪宗实录》卷152,成化十二年四月丁酉,第2781页。

④ 《明孝宗实录》卷39,弘治三年六月己丑,第824页。

⑤ 《明孝宗实录》卷41,弘治三年八月己丑,第853页。

⑥ 《明武宗实录》卷40,正德三年七月辛酉,第948页。

⑦ 《明世宗实录》卷320,嘉靖二十六年二月辛丑,第5954页。

⑧ 《明世宗实录》卷398,嘉靖三十二年五月丙辰,兵部尚书聂豹申定防秋事宜,有“陕西延绥、宁(夏)、固(原)游兵四枝,俱已调赴宣府隆(庆)、永(宁)等处,专听总兵”(第6988页)。

⑨ 《明世宗实录》卷460,嘉靖三十七年六月辛卯,第7779页。

⑩ 《明孝宗实录》卷186,弘治十五年四月丙午,3422页。

四年(1545),“总督宣大侍郎翁万达奏:‘宣府东路去黄花镇、潮河川、古北、喜峰、白羊口甚近,宜令蓟州巡抚加谨堤防,及预简精兵一二枝策应宣府,并蓟州兵马悉听临期调用。’兵部谓:‘蓟州兵力素号寡弱,不宜远调,请以保定班军六千五百,河南民兵六千,山东长枪手六千,近拟赴紫荆、通州等处协守者,即许总督侍郎随宜调度为便。’从之。”[①]神宗元年(1573)人称“保定一镇,外备宣大,东援蓟镇昌(平)”[②]。可见,明中后期,直隶卫所中,保定策援宣大是其基本职责。至于山东、河南官军或民兵,或因一度归宣大总督提调,或因地近宣大,也不时被组织参与救援。而辽东,据总督宣大山西都御史翁万达说,“连年三镇防秋,征调辽、陕兵马不下五六枝”[③],则也不时策应宣大无疑。这些外来救援,西以延绥为主,东以京营、蓟镇西路和保定为主。非常紧急情况下,西至陕甘,东到辽东,南至河南、山东,都不同程度参与其中。救援空间几乎涉及九边全边和淮河以北腹里地区,影响之大于此可见一斑。

(4)蓟镇和辽东镇。蓟辽二镇永乐年间形成,嘉靖二十九年(1550)置总督[④],形成一体防御。所谓“辽东地方与蓟镇相为唇齿,遇有警急,一体相机遣兵策应”[⑤]。蓟镇为京师北面最重要屏障。永乐初年,兀良哈三卫归款,边境压力不大,但亦定时委派总兵等大臣带兵巡边,遇警策援地方,不敢稍有松懈。“弘治初,守边官军贪功启衅,遂致频年侵寇,大约密云境二十四次,马兰谷境七次,燕河营境十七次,密云关外官军逻卒多为虏杀。贼皆步入,如蹈无人之境。”[⑥]弘治十二年(1499)以后,政府采纳马文升建议,镇内实行分路防守,加强各路及其之间的相互策应。而外来策应和救援,最基本的是宣大和辽东官兵。嘉靖年间,宣大和辽东两翼的策应和救援基本成为定式。尤其是宣大二镇,“时朝廷每岁发宣大兵戍蓟镇,名为入卫,专备关以内陵京,有变,听蓟辽总督调遣”[⑦]。而宣大游兵参与分守古北、潮河川等地,亦是常事。由于蓟镇的特殊地位,京营的策应、救援是南

---

① 《明世宗实录》卷301,嘉靖二十四年七月癸未,第5728页。

② 《明神宗实录》卷16,万历元年八月丁巳,第481页。

③ 《明世宗实录》卷320,嘉靖二十六年二月辛丑,第5951页。

④ 《明朝总督巡抚辖区研究》,第125页。

⑤ 《明神宗实录》卷3,隆庆六年七月庚子,第98页。

⑥ 《明孝宗实录》卷156,弘治十二年十一月乙丑,第2795—2796页。

⑦ 《明世宗实录》卷460,嘉靖三十七年六月辛卯,第7778页。

来最为重要的支持，这无需多言。因此，由宣大、京营和辽东构成蓟镇最基本的内层策应和救援力量。除此之外，从外层来看，西面是策援力量的集中分布区，有延绥、宁夏、固原、保定、山西官兵，特别是游兵，是经常性策应来源。兵部尚书杨博条上经略蓟镇事宜说，“延绥、宁夏、固原、宣府、大同、辽东、保定七镇，俱有入卫之兵”①，也就是卫戍蓟镇之兵。山西也“岁遣义兵三千人戍蓟镇”②。至于南面京畿腹里一带，有宁山、德州、天津、河间、通州左等卫，每年有春秋两班军士；涿鹿、兴州中等四卫三千军分地“摆守”③。在蒙古诸部最为强大、侵扰最为频繁的时期，蓟镇外来策援的基本来源，分布在西至陕西三镇，南到黄河以北，东至大海，北到辽东这一范围。其中，陕西三镇和宣大三镇是外来策应的经常性重要力量。

隆庆五年以后，俺答归款，九边防御重心总体上东移。之后，随着东北满族人的日益崛起和南犯，辽东、蓟镇防御压力越来越大。除上述传统策应救援区以外，西北甘肃兵、西北兵、西南四川土兵、山东青州兵也相继投入救援。天启（1621—1627）以后，“蓟昌、宣大、山西等镇，与辽势为唇齿。山东登、莱等处海防允相犄角”④。宣大、山西、山东成为基本的策援地。而外围河南、陕西、湖广、安徽、四川、浙江、福建、贵州等，或官兵，或招募兵，也相继不同程度地投入救援。至于水兵，先后有山东登州、莱州、天津、江苏镇江、浙江等。由于南兵习水，且救援形势越来越紧急，故“调南兵不一而足”⑤。总之，此后的救援逐渐涉及明朝大部分地区，这是九边防御后期的特殊情况，与以前的常规性防御不能相提并论。

① 《明世宗实录》卷527，嘉靖四十二年十一月庚辰，第8593页。
② 《明世宗实录》卷460，嘉靖三十七年六月丁丑，第7770页。
③ 《明世宗实录》卷501，嘉靖四十年九月乙巳，第8287页。
④ 《明熹宗实录》卷3，泰昌元年十一月癸卯，第164页。
⑤ 《明熹宗实录》卷31，天启三年二月戊辰，第1564—1565页。

第五章　九边官豪的私业经营与政府控制

官豪，即官僚豪强，是明代对现职官僚集团中，凭借职权非法占有、强夺和通过各种手段非法经营各种私利活动的官僚势力的总称。与中国封建社会前期的豪猾、豪强、豪宗、豪门、豪杰、右姓和大家[①]等不完全相同，他们首先是具有实际权力的现职官员，其次必须具备利用职权非法强占、豪夺，或非法经营私利的属性。他们是官僚集团的组成部分，又是官僚集团中的特殊部分。明代九边地处北方边疆，域内主要分布着以卫所堡寨为单位的军事或准军事聚落；在社会构成上，九边是一个以军人为主体的军民混合型准军事社会。在这样的社会里，官豪的发展有着不同于内地一般社会的特点，官豪的"私业"经营也深深地打上了这一特殊地区的烙印。

一、九边官豪的来源和形成

九边官豪是指在明代九边这一特殊的社会体制中发展起来的官僚豪强势力。九边包括辽东、蓟州、宣府、大同、三关、延绥、宁夏、固原和甘肃九个军镇，它们在地理上依次相连，共同组成一个东西袤长、南北广阔的军事防卫区域，分布于明代长城沿线的广阔地带。在这一广大的区域内，分布着大量的军事聚落，也间杂着部分府州县行政机构及其管辖的民众。域内总体上以军人为主体，主要权利由军事将官掌握，九边官豪就是在这样的环境中逐渐发展起来的。

九边官豪有广义和狭义之分。广义的官豪包括分封于此的王国势力，他们是官僚集团中的特殊部分，是新兴贵族地方防卫和监控的表现；狭义的官豪，则是从军事卫所体制下的官僚集团中产生的。王国势力，是指建国后在长城沿线分封的皇室子弟，后被称为"塞王"。他们有：辽王（驻辽东

---

① 侯外庐：《中国封建社会史论》，人民出版社，1979年，第70页。

广宁)，宁王(驻大宁)，燕王(驻北平)，谷王(驻宣府，今河北宣化)，代王(驻大同)，庆王(先居韦州，今宁夏同心县韦州镇，后移驻宁夏城)，肃王(先驻甘州，建文时移住兰州)。另有秦王驻西安，晋王驻太原。永乐时期，将宁王改封于江西南昌，谷王改封湖广长沙，辽王改封湖广荆州。于是长城沿线主要有代王、庆王和肃王分布于九边的偏西北地带。他们在这里分封有相当数量的土地、草场、护卫军士和民人等，是一等的贵族势豪集团，也是官豪的来源之一。在明代初年，代王朱桂就"在国纵杀戮、取财物，人甚苦之";他视民人"不如土芥，杀之不如鸡豚"[①]。洪武后期，"宁、辽诸王各据沿边草场，牧放孳畜"，以致于朱元璋下令"乃图西北沿边地里示之"，规定："自东胜以西至宁夏河西察罕脑儿，东胜以东至大同、宣府、开平，又东南至大宁，又东至辽东，又东至鸭绿江，又北去，不止几千里;而南至各卫分守地，又自雁门关外，西抵黄河，渡河至察罕脑儿。又东至紫荆关，又东至居庸关及古北口北，又东至山海卫外。凡军民屯种田地，不许牧放孳畜，其荒闲平地及山场，腹内诸王驸马及极边军民，听其牧放樵采，其在边所封之王不许占为己场，而妨军民。其腹内诸王驸马，听其东西往来，自在营驻，因而练习防胡，或有称为自己山场草场者，论之特示此图，吾子孙其世守之。"[②]说明他们也曾依恃特权，强取豪夺，霸占山场、草场，实已不同程度地沦为官豪了。

狭义的官豪，指从直接或间接执掌九边军事权力的各级军事官员中发展而来的部分官僚势力。他们与一般官员的区别，在于他们利用职权强占、强买，或非法经营有损于国家和军士利益的"营私"活动。从九边的形成和卫所体制的变迁过程看，官豪不是从来就有的，而是在日后的发展过程中逐渐出现的。就明初的基本制度——都司卫所制度、军士屯田制度、"开中"制度、茶马制度——分析，九边军事将官的权力主要体现在对各级军事防守单位的指挥、管理和监管等，他们既不领有屯田份地，也不从事直接的茶马贸易活动，因而没有自己的经济生活。他们的报酬来自国家"俸禄"和因征战杀敌而得到的奖赏，所谓"国家设立边镇，将领各有常禄，初无给田养廉之制，边镇军余屯田各有课额，亦无赢余可以给将领者"[③]。清楚

① 《明太宗实录》卷17，永乐元年二月乙卯，第304—305页。

② 《明太祖实录》卷249，洪武三十年正月庚辰，第3613—3613页。

③ 《明世宗实录》卷258，嘉靖二十一年二月庚辰，第5178页。

地证明了这一点。因此，起初他们虽然有权有势，却没有成为官豪。不过，由于人性固有的私欲，在边疆特殊条件下，一些军事将官已经不同程度地开始利用职权以谋私利。洪武三十年(1397)，朱元璋对兵部说：边地将官"人各怠慢，但务理财，罔知备御。如甘肃西凉守将宋晟、庄德、张文杰等，尝征讨边夷，多获马匹，牧于塞上，又以所虏胡人为家奴，待如亲属。诸将曾不思，凡征讨所得资畜，皆出军士之力，一旦家奴变生，罄群牧而掠去，上不能有补于朝廷，下不能有益于军士，欲以理财，乃至亡财，此果智者所为乎？尔兵部其以此意谕之：自今边将不得以胡人为家奴，所畜马或千百匹，或四五十匹，不得私鬻。若欲财用，则入马于官，官给其直。若朝廷出师征讨，悉以所畜马分给骑士，师还之日，损者偿其直。若马少不愿鬻者，听。此外，惟驿传及太仆寺马户得买，余皆不许。"[①]由此可见，当时九边将官凭借职权，利用和占有国家或公共资源，谋取个人或小集团利益的情况已经发生。从逻辑关系上讲，当这种趋势发展为非法占有或强夺个人或社会财富，并以非法形式侵犯国家与民生权利的时候，这些官员就变为官豪性质的官员了。

九边不同于内地，这里面积广大，人烟稀少，大面积的荒地、耕地、牧地、山泽、湖泊等是国家所有的"公有"土地和资源，而军事将官是这一区域社会的主宰力量。分布于区域内的基本的生产组织是军屯、民屯和商屯，而商屯在此后的发展中或断或续，并不稳定，不是常规的生产组织形态。在近边地区有为边防需要而设立的国家牧马草场(如陕西的6监24苑等)，各边镇卫所又有自己的牧马草场。这些基本的生产资料由各军镇主要军事官员组成的官僚集团代表国家进行管理。其主要的生产组织形式——军屯，是在军事将官管理或监管下运作的，而军事将官既不领有屯地，也不参加生产活动。因此，这种组织形态是类似"军事化国家农场"性质的军事经济共同体。其中屯田军士既是现役军人，也是国家的"农奴"。由于军事强制及其生产的"集体或国家公有"性质，军屯的生产必然是低效率的。虽然，由于新政权的诞生，以及建立在这一基础上的相对合理化管理、军士劳动生产与防卫的热情等等，这样的低效率一开始并没有立刻表现出来。兵部尚书马文升说："洪武时，每军有分屯田

① 《明太祖实录》卷254，洪武三十年七月乙丑，第3663—3664页。

百亩者，有三五十亩者，屯军既不支粮，又纳余粮六石，所以公廪皆有余积。后军士数少，征戍日增，屯军俱各摘出应役，屯地多为势家侵占，或被军士盗卖，征粮之数多不过三分。”[①]马文升所说洪武时期军屯的有效性，正是这种特殊背景的结果。后来，随着社会承平日久，以及商品经济的日益发展，个人私欲被日益“激活”和唤醒，加上边地远离政治中心，国家监察不力，又因边疆战事日多，军人常与土地分离等客观、主观因素，军事将官不同程度地将注意力转移到利用职权非法侵吞土地、役使军人以谋私利的经济生活上，九边军事官僚的官豪化就是在这一背景和过程中实现的。

九边将官的官豪化在洪武时期初见端倪，永乐时期各卫所将官假公济私、私役军士现象日渐增多，宣德以后更为发展，正统、成化以后非常普遍，且程度已非常严重。史载：“宣德以来武备渐弛，迨至正统，民不知兵”[②]；“近数十年，典兵官员既私役正军，又私役余丁，甚至计取月钱粮，不全支。……至如公、侯、伯，都督指挥等官，但知家室之营，金帛之积，轻裘肥马之是尚”[③]；“河西十五卫地方，东起庄浪，西至肃州，绵亘几二千里，所种田苗全资灌溉。近年水利多为势豪所夺，所司不能禁”[④]；“大同、宣府等处膏腴土田，无虑数十万顷，悉为豪强占种”[⑤]；“辽东各卫，近城膏腴田地多被卫所官员占种”[⑥]；“辽东岁储半入权门，盐利多归势要”[⑦]。这里所说的“势豪”、“豪强”、“权门”、“势要”，主要是九边诸卫所官员。王毓铨先生说，“官豪势要侵占屯田的，多半是那些管军、管屯、镇守总兵等官”[⑧]，这一判断虽然不错，但略显保守。核实而论，他们包括上至公、侯、伯，总督、巡抚、内监、总兵等官，下至副总兵、参将、游击、守备、把总等将官，几乎囊括了把总以上的各级官员。随着这些人员利用职权非法侵占或夺取土地，役使军人以经营土地，甚至建立部曲、家丁等私家势力，九边将官中的一部分，由

① 《明孝宗实录》卷75，弘治六年五月壬申，第1410年。

② 《明孝宗实录》卷114，弘治九年六月丙申，第2066页。

③ 《明英宗实录》卷186，正统十四年十二月壬申，第3753页。

④ 《明宪宗实录》卷151，成化十二年三月丁巳，第2762页。

⑤ 《明宪宗实录》卷156，成化十二年八月庚辰，第2847页。

⑥ 《明宪宗实录》卷161，成化十三年正月丁未，第2948页。

⑦ 《明孝宗实录》卷86，弘治七年三月壬寅，第1602页。

⑧ 王毓铨：《明代的军屯》，中华书局，2009年，第320页。

国家公职将官转化为具有一定政治势力和经济生活的官豪。

除此而外，在九边军事将官集团中，还有一部分蒙古等部归附的军人将官。他们是在明前期一百多年里相继来降，并被安置在九边诸卫所中的蒙古、色目、女真等部达官。这些人一般有自己的家属、部属，被政府授予一定的官职，分给一定的土地，聚族而居，形成一方势力。如永乐初年，鞑靼平章把都帖木儿、伦都儿灰、保住等，率部属五千余人“诣甘肃归附”，后被安置在甘肃凉州居住，其头领分别被授官右军都督佥事、后军都督佥事、陕西行都司指挥佥事和镇抚、百户等[①]。鞑靼满束儿灰等率众来归，分别被安置在凉州、庄浪、宁夏三卫，其头领分别被授官[②]。类似这样的归附部族及其部属，在九边各镇，尤以甘肃、宁夏、辽东为主要分布区。在随后的社会变迁中，他们中的一些人也凭借其职权和势力，成为官豪集团的组成部分。

九边官豪的来源和形成表明，除分封于此处的王国势力外，主要的官豪势力是由各级军事将官和作为监官的内官中产生的，这种现象与九边的准军事社会性质和特点相一致。军事将官的官豪化过程，主要是利用职权，非法占有和侵夺国家财产和资源的过程，也是无偿占有国家军屯劳动力(军士)的过程。因而，实际上就是军事官僚集团腐败化的过程。官豪的出现，改变了卫所体制下军事将官以军事防务和作战为核心职能的状况，他们开始经营自己的经济生活，而这样的经济生活，更多的是通过侵吞和占有国家资源、财产和劳动力来实现的。这种活动的长期运作，极大地削弱了九边防卫共同体的军事实力，加速了九边的边防危机与经济衰落。

二、官豪的私业经营

如前所述，九边将官的营私活动在洪武时期就已经出现。但当时的情况，除王国势力外，营私活动只限于私下占有降人以为家奴，俘获马匹牧养或买卖，役使军士营建私宅等小打小闹上。宣德、正统以后，随着商

---

① 《明太宗实录》卷44，永乐三年七月壬寅，第692页；己酉，第694页。

② 《明太宗实录》卷50，永乐四年正月己酉，第754页。

品经济的恢复和发展，九边地区以经营土地产业为中心的活动日益活跃，官豪“私业”经营的范围也愈来愈广。正统十三年(1448)刑科给事中鲍辉说：“天下都司卫所官员……溺于晏安，兵器残缺而不修，军士饥寒而不恤。或私役耕艺田圃，或纵令兴贩鱼盐，或假托巡捕以扰民，或放回原籍而取贿，科扰侵欺，逼迫逃窜，遂至军伍空缺，武备不修。”[①]这说的是明朝整体的情况，九边也自然包括在内。而九边作为卫所分布最集中的地区，地处边疆，人烟稀少，政府的监管较为薄弱，官豪的“私业”经营更为猖獗。

(一)占有和经营土地产业

九边官豪大规模的“私业”经营首先是从土地开始的。本来屯田体制下的屯田，是属于国家公有的闲田和荒田，除屯田军外，卫所将官并不分配屯地，他们也没有与此相关的经济生活。他们是怎样介入土地占夺并经营其农商经济的，史书也没有明确的解说，从相关制度和当时人的部分议论，我们认为：

(1)商业精神的介入，激发了将官占有和经营土地的欲望。洪武三年(1370)以后，政府逐步实行“开中食盐”政策，这一政策的意义是利用商人追求冒险和谋利的特性，向边地运送或交纳一定数量的粮食，借此获得一定数量的盐业经营权。随后商人为减少运输成本和避免运输风险，相继在边地开垦或购买土地，发展起了商屯[②]。在这一过程中，商人为节约生产成本，又在边地或近边地带收购粮食。《明英宗实录》记载说，“甘肃地寒，少生五谷，近日中盐商贾，多就彼买米，以致谷价涌贵”。[③] 商人的活动把商业精神带到边地，并很快地传染了具有军事、政治特权的官僚集团，也为他们可能的土地占有及其收入提供了市场，这就极大地激发了全力占有土地的欲望，进而引发了对于土地的侵夺。宣德六年(1431)，宁夏左屯卫指挥张泰奏告宁阳侯陈懋，“私役军种田三千余顷，夺民水利，岁收之粟，召商

① 《明英宗实录》卷171，正统十三年十月乙卯，第3288页。

② (英)崔瑞德、(美)牟复礼：《剑桥中国明代史(1368—1644)》(下卷)，杨品泉等译，中国社会科学出版社，2006年，第647页。按：该著认为“开中”政策于1395年即洪武二十八年采用。而国内学者根据《明史·食货志》的记载，多倾向于洪武三年开始实施。

③ 《明英宗实录》卷27，正统二年二月甲申，第547页。

贾收籴中盐”[①]，即其例证。

(2)荒地和公共牧场、草场是将官监管和控制的公有土地，也是最易转化为私人占有的土地资源。就一些不完全的资料来看，当时九边各镇的草场和荒地数量相当大，如榆林镇，共有草场地162330顷30亩，其中镇城3780顷。而原额屯地共5774分，按一分等于6顷计算，实际只有34644顷[②]。两者相较，草场地接近于屯地的5倍。这种状况非常有利于官豪的侵占。正统八年(1443)，宁夏右参将都指挥佥事王荣奏说，“宁夏官马，永乐中，每年四月俱于高台寺至陆墩沿河一带地阔草蕃之处牧放，比至五月移于高家闸、白烟墩、观音湖凉爽水冷之处，水草以时，马得蕃息。近年，河滩沿山草场俱为总兵等官占据，牧养私畜，或开垦成田，以此官马俱于马窑墩牧放，去城二舍之远”[③]。说的就是这种情况。

(3)将官趁军士出征、应役或差遣，除其名目，夺其土地。如宣德六年(1431)，朝廷派工部右侍郎罗汝敬往陕西经理屯田事务，陕西参政陈琰谈及当地情况说，“卫官及管屯者各图己利，不顾公家，凡屯军有所差遣，不复拨补，即除其名，而据其地”[④]。

(4)接受“投献”。这种情况在明中期较为普遍，如成化十八年(1482)有人讲，“宣府各城堡势要官房族，多招逋逃，占种庄田，虐害军民”[⑤]。孝宗即位之初有人说，“各处地土、山场、湖荡，军民开恳管业已久，近年以来，多被权豪势要之家及奸诈无藉之徒侵占投献。虽有禁约事例，多不遵守，以致小民受害无伸”[⑥]。总之，在商业精神的影响下，同时也受贵族、权贵等私庄发展的影响，九边地区大量的土地或屯地相继被官豪占夺。其侵占程度，兹举著例和相关论述如表5—1，以见一斑。

---

① 《明宣宗实录》卷76，宣德六年二月壬子，第1769页。

② 谭吉璁：康熙《延绥镇志》卷2《食志》，上海古籍出版社，2012年，第72页，第84页。

③ 《明英宗实录》卷103，正统八年四月庚子，第2085—2086页。

④ 《明宣宗实录》卷76，宣德六年二月丁酉，第1754页。

⑤ 《明宪宗实录》卷223，成化十八年正月丙戌，第3838页。

⑥ 《明孝宗实录》卷2，成化二十三年九月壬寅，第16页。

表5—1 九边官豪占夺田地及其相关议论举要

年份	占有情况	资料来源
宣德六年	宁夏、甘州诸卫屯种,全资水利,多为官豪侵占,农家不得灌溉	宣宗实录,卷85
宣德六年	宁夏、甘肃田地可引水灌溉,虽旱亦收。然贰处膏腴之地皆为镇守官及各卫豪横官旗所占,俱不报官输粮,间有报者,十仅得一	宣宗实录,卷76
宣德九年	镇守大同参将曹俭,私役壮士六百余人于家,占种应州等处庄田一百五十余顷	宣宗实录,卷108
正统二年	西宁侯驸马都尉宋琥,太监王安、王瑾,崇信伯费献,都督刘广、史昭,共占田六百余顷	英宗实录,卷30
正统八年	宁夏总兵官都督史昭与左参将丁信等,私役官军,动以千百计,广置庄田,各有二十余所,霸占鱼池,侵夺水利;榆林各卫所官占种屯田,私役军卒,扣减粮廪,大为奸利,而纳级武官为尤甚	英宗实录,卷103;世宗实录,卷113
正统八年	陕西自都指挥而下俱种田输粮,其恃强者往往私占水利、小军,田亩多不得周遍;陕西卫所官占种肥饶田土,多至三四十顷	英宗实录,卷104;卷106
景泰五年	守备万全都司右卫都督佥事江福,索所部千户赵海庄田珠环不得,以事杖死海,事觉	英宗实录,卷247
天顺三年	忠国公石亨私役边军,占种怀来等处地一千七百顷有奇	英宗实录,卷309
成化十二年	大同、宣府等处膏腴土田,无虑数十万顷,悉为豪强占种	宪宗实录,卷156
成化十三年	辽东各卫,近城膏腴田地多被卫所官员占种	宪宗实录,卷161
弘治十三年	宣府屯田多为势豪吞占;宣府内外镇守、协守、守备等官庄田,共九百二十八顷七十余亩	孝宗实录,卷163;武宗实录,卷54
弘治十八年	各边屯田皆为权势所夺	孝宗实录,卷222
正德元年	边境东尽辽阳,西抵甘肃,中连宣大延宁诸镇,延袤七八千里,多衍沃可屯之地,或夺于势豪,或弃为草莽	武宗实录,卷15

说明:王毓铨先生《明代的军屯》一书中,列有一个事例表(第307—320页),其中本表的部分内容已有所涉及,可以参考。

大约从宣德年间起,九边官豪占夺和经营土地的现象已经比较多了。

正统以后，占夺情况已经非常严重，所谓“其后屯田多为内监、军官占夺，法尽坏”[①]。当然，这其中，一些皇亲国戚、势要官员也竞相参与进来，唯恐落于人后。弘治十七年(1504)，礼科给事中葛嵩奏称，“边方军民田土，凡邻近牧马草场及皇亲庄田者，辄为侵夺，致使流移困苦，上干和气”[②]。经过这些侵夺，到弘治末年，“各边屯田皆为权势所夺”[③]。对此，兵部尚书刘大夏说，“镇守者，或害一方；守备者，或害一城”[④]。

九边官豪对土地的占有和侵夺，不只是获得土地占有权，更重要的是获得土地经营权。为此，非法占有劳动力就成为次生的一种营私活动。其占有手段各式各样，主要有两种形式：一是非法役使军士或军余。这种情况，史不绝书，也是九边地区最为普遍的现象，不必例举。二是招揽逃亡或隐占军民，作为私种自己土地的佃户。如辽东镇守太监亦失哈，“在边久，收养义男家人，隐占军余佃户动数百计”[⑤]。巡按直隶监察御史张奎劾奏，“都督佥事石彪擅令所部百户边贵等，越关四百余里，督种庄田，而酷掠居民，占其土地，且招纳流亡五十余户，匿住于庄”[⑥]。弘治时期，有人称：辽东镇“先年官军十有九万，近或逃回原籍，或潜匿东山，或为势豪隐占，见在止有七万之数。”[⑦]辽东官军由19万沦失到仅有7万之数，虽然非必全为隐占所致，但隐占应占相当数量。除劳动力外，对与农业生产有关的水利资源和牛、马等畜力资源的霸占也无处不有。特别是水利资源的霸占，致使一些军民农田常常难得灌溉。由此，不少军士、军余转化为官豪的“私家劳动力”，大量军民逃亡以至屯田废弃，屯政遭到了极大的破坏。

(二)商业或与此相关的经营。

今人研究明代北方商业，多涉及到九边庞大的军需消费市场，及其对于陕西商人和晋商等兴起的影响，这固然不错，但不能据此认为这里只是一个单一的商品消费市场。事实上，官豪兴起以后，这里的非法性商业活

① 《明史》卷77《食货一》，第511页。

② 《明孝宗实录》卷217，弘治十七年十月戊辰，第4081—4082页。

③ 《明孝宗实录》卷222，弘治十八年三月甲午，第4186页。

④ 《明孝宗实录》卷213，弘治十七年六月壬戌，第3994页。

⑤ 《明英宗实录》卷186《废帝郕戾王附录》第四，正统十四年十二月壬子，第3718页。

⑥ 《明英宗实录》卷215《废帝郕戾王附录》第三十三，景泰三年四月乙丑，第4620页。

⑦ 《明孝宗实录》卷195，弘治十六年正月甲午，第3063页。

动也不少，并且由于官豪的特殊权力和政府法律上的禁止，这些活动往往以地下活动或改头换面的方式进行。在官豪没有介入以前的九边社会，一般的商业活动有三种形态：一是城镇固定店肆与集市；二是开中政策招引下的商人及其商业活动；三是后来政府不定期开放的边蒙互市。固定店肆和集市一般在人口集中的较大城市都有分布，如宁夏城就分布有羊肉市、柴市、靴市、鸡鹅市、巾帽市、杂货市、杂粮市、猪羊肉鱼市、米麦市、猪羊市、骡马市[①]等，这是城乡社会基本的商业活动市场。这样的商业活动，包括“开中”政策和边蒙互市下的商业活动，本来与官豪没有直接的关系，而且按照明朝的法律也是严格禁止他们从事这些活动的。但随着官豪对土地经营的介入，以及以盈利和攫取财富为目的的经济活动的实际进行，一些官豪也把自己的营私活动扩大到商业领域。他们非法役使军士、家奴或隐占逃亡军民等，不同程度地投入到诸如兴贩私茶、盗卖官马、买卖官盐、烧炭转卖、盗卖官粮、开中中盐、私开店肆，以及与鞑靼私下交易违禁军器等诸多领域。如宁夏总兵官宁阳侯陈懋，永乐六年(1408)以后长期镇守宁夏，在此期间，有人告他曾私遣军士二百余人，操舟三十余艘，出境捕鱼、采木。如此大规模的捕鱼，不能认为是用来自己消费的，结合宁夏鱼市的情况分析，应当是投入市场买卖的。他又曾派遣军士 20 人，“赍银往杭州市货物”，这也应当是盗卖贩运的行为。与都指挥阎俊等盗卖官仓粮食 19000 余石，又以虚卖延安、庆阳府粮食为名，侵吞官粮 240000 余石等，私役军士种田 3000 余顷，以所收入召商“收籴中盐”。与都指挥阎俊等役使军士，“挽车九百余辆，载大盐池盐，往卖于西安、平凉等府”[②]。显然，这些活动几乎都是以营利为目的的非法的商业或变相的商业勾当。

朝贡贸易是归附西番和北方蒙古诸部与明朝政府经常性的贸易形式。九边诸官豪利用这一形式，不时私下与这些使臣进行非法交易。其所持的交易物品往往是政府严加禁止的、能够获得高额利益的违禁品，如军器、私茶等，其著例见表 5—2。按照明朝的规定，朝贡使臣一般先到沿边诸镇中

① 弘治《宁夏新志》卷 1《市集》，第 218—219 页。

② 《明宣宗实录》卷 76，宣德六年二月壬子，第 1768—1769 页。按：《剑桥中国明代史》以为，“在理论上，开中法对所有愿意运粮到北方和用它向政府换取盐引的商人开放”(下册，第 647 页)，这一点不错，但沿边军事将官的此类活动总体上是被禁止的。这种背景有利于以北方将官为主体的官豪的投机买卖。后来，政府一度允许陕西庆阳、平凉一带养马军士以马易盐，实际上也多被官豪操纵。

转，然后到达京师。这些使臣是一般等闲之人鲜能接触并与之交易的，与之交易者只能是有资格与之接触的卫所官员或官豪。

表5—2　九边官豪商业经营与相关议论举要

类型	史料叙述情况
军器	宣德八年，肃州镇守都督佥事王贵，交通夷人，造军器，往西番易驼马（《明宣宗实录》卷105）；九年，镇守大同参将曹俭，私以盔甲、弓箭与阿鲁台使臣易骆驼（同上，卷108）；正统六年，宣府镇守都督佥事黄真，与鞑靼贸易（《明英宗实录》卷82）；九年，山西都指挥同知田增，私市瓦剌使臣生（牲）口（同上，卷120）；十年，瓦剌使臣多带兵甲、弓矢、铜铳诸物，询其所由，皆大同、宣府一路贪利之徒私与交易者（同上，卷135）
中盐、私盐	自正统以来，户部及辽东巡抚官阿谀边方镇守及在朝权要，派与淮鹽，以至京师豪猾之徒，势逼官吏，鹽以二百斤为一引倍支四百斤者有之，六百斤者有之，富商因见权豪过支斤重，亦朋合为奸，侵盗国课，积弊多端（《明宪宗实录》卷59）；辽东岁储半入权门，盐利多归势要（《明孝宗实录》卷86）
山场、店肆	镇守黄花镇口都指挥鲁瑄，私役守卒百余人采木、营第，及令烧炭转货于京都（《明英宗实录》卷214）；都指挥孙显，家奴十余人，私起店房，邀截商货，逼勒取利（同上，卷289）；万全镇守都督佥事黄真，私役军士造旅店、水磨碾（同上，卷82）；近时权贵之家多在京通州、张家湾等处，修造市肆，邀留商货，与民争利（《明宪宗实录》卷260）；西山，密迩京城，国家千万年风气攸系，屡奉旨禁约，不许开凿。近年军民人等，往往投托内外势要，或开窑卖煤，或凿山取石。巡视者畏其声势，莫敢谁何（同上，卷263）；易州山厂柴木采伐已空（《明孝宗实录》卷222）
总论	各边商人类多势要之家，假名射利，闾里豪猾相附为奸，所获较其所费奚翅倍蓰。于是，内帑之财半为私门有矣（《明武宗实录》卷43）

表5—2所谓“贪利之徒”主要是由这部分人员构成的。至于茶马贸易，成化三年（1467）有人讲，“今势家及射利之徒往往交通守备，私贩入番。于是，茶马之政遂坏”①。这点今人研究较多，此不赘述。中盐政策本与九边官豪无涉，但这一行业易为暴利，因此官豪相互勾结，往往介入其中。前引宁夏宁阳侯陈懋，役使军士，以九百余辆大车，载大盐池盐，转卖于西安、平凉等府，就是这方面非常典型的例证。另外，各边官豪还常在交通要冲、重要关口和重要城镇，私设店肆；或在有条件的地方开设煤窑，或烧炭等，以转卖于京城等通都大市；或在自己管辖范围内盗卖官马、粮食等。史载，

① 《明宪宗实录》卷45，成化三年八月己亥，第927页。

“辽东、宣府、榆林沿边官军缺马，多被权要倚势强卖”[1]，而私收草料、侵吞官粮、盗卖边方等记载尤多，此不烦举。至于各级将官卖放军士，收取贿赂，吃亏空军士名额，领取月粮钱等，史不绝书。这些交易行为和不法勾当，虽然不是一般的商业行为，但却是一种变相的交易。总之，凡是能够获利肥己的商业活动或交易，在很多情况下都有他们直接或间接的参与。

九边官豪私家商业活动兴起的主要诱因来自外部，也就是内地商业力量及其精神的“侵入”。内地商业力量对该区域的最初青睐，并不是因为它有巨大的军需消费市场，而是由于粮食运输所获得的部分官盐的销售权。因为，这一消费市场的消费品主要由政府提供，它对那些唯利是图的商人并没有什么价值。随着内地商业力量在政府政策（开中政策）的导引下进入这块供给制的准军事社会以后，粮食的意义便发生了新的变化，它不再是完全的供给制食料，也部分地成为能够获得更大商业利润的商品。前引宁夏镇总兵官陈懋与都指挥阎俊等曾盗卖官仓粮食19000余石，又以欺诈手段侵吞官粮240000余石，都不可能是用于自己消费的，而是用以获取盐引的行为。而对于土地的占有及其经营，在很大程度上也与此有关。

由于以军官为主体的九边官豪的商业经营总体上是政府禁止的，所以他们往往以所役军士、家奴、家丁、家人等形式出现。弘治二年（1489）有人讲，“大凡税课皆势要、京官之家，或令弟侄家人买卖，或与富商大贾结交，经过税务，全不投税”[2]。九边的情况当与此一致。又由于政府在制度上的禁止，九边官豪的商业经营不但在形式上是偷偷的“地下经营”，而且经营过程时断时续，趁机而行。这样的经营难以形成稳定的商业集团。而就商业行业而言，除了原则上遵循市场的基本精神外，在很多情况下带有超市场的色彩。表现在商业活动的各个环节上，大都不同程度地存在着非市场性的因素，如非法获取商品资源、劳动力，以及在具体商业行为中的强征、强卖、偷税或强行不交税等特征。正因为这些特点，官豪商业利润的相当部分实质上是非法夺取社会或国家利益而取得的，商业形式只不过为此提供了一个公私利益转化的“合法渠道”而已。这一点与内地一般商业的商业经营是有所不同的。

① 《明孝宗实录》卷222，弘治十八年三月甲午，第4187页。

② 《明孝宗实录》卷22，弘治二年正月丁丑，第511页。

九边官豪通过商业活动所获得的商业利润，大多数不是用做资本投入，而是用于个人或家庭消费，所以没有也不可能形成有影响的商业集团。同时，由于当地消费品市场贫弱，用于个人或家庭消费的资金有限，于是就：(1)大力营建私第，广买田地，发展庄园。这方面文献屡有道及，如大同石彪私庄，山西都指挥同知田增私第，宁夏总兵官都督史昭广买庄田，总兵官陈懋大营私第，等等。正统十四年(1449)兵科给事中刘斌说："近数十年，典兵官员既私役正军，又私役余丁……至如公、侯、伯、都指挥等官，但知家室之营、金帛之积、轻裘肥马之是尚"[①]。(2)不同程度地发展自己的政治势力。如私养部曲、家丁，隐匿军士、逃亡民户等。(3)利用资金，贿赂权贵，谋求私利。所谓"边官于部下军人多卖放、私役，图营私利，厚于自奉。迩来希求升赏，纳赂权门，习为故事"[②]。同时，大量的剩余资金增加了边地对外来消费品和私人生活服务的需要，进而吸引了内地商业集团及其商品的流向，助成和促进了陕西商人集团和晋商集团的形成和发展。随着内地商品的大量涌入，边疆风俗日变，上层社会崇奢风气日兴，将官等狎妓饮酒之风蔚然而起。

三、政府控制及其效果

屯田制度的理想情况本来是：驻边军士按比例分出两类，一类是守防军，一类是屯田军。前者专事防卫，粮钱和布帛等由国家承担；后者主要从事屯田，生产粮食的一部分上交官仓，一部分作为自己的生活消费。民屯和商屯，主要因为荒地和输纳边粮而起，或生产粮食以换取盐引，或按照国家规定缴纳相应的税粮，是军屯制度的补充。这是该制度的原初意义。除军事和屯田等的指挥和管理外，军事将官本与这些经济活动没有什么关系，或关系极少。政府对他们的控制，原本体现在根据战功和对屯田管理的成效，或加以奖励、升迁，或进行必要的惩罚。但实际情况并不这样简单，军事将官天然的私欲和权力膨胀，以及为满足这些欲望而实际的"营私"行为，已经远远地超出了该制度的原初意义。它不但造就了以将官为

---

① 《明英宗实录》卷186，正统十四年十二月壬申，第3753页。

② 《明宪宗实录》卷168，成化十三年七月癸酉，第3041页。

主体的官豪,而且迫使政府采取一系列政策来维持理想中的制度的运行。

首先,政府通过立法和建立相应的制度,严格禁止将官经营土地和营商,对于王国的封地也有严格的规定。如规定,与"胡人"交易者处死刑[①],将官夺占屯地和私役军士、军余者,依法惩处。这些条款散见于《明实录》各朝"劾奏案"、"敕谕"及其相关事件中,《明会典》相关部分也有部分辑录,此处不必一一列举。它们是明政府维护和保障九边各项制度和社会秩序的基本依据,也是明政府控制官豪势力发展的集中表现。明代初年,这里虽不乏将官利用职权非法占有或营私的情况,但相关制度和社会秩序总体的运行还是正常的,即与政府的理想目标和要求基本一致。

其次,随着官豪的形成及其经营私利活动的日益频繁,劾奏案不断增加,政府在以下三个方面着力加强管理,以求遏制这一趋势的发展。(1)加强中央对于九边的巡察和整治。其中包括,根据情况委派监察御史、兵部侍郎、工部尚书、工部侍郎等,前往诸边镇,或整治屯田水利,或整治防务,或核查相关将官的"劾奏案"等。随着形势的发展,朝廷还对整治和清理军伍的条款增加新的内容,以便"按图索骥",获得更好的整治效果。如宣德三年(1428)为"清理军伍",新制定"清理事例十一条,通前八条,榜示天下"[②]。宣德六至九年(1431—1434),因"宁夏、甘肃……膏腴之地皆为镇守官及各卫豪横官旗所占,俱不报官输粮,间有报者十仅得一,其卑下瘠地则分与屯军,致屯粮亏欠,兵士饥困。而官员豪强之家,日以恣横"的情况,先后3次派遣工部侍郎罗汝敬前往整治[③]。又经罗汝敬奏请,朝廷再派2名监察御史专理此事,并特敕谕他们"毋为势要所胁"[④]。这种情况在各边都有程度不同的存在,此处不再一一例举。(2)增设部门专职管理官员,加强具体部门的责任管理。这些部门包括被各处官豪重点"光顾"的屯田、水利和粮储等部门。(3)不断增加九边各镇上层军事、行政官员,加强内部管理、控制和彼此之间的监督。如巡抚、侍郎、内监、总督等等。景泰七年(1456),提督大同军务左副都御史年富说:"往时各边虽有镇守、巡抚、参赞

① 《明宣宗实录》卷109,宣德九年三月辛卯,第2448页。

② 《明宣宗实录》卷36,宣德三年二月甲寅,第890页。

③ 《明宣宗实录》卷76,宣德六年二月丁酉,第1754页;卷87,宣德七年二月庚戌,第2006页;卷110,宣德九年四月戊辰,第2470页。

④ 《明宣宗实录》卷85,宣德六年十二月庚戌,第1973页。

并管神统内外官，具数不多。自正统十四年(1449)以来，各处俱添都御史、侍郎等官，或以巡抚提督为名，或以参赞、协赞为号。总兵之外，又有副总兵、左右参将，内官则有镇守、守备之称，如天城、阳和等处，一城之内乃有内官二员，未免占役军士，生事扰人。”[①]为此，他建议朝廷，待边事稍宁后加以裁减，但得到的答复却是“不可轻动”。很明显，增设这些官员的主旨在于加强沿边军事防卫力量，在这一意义下也有一些官员，包括内监，主要是针对管理和监管而设的，他们的职能也具有控制地方官豪的作用。这种愿望自然是好的，确实也在军事防卫上起到了一定的积极作用，但它进一步造成了官豪队伍的扩大，客观上加大了官豪在土地占有、侵夺，以及私业经营方面的人数。它不但对控制官豪势力的发展没有多少实际意义，反而加强了这一趋势。

再次，实行养廉田制度，并允许将官占种一定数量的田地。前文述及，明初九边将官本来没有自己的经济生活，其报酬来自国家的俸禄和赏赐。而俸禄在当时人们的观念中就是用来养廉的，明神宗尝说，“俸以养廉，禄以酬功，乃国家常典”[②]，典型地说明了这一点。明代前期，一些大臣也多次谈到这种情况，如正统初年李贤说，“俸禄，所以养廉也”[③]；晏毅说，“俸禄，所以养廉也”[④]；景泰初年张聪说，“禄者，养廉之本也”[⑤]。既然如此，为什么会有养廉田的出现呢？从文献资料看，九边一开始确实没有实行养廉田。嘉靖二十一年(1542)，户部覆巡抚宁夏都御史范鏓说：“国家设立边镇，将领各有常禄，初无给田养廉之制，边镇军余屯田各有课额，亦无赢余可以给将领者。自武定侯郭勋奏以田园地土令各将领给种，委任奸军以为庄头，索取种子牛具，派拨耘锄人工，为害不可胜言。”[⑥]按范鏓的说法，九边实施养廉田与武定侯郭勋有关，但事实并不是这样。据《明武宗实录》，郭勋于正德三年(1508)三月承袭父爵为武定侯，从正德四年(1509)到嘉靖二十年(1541)位高权重，地位显赫。但在弘治六年(1493)，山西镇就已经实行养廉田了。就在这一年，山西镇巡官奉旨查勘革任参将王升，查出他

① 《明英宗实录》卷267《废帝郕戾王附录》第八十五，景泰七年六月辛丑，第5665—5666页。

② 《明神宗实录》卷298，万历二十四年六月壬子，第5583—5584页。

③ 《明英宗实录》卷25，正统元年十二月乙丑，第511页。

④ 《明英宗实录》卷27，正统二年二月丙戌，第549页。

⑤ 《明英宗实录》卷192《废帝郕戾王附录》第十，景泰元年五月庚戌，第3993页。

⑥ 《明世宗实录》卷258，嘉靖二十一年二月己卯，第5178页。

私占偏头等关田地408余顷,又占官房560余间,遂奏请将其中的26顷田地给予新任参将,36顷分给偏头、雁门、代州三关守备官,用作养廉田,其余田地和房屋收为官有[①]。因此,养廉田并不是因郭勋奏请才开始实行的,至少在弘治初年已在九边部分地区实行了。除此而外,明代中期还允许将官占有一定数量的田地,并上纳给官府一定数量的税粮,另有奖赏功臣官地制度的出现。这些做法固然都是从边防的意义上考虑的,但它是在官豪发展难以遏制的现实情况下,试图通过给予田地以遏制官豪势力任意发展的趋势来实现的。这种控制方式不但没有达到预期的目的,反而使得一些官豪以此为"基地",进一步加速了对于土地的侵夺,以及其它私业经营的泛滥。

总体上看,上述控制性政策和措施并没有发挥其应有的作用。之所以如此,根本的原因在于军事官僚体制的问题。另一方面,法律对于九边官豪也太为宽大,这不仅表现在法律程序上给予他们的机会太多,而且表现在最高权利集团对违法者的"宽恕"太多,这种事例在《明实录》中有大量的记载。张正明先生说,"明政府的北方边镇政策,无论从军事、政治和经济上讲,都不能说是成功的,颇有检讨之处"[②]。这虽然只是一个意向性认识,没有得到系统的论证,但确实反映了北方边镇在运行过程中,在这几个方面比较普遍地存在着问题。这些问题的出现,与其说是具体制度或政策本身的问题,不如说是保障这些制度与政策运行的条件,即政府控制出了问题。政府的控制不力,特别是对官豪及其私业经营的控制乏术和无效,是引发各种制度破坏、变异,或难以正常运行的基本的因素,也是一个非常致命的因素。

① 《明孝宗实录》卷72,弘治六年二月辛亥,第1351页。

② 张正明:《明清晋商及民风》,人民出版社,2003年,第14页。

第六章　九边女性的道德精神与阶层局限

——以地方志“烈女”为主的考察

程朱理学提倡和宣扬贞节观以来，“节烈”观念通过各种方式向社会各个阶层传播，并且随着时间的推移，影响越来越大。在明代，由于政府的大力提倡和社会的广泛崇尚，实践意义上的“节烈”妇女越来越多。《明史》记载：“其著于实录及郡邑志者，不下万余人，虽间有以文艺显，要之节烈为多。呜呼，何其盛也！”[①]有人根据清人编撰《古今图书集成》“闺节”、“闺烈”目下收录的节烈妇女统计，宋代有267人，明代则有3.6万人[②]。明代“九边”是明人对北方沿边地带九个军事防御区的总称。在九边形成及其存在的漫长岁月里，当地社会形成以军事卫所为主体的准军事社会。其社会成员的构成，除了各级官僚、军官、军士及其家属外，还有一定数量的州县民籍人员和卫所代管的民籍人员。后者虽然于各镇的分布颇不平衡，但都不同程度地有所存在。在此比较特殊的社会环境中，生活于其中的女性，不论就其来源还是其本身的生存状况而言，都有不同于内地一般社会的特点。为对九边社会有更进一步的认识，下面拟以地方志“烈女”为主，来考察这一区域社会女性的道德精神，并对由此而引发的相关问题加以论述。

一、九边社会的重建与女性群体的新构成

明代九边地区在元代分属于中书省、辽阳行省、陕西行省和甘肃行省管辖，虽说在地理景观上这里属于农牧交错带，人口也比较稀少，但在总体上都纳入一般行政管理的体制中，当地居民过着以农业为主体，兼具一定畜牧等副业经营的经济生活。明元鼎革之际，战争频仍，这一地区遭到了

① 《明史》卷301《列女一》，第1971页。

② 刘达临：《中国古代性文化》，宁夏人民出版社，2003年，第717页。

很大的破坏，已有的人口大量逃亡或丧失。明朝建立以后，开始重建这里的社会、经济秩序，并因蒙古诸部实力长期存在，这一地区逐渐被经营为以九大军镇为基本单位的军事防御区。与这一过程相适应，本地区的人口也发生了很大的变化。

(1)卫所军人及其家属在不少地方是人口的主体。由于是军事防御区，“一般说来，这些地区只有军卫，没有州、县。军卫以外的民籍人口，归属于军卫管理”[①]。则军卫人口是当地人口的主体。据曹树基研究，洪武时期九边地带诸军卫的人口大致是：辽东地区，洪武二十四年(1391)，17卫，军人及其家属28.6万人，二十六年(1393)，20卫，军人及其家属33.6万人，二十八年(1395)，23卫，军人及其家属38.6万人；北平行都司，25—26卫，军人约15万，合家属约45万人；宣府地区，6卫，3.4万军人，合家属10万余人；大同地区，14卫，7.8万军人，合家属约23万人；宁夏诸卫，4卫，2.3万军人，合家属约6.9万人；绥德卫，2.2万军人，合家属约6万人(明中后期延绥镇主兵官军共36230员名[②]，若合家属则有近11万人)；河、岷、洮三卫，军人约1.7万人，合家属5万人[③]。以后，随着九边体制的建立和边防形势的变化，各军卫人口应有不同程度的增加。以宣府镇为例，嘉靖时期辖21个卫所和2州1县，有军户124797户，民户2035户[④]，军户是民户的61倍多，充分说明军户人口在九边地带占据主体的地位。

军卫官军等人口的来源比较复杂，有的是明代初年随从徐达等大军北上、西征的各地军人及其家属落籍于当地者。以甘南地区为例，顾颉刚先生说，“河州人相传为南京大柳树巷人，洮州人相传为南京纻丝巷人，俱谓自明初迁去。西宁人亦云然”[⑤]。又说临潭县，“有宋氏，原籍徐州屯头村，明指挥佥事宋忠之后。有杨氏，原籍南京纻丝巷，明镇抚千户杨遇春之后。有刘氏，原籍六安州，明百户刘贵之后。有范氏，原籍合肥，明千户所千户范应宗之后。西宁汉人俱谓由江南迁去，想亦于明初从征而往，遂屯田为

---

① 曹树基：《中国人口史》第四卷(明时期)，复旦大学出版社，2000年，第44页。

② 杨俊民：《边饷渐增供亿难继酌长策以图治安疏》，《明经世文编》卷389，第4213页。

③ 《中国人口史》第四卷(明时期)，第152—173页。

④ 孙世芳等：嘉靖《宣府镇志》卷13《户口考》，(台北)成文出版社有限公司，1970年，第121页。

⑤ 顾颉刚：《浪口村随笔》，辽宁教育出版社，1998年，第230页。

土著也”[①]。有一些是政府实行“实边”政策迁入的各地官军。如宁夏中卫，在建文帝元年(1399)“迁实在京、在外官军6000余员名”，遂发展为“河西重地”[②]。有一些是归附军人编入当地卫籍者，有一些是归附“达人”官军及其家属编入当地卫籍者[③]，还有一些是内地谪戍边地的军人等等，不一而足，此处不再赘举。根据明代的制度，卫所军人必须携带妻子前往，则最初的随军家属当以军人妻子或父母为主。据此，九边女性的重要来源之一，就是这些军官、军人的妻子或母亲等。后来，随着军属等家庭的不断繁衍[④]，子女越来越多，因男女婚姻关系而结成的新的社会关系日渐形成。

(2)府州县与军卫代管的民籍人口。明代九边各地不同程度地存在有一定数量的府州县民籍人口或由军卫所代管的民籍人口。这些府州县主要分布于甘肃镇、宁夏镇和辽东镇以外的其余六个军镇所在的地区，如延绥镇所在地有延安府、绥德州、庆阳府部分州县，固原镇有固原州、河州等州县，大同镇有大同府，偏头关镇有太原府部分州县，宣府镇有隆庆州、永宁县、保安州，蓟镇有顺天府部分州县等。此类府州县的基础人口是元明鼎革之际留居于当地的本地人，也有一部分是后来迁徙或招募的移民人口。至于诸军卫代管的民籍人口，情形较为复杂，有留居于各镇卫所的当地“遗民”，有被安置于这一带的蒙古等部归附人员，还有一些是政府招募的屯垦移民或政府组织的移民。如宁夏镇灵州守御千户所，“洪武三年(1370)徙其民于关内”，后“编集原遗土民及他郡工役民夫之忘归者，为瓦渠、枣园、苜蓿、板桥四里，属宁夏卫经历司”[⑤]。又宁夏镇，洪武九年(1376)建卫后，“徙五方之人实之”[⑥]，“实以齐、晋、燕、赵、周、楚之民，而吴

---

① 《浪口村随笔》，第232页。

② 弘治《宁夏新志》卷3《宁夏中卫》，第380页。

③ 《明太宗实录》记载：永乐八年，凉州鞑官千户虎保亦令镇巴等因惑于流言叛逃，被赦罪后，遂“率其妻子万二千余口来归”(卷110，永乐八年十一月壬辰，第1413页)。当时河西、宁夏、辽东此类安置人口较多。

④ 弘治《宁夏新志》卷3《平虏城》记载：“平虏城，自古无城。国朝永乐初建，只有军马哨备。景泰六年奏拨(宁夏)前卫后千户所十百户军余居之。弘治六年因居人繁庶，展筑新城。”(第408页)

⑤ 弘治《宁夏新志》卷3《灵州守御千户所》，第323—324页。

⑥ 胡汝砺编、管律重修：《嘉靖宁夏新志》卷1《宁夏总镇》，陈明猷校勘，宁夏人民出版社，1982年，第8页。

越居多,故彬彬然有江左之风"[1]。曹树基认为,洪武时期各军卫代管的民籍人口约占总人口的20%,由此他推断当时各镇所在地区军卫代管的民籍人口是:辽东地区约有10万人,宣府地区有2.5万人,大同地区约2.6万人,宁夏镇约1.8万人,陕西行都司5万人[2]。

(3)藩王府人口。洪武时期,为了加强北方边地的镇守力量,在北方边疆地带分封了9个藩王。明人说:"国初都金陵。以西北胡戎之故,列镇分封……今考广宁辽王、大宁宁王、宣府谷王、大同代王、宁夏庆王、甘州肃王,皆得专制率师御虏。而长陵时在北平为燕王,尤英武。稍内则西安秦王、太原晋王,亦时时出兵,与诸藩镇将表里防守。"[3]永乐时期,将宁王改封于江西南昌,谷王改封湖广长沙,辽王改封湖广荆州。长城沿线尚有代王、庆王和肃王。代王驻大同,庆王先居韦州(今宁夏同心县韦州镇),后移驻宁夏城。肃王先驻甘州,建文时移住兰州。各王府不但分封有相当数量的土地、草场、护卫军士和民人,而且有相当数量的内眷、杂役和其它服务性人员。如宁夏庆王府,就设有一整套机构,包括"承奉司、长史司、仪卫司、纪善所、典膳所、典宝所、良医所、审理所、工正所、奉祠所、典仪所",除此而外,宁夏城中又设有"真宁王府、弘农王府、丰林王府、巩昌王府、寿阳王府、桐乡王府、延川王府"[4]。这种情况在各王府及其所在地大概是相类似的。明末李自成农民起义时,兰州城被攻陷,肃王嫔妃杨氏、田氏"投缳"而死,"宫人从死者二百余人"[5]。至于代王,除了自己王府官员、内眷及其它"杂役"人员外,还广蓄"乐户","所蓄乐户较他藩多数倍,今以渐衰落,在花籍者尚二千人,歌舞管弦,昼夜不绝"[6]。因此,诸王府的各种女性人员自不在少数,由此可想而知。

(4)"官户"人口。"官户"是指九边各镇中食政府俸禄且为非军户的各级官僚及其家属的人户。《宣府镇志》记载,本镇有"官户"共4551户,其分

① 汪绎辰:《银川小志》,中国西北文献丛书《西北稀见方志文献》第51卷,兰州古籍书店影印出版,1990年,第31页。

② 《中国人口史》第四卷(明时期),第152—173页。

③ 《今言》,第46页。

④ 《嘉靖宁夏新志》卷1《宁夏总镇》,第39—40页。

⑤ 陈世桢修,涂鸿仪编辑:道光《兰州府志》卷10《列女》,(台北)成文出版社有限公司,1976年,第831页。

⑥ 沈德符:《万历野获编》卷24《口外四绝》,中华书局,1959年,第612页。

布于万全都司各卫所的情况是：宣府前卫936户，宣府左卫292户，宣府右卫259户，兴和千户所89户，永宁卫124户，隆庆左卫148户，隆庆右卫191户，怀来卫129户，保安卫153户，美裕千户所51户，永宁后千户所21户，永宁中左千户所38户，开平卫519户，龙门卫209户，龙门千户所97户，云州千户所56户，长安千户所34户，万全左卫183户，万全右卫243户，怀安卫197户，保安右卫119户，蔚州卫412户，广昌千户所51户[①]。其它各镇虽然没有“官户”的记载，但据此推测，它们中也一定存在这样的“官户”，并且在一般情况下，其数量与宣府镇各卫所的“官户”数量不会有太大的差别。

官户与一般军户和民户不同，除了家属成员以外，往往有一定数量的“杂役”人员，虽然他们并没有记载在“官户”中。史载：“近数十年，典兵官员私役正军，又私役余丁，甚至计取月钱粮，不全支。……至如公、侯、伯，都督指挥等官，但知家室之营、金帛之积、轻裘肥马之是尚。”[②]巡按直隶监察御史张奎讲，“都督佥事石彪擅令所部百户边贵等，越关四百余里，督种庄田，而酷掠居民，占其土地，且招纳流亡五十余户，匿住于庄”[③]。辽东镇守太监亦失哈，“在边久，收养义男家人，隐占军余佃户动数百计”[④]。至于与此相关的记载，如：“河西十五卫地方，东起庄浪，西至肃州，绵亘几二千里，所种田苗全资灌溉。近年水利多为势豪所夺，所司不能禁”[⑤]；“大同、宣府等处膏腴土田，无虑数十万顷，悉为豪强占种”[⑥]；“辽东各卫，近城膏腴田地多被卫所官员占种”[⑦]；“辽东岁储半入权门，盐利多归势要”[⑧]。都说明这些家庭具有大量的通过各种途径招来或役使的“杂役”人员。官僚家属和这些“杂役”家庭的女性成员，也是九边女性社会的重要组成部分。

总之，明政府在构建九边和重建九边社会以后，九边社会的人口状况发生了很大的变化。军户、民户、官户和藩王府人口构成当地社会的基本

① 嘉靖《宣府镇志》卷13《户口考》，第121—122页。
② 《明英宗实录》卷186，正统十四年十二月壬申，第3753页。
③ 《明英宗实录》卷215《废帝郕戾王附录》第三十三，景泰三年四月乙丑，第4620页。
④ 《明英宗实录》卷186《废帝郕戾王附录》第四，正统十四年十二月壬子，第3718页。
⑤ 《明宪宗实录》卷151，成化十二年三月丁巳，第2762页。
⑥ 《明宪宗实录》卷156，成化十二年八月庚辰，第2847页。
⑦ 《明宪宗实录》卷161，成化十三年正月丁未，第2948页。
⑧ 《明孝宗实录》卷86，弘治七年三月壬寅，第1602页。

人口，军户人口是当地人口的主体，在一些府州县，民户人口是人口的主体。这些人口的来源非常复杂多样，既有明元鼎革之际的元朝“遗民”，也有当地和来自南北各地的军户；既有归附而来的“达官”军民，也有当地“土达”；既有内地各省的“充军”，也有谪戍的犯夫犯妇；既有政府派往的各级官员，也有一定数量的“流寓”士人。至于官员，隆庆四年(1570)，掌吏部事大学士高拱说：“蓟、辽、山、陕沿边有司，实兼牧民御虏之责，即以有才力者为之，犹惧不堪，即优厚而作兴之，犹恐不振。乃官其地者，非杂流则迁谪，非迁谪则多才力不堪之人。”[①]由他们所构成的社会，与内地具有明显的不同。明人曾说辽东：“历辽、金、胡元，寖成胡俗。国家再造寰区，始以四方之民来宾兹土。未几，悉更郡县以为军卫，华人十七，高丽土著、归附女直野人十三”，由此造成其风俗是：“人多侨居，俗各异好”；“嗜好乖尚，靡所统一。”[②]这种情况在它各镇都不同程度地存在。在这样的社会状况下，女性的来源自然是复杂的，就是经过以后若干代的发展，这种复杂的境况恐怕也难有实质性的改变。

二、九边女性的道德精神

所谓“道德精神”，这里采用钱穆先生的概念，他说：人“心之投入于人世间，而具有种种敏感，人己之情，息息相关，遇有冲突龃龉，而能人我兼顾，主客并照。不偏倾于一边，不走向极端。斟酌调和，纵不能于事上有一恰好安顿，而于自己心上，则务求一种恰好安顿。惟此项安顿，论其归趋，则有达至于自我牺牲之一途者。此种精神，我无以名之，则名之曰道德精神”。这种“道德精神”是中国传统文化精神最主要的特征，“其惟一最要特征，可谓是自求其人一己内心之所安”[③]。这种“自求其人一己内心之所安”，实是一种最高的“善”的道德理想，在践行上则表现为高度的道德自觉和合目的性。对于中国人的这一道德精神，钱穆先生亦简单概括为一种

① 《明穆宗实录》卷46，隆庆四年六月庚子，第1143页。

② 毕恭等修，任洛等重修：《辽东志》卷1《地理》，金毓黻编《辽海丛书》(一)，辽海出版社，2009年，第408页。

③ 钱穆：《中国学术思想史论丛》(卷一)，安徽教育出版社，2004年，第175—176页。

“善我生”和“善我死”的精神[①]。这种精神后来被具体化为名节、贞烈、孝义和忠烈等，成为中国传统道德的基本内容。明代九边地区地处边地，是当时重要的军事防区，社会成员构成特殊且复杂，加上战争频繁，生存安全屡受威胁。在此社会状况下，女性面临着怎样的生死抉择？日常社会中又奉行着怎样的“道德情操”？下面就此加以说明。

(一)死生之际，舍生取义，保全名节和正气。

主要包括两个方面：一是外敌侵入或遭“贼”侵犯境况下的生死选择；二是忠贞不二的夫君情怀与生死抉择。正统以后，九边各镇屡遭蒙古诸部侵扰，抢杀劫掠日增，民众因此而遭遇摧残者，无时不有。在此境遇中，当地妇女表现出了刚强的性格和舍生取义、保全名节的勇烈精神。反过来说，这一系列的道德事例及其精神，又反映了当时当地社会主流的道德信仰和风尚。

(1)外敌侵入境况下的生死选择。先看宣府镇的几个例子：李氏，保安右卫指挥张孟喆之妻。“北虏破城入掠，李氏谓夫妹曰：‘我为命妇，与若皆宦门女，倘被浼于贼，实为家门辱，莫若求死焉为善。’即与投井中。有婢曰妙聪者，亦随而投入，见二人俱未死，乃意李有娠，恐水冷有所害，遂负之于背。贼退……而出，问其婢，则死矣。”陈氏，开平卫人，年十六岁嫁于指挥池信之子池宽，后随池信一家移居云州。“正统己巳(1449)，北虏野仙入寇，信率所操练兵往援马营，宽亦从之，遗陈在室。虏攻云州，城陷，陈义不受辱，先将夫女弟及子女共九人缢死，然后从容自缢而尽”；段氏，隆庆州人，先是丈夫早死，备极艰难，抚育幼孤子长成，后儿子又遭“虏害”。“嘉靖辛酉(1561)秋，虏破泥河堡，段被执，贼将污之，乃骂口不绝，贼怒，碎析其骸骨而行”[②]。在这三个事例中，前两例是卫官之妻或家室妇女，后一例是民籍妇女。在强“虏”威胁或面临玷污之际，她们毅然地选择了以“自杀”来应对，或以不屈而遭杀戮，借以实现其自觉的目的，即保全家门名声、自身名节。这是中国传统精神“杀身成仁，舍生取义”的至高表现和追求，这里列举的虽然只是宣府镇的例子，其实，在九边各地类似的事例不少，如表1

① 钱穆：《中国学术思想史论丛》(卷三)，安徽教育出版社，2004年，第30页。

② 嘉靖《宣府镇志》卷40《贞烈传》，第475页。

“贞烈死”一栏所示，九边所在大部分地区都不同程度发生过妇女(包括未婚女子)在可能遭受“敌虏”或“匪贼”侵犯情况下选择以死保节的事件，还有一些人因“临危不屈”而被惨烈杀害。九边各地此类现象分布颇不平衡，如表6—1所示，清甘州府所在区域有73.3%，宁夏府所在区域有61.5%，延安府所在区域有20.3%，宣化府所在区域有17.5%，其它诸府所在的九边地区从2.5%到8%不等。造成这一差异的主要原因是各地遭受侵扰的具体事件不同，特别是明末农民起义攻陷城池所造成的“忠义”或免遭屈辱而导致的女性死亡，在一些地方数量较大。《宣府镇志》曾就本镇“贞烈”现象解释说：“地方千里，山高水激，风劲气寒，人性永健，惇信义，故多贞烈之节。”又说，“宣镇文武士率持重，不肯毁名节，故见诸事业辄伟然可观”①。其实，这样的地理、人文环境在九边各镇总体上是一致的。地理环境的“山高水激，风劲气寒”固然可以造就“人性永健”和“惇信义”的性格和品质，但以军人为主体的社会和长期的军事征战，也是养成这些品质的重要条件，而这些恰是内地社会所没有或少有的。明代中期以后，九边各镇普遍长期地遭受蒙古各部不断的侵扰，各种规模的战事连年不断，因而不时会发生这类看似偶然，却蕴育着必然的极端事件。在这些事件中，九边女性所表现的高度自觉和坚定选择，排除某些因个性品格与性格原因所致以外，大多数此类妇女显然是受中国传统文化的主流道德文化所化的结果。在这一普遍的伦理文化背景下，本地区特殊的人文地理环境，自然使得此类事件深深地打上了特殊的地区烙印。特别是“外侮”事件和各种“兵变”、“民变”(含明末农民起义)事件的发生，无疑增加了以这样的方式应对的可能性。如甘肃《山丹县志》讲：“甘届金方，厥风刚劲，杀身成仁，浩凌霄汉，代不乏人。……迄明大著，崇正(祯)(1628—1644)末贺锦陷郡，史称被杀者四万七千有奇。亦缘阖城义烈激之使然也。”②这里不仅讲到本地区特殊的地理区位“金方”，以及由此造成的“厥风刚劲”，在造就“杀身成仁，浩凌霄汉”式人物方面的意义，更重要的是指出了这种“代不乏人”的历史影响，以及现实环境下“义烈”的相互激染。又如武威地区风俗，“士风壮猛，便习

① 嘉靖《宣府镇志》卷20《风俗考》，第223页。

② 黄璟、朱逊志等：道光《山丹县志》卷7《忠节》，(台北)成文出版社有限公司，1970年，第267—268页。

兵事。烈士武臣多出于其地。推锋执锐,父死子战,无反顾之心"①。这样的环境在九边各地大致相类,所以总体上说,在此环境下,妇女在节操方面,往往重死轻生,重名节、重尊严、重忠于国家,而于自己的生命则往往置之度外。当然,由于个体的一些差异,像宣府镇陈氏那样,"缢死丈夫女弟及子女九人",然后从容"自缢"的令人震撼的事件,以及辽阳训导马与进之妻赵氏,"遽驱女孙入井,领家人四十余口同日死"②的情况,在其它各镇虽然比较少见,且不具有普遍性,但却仍然有不同程度的存在。

表6—1　地志所见九边主要地区明代女性"节烈"人数统计

地区	总数	殉夫	百分比	贞烈死	百分比	守节	资料来源
甘州府	60	5	8.3	44	73.3	11	乾隆《甘州府志》
兰州府	118	25	21.2	3	2.5	90	道光《兰州府志》
西宁府	10	—	—	5	50	5	乾隆《西宁府新志》
宁夏府	78	8	10.3	48	61.5	22	嘉庆《宁夏府志》
固原州	13	4	30.8	1	7.6	8	宣统《固原州志》
榆林府	135	17	12.6	26	19.3	92	道光《榆林府志》
延安府	74	12	16.2	15	20.3	47	嘉庆《延安府志》
绥德州	21	4	19	—	—	17	光绪《绥德州志》
大同府	138	15	10.9	10	7.2	113	乾隆《大同府志》
偏　关	19	8	42.1	1	5.3	10	道光《偏关志》
宣化府	246	18	7.3	43	17.5	185	乾隆《宣化府志》
蓟　州	31	4	12.9	2	6.5	25	康熙《蓟州志》
奉天省	92	24	26	19	20.7	49	民国《奉天通志》

说明:(1)因明志多未能反映一代节烈情况,故多以清代等地志记载的明代"节烈"人数统计。(2)万历《顺天府志》卷五《节孝》载184人,其中2人属孝类,非节烈妇女,且诸县部分所载基本上只录姓氏等,具体情况不明,同时还有不少"阙载"标识,因此未能确切统计,也未计入。

(2)忠贞不二的夫君情怀与"殉夫"情结。在明代,"背夫不义"和"从一

① 曾昭美修,曾钧等纂:《五凉全志》卷1《风俗志》,(台北)成文出版社有限公司,1976年,第65页。

② 王树楠等纂:《奉天通志》卷215《列女》,沈阳古旧书店,1983年,第4642页。

而终"是一般社会女性的理想性信念，这种信念在实践层面表现为妇女对于丈夫的守贞、守节和"殉夫"上。九边地区地处北方边地，社会构成上以军人及其家属为主体，女性的社会构成比较复杂，学校和社会教育虽然也有一定的发展，但总体上要远远落后于内地。尽管如此，女性对于这些观念的信奉、追求和实践，却丝毫不让于内地，甚至在一定程度上可以说，她们在实践层面的表现更加突出，尤其表现在"殉夫"情结上。所谓"殉夫"情结，是指丈夫或准丈夫因各种原因死亡，妻子或准妻子基于对丈夫或准丈夫的情感或伦理准则，而自觉选择以死"相殉"的一种情结。明代九边各地此类事件屡有发生，虽然不同地区之间存在有一定的差异，但总体来看，其数量不少。从表6—1知，在九边大部分地区，妇女"殉夫"现象是普遍存在的，而就其所占方志著录"节烈"人数的百分比来看，"殉夫"占到10%以上的地区，主要分布于清代兰州、宁夏、榆林、延安、大同等府，以及偏关县和奉天省等地区，其中奉天省、偏关、兰州府和固原、绥德二州所在地区"殉夫"人数所占的比例更高，分别达到26%、42.1%、30.8%、21.2%和19%。这些地区在明代主要归属固原镇、宁夏镇、延绥镇、大同镇和辽东镇。固然，由于各方志著录和选取"节烈"妇女的标准并不完全一致，所选取的"节烈"人数也有实际的不同，以致于由此而决定的这样的百分比难得全面真实地反映当时当地的实际情况，但它依然还是具有一定的参考价值的。它告诉我们这样一个基本事实，即：明代九边大部分地区普遍存在妇女"殉夫"的现象。

(二)誓死守节，含辛茹苦养老抚幼。

如果说"殉夫"和"贞烈"死是"列女传"中虔诚礼教主义激进派的话，那么，誓死守节则是虔诚礼教主义者的常态表现。在明代九边地区，"守节孀居"现象普遍存在，并且一直是政府"旌表"和导引的主流文化现象。"孀居"妇女一般包括已婚妇女和未婚妇女，尤其以已婚妇女为多。其开始年龄从十六七岁到三十几岁不等，而二十几岁的妇女人数最多，在各地的分布也最为普遍。就其身份和构成看，有王室之女、官宦之女，也有一般军户、民户之女；有军官之妻、军士之妻、士人之妻，也有一般民人之妻。从表6—1宣府、大同、延安和兰州诸府所在地区来看，"守节孀居"的人数要远远多于"殉夫"和坚守"贞节"不辱而死的人数。这其中包括三种情况：一种是已经做出“殉夫”行动而未遂者，未遂的主要原因，是因家人看守或救护及时而未能达此目的；二是本欲殉死，因念及孩子（延续丈夫血脉的继承者）太小而不能死者；三是未有殉死行为而誓死寡居，借以实现自己“从一而终”的名节者。这一部分妇女中，“守节”的动机和具体情形虽然比较复杂，但都无一例外奉行着“从一而终”的道德信念。而为了实现这一信念，不少人在丈夫死后，自毁其面，自残其体，借以立誓并免受来自世俗力量的干扰或觊觎。如万全左卫人张氏，“少为舍人郑俊妻”，郑俊死时，张氏“年甫二十，或劝改适，辄弗色然曰：汝何心！以狗彘视我邪？因自毁容，足不出阈”[①]。河州雷氏，丈夫死后，“以艾自灸其面，杜门坚守”[②]。定辽左卫进士李恭妻吴氏，本欲殉夫而死，家人防范甚严未能如愿，遂“截一耳”以自誓守节[③]。有的妇女，“不出闺门”、不苟言笑，独居异处，俨然成为“苦行僧”式的“修道”主义者。如兰州人石氏，本是贡生苏源之妻，苏源死后，“无子，惟有四女，氏纺绩抚育，以次毕嫁三女，皆相继先殁，惟季女适沈训者，迎氏以养。氏独居小楼，无异处，子虽婿亦罕见其面。寿七十四而终”[④]。如庄浪卫人詹氏，“天启二年（1622），夫调遣援辽阵亡，姑老，子勋甫四岁。詹以女红养姑抚子，孀居五十余年，邻里罕见其面，寿八十七卒”[⑤]。类似的例子颇多，此处不再例举。

当然，孀居守节并非单纯的艰苦守志，除了对死去丈夫的忠贞不二外，对“翁姑”的“至孝”，对遗孤的“至慈”，和基于这一理念的艰辛劳作与赡养，则在她们是比较普遍的，而这一点，正是中国传统文化至大、至美的善良、责任和美德的体现。不少家庭在男主人死去后，失去了主要的生活来源，家庭的重担落在这些年轻的“寡妇”身上，她们又不能像男人那样，出外做事或下地劳作，因而终年以“纺绩”、“女红”为生，供养家庭。在赡养“翁姑”方面，有些妇女甚至就以“养翁姑”为职志，如兰州滕氏，本国学生赵镗妻，赵镗死时，滕氏“年二十一，誓欲身殉，家人勉谕，子幼，当抚之，以延赵嗣，乃悟止之。及姑亡，滕曰：未亡人所以苟延岁月者，为养姑计耳，姑亡，我安

① 嘉靖《宣府镇志》卷40《贞烈传》，第464页。

② 道光《兰州府志》卷10《列女》，第823页。

③ 嘉靖《全辽志》卷4《人物志》，金毓黻编《辽海丛书》（一），第687页。

④ 道光《兰州府志》卷10《列女》，第817—818页。

⑤ 周树清等纂修：《永登县志》卷3《人物志》，（台北）成文出版社有限公司，1970年，第67页。

忍独存，自是哭不绝声，水不入口者浃旬而卒”[①]。至于有些妇女的作为，恐怕就是子女也多难以望其项背。如兰州人万氏，“姑病剧，氏稽首北辰，割股作羹以进，寻愈”[②]。兰州人顾氏，“姑病，氏割股和药以进，病遂愈”[③]。总体说来，大凡能够坚守苦节之人，也多是“至孝、至慈”之人，二者虽说是为两事，却也往往难以分割。尝读有论说：“忠臣易，孝子难；孝子易，节妇难，节妇之少者尤难，贫者尤难，无子者尤难，无子而能子人之子者尤难，有所□而不偏私者尤难。”[④]这些“难”的作为，在九边各地都有不同程度的存在，虽然在数量上各地有差异，但都无疑地反映了主流的道德精神。

当然与上述主流的道德理念不同的是，还有一种保守的道德力量，依然在实际生活中较为普遍。这种力量在一定程度上与主流道德精神对立，或者说具有一定的反礼教色彩。这种力量主要来自“节烈”妇女的父母、姻亲，以及一部分世俗群体。他们比较看轻“殉夫”和苦志守节行为，而更看重个体生命的存在和实际生活。就地志记载来看，当时大部分“殉夫”或其他“死烈”妇女背后，都有这些力量的介入，他们或监管防守，或良言相劝，其举动虽然属天下父母心的至性表现，却也在实际上反映了一定的反“礼教”极端化教化的道德倾向。如大同左卫指挥使范安妾杨氏，宣德中范安战死，氏欲“自经以殉，家人知而止之。氏曰：吾欲从一而终，尔留之何为？竟死”。又，指挥王辉武妻邱氏，“夫亡，誓以死殉，母百计以劝，卒不可夺，寻自缢”。[⑤] 当然，丈夫死后，母家善意，而夫家或善意或恶意地令这些寡妇改嫁者也在在不少，至于世俗的觊觎和媒婆的纠缠更是屡见不鲜。前者如宁夏镇千户刘镇妻陈氏，“(刘)镇战殁，陈方二十六岁，父母欲夺其志，陈抱孤(刘)济曰：背夫为不义，弃儿为不慈，吾何忍为？誓不再醮。”[⑥]后者如辽东盖州卫人臧氏，丈夫死后，以守节自誓，“邑人闻其贤，欲娶之”，后被迫

---

① 康熙《兰州志》卷3《节烈》，全国公共图书馆古籍文献编委会编《中国西北稀见方志续集》(六)，中华全国图书馆文献缩微复制中心，1997年，第470页。

② 道光《兰州府志》卷10《列女》，第812页。

③ 道光《兰州府志》卷10《列女》，第818页。

④ 嘉靖《安定县新志》卷2《列女》，中国西北文献丛书第一编《西北稀见方志文献》第39卷，兰州古籍书店影印出版，1990年，第30页。

⑤ 雍正《朔平府志》卷10《列女》，中国地方志集成·山西府县志辑⑨，凤凰出版社，2005年，第332页。

⑥ 张金城修，杨浣雨辑：嘉庆《宁夏府志》卷17《列女》，(台北)成文出版社有限公司，1968年，第373页。

“自缢”。[①] 又如，义州卫庄大全妻白氏，夫死后，“求娶者甚众，氏度不能免”，遂“自缢”而死。[②] 当然，“节烈传”不会有因此而成功的例子，但由此可以看出这些力量的较为普遍的存在，甚至在一些方面还很强大。艰苦守节本已很难，守节而不可得岂不更难？所以，有些人因此而断发灸面，自残其体，有些人则被迫走上不归绝路。

三、节烈主义者的阶层局限

无论是激进的“礼教”虔诚主义——“殉夫”、贞烈妇女，还是常态的“礼教”虔诚主义——“孀居守节”妇女，都是节烈主义积极的信仰者和实践者，她们的实际存在反映了一定的阶层特征。表 6—2 是我们根据地志资料统计的九边大部分地区“节烈”女家庭身份的情况。

表 6—2　明清地志所见明九边大部分地区“节烈”女家庭身份统计

地区	总数	军官	官僚	士人、武生	军士、军属、民人	资料来源
辽东	52	16	3	13(武生 1)	20	嘉靖《全辽志》
蓟州	31	2	4	12(武生 1)	13	康熙《蓟州志》
宣府	80	16	6	11	47	嘉靖《宣府镇志》
大同	138	23	9	22	84	乾隆《大同府志》
偏关	19	6		7	6	道光《偏关志》
延绥	97	36	4	14	33	万历《延绥镇志》
宁夏	41	19	1	4	17	嘉庆《宁夏府志》
固原	27	2	3	12	10	宣统《固原州志》
甘州	60	11	6	16	33	乾隆《甘州府志》
兰州	118	12	7	23	76	道光《兰州府志》
西宁	10	7		2	1	乾隆《西宁府新志》

说明：(1)“节烈”女家庭身份，指“贞烈”妇女母家、丈夫家或丈夫身份所决定的贞烈妇女家庭身份。(2)嘉庆《宁夏府志》本载 78 人，其中有“以下三十七人，被贼屠堡，一时尽杀”。因仅具姓名，无法知晓其身份，故此 37 人未列入统计。

① 嘉靖《全辽志》卷 4《人物志》，金毓黻编《辽海丛书》(一)，第 688 页。
② 嘉靖《全辽志》卷 4《人物志》，金毓黻编《辽海丛书》(一)，第 688 页。

根据表6—2,结合一些具体记述,我们得知:(1)明代九边不少地方相当一部分"节烈女"家庭,是属于军事官员、文职官僚或士人(包括进士、举人、监生、贡生和生员)家庭。一些地方这三类家庭的总数还要多于一般军士、军属和民人家庭,如宁夏镇、固原镇、西宁卫,和嘉靖以前的辽东镇。宣府镇、甘州府所在地这类家庭的数量虽然不及一般军士、军属和民人家庭数量的总和,但亦与此相去不远。(2)相当一部分地区的军事官员、文职官僚家庭的总数与士人家庭数量约略相当,或者还要多于士人家庭,如甘州、宁夏、大同、宣府、辽东等地的数据,充分证明了这一点。如果排除地方官员"上报旌表"中的一些人为因素,那么,可以说,这样的情况在一定程度上反映了"礼教"主义观念和实践在这一阶层的影响似乎更为广泛而深刻。蒙古诸部的侵扰和一系列战乱,在客观上增加了这类家庭"节烈"妇女人数的数量。如辽东李氏家族罗氏、林氏、刘氏、李氏、郑氏、郑氏、熊氏、董氏等,于万历四十七年(1619)清兵攻克铁岭时"同时殉难",她们都是"总兵李成梁之裔妻"[①]。至于辽阳训导马与进之妻赵氏,因听"兵祸""讹言"而"遽驱女孙入井,领家人四十余口同日死"[②]的情况,也是比较典型的例子。(3)士人家庭包括进士、举人、监生、贡生和生员等家庭,其中监生、贡生和生员家庭所占数量最多。这一部分人是明代"四书"、"五经"教育和封建礼教的主要载体,明朝大儒陈白沙说,"名节乃士人之藩篱"[③],实际上就反映了当时士人阶层的普遍情况。与此相应,士人家庭"节烈"妇女人数相对而言也比较多,这与他们具有更加强固的"节烈"观念有关。(4)军士、军属和民人家庭总的数量虽然不少,但其中相当一部分当属于俗说的"大家庭",这从一些人有"妻"有"妾"可以推知。另有一部分属于商人家庭,如兰州杨氏,丈夫黄珍"商游江南";兰州滕氏,丈夫蔡瑄"出贾旅卒";兰州吴氏,丈夫曹洪"商游蜀病卒";兰州人梁式,丈夫"出贾三十余年"[④]。至于指挥"舍人"、"余丁"、"舍余",王室"婢女",官员家丁等,虽然不能说是有一定社会地位的大家庭成员,但亦或多或少受到这些因素的影响。(5)节烈妇女绝大多数是汉族家庭妇女,所嫁夫家也大多数是汉族家庭。九边地区虽然也

① 《奉天通志》卷215《列女》,第4642页。

② 《奉天通志》卷215《列女》,第4642页。

③ 转引自章太炎《国学概论》,《章太炎国学讲义》,海潮出版社,2007年,第40页。

④ 道光《兰州府志》卷10《列女》,第813页,第815页,第817页。

住有不少被安置的“达人”、“土达”以及女真诸部降人等，但在地志中这方面的著录极少，如万历《延绥镇志》记载“烈女”97 人，只有“虏囚指挥佥事朵儿计台吉妻”一人（名“阿棒比妓”）属达人之妻[1]。辽东等地有节烈妇女 92 人，其中高希凤和其弟（巴彦布哈、药师努）、子（塔失廷），以及三万卫镇抚刘呼喇图等似非汉族，但其妻刘氏、郭氏、李氏、金氏和刘氏等，应该多是汉族妇女[2]。由此可见，虔诚的“节烈”主义观念对于当地少数民族妇女的影响总体上来说是相当有限的，虽然，这其中也有个别少数民族家庭及其妇女受到这些观念的较为深刻的影响，并且也在实践层面遵从和践行着这样的道德信仰。

总而言之，明代九边地区“礼教”和“节烈”主义的思想观念和社会实践具有一定的普遍性，这些与内地广大汉民族聚居区没有明显的差别。九边“节烈”妇女中的大部分是官僚、军事官员、士人家庭或有着这样的家庭背景的女人，一般军户、民人家庭的“节烈”妇女虽然也占有相当的比重，但总体上以“大家庭”、富户和商人家庭为多。这样的情况，反映了“节烈”女现象具有一定的阶层性特征和局限，也说明当时“礼教”和“节烈”主义的思想观念，以及在这些观念影响下的社会实践，对于这一阶层的影响更为深刻。明代九边地区虽然也居住有一定数量的“土达”、归附蒙古人、归附女真人和归附“西番”人，但她们受这种思想和观念的影响甚微，因为我们在文献中看到她们之中的“节烈”女性非常的少，虽然这种现象确实是存在的。据此可以说，九边社会重建以后，生活于其中的诸少数民族文化依然长期强固地存在和延续着，甚至终明一世，它们也没有实现与汉民族文化在真正意义上的融合。

---

① 万历《延绥镇志》，第 445—459 页。

② 《奉天通志》卷 215《列女》，第 4642 页。

第七章　九边地区的文、武学教育

九边地区是明王朝建立以来，经数代人努力构建和重建而形成的一个边疆军事防御区。在构建和重建九边军事防御区的过程中，这里的社会构成发生了很大的变化。一方面，因为是军事防御区，这里驻扎有大量的军队，有些地方在行政建制上基本上是军事卫所建置，如陕西行都司、宁夏镇、山西行都司、北平行都司、辽东都司等；另一方面，在一些地方实行的是军事卫所和地方行政建置并存的状况，如大同镇与大同府、蓟州镇与蓟州、固原镇与固原州，等等。同时由于重构的需要，原有的不少边地居民内迁，随后又从内地补充了新的民众（包括迁移来的军人家属）。另外由于不断而来的蒙古等部归附人众的被安置，和罪戍人员、流寓人员等相继落户，形成了一个比较特殊的地域社会群体。元末明初，受战乱的影响，原有的学校大部分被毁，遗留下来的寥若晨星，并且不少也已经破败不堪。那么，到了明代，这里的学教教育是如何发展的？学校教育是怎样运行的？下面主要就文、武学教育加以论述。

在阐述这些问题之前，有必要先就明代初年的兴学政策加以简要说明。

朱元璋虽然以布衣身份起家建立了明王朝，但对学校教育和历史上已经形成的科举制度却非常重视。早在建国以前，尚是兵戎纷乱的时期，朱元璋就"命宁越知府王宗显开郡学，延儒士叶仪、宋濂为五经师，戴良为学正，吴沈、徐原等为训导。时丧乱之余，学校久废，至是始闻弦诵之声，无不忻悦"[①]。随后于吴元年（1367）又下令设文、武科取士，其令说：

盖闻上世帝王创业之际，用武以安天下，守成之时，讲武以威天下，至于经纶抚治，则在文臣，二者不可偏用也。古者人生八岁学礼、

① 《明太祖实录》卷7，己亥春正月庚申，第80页。

乐、射、御、书、数之文，十五学修身齐家治国平天下之道，是以周官选举之制，曰六德、六行、六艺，文武兼用，贤能并举，此三代治化所以盛隆也。兹欲上稽古制，设文、武二科，以广求天下之贤。其应文举者，察其言行，以观其德，考之经术，以观其业，试之书、算、骑射，以观其能，策以经史、时务，以观其政事；其应武举者，先之以谋略，次之以武艺，俱求实效，不尚虚文。然此二者必三年有成，有司预为劝谕民间秀士及智勇之人，以时勉学，俟开举之岁，充贡京师，其科目等第各有出身。[①]

建国初年，朱元璋多次强调当时的紧急工作，一是恢复农业生产，二是“教化”，而“教化”的根本在于学校。特别是根据国家治理的需要，适时地提出“治国之要，教化为先，教化之道，学校为本”[②]的思想，为明代初年学校教育的兴复奠定了思想基础。也就是在这一思想的指导下，洪武二年(1369)十月，他对中书省臣说：“学校之教至元其弊极矣，使先王衣冠礼义之教混为夷狄，上下之间波颓风靡，故学校之设名存实亡。况兵变以来，人习于战斗，惟知干戈，莫识俎豆。……今京师虽有太学，而天下学校未兴。宜令郡县皆立学，礼延师儒，教授生徒，以讲论圣道，使人日渐月化，以复先王之旧，以革污染之习，此最急务，当速行之”[③]。随后，即诏“命郡县立学校”[④]。这是建立学校、实行学校教育的重大方针，也是明朝推行学校教育之始。在此基础上，第二年又下诏，至洪武三年(1370)八月开始“设科取士”[⑤]。这是建立在学校教育基础上的“科举”考试的开始。随着这些重大方针政策的制定，以后各朝虽然在此基础上不同程度地有所变动，但总的精神却一直是被坚持执行的。

在这一背景下，九边地区的官办学校相继发展起来。九边地区县级以上学校主要有三类：一是府州县、卫所儒学；二是书院儒学；三是武学。由于本地区的特殊性，不少地区仅有卫所学，而没有府州县学，武学在以

① 《明太祖实录》卷22，吴元年正月丁酉，第322—323页。
② 《明太祖实录》卷46，洪武二年十月辛巳，第924页。
③ 《明太祖实录》卷46，洪武二年十月辛巳，第923—924页。
④ 《明太祖实录》卷46，洪武二年十月辛卯，第924页。
⑤ 《明太祖实录》卷52，洪武三年五月己亥，第1019页。

后的实际运行中也是稀稀落落，在时间分布和地区分布上很不平衡。

一、府州县、卫所儒学

(一)府州县儒学的兴建和重建

九边地区在明代以前已经存在一些官办学校，但数量有限，且在元末明初，因为战乱和元明易代的影响，仅有的一些学校也多被毁或停办。洪武二年诏命“郡县立学校”后，随后的十五年间，绝大多数的府州县学得以恢复或新建，只有少部分学校在洪武十七年(1384)以后相继建立、重修和运行(参见表7—1)。因此，沿边各府州县在执行国家学校教育政策方面总体上还是富有成效的。拿《寰宇通志》记载的延安、庆阳、临洮、大同、顺天、永平和保定七个府来说：延安府，1府3州16县，明代以前仅有4所学校，至明代初年，共有官办儒学20所，其中洪武十七年(1384)以前建立16所，占全部建、修学校的80%，重建2所，如果加上这2所学校，洪武时期新建和重建的学校占到全部县级以上儒学的90%；庆阳府，1府1州4县学，全部于洪武“初年”建立或重修，运行数量为100%；临洮府，1府4县5所学校，洪武十五年(1382)以前，有4所新建或重建，占80%；大同府，1府4州7县学，其中新建3所，有7所在原有基础上改建或重修，占83.3%；顺天府，1府4州21县学，新建9所，有8所改建或重建，占65.4%；永平府，1府1州5县学，其中新建3所，重修2所，占71%；保定府，1府3州17县学，新建5所，改建或重修8所，占62%。可以看出，这一时期新建43所学校，改建或重修28所学校，总数达到71所，占总数97所学校的73.2%。《明实录》说，“国朝自洪武之初开设学校，内有监(国子监)，外有学，教养之法甚备”[①]。因此，洪武时期是九边地带府州县学全面兴起和重建的重要时期，其建设成就非常显著。这样的兴建和重建工作，奠定了这里府州县儒学教育较为全面发展的基础。

① 《明宣宗实录》卷6，洪熙元年闰七月癸丑，第157页。

表 7—1　洪武时期九边及其附近七府州县儒学建置时间分布

<table>
<tr><th>府名</th><th>1—5 年</th><th>6—10 年</th><th>11—15 年</th><th>16—20 年</th><th>21—25 年</th><th>26—30 年</th></tr>
<tr><td>延安府</td><td>2</td><td>9</td><td>3</td><td>2</td><td></td><td></td></tr>
<tr><td>庆阳府</td><td colspan="2">4,修 2※</td><td></td><td></td><td></td><td></td></tr>
<tr><td>临洮府</td><td colspan="2">3</td><td>修 1</td><td></td><td></td><td></td></tr>
<tr><td>大同府</td><td></td><td>2,修 2</td><td>1,修 2</td><td>修 1</td><td></td><td>修 2</td></tr>
<tr><td>顺天府</td><td>6,修 4</td><td>修 1</td><td>3,修 3</td><td></td><td></td><td></td></tr>
<tr><td>永平府</td><td>2,修 2</td><td>1</td><td></td><td></td><td></td><td></td></tr>
<tr><td>保定府</td><td>1</td><td>4,修 2</td><td>修 4</td><td></td><td>修 1</td><td>修 1</td></tr>
<tr><td>合　计</td><td>34,修 13</td><td>7,修 10</td><td>2,修 1</td><td>修 1</td><td>修 3</td><td></td></tr>
</table>

说明:(1)资料来源:据《寰宇通志》整理。(2)表中各府数字,表示单位年份内兴建的儒学数目;“修×”表示明以前建有儒学,明建立后改建或重修的学校数。(3)※庆阳、临洮二府学校的建置时间,《寰宇通志》作“洪武初”,《明实录》等文献没有具体记述,本表按洪武十年以前处理。

(二)卫所儒学的兴建。

相比于府州县学,九边地区卫所儒学的兴起较晚,且一开始并没有一个明确的诏令或政策发布。实际存在的一些卫所儒学多是在府州县学兴起的过程中,适应卫所的具体情况而发展起来的。明代初年,九边地区最早建立的卫儒学是洪武十七年(1384)四月创设的“岷州卫军民指挥司儒学,设教授一员,训导四员”[①]。随后,辽东都指挥司儒学于同年闰十月设立,“设教授一员,训导四员”[②]。这是九边地区创立卫所儒学之始。边地创立儒学时也有一些不同的意见,就在辽东都司儒学及“金、复、海、盖四州儒学”创立以后不久,朱元璋对礼部诸臣说:“近命辽东立学校,或

① 《明太祖实录》卷 161,洪武十七年四月甲午,第 2057 页。

② 《明太祖实录》卷 167,洪武十七年闰十月辛酉,第 2563 页。按:明《辽东志》说,辽东都司儒学创建于洪武十四年(《辽东志》卷 2《建置志》,第 422 页)。所说与此不同,此处以《明实录》为是。另,杨旸《明代辽东都司》(中州古籍出版社,1988 年,第 275 页)一书也未采用“洪武十四年”说,这是正确的。

言边境不必建学。夫圣人之教犹天也，天有风雨霜露无所不施，圣人之教亦无往不行。昔箕子居朝鲜，施八条之约，故男遵礼义，女尚贞信；管宁居辽东，讲诗书，陈俎豆，饰威仪，明礼让，而民化其德。曾谓边境之民不可以教乎？夫越与鲁相去甚远，使越人而居鲁，久则必鲁矣。鲁人而居越，久则必越矣。非人性有鲁、越之异，风俗所移然也。况武臣子弟久居边境，鲜闻礼教，恐渐移其性，今使之诵诗书习礼义，非但可以造就其才，他日亦可资用。"[①]所谓"边境不必建学"，就是建立在"边境之民不可以教"认识基础上，而不主张在这里建立儒学，发展学校教育。但朱元璋以"圣人之教无往不行"之理和历史上的具体事例，阐明了儒学教化和移风易俗的意义，坚持了在沿边地区兴建学校和发展教育的主张。从这一点看，"命辽东立学校"，应该是九边地区区域性学校教育广泛发展的开始。

不过，洪武时期九边地区卫所儒学的发展总体上还是比较缓慢的，在地域分布上也很不平衡。自洪武十七年(1384)建立岷州卫儒学、河州卫儒学和辽东都司儒学以后，此后的14年里，总共只建立了文县守御千户所儒学、北平行都司儒学、大宁卫儒学、广宁卫儒学、三万卫儒学和陕西行都司儒学等6所儒学[②]，加上辽东金州卫、复州卫、海州卫和盖州卫由原来的州学改变而来4个儒学，总共也才有13个儒学(参见表7—2)。这其中，辽东7个，北平行都司2个，河州、岷州和文县一带3个，河西地区陕西行都司1个，分布很不平衡。

① 《明太祖实录》卷168，洪武十七年十一月庚午，第2567页。

② 《明史》卷158《徐琦传》说："军卫无学校，(徐)琦请天下卫所视府州县例皆立学，从之。"(第1122页)按：徐琦，永乐十三年进士，后历兵部员外郎、南京兵部右侍郎等职，其建议只能在永乐十三年以后。而在此之前一些军卫已经建有儒学，因此，《明史》此说并不准确。又，天下卫所学校亦未因此而普遍设立。宣德七年正月乙酉，陕西按察佥事林时言，"今天下军卫亦有开设学校者，而未设之处尚多"(《明宣宗实录》卷86，第1991页)，因建议"各处卫所宜建学校，以教军官子孙"(《明宣宗实录》卷88，宣德七年三月乙卯，第2032页)。由此才有宣德十年十月"建立天下卫所学校"(《明英宗实录》卷10，宣德十年十月辛亥，第193页)之举。

表7—2　九边地区卫所儒学建置简表

地　区	学　校	建置时间	备　注
甘肃镇	陕西行都司儒学	洪武二十八年改建	元设有学宫
	永昌卫儒学	宣德中守备宋忠建	《寰宇通志》:正统间建
	凉州卫儒学	正统二年巡抚徐晞奏建	
	山丹卫儒学	正统五年都指挥杨斌建	
	庄浪卫儒学	正统十一年巡按蔡用奏建	
	肃州卫儒学	成化三年巡抚徐廷璋奏建	
	西宁卫儒学	宣德三年总兵史钊奏建	《明实录》作:宣德二年十二月设,《寰宇通志》同
	镇番卫儒学	成化十三年巡抚王朝远始建	成化十一年巡抚朱英奏设
	镇夷千户所儒学	万历十四年巡抚曹子登题建	
	高台千户所儒学	嘉靖二十三年巡抚傅凤翔建	巡按朱征奏设,并以镇夷所诸生内附
宁夏镇	宁夏卫儒学	永乐元年建	
	灵州儒学	洪武十五年	洪武十五年设州置学;十七年州裁,学废。弘治十三年再设州治并儒学
	商籍学	天启元年	在惠安堡,巡抚周懋相为盐商题设,以宁夏等卫教官摄之
	宁夏中卫儒学	正统八年镇抚陈禹奏建	《寰宇通志》:正统四年建
	宁夏后卫儒学	嘉靖二十九年巡抚王邦瑞奏建	《明世宗实录》:嘉靖二十八年十月,建宁夏后卫儒学于花马池营
	灵州千户所儒学	正德十三年巡抚王时中奏改所学;正德十四年夏四月,复设陕西灵州守御千户所学	弘治十三年巡抚王珣奏设灵州,建州学,十七年州革,学废

续表

地 区	学 校	建置时间	备 注
延绥镇	榆林卫儒学	成化八年巡抚余子俊题建(万历《延绥镇志》)	《明宪宗实录》:成化十一年八月,开设陕西榆林卫儒学
	绥德州(卫)儒学		
固原镇	洮州卫儒学	永乐十七年建	
	岷州卫儒学	洪武十七年建	
	河州卫儒学	洪武十七年改建	元为州学
	靖虏卫儒学	正统间建	
	文县守御千户所儒学	洪武间建	《明宪宗实录》:成化十年四月改为本县儒学
大同镇	大同左、云川卫,大同右、玉林卫,天城、镇虏卫,阳和、高山卫,四儒学	成化十二年五月设	《明宪宗实录》卷153
	威远卫儒学	嘉靖七年建	隶山西行都司
	平虏卫儒学	嘉靖九年设	
宣府镇	万全都司儒学	宣德七年总兵都督谭广奏建	《明实录》:宣德六年四月
	万全右卫儒学	正德五年诏置	
	万全左卫儒学	弘治元年诏置	《明宪宗实录》:成化二十三年十月,复设万全左卫儒学
	龙门卫儒学	正统元年建,后毁,弘治元年复建(诏置)	正统十四年毁,景泰三年重建,复毁;《明宪宗实录》:成化二十三年十月,复设龙门卫儒学
	怀来卫儒学	成化二十年诏置	乾隆《宣化府志》引《县志》作:本卫学,创于洪武八年
	隆庆卫儒学	成化二十年诏置	
	开平卫儒学	正统八年建	
	怀安卫儒学	正德三年诏置	《明孝宗实录》:正德三年五月,复置万全都司怀安卫儒学。学建于国初,……正统间以兵变裁革,本卫生员俱入万全左卫学肄业。至是指挥同知宋赟等奏复之
	保安卫儒学	正德五年诏置	

续表

<table>
<tr><th>地　区</th><th>学　校</th><th>建置时间</th><th>备　注</th></tr>
<tr><td rowspan="3">蓟州镇</td><td>北平行都司儒学</td><td>洪武二十三年七月</td><td></td></tr>
<tr><td>大宁卫儒学</td><td>洪武二十三年九月</td><td></td></tr>
<tr><td>密云后卫儒学</td><td>成化二十一年，复置密云后卫儒学</td><td>《明英宗实录》：正统十四年革</td></tr>
<tr><td rowspan="14">辽东镇</td><td>都司儒学</td><td>洪武十四年开建</td><td>《明太祖实录》卷 167，洪武十七年闰十月置</td></tr>
<tr><td>广宁卫儒学</td><td>明初在元儒学旧址建</td><td></td></tr>
<tr><td>广宁右屯卫儒学</td><td>巡按御史王珩建</td><td>按《明世宗实录》卷 189，十五年七月“巡按御史王珩”，则可能为嘉靖十五年</td></tr>
<tr><td>义州卫儒学</td><td>正统间即其旧址建立</td><td></td></tr>
<tr><td>广宁中左屯卫儒学</td><td>正统元年都御史李浚建</td><td>元有儒学，后废</td></tr>
<tr><td>宁远卫儒学</td><td>宣德五年都指挥刘斌建</td><td></td></tr>
<tr><td>前屯卫儒学</td><td>成化十七年御史王嵩建</td><td>旧有学</td></tr>
<tr><td>三万卫儒学</td><td>洪武二十五年始创</td><td>元有学，废，洪武三十一年开学</td></tr>
<tr><td>铁岭卫儒学</td><td></td><td></td></tr>
<tr><td>沈阳中卫儒学</td><td>正统二年都御史李浚建</td><td></td></tr>
<tr><td>海州卫儒学</td><td>洪武十八年创始</td><td rowspan="4">为州学，洪武二十八年四月改为卫学（见《明太祖实录》卷 238 乙亥条）</td></tr>
<tr><td>盖州卫儒学</td><td>洪武十六年创设</td></tr>
<tr><td>复州卫儒学</td><td>洪武二十八年开设</td></tr>
<tr><td>金州卫儒学</td><td>洪武十七年创建</td></tr>
</table>

资料来源：《寰宇通志》、《明实录》、《宣府镇志》、《辽东志》、乾隆《甘州府志》、万历《延绥镇志》、《古今图书集成·职方典》。

建文、永乐时期似乎并不重视九边地区卫所的学校建设工作，本地大部分卫所儒学是在宣德以后才设立的。就表 7—2 所见九边地区诸卫所儒学的建置时间来看，洪武以后的建文、永乐二朝 25 年间，仅于永乐元年(1403)和十七年(1419)分别建立了宁夏卫学和洮州卫学 2 所学校，大部分卫所儒学是在宣德以后建立起来的。这期间卫所儒学建立和运行的时间与卫所成立的时间之间有数十年乃至一百余年的差距。下面表 7—3 是我们就表7—2所列55所卫所(含都司、行都司)建立时间和卫所儒学设立时间差异的一个列表。从中可以看出,绝大部分卫所在洪武、永乐时期已经建立,而其儒学有近一半则是在50年以后才设立的,还有一部分是在20、30年后设立的。因此,在边地卫所建立以后的半个世纪里,有近乎一半的卫所实际上并没有儒学的存在,其学校教育处于空白阶段。

就不同区域来看,西偏的甘肃镇(除永昌卫不明外),只有陕西行都司1个儒学是在都司建立以后的2年间设立的,而其余诸卫所儒学多是在半个世纪乃至七八十年以后,才相继设立儒学,在九边诸镇中,卫所儒学在设置时间上总体上是比较晚的。从都司卫所儒学设立时的情况来看,这里学校教育的基础非常薄弱,地方人才极其稀缺,军民文化水平普遍很低。据当时陕西行都指挥使司指挥佥事张豫说:"治所北滨边塞,鲜有儒者,岁时表笺乏人撰书,武官子弟多不识字,无从学问。"为了解决这些基本问题,所以在洪武二十八年(1395)才"置陕西行都指挥使司儒学,设官如府学之制"①。即便如此,大部分儒学只是到明朝建立以后的七八十年乃至一百年后才相继设立。与此差相仿佛的是大同镇、宣府镇沿边地区。大同左卫、云川卫、大同右卫、玉林卫、天城卫、镇虏卫、阳和卫、高山卫、威远卫都是在一百年之后才有儒学,而距其卫所建立往往在80年以后。宣府镇的万全右卫、万全左卫、龙门卫、怀来卫、隆庆卫、怀安卫、保安卫、密云后卫等也与此略相近似。因此,自明初以后近一百年间,沿边相当一部分地区尚处于学校教育的"文化沙漠"状态。

如前所述,东偏的辽东镇,卫所儒学发展较早,但数量还是有限(参见表7—3)。洪武二十六年(1393)有人奏说:"辽东二十一卫,定辽等七卫已有都司儒学,金、复、海、盖四州,已有州学,其开元、沈阳、广宁、义州亦皆名郡,学基尚存,遗碑犹在,宜建学立师,以复其旧。"②这些都是发生在洪武后期的事情。所以,洪武二十八年陕西行都司上奏兴建儒学时,就提出"乞如辽东,建学立师"③。另外,宁夏、延绥二镇诸卫所儒学兴起也相对较早,并且已见成效。嘉靖中期,巡按御史杨博《请改敕巡按御史兼理学政疏》说:"我国家自混一以来,绝徼穷荒,莫不有学,其在陕西,如延绥,如宁夏,

① 《明太祖实录》卷236,洪武二十八年正月庚子,第3444页。
② 《明太祖实录》卷225,洪武二十六年二月乙未,第3298页。
③ 《明太祖实录》卷236,洪武二十八年正月庚子,第3443页。

则文雅蔚然，科举相望。本镇（甘肃镇）百八十年来，科甲不过一二人，乡科亦仅数人。方之二镇，天渊悬绝。臣近日将生徒略加考校，大半皆句读不通之士。”[①]所以各镇之间的差异还是甚为明显的。

大约到十五世纪中期前后，大部分卫所儒学都已建立起来，卫所儒学教育开始比较稳定普遍地发展。

表 7—3　九边主要卫所建置与儒学设立时间差异简表

卫所名称	建置时间（年）	儒学建置时间（年）	时间差（年）
陕西行都司	1393	1395	2
永昌卫	1382		
凉州卫	1376	1437	61
山丹卫	1390	1440	50
庄浪卫	1372	1446	74
肃州卫	1394	1467	73
西宁卫	1373	1427/1428	54/55
镇番卫	1396	1477	81
镇夷千户所	1397	1586	189
高台千户所	1456	1544	88
宁夏卫	1376	1403	27
宁夏中卫	1403	1439/1443	36/40
宁夏后卫	1506	1550	44
榆林卫	1470	1472/1475	2/5
绥德卫	1370		
洮州卫	1379	1384	5
岷州卫	1378	1384	6
河州卫	1371	1384	13
靖虏卫	1436		

① 钟庚起纂修：乾隆《甘州府志》卷10《艺文上》，（台北）成文出版社有限公司，1976年，第1290页。

续表

卫所名称	建置时间(年)	儒学建置时间(年)	时间差(年)
大同左卫	1370	1476	106
云川卫	1393		83
大同右卫	1370	1476	106
玉林卫	1393		83
天城卫	1393	1476	83
镇虏卫	1393		83
阳和卫	1393	1476	83
高山卫	1393		83
威远卫	1438	1528	90
平虏卫	1481	1530	49
万全都司	1430	1432	2
万全右卫	1393	1510	117
万全左卫	1393	1487/1488(复置)	94/95
龙门卫	1431	1487/1488(复置)	56/57
怀来卫	1418	1484	66
隆庆卫	1403	1484	81
开平卫	1430(徙独石者)	1443	13
怀安卫	1393	? /1508(复置)	115(含原建儒学)
保安卫	1414	1510	96
北平行都司	1388	1390	2
大宁卫	1387	1390	3
密云后卫	1397	1485(复置)	88
辽东都司	1371	1384	13
广宁卫	1390	明初	
广宁右屯卫	1393	1536※	143
义州卫	1395	正统间 1436—1449	41—54
广宁中左屯卫	1430	1436	6
宁远卫	1430	1430	0

续表

卫所名称	建置时间(年)	儒学建置时间(年)	时间差(年)
前屯卫	1393	1481	88
三万卫	1387	1392/1398	5/11
铁岭卫	1388		
沈阳中卫	1387	1437	50
海州卫	1376	1395(州学改卫学)	19
盖州卫	1376	1395(州学改卫学)	19
复州卫	1381	1395(州学改卫学)	14
金州卫	1375	1395(州学改卫学)	20

说明:以表7—2为基础。卫所设置时间,参考郭红、靳润成《中国行政区划通史·明代卷》,复旦大学出版社,2007年。

(三)教育的基本情况。

不论是府州县儒学还是卫所儒学,明代初年或前期的儒学教育是比较落后的。这除了教育场所兴建的迟滞外,还有三种因素不同程度地影响着教育活动的运行和发展。

首先,学校教育的基础较差。主要体现在两个方面:一是几乎所有卫所(除依附于府州县学的以外)都是在没有什么基础的情况下设立的;二是边地乃至北方儒学教育发展较为落后,教员、书籍等的储备都不能和南方一些地区相比。洪武八年(1375),"命御史台官,选国子生分教北方",对此,朱元璋讲,"北方丧乱之余,人鲜知学,欲求方闻之士,甚不易得。今太学诸生中年长学优者,卿宜选取,俾往北方各郡分教,庶使人知务学,贤材可兴"。"于是选国子生林伯云等三百六十六人,给廪食、赐衣服而遣之"①。十四年(1381),以"北方自丧乱以来经籍残缺",而"颁五经四书于北方学校"②。二十年(1387),又"以北方学校无名师,生徒废学,命吏部迁南方学官之有学行者教之,增广生员不拘额数,复其家"③。二十四年

① 《明太祖实录》卷98,洪武八年三月戊辰,第1673页。

② 《明太祖实录》卷136,洪武十四年三月辛丑,第2154页。

③ 《明太祖实录》卷186,洪武二十年十月丁卯,第2789页。

(1391),朱元璋又因“常念北方学校缺少书籍,士子有志于学者,往往病无书读”,“命礼部颁书籍于北方学校”[①]。正统十二年(1447),“山西右参政林厚言,沿边俱有学校,而教者非人,学者怠弛”[②]。弘治八年(1495)正月,巡按直隶监察御史韩福说:“万全都司并开平等卫、隆庆等州,学校虽设,而教官或缺,生徒虽具,而讲习罕闻,兼之军卫数多,未得有司提调,虽有提学御史,又以地临边境,道路往来,动须防护,巡历难遍,考校不时,故生徒无所激劝,成材者少。”[③]由此可见,当时北方学校教育的基础总体上是非常薄弱的,不但基础条件差,在管理上也不到位[④]。后来,政府虽然一再选送教职人员和发送书籍,一些地方在以后很长时期依然处于荒落状态。嘉靖中期,巡抚陈棐于陕西行都司《儒学尊经阁贮书记》说,该儒学尊经阁“旧无书”,为了“乡试”,他“拔学之诸生及山丹、高台优者,群于阁旁厢号课读会文……,“秖诸弟子执经之际,残编断简,而子史集文之书,有未及一见者”。后经他安排,派人前往陕西省“购买诸书及摹印各府书版”,“自是河西有积书矣”[⑤]。而此时明朝建立已经有一百八十余年了。

其次,学校生源往往人数较少,且不时因沿边具体军事事务而中断。正统年间,“巡抚右副都御史罗亨信奏,大同、宣府诸卫,舍人余丁数少,无暇读书,每卫教官二员,虚费廪粟,欲行裁减。事下礼部,覆奏,令巡按御史审视诸处,若两卫官军共居一城,舍人余丁在学数多者,教官二员,若塞北偏僻一卫,舍人余丁数少者,止留教官一员。从之。”于是有“省边卫教官冗员”之命[⑥]。正统十三年,先是“巡按监察御史王琳奏,万全都司所属怀来卫、隆庆右卫共儒学一处,怀安卫、保安右卫共儒学一处,龙门卫、万全左卫、美峪千户所各儒学一处,此五处儒学俱临极边,武生父兄每岁出哨赴操,修城烧荒,采备薪草,接送外夷,蚤暮辛劳,不遑自给,故武生乏人供送,

① 《明太祖实录》卷209,洪武二十四年六月戊寅,第3122页。

② 《明英宗实录》卷156,正统十二年七月壬子,第3047页。

③ 《明孝宗实录》卷96,弘治八年正月己酉,第1769页。

④ 管理不到位者,尚有官军依恃权利,滥充舍余、军余于学校,以致于此类人员混迹于其中者不少。弘治十四年,监察御史胡希颜奏边备事宜说:“辽东二十五卫,军职舍余以征发繁重,多求入学,以冀优免,额外滥收动以百数”,遂“请遣官考校诸边方卫学生员,自非俊秀通文义可进者,一切黜免,庶学校无滥收之人,余丁无引射之弊”(《明孝宗实录》卷182,弘治十四年十二月辛未,第3366页)。

⑤ 乾隆《甘州府志》卷13《艺文上》,第1325—1329页。

⑥ 《明英宗实录》卷132,正统十年八月己酉,第2622页。

衣食艰难，至于有警，又复选令操备，仅有数人在学，教官常闲，虚费廪禄，乞罢前五处儒学，取其教官别用。事下总兵巡抚等官覆勘，皆以为当，从之”。因此，“罢怀来等卫所五处儒学”[①]。又，“大同左右、云川、玉林、天城、镇虏、阳和、高山八卫，先是共设儒学四所，至是议者言，地临极边，其军余选调差操之外，别无空闲人力，庙堂斋舍至今未立，乞行革罢，其军中子弟有愿就学者，听于附近学校肄业，依例科贡。从之”[②]。还有一些卫所儒学因为蒙古诸部的侵扰而临时中断者，如景泰元年六月，“参谋大同军事左都御史沈固奏，大同府并所属州县儒学，乏粮赡養师生，况今达贼时复剽掠，民未复业，宜将各学生员放回依亲，学印暂送府州县收贮，学官送吏部别用，候边徼宁谧，税粮有征之日复设。从之”[③]。在此背景下，不少卫所儒学被裁革。景泰五年，提督宣府军务右佥都御史李秉说，“近奉敕裁革边卫儒学”[④]，又说“各处沿边卫所，旧有武学，近年革废”[⑤]。还有的卫学，因为边饷的影响，生员往往没有基本的生活保障。《宣府镇志》记载：“上谷司卫诸学校，月俱无廪生徒，但以虚名取次充贡，其间贫不能克业者十率八九……余谓天下郡县及远方云贵等处诸卫学生莫不有廪，独于本镇司卫之学，借口军饷而裁省之……”[⑥]类似这样的情况，在其它卫所也有不同程度的存在，此处不再赘列。

复次，有些学校有名无实，徒应故事。如陕西行都司所辖山丹等卫学，户部曾议说，“山丹卫乃河外孤城，徒有学校之名，而无可養之士，恐各边儒学，似此不少，宜悉革罢，以省妄费”[⑦]。该儒学虽然没有因此议说而停罢，但山丹等边卫学校的教育状况并不理想却是一个事实。并且根据户部的说法，这样状况的学校似乎并不少。

除了这些情况以外，特殊的地理环境和保守的思想观念，也是制约和影响边地学校教育发展的重要因素。前引洪武年间辽东建学，有人就认为

① 《明英宗实录》卷172，正统十三年十一月乙巳，第3314页。

② 《明英宗实录》卷185《废帝郕戾王附录第三》，正统十四年十一月辛卯，第3686页。

③ 《明英宗实录》卷193《废帝郕戾王附录第十一》，景泰元年六月癸未，第4039—4040页。按：此八卫四个儒学，至成化十二年五月方才恢复重设（参见《明宪宗实录》卷153，成化十二年五月庚戌，第2789页）。

④ 《明英宗实录》卷243《废帝郕戾王附录第六十一》，景泰五年七月丙辰，第5284页。

⑤ 《明英宗实录》卷251《废帝郕戾王附录第六十九》，景泰六年三月乙丑，第5438页。

⑥ 嘉靖《宣府镇志》卷18《学校考》，第192页。

⑦ 《明英宗实录》卷238《废帝郕戾王附录第五十六》，景泰五年二月壬辰，第5183页。

“边境不必建学”。嘉靖中期，陈棐巡抚甘镇，派人购书陕西，也有人提出质疑，“河西用武之地，钱谷可多积者，甲兵可多积者，多积书何为也?”[①]可见，在九边军事防御区，这样的观念和思想还是比较普遍存在的，而这些正是制约当地学校教育发展的不可忽视的消极因素。

以上诸种情况，在各边镇的表现虽然并非都是一律的，其间也存在时间和空间上的差别，但在总体上与边地教育的实际基本一致。正是因为如此，不少地方儒学教育的成绩并没有像初设学校时所期望的那样，获得一个理想的结果。其中最主要的表现是，大部分地方儒学培养的科举士人很少。陈正祥说:“明代自洪武四年(1371)到万历四十四年(1616)，先后 245 年之间，每科的状元、榜眼、探花和会元，共计 244 人；南方计 215 人，占 88%；北方仅 29 人，只占 12%。”[②]这是科举三甲的高端人才，就是一般的科举出身实际上也较少，至于九边地区，因处在北方边地，科举人才更少。嘉靖时期，有人讲甘肃镇从明初到嘉靖时期“百八十年来，申科不过一二人，乡科亦仅数人”[③]。宁夏镇至嘉靖时期出举人 82 人，其中进士 18 人[④]。若以嘉靖十八年(1539)为止，则 171 年间，年均出举人 0.48 人，基本上是两年 1 人。延绥镇至万历时期，举人一共有 48 人，其中进士出身的只有 13 人[⑤]。如果以万历三十七年(1609)为止，那么从明朝建立到这时的 241 年间，年平均出举人不到 0.2 人，十年尚不足 2 人。这虽然较甘肃镇要好一些，但也没有实质性的差别。宣府镇至嘉靖时期出进士 34 人，“乡贡进士”(相当于举人)64 人，二者合计共 98 人[⑥]。如果以嘉靖四十年(1561)为止，那么 193 年间，年平均出举人 0.51 个，也就是说两年才能出一个举人及其以上的人才。辽东镇至嘉靖年间出举人 157 人，其中进士 59 人[⑦]。如果以嘉靖十六年(1537)为止，则 169 年间，年均出举人以上人才 0.9 人，接近一年一个。大致说来，九边地区儒学教育在成效上的表现，是东部地区较好，

---

① 陈棐:《儒学尊经阁贮书记》，乾隆《甘州府志》卷 13《艺文上》，第 1326 页。

② 陈正祥:《中国文化地理》，生活·读书·新知三联书店，1983 年，第 21 页。

③ 杨博:《请改敕巡按御史兼理学政疏》，乾隆《甘州府志》卷 13《艺文上》，第 1286 页。

④ 据《嘉靖宁夏新志》卷 2《选举》(第 132—136 页)统计。

⑤ 万历《延绥镇志》卷 4《科目》，第 301—302 页。按:镇志仅记诸卫所产举人、进士，而不及其余。

⑥ 据嘉靖《宣府镇志》卷 32《选举表》(第 373—383 页)整理统计。

⑦ 据嘉靖《全辽志》卷 3《选举》(第 653—667 页)整理统计。

中部地区次之，西部地区最差。在西部诸镇中，宁夏镇的总体情况要好于甘肃镇和延绥镇，这可能与宁夏镇早期存在相当数量的南方移民有关。

二、书院

书院教育在我国出现得比较早，早在唐代，官、私书院教育就已经产生，以后历经五代、宋、元时期的发展，到明代发展到“繁荣与辉煌”时期[①]。明代九边地区，自宋元以来已经有零星的书院教育，北宋时期范仲淹在延州（今延安市）兴建有“嘉岭书院”[②]，元朝时期今河北宣化建有“景贤书院”，尚书王敏在蔚州城西兴建有“暖泉书院”[③]。但毕竟数量有限，在空间分布上也仅局限于九边中部个别地方。到了明代，书院教育在数量和空间分布上都有了明显的变化，特别是在空间分布上，辽东和甘肃河西地区都已有了书院教育的形式。书院数量也较元代增加了很多。不过，就书院教育发展的基本情况而言，它和卫所儒学的兴建过程有所类似，即在兴建的时间上总体上都比较晚。有学者研究，明代初年，书院教育就在元代的基础上有所恢复并运行，洪武时期至少有 43 座书院在运行中，其中新建的有 25 座，重建 18 座，但其发展整体上处于“沉寂”状态。到成化至弘治年间，书院在各地相继恢复，嘉靖时期发展到高峰，嘉靖一朝共新建书院达到 550 座，重建 46 座，共计 596 座，兴建数量远超各朝[④]。而九边地区，较早的书院是景泰四年（1453）兴建的“独石书院”（属于宣府镇，在旧开平卫治东南），这时距离明朝建国的 1368 年，已有 85 年的历史了。至于其它一些书院，则多在弘治、嘉靖时期才相继设立（见表 7—4），这时距明朝建国已经 100 年以后了。虽然，这些书院建置的历史与明朝书院发展的轨迹总体上保持一致，也就是说，是在明朝书院发展逐渐兴盛的弘治以后发展起来的。但就边疆地区的总体状况而言，它和内地在建置时间上，总体上要晚得多。

① 邓洪波：《中国书院史》，东方出版中心，2004 年，第 260 页。

② 洪蕙纂修：嘉庆《延安府志》卷 35《学校》，（台北）成文出版社有限公司，1970 年，第 990 页。

③ 王者辅原本，张志奇等续修：乾隆《宣化府志》卷 12《学校》，中国地方志集成・河北府县志辑（11），上海书店出版社，2006 年，第 239—240 页。《古今图书集成・职方典》卷 345《大同府学校考》，第 90 册，中华书局、巴蜀书社影印出版，1986 年，第 15 页。另参见吴洪成、张阔《元代河北书院述论》，《衡水学院学报》2011 年第 2 期。

④ 《中国书院史》，第 267—268 页“明代书院分朝统计表”。

表 **7—4** 九边地区书院建置简表

地区	学校	建置时间	备注
甘肃镇	甘泉书院	不详	嘉靖三十一年都御史王诘选武弁应袭之俊秀者择师教于此
	凉州书院	嘉靖二十七年参政江东建	
	肃州书院	嘉靖二十七年副使郑宽建	
宁夏镇	揆文书院	嘉靖十七年创建	初名养正书院
	朔方书院	嘉靖四十二年户部郎中蔡国熙建	
延绥镇	榆阳书院	正德八年巡抚吴世忠创建,后废;嘉靖二十一年再建为书院	又名“颐贞书院”,万历十年废。后改为武学
	兴文书院	万历三十五年巡抚涂宗浚改创	
	旧书院		
	嘉岭山书院	弘治十七年知府王彦奇重建	本宋嘉岭书院
	龙溪书院	弘治间知府王彦奇建	
	西山书院	弘治间知府王彦奇建	
	育英书院	弘治年间知府王彦奇建	
	敬学书院	万历年间知县王光祖建	
大同镇	云中书院	嘉靖四十年	
宣府镇	上谷书院	嘉靖七年	
	独石书院	景泰四年建	
	云州书院		
	西关书院		在龙门卫西南隅
	绿阴书院		
	保极书院		
	寿阳书院		
	二贤书院(在怀来)		
	二贤书院(在马营)		
	宁邑书院	弘治四年建	西宁县

续表

地区	学校	建置时间	备注
辽东镇	辽右书院	弘治六年建	
	正学书院	弘治七年创建	
	辽左书院	弘治七年御史樊祉创建	
	辽左习武书院	巡按御史王重贤建	
	崇文书院	弘治间建	
	仰高书院	嘉靖八年建	三十八年更名河西书院
	蒲阳书院	嘉靖十三年建	
	挹清书院	嘉靖二十年创建	

资料来源:《寰宇通志》、《古今图书集成·职方典》、嘉靖《辽东志》、《全辽志》、嘉靖《宣府镇志》、万历《延绥镇志》、顺治《肃镇志》、乾隆《宣化府志》、乾隆《宁夏新志》。

书院教育是府州县及卫所儒学教育的补充和发展。就其创建者而言,多为地方巡抚等官员,属于地方性官办或官民合办性质的教育场所,国家层面似没有整齐划一的政策性建置规定。那么既然有府州县和卫所儒学,为什么还要办书院呢?这主要是一些地方官员和当地绅士基于科考和适应真正有志于学习的学子的需要而考虑的,在一定程度上类似于今天的一些教育机构或"私人"办学,目的是提高"升学率",在当时就是科考率。所不同的是,今天的此类学校多以盈利为目的,而当时主要是以科考为目的。所以《延绥镇志》记载,正德八年(1513),"巡抚吴公世忠以榆林科目鲜人,创(榆阳)书院于教场之北"[①]。当然,地方教化和移风易俗也是地方大员的重要职责之一,除了科考之外,培养真才实学的人才以及风教地方也是书院重要的目标之一。而这些本是当地儒学所承担的基本功能,但因各种原因,地方儒学教育往往并不尽如人意。一些有志之士遂起而兴办书院。宁夏镇创办"朔方书院"时,"诸生粗习章句,无邹鲁家法,不得以文学辟举,所以教之者甚为阔疏"。嘉靖四十二年(1563)户部郎中蔡国熙督饷宁夏,"视学宫制未备",遂创建"朔方书院"[②]。

① 万历《延绥镇志》卷4《书院》,第295页。

② 王道行:《朔方书院记》,张金城修,杨浣雨纂《乾隆宁夏府志》卷19《艺文二》,宁夏人民出版社,1992年,第727页。

书院生员的来源与一般儒学不完全相同，它往往是在当地儒学中选择一些程度比较好的生员加以提高和强化，另有一些是真正有志于学习并践行所习的“士子”。如辽阳城中的“正学书院”，“选取河东都司等学生员讲习于中”；广宁城“仰高书院”，先“选课广宁学生员”，后改名“河西书院”，遂“选河西、广宁等九卫生员督课其中”[①]。延绥镇“兴文书院”，“群学之子弟而教之”，“有志之士入会者数十人”；延川县西“西山书院”，“弘治间，知府王彦奇至邑，毁佛逐僧，改为书院，且择士会讲于此”[②]。书院山长由当地官员等延请有学问的师儒充任，或者有些本身就是当地著名的大儒所办的书院，如甘肃兰州东关，旧有“容思书院”，是明儒段坚讲学的地方。段坚，字容思，是北方名儒薛文清（瑄）的门人，明景泰、成化年间，由进士官南阳知府，“以理学名于时”，“与容思善而学术相近者，有柳公逊讓、顾允恭敬，而陈廉访祥、周千户海、彭尚书泽、陈知州范、孙孝廉芳，皆受学容思之门”[③]。有些书院，就是由创建官员亲自讲授，如延安府城东“嘉岭山书院”，知府王彦奇“公亲讲授。自是士风丕振，科不乏人”[④]。由于书院师生资源不同于一般儒学，加上生员自主性强，管理井然有序，所以在促进地方教育上起到了很好的作用。

三、武学

明代武学是由官方设立的，以武臣子弟及卫所军官、军人“应袭”子弟为对象，以培养军事将官和军职人员为目标的专门学校。武学在形式上有两种：一是京卫武学，设在两京城中；一是都司卫所武学，设在地方都司、卫所。故张廷玉《明史》说：“建文四年始置京卫武学，设教授一人。……永乐中罢，正统六年复设。后渐置各卫武学，设官如儒学之制。”[⑤]另外，关于明代武学设立的总体情况，张廷玉还有一个总体的记述和说明，他说：

---

① 嘉靖《全辽志》卷1《图考》，第569页。

② 万历《延绥镇志》卷4《书院》，第295页。

③ 张维：《兰州古今注》，中国西北文献丛书《西北史地文献》第24卷，第29—31页。

④ 万历《延绥镇志》卷4《书院》，第295页。

⑤ 《明史》卷74《职官三》，第493页。

> 武学之设，自洪武时置大宁等卫儒学，教武官子弟。正统中，成国公朱勇奏选骁勇都指挥等官五十一员，熟娴骑射幼官一百员，始命两京建武学以训诲之。寻命都司、卫所应袭子弟年十岁以上者，提学官选送武学读书，无武学者送卫学或附近儒学。成化中，敕所司岁终考试入学武生，十年以上学无可取者，追廪还官，送营操练。弘治中，从兵部尚书马文升言，刊《武经七书》分散两京武学及应袭舍人。嘉靖中，移京城东武学于皇城西隅废寺，俾大小武官子弟及勋爵新袭者，肄业其中，用文武重臣教习。万历中，兵部言，武库司专设主事一员管理武学，近者裁去，请复专设。教官升堂，都指挥执弟子礼，请遵《会典》例，立为程式。诏皆如议。崇祯十年令天下府、州、县学皆设武学生员，提学官一体考取。已又申《会典》事例，簿记功能，有不次擢用、黜退、送操、奖罚、激厉之法。时事方棘，无所益也。①

根据这一总体记述，我们知道：(1)明代武学是一种官方设置的，专门教授武臣子弟和卫所武官"应袭"子弟的学校；(2)正统年间，两京兴建了武学，随后各地都司、卫所也有一些建置，但并未全面建制，这从"无武学者送卫学或附近儒学"可以得到说明；(3)"崇祯十年(1637)令天下府、州、县学皆设武学生员"以后，武学生员不仅在卫所儒学，而且作为制度在诸府、州、县学进行招收和培养。这些说法，有正确的，也有不完全正确的，也有一些尚不明确的问题。下面结合其它一些记述，对此再加以说明。

武学最初是源于武举的设想，洪武时期已有所酝酿，但并未建立起来。吴元年(1367)，朱元璋"下令设文、武科取士"，"应武举者，先之以谋略，次之以武艺"②。但在随后的几十年里，他基于历史的经验，却在着力营造"文人政治"，所以多次上谕武臣及其子弟等习文、知礼，并"命学校生员兼习射御书数之法"③，实际上是要在人才培养上始终坚持文武全才的培养目标。洪武二十年(1387)，"礼部奏请，如前代故事，立武学，用武举，仍祀太公，建昭烈武成王庙"，朱元璋以"建武学，用武举，是析文、武为二途，自

① 《明史》卷69《选举志》，第461页。
② 《明太祖实录》卷22，吴元年正月丁酉，第322—323页。
③ 《明太祖实录》卷216，洪武二十五年二月甲子，第3181页。

轻天下无全才矣”为由，加以否定[①]。因此，直到洪武末年，武学并未建立起来。《明史》所谓“洪武二十年俞礼部请，立武学，用武举”[②]，只是截取了上文所引《明实录》的半句话，就“武学”本身来说，并没有实际意义。结合其它记述来看，这样的表述既是多余，也容易引起误解。

明代武学始建于建文帝时期。《明太宗实录》记载，洪武三十五年(1402)，即建文四年，“吏部言：建文中，改旧官制……又增设知事，增设旗手等四十四卫武学，及置锦衣卫带管，优给武学所教授。”[③]说明建文帝时期设立有四十四卫武学，但其具体设立时间尚不清楚。万斯同说“建文四年始设京卫武学”[④]，张廷玉《明史》承此说，也讲“建文四年始置京卫武学”。其实，这“建文四年”大概是对上引《明太宗实录》记载的误解，根据文意，《明太宗实录》仅说“建文中，改旧官制”，包括增设“武学”，却并没有说武学就是在这一年设立的。至于《明史》所谓“京卫武学”，并未见其它文献著录，是否指“四十四卫武学”，亦未可确知。永乐九年(1411)，明太宗谕武臣说：“武臣子孙袭职者，未尝知前人建功之难，而骤享厚禄，鲜不覆坠。太祖皇帝置武学教之，欲其谙礼义，知古今，以图继续为国家之用。岁久，人心玩愒，武学亦不振，举军官子弟，安于豢养，武艺不习，礼义不谙，古今不通，将来岂足为用，其申明武学旧规，严其课绩，毋为具文应故事耳。”[⑤]这里提到的两点：(1)“太祖皇帝置武学教之”，并不是说朱元璋时已经建立了“武学”，应该指的是建文帝时期所建的“四十四卫武学”，只是对于这一点做了出于政治需要的故意歪曲而已；(2)“申明武学旧规”，应是针对建文时期建立的“武学”及其“武学旧规”而言的，万斯同相关记述也是这样认为的[⑥]。因此，武学在建文时期已经设立。《明史》又说，“永乐中罢”武学[⑦]。这一认识，大概是由永乐帝即位时期对建文帝“改制”政策的改变的推测所得，实际上没有实证资料的支持。上文引述《明太宗实录》记载，洪武三十五年(即建文四年，1402)，吏部讲到建文帝时期，改旧官制，增设四十四卫

① 《明太祖实录》卷183，洪武二十年七月丁酉，第2759页。
② 《明史》卷70《选举二》，第466页。
③ 《明太宗实录》卷10(上)，洪武三十五年七月甲申，第151页。
④ 万斯同：《明史》(二)卷75《选举五》，上海古籍出版社，2008年，第325页。
⑤ 《明太宗实录》卷123，永乐九年闰十二月癸亥，第1548—1549页。
⑥ 万斯同：《明史》(二)卷75《选举五》，第325页。
⑦ 《明史》卷74《职官三》，第493页。

武学等众多官职，永乐帝的回复是："如切系军民利害者，可因时损益，既于军民利害无所关涉，何用更改？况前人创立制度皆有深意，今行之既久，无弊辄改，此其所以败亡也。俱速改复旧制。"[①]由于有"俱速改复旧制"，则建文帝所设武学自然就在罢废当中，这是该结论的逻辑基础。但实际情况并非如此，一则永乐帝的回复是有条件的，即"如切系军民利害者，可因时损益"，这"俱速改复旧制"，就未必一定包括所建"武学"；二则永乐九年太宗明确说"太祖皇帝置武学教之"，并命兵部"申明武学旧规，严其课绩，毋为具文应故事耳"，则武学未罢，至为清楚。另外，继永乐、洪熙帝之后的明宣宗也讲，"我国家待勋臣礼意尤厚，太祖皇帝开国功臣、太宗皇帝靖难功臣子孙，世袭其爵，年幼者给全俸养之，置武学教之"。并且还说，"朕嗣位以来，谨遵成宪"[②]。这也说明武学是被继承下来的。

不过，武学设立以后，由于政治的变化和调整，实际运行的情况可能并不好。所以，在正统六年(1441)，明确在北京"开设京卫武学"[③]，第二年又"设南京京卫武学"[④]，这是文献见载的两京京卫武学正式设立的标志。从此，京卫武学与京师"国子监"儒学相对应，成为国家最高级别的武学教育中心。在以后的日子里，武学虽然还有一些反复，但在两京城中一直坚持了下来，直到明朝灭亡。

武学在地方上的发展未见有系统的政策规定，地方武学多是一些零星的设置，且以九边地区为多。《明英宗实录》记载，正统六年(1441)五月"丙辰，颁降陕西都司武学《历代臣鉴》三十部，从巡按监察御史朱鉴言也"[⑤]。说明陕西都司建有武学。正统四年(1439)，保定府建有都司武学[⑥]。宣府镇有美峪守御千户所武学，此学正统十四年(1449)因"避虏他徙而废"，后于正德五年(1510)三月并入保安卫学[⑦]。该镇旧有怀安卫武学、万全左卫武学[⑧]。延绥镇的榆林卫武学，初创于成化七年(1471)以后的几年间，后

① 《明太宗实录》卷10(上)，洪武三十五年七月甲申，第153页。

② 《明宣宗实录》卷13，宣德元年正月乙卯，第359页。

③ 《明英宗实录》卷79，正统六年五月壬寅，第1559页。

④ 《明英宗实录》卷91，正统七年七月丙午，第1836页。

⑤ 《明英宗实录》卷79，正统六年五月丙辰，第1574页。

⑥ 《寰宇通志》卷2《学校》，《玄览堂丛书续集》第三十九册，国立中央图书馆影印，1947年。

⑦ 《明武宗实录》卷61，正德五年三月壬戌，第1335—1336页。

⑧ 《明武宗实录》卷63，正德五年五月己巳，第1383页。

虽有变迁，但相沿时间颇为久长。万历三十七年(1609)，时任钦差、巡抚延绥等处地方赞理军务、都察院右副都御史涂宗浚说："延镇自青神余肃敏公(余子俊)移镇以来，议创武学于镇南门内，立师讲艺，以训武生，其法甚备。相沿百五十年，日久政敝，生徒涣散，卒之并废其官，而武教寝弛矣。缙云昆岩郑公(郑汝璧)来抚兹镇，偕观察刘君余泽，假文学西书院为武学，选世胄应袭与良家子，拔其尤，得百余人，授儒服，教育之，檄武举、镇抚高秋司教事，士骎骎向风矣。浚(涂宗浚)以丙午秋代郑公任，视学讲书。诸生皆言书院乃学宫会文所，借为武学非宜。余乃择院东官地，创卫中军署，以中军旧署居入卫游击，而以南门内之西故游击署改刻为武学。"[①]根据这一记述，榆林卫武学创自成化年间，到郑汝璧巡抚时期(万历三十一至万历三十四年，1603—1606)重兴，实际上只有 130 年左右，上述"相沿百五十年"只是概数，不足为凭。另外，这期间，尚有巡抚梅友松于万历十年(1582)后不久在"颐贞书院"废址上改建武学之事，对此，《延绥镇志》记载说："颐贞书院。万历壬午(1582)间废。巡抚梅公友松改武学。"[②]此事或没有实现，所以郑汝璧继续这一想法，完成了借"书院为武学"的事。《古今图书集成》也记述了榆林卫武学的事，但仅说"武学，……巡抚涂宗浚改建为庙"[③]。内容太为简单，并且也不准确。辽东地区，在嘉靖七年(1528)，由巡按御史王重贤创建了辽东都司"武书院"，地点在"都司治西北。中堂五间，东西号房各十间，观德厅三间，箭楼一座，大门三间，武弁群英坊一"。嘉靖四十三年(1564)"巡按御史李辅重修，增建号房三间。取本科乡试武举，群居其中，定会示程，优以供给，俾各闲习骑射，精通韬略"[④]。以书院名武学，在九边地区只见此一例，其背景大概与这一时期书院在各地的大量兴起有关，名称虽异，性质相同。万历元年(1573)，顺天府密云县、遵化县和永平府分别设立武学[⑤]，也主要分布于沿边地区。

以上这些武学，兴建于不同时期，设立的时间跨度又很大。就级别而言，有都司武学，有卫武学，有所武学；有府武学、县武学；同时还有以"武书

---

① 涂宗浚:《重修榆林武学记》，万历《延绥镇志》卷 8《艺文下》，第 632 页。

② 万历《延绥镇志》卷 4《书院》，第 295 页。

③ 《古今图书集成·职方典》卷 575《榆林卫部》，第 12894 页。

④ 《全辽志》卷 1《图考志》，第 557 页。

⑤ 《明神宗实录》卷 17，万历元年九月戊子，第 497 页。

院”相称的武学。表现形式多样,地方分布上又零零碎碎,不成系统。因此,这样的情况,总体上反映了明代地方武学建置的非政策性特征;这样的情况,同时又是地方武学政策的不明晰、不统一,以及武学在实际运行中时断时续,并且滋生诸多弊端(如纳监、冒籍、滥收等)有关;也是文武统一(全才)思想、教授武臣武官子弟思想和边地武职人才需求等诸多矛盾斗争的体现。万历中,大概因为北直隶设立密云、遵化和永平三武学之故,此后兴建武学奏疏日多,但朝廷在处置上又显得首鼠两端,不相统一。如:万历三年(1575)三月,巡按直隶御史陈文燧条陈备边五事,其中有“建武学以储将材”,“上俱从之”[①]。万历十四年(1586)十一月,兵部覆巡抚河南都御史里贞吉条议八事,对其中所提出“兴复武学以储将材”的回复是“腹里地方”“武学不必设”[②]。万历十九年(1591)闰三月,有“议武学止于两京,不及各省,乃蓟镇独有遵化、密云、永平等三学,宜查裁革”的举动[③]。而天启(1621—1627)初年,“直隶巡按左光斗以直隶真(定)、顺(德)、广(平)、大(名)四府俱有武学,而顺(天)、永(平)、保(定)、河(间)四府独缺,请照例收录武生,附于文庠,以储将材,从之”[④]。则内地诸府州县已经设立有武学,而沿边又有新的变化。自此以后,北直隶诸府基本上都设立了武学,虽然有些是“附于文庠”而已。这样的趋势,随着形势的日益变化,从而造成了崇祯时期命天下府州县普遍设立武学的体制。

除了专设的武学以外,自明代初年以来,边卫武职人才的培养亦往往附于卫所儒学,或者由儒学本身承担一定的武学功能。宣德五年(1430)十二月,巡按监察御史梁轸说:“陕西宁夏等卫洪武间设儒学,止置教授一员,专教军职子弟,读《百将传》、《武臣大诰》,以为讲武保身之策。永乐间旗军亦遣子入学,一如府州县,讲读经书,应举亦尝得人,以资任用。然文庙未有祭祀,生徒亦无扰免徭役之例,乞令与府州县学同,仍命御史按察司官出巡之日依例考核,则人知所激劝,文风可振而边俗丕变矣。”[⑤]说明九边地区一些儒学一开始在生员招收上不但“专教军职子弟”,而且在教学内容上

① 《明神宗实录》卷36,万历三年三月癸丑,第844—845页。

② 《明神宗实录》卷180,万历十四年十一月戊戌,第3354—3355页。

③ 《明神宗实录》卷234,万历十九年闰三月己巳,第4333—4334页。

④ 《明熹宗实录》卷26,天启二年九月己酉,第1319页。

⑤ 《明宣宗实录》卷73,宣德五年十二月壬辰,第1714—1715页。

也重在“读《百将传》、《武臣大诰》”，实际上承担着武学教育的功能。永乐以后，生员范围扩大，“旗军亦遣子入学，一如府州县，讲读经书”，参加科举考试，这样就发生了向儒学教育的主体转变。即便如此，卫所儒学还是保留了武学的内容。如宣德七年(1432)正月，陕西按察佥事林时上奏说：“文武并用，长久之术，故武臣子弟不可不知书。今天下军卫亦有开设学校者，而未设之处尚多，臣愚以为，卫所在诸府州县者，宜令武臣子孙及旗军俊秀子弟，皆令入学读书，每五日一辍书习武，艺果有成效，皆许出身。如是，则皆知忠孝之道，备文武之才，庶几国家得人为用。上曰：此皆旧制，所司即申明之。”[①]卫所儒学，“每五日一辍书习武”，就是在讲文的同时，抽出一定的时间专事武艺，借以实现朱元璋在明代初年就一直倡导的文武全才的培养目标。但这样的情况，在科举制冲击下，实际上往往并不能很好地贯彻下去。弘治十七年六月，礼部覆奏南京礼部郎中李哲所言“兴武教以储将材”事说：“我朝府县学校各有射圃，近(年)以来，士子止尚科目，而武教遂废。请行提学官，每月一二次令生儒习射，兼读古兵法诸书，庶文事武备兼行不废。”[②]这虽然是就明朝整体情况说的，但九边地区应该是相类似的。

因此，地方武学教育总是在一种夹缝中存在并运行着，其发展往往与地方官的意识和重视程度有密切关系。不过对于九边地区而言，因是军事防御区，又驻扎有大量的军事卫所官军，总体上还是要好一些。也正因为如此，武举人才较多，如《宣府镇志》载武科举人 66 人[③]，《延绥镇志》载 89 人[④]，《宁夏新志》载 6 人[⑤]，《全辽志》载 146 人[⑥]。虽然这些数字不全，并且所反映的统计时间也不完全一致，但辽东镇有“武书院”之设，延绥镇有武学，宣府镇有武学，其间的重视程度与这样的成绩大致还是有正相关联的。

以上只是县级以上儒学、武学教育的总体情况，至于社学，洪武以后也相继兴建，并作为最基层的儒学教育的场所，其情形在各地也不尽相同，但因资料缺略较多，此处不作具体说明。另外，宁夏镇还有“商学”之设，是专门为商籍户子弟所设的学校，因不普遍也不详述。

---

① 《明宣宗实录》卷 86，宣德七年正月乙酉，第 1991 页。

② 《明孝宗实录》卷 213，弘治十七年六月庚辰，第 4005 页。

③ 据嘉靖《宣府镇志》卷 32《选举表》统计。

④ 据万历《延绥镇志》卷 4《武举》(第 305—306 页)统计。

⑤ 据嘉靖《宁夏新志》卷 2《宁夏总镇》(第 139—140 页)统计。

⑥ 据《全辽志》卷 3《选举志》(第 665—666 页)统计。

第八章　西北边防区的形成与环境营造

明代西北边防区地处农耕文明与游牧文明的交汇地带，在建置上包括陕西甘肃、宁夏、延绥和固原四镇，在漫长的历史时期，这里是中原王朝与北方游牧民族争战的地区，也是历史上传统的军事防御区域。明王朝建立以后，由于北元势力以及以后的蒙古诸部始终未能完全归附明朝，双方长期对峙，由此形成以九边为主体的九个军事防区，地处西北边地的陕西四镇便是其中重要的组成部分。

一、西北战场形势与边防区域的形成

(一)明初西北战场的形势。

朱元璋在基本上稳定了长江中下游广大地区的统治以后，于至正二十七年(1367)十月，认为推翻元朝的时机已经成熟，遂召集众将士计议北伐方略。朱元璋认为："吾欲先取山东，彻其屏蔽，旋师河南，断其羽翼，拔潼关而守之，据其户槛。天下形势，入我掌握。然后进兵元都，则彼势孤援绝，不战可克。即克其都，鼓行而西，云中、九原以及关、陇可席卷而下。"① 这一战略思想深得大家赞同，于是展开北伐行动。在这一过程中，朱元璋于至正二十八年(1368)正月在南京称帝，正式建立明朝。八月初，元顺帝逃离元大都，明军攻占大都。至第二年(1369)正月，明军先后攻克河北、山西等地，于是移师陕西。史载，"大将军徐达师自平阳次河中，遣指挥张良造浮桥，选士马，从副将军常遇春、冯宗异先渡河趋陕西"②。至此，西北的征服和平复工作开始。

洪武二年三月，徐达大军进至鹿台(今陕西高陵县西南)，元奉元路守

---

① 《明太祖宝训》卷1，吴元年十月庚申，中研院历史语言研究所校印，1962年，第60页。

② 《明太祖实录》卷39，洪武二年二月辛卯，第798页。

将张思道逃跑，明大军进占奉元路，遂改奉元路为西安府，以夏德署府事，留耿炳文驻守。此时，“元鄜城守将副枢施成来降，纳其所受宣印，遂以兵守鄜城，仍令(施)成同守”[①]。鄜城，即今陕西富县，位于陕北南部，是关中北通陕北交通要道上的军事重镇。至此，关中东部地区完全被明军控制。攻克西安后，明大军在常遇春、冯宗异率领下向西直捣关中西部重镇凤翔。当时李思齐占据凤翔，朱元璋先劝其归降，并派人送去敕书说：“昔足下在秦中，人以兵众地险而从之，虽有张思道专尚诈力，孔兴等自为保守，扩廓帖木儿以兵出没其间，然皆非勍敌。足下当时不能图秦自王，已失此机。今中原全为我有，向与足下相为犄角者，皆披靡窜伏。足下以孤军相持，徒伤物命，终无所益，厚德者岂为是哉？朕知足下不守凤翔，则必深入沙漠，以图后举。足下初入其地，胡或面从，然非我族类，其心必异，据其地不足以为资，失其势适足以自殒。使兵威常强尚云可也，倘中原相从之众，以胡地荒凉，或不乐居，其心叵测，一旦变生肘腋，孑然孤弱，妻孥不能相保矣。且足下本汝南之英，祖宗坟墓所在，深思远虑，独不及此乎！诚能以信相许，去夷就华，当以汉待窦融之礼相报，否则非朕所知也。”[②]李思齐接到劝降书后，开始有投降的意向，但在其养子和部下的怂恿下，率所部10万人逃往甘肃临洮。明军遂进占凤翔城，平定关中西部。

随着对关中西部地区的占领，洪武二年(1369)四月，大将军徐达进驻凤翔，指挥下一步对于甘肃、宁夏和青海等地的战事。为了能够顺利地占领西北各地，徐达等在凤翔召开重要的军事会议，研究下一步的作战方略。会上考虑到占据庆阳城的张良臣的狡诈和骁勇善战，又考虑到庆阳城池的坚固难攻，遂决定先占据李思齐所控制的临洮，然后移师北上，以解决庆阳、宁夏等地的总体思想。于是，大军西向，连克陇州、秦州、宁远(今武山县)、巩昌、兰州和临洮。其它州县如安定、会州、隆德也相继被攻取。在这种情况下，朱元璋督促徐达军开始进攻庆阳、宁夏。庆阳、宁夏南北连成一线，当时分别为元将张思道、张良臣所占据。徐达于是率师越过六盘山，至开城(今宁夏固原南)获元豫王部众、辎重。又攻下平凉，攻克延安，对庆阳形成包围之势，张良臣迫不得已举城投降。但好景不长，张良臣很快又叛

① 《明太祖实录》卷40，洪武二年三月乙未，第801页。

② 《明太祖实录》卷41，洪武二年四月丁丑，第821页。

变，于是双方在此进行了长达数十天的攻守战。直到八月，因城中粮尽，其部下背着张良臣而开门投降，庆阳才最终被占领。

明军在攻占庆阳以后，并没有乘胜进军宁夏、河西和青海西宁一带地方，而是命大将军徐达、御史大夫汤和等还京，仅留右副将军冯宗异一人总制此地军事。这是一种奇怪的现象，其中原因是什么？史书没有明确的记述。按形势分析，有两种可能：一种可能是，因为当时战事进行的比较艰苦，需要进行一段时间的休整。这种解释虽然有一点儿道理，但是不大符合战争的常规，尤其是这种事关统一的战争；另一种可能是，朱元璋当时对于占领西北地区的目标，特别是直接控制区和间接控制区的目标尚没有明确的思想。这种情况直接影响了战争的进程。在以后的政治实践中，朱元璋主动放弃对西域和漠北地区的直接控制，而将主要目标放在对于中国传统农耕地区的经营和统治上的事实大致可以说明这一点。不论是前者还是后者，这样的做法实际上都是很不妥当的，明军也为此付出了一定的代价。扩廓帖木儿不但因此获得喘息的机会，而且在这一间歇期，能够组织兵力进行一定程度的反击，其中对兰州城的围攻和袭击就是典型的例证。虽然这次围攻最终失败，但扩廓帖木儿却能够立足宁夏、河西一带，频繁袭扰西北边境，进而造成“西北已呈危急之情势”[①]。

大概是由于这样的原因，从洪武初年开始，明军又发起了三次大的战争，试图彻底解决西北残元势力。第一次战事从洪武三年(1370)初开始。当年正月，“上以王保保为西北边患，复命右丞相信国公徐达为征虏大将军，浙江行省平章李文忠为左副将军，都督冯胜为右副将军，御史大夫邓愈为左副副将军，汤和为右副副将军，往征沙漠”[②]。此次北征，兵分三路：西路军由徐达率冯胜、邓愈、汤和等为统领，兵出潼关，经西安，直捣定西，打击的目标是扩廓帖木儿；东路军由李文忠率领，兵出居庸关以向沙漠，目标是元主妥欢帖木儿；中路以北平守将华云龙及大同指挥使金朝兴、大同都督同知汪兴祖等率领，目标先是云中地区，并随着形势的发展来策应和援助东西两路军的作战。

洪武三年(1370)四月，徐达进至安定，扩廓退守车道岘(今甘肃定西县

① 台湾三军大学编：《中国历代战争史》(第十四册)，军事译文出版社，1983年，第123页。

② 《明太祖实录》卷48，洪武三年正月癸巳，第947页。

北），徐达遣冯胜率军趋沈儿峪（今甘肃定西县北车道岘南），双方隔沟对阵，一日数战，难分胜负。扩廓密遣精兵劫明军东南营垒，一军皆警，左丞胡德济仓卒不知所措，徐达亲率兵往击，敌退后，斩东南垒指挥赵某及将校数人，明日出战，大败扩廓兵，“擒元郯王、济王及国公阎思孝、平章韩扎儿、虎林赤、严奉先、李景昌、察罕不花等官一千八百六十五人，将校、士卒八万四千五百余人，获马万五千二百八十余匹，橐驼骡驴杂畜称是。保保（扩廓帖木儿）仅与其妻子数人从古城北遁去，至黄河得流木以渡，遂由宁夏奔和林。达遣都督郭英追至宁夏不及而还”[①]。五月，徐达分遣左副将军邓愈招谕吐蕃，右副将军汤和进军宁夏，进而引兵南取兴元路。左副将军邓愈由定西引军而西，自临洮进克河州（今甘肃临夏市），招谕吐蕃诸酋，故元陕西行省吐蕃宣慰使何锁南普等纳印请降。追元豫王至西黄河，斩其大将于黑松林。于是，河西以西朵甘、乌思藏诸族皆相继来归。邓愈西出甘肃西北远征而还。右副将军汤和沿河引军北上底定宁夏，东攻察罕脑儿（今毛乌素沙漠南缘红柳河附近），擒元猛将虎陈，获牛马羊甚多，并东巡东胜（今内蒙古托克托县）、大同等地，均有斩获。此次西征大获全胜。

第二次西征发生在洪武五年（1372）。当时残元势力不断南犯，甘肃边患再起。朱元璋命徐达为征虏大将军，曹国公李文忠为左副将军，宋国公冯胜为征西将军，分路出征。其中，大将军徐达由中路出雁门关以趋和林，左副将军李文忠由东路自居庸出应昌，征西将军冯胜由西路出金（今甘肃榆中县）、兰（今甘肃兰州市），取甘（今甘肃张掖市）、肃（今甘肃酒泉市）等地。西路军于洪武五年（1372）六月至兰州，傅友德率骁骑五千为先锋，直趋西凉（今甘肃武威市），先败元将失剌罕于别立笃山（凉州北塞外），又败元太尉朵儿只巴于忽剌罕口（今甘肃张掖市西北），大获其辎重牛马。然后进抵扫林山（今甘肃酒泉市西北），杀死元平章伯花，追斩其党400余人。元太尉锁纳儿加、平章管着等投降；上都驴儿率所部吏民830余户投降。明军再进至亦集乃路（今内蒙古额济纳旗东南哈拉和图），元守将卜颜帖木儿全城投降。此后瓜州（今甘肃安西县）、沙州（今甘肃敦煌县）相继平复[②]，河西地区尽归明朝。

---

① 《明太祖实录》卷51，洪武三年四月丙寅，第1004页。

② 《明太祖实录》卷74，洪武五年六月戊寅，第1358—1359页。

第三次西征发生在洪武十三年(1380)。第二次西征取得胜利后,在随后的七、八年时间里,明政府积极筹划北部防御,洪武六年(1373)命徐达、李文忠往山西、北平练兵防边。命“中山侯汤和,颍川侯傅友德,佥都督蓝玉、王弼,中书右丞丁玉率师往延安防边”。对于后者,朱元璋特别告诫诸将说:“今延安地接西北,与胡虏接境,虏人聚散无常。若边防不严,即入为寇,而后逐之,则塞上之民必然受害。朕尝敕边将严为之备,复恐久而懈怠,为彼所乘。今特命卿等率众以往,众至边上,常存戒心,虽不见敌,常若临敌,则不至有失矣。”[①]元朝方面,元主爱猷识理达腊和林继位后,仍在图谋恢复旧政权。一方面他任命扩廓帖木儿为主要的军事负责人,一方面将都城迁至金山(今内蒙古哲里木盟东境西辽河南岸),并不断南下侵犯明朝北部边境。单在西北就有:洪武六年(1373)犯宁夏、河州(今甘肃临夏县)等地;洪武七年(1374)犯兰州;洪武九年(1374)犯延安。所以洪武十二年(1379)平定西番以后,明太祖决定在洪武十三年(1380)进行第三次西征。

同年三月,朱元璋命西平侯沐英统领陕西兵前往征讨西北。沐英师至灵州,侦知脱火赤等兵驻扎在亦集乃路,遂率师渡黄河、经宁夏、历贺兰山、涉流沙,凡七日夜突至其境,取得了决定性的胜利。至此西北问题基本解决。

随着西北战事的基本结束,明朝将边界初步定在东胜至宁夏,西到嘉峪关一线。在该线以外的各少数民族聚居区,实行羁縻政策,设置羁縻都司卫所加以统治。在今青海、甘肃南部及四川和西藏的部分地区设置朵甘、乌思藏两个都司。该机构直属中央,下辖指挥使司一、宣慰使司三、招讨使司六、万户府四、千户所十七[②]。洪武、永乐时期,先后在嘉峪关以西设置哈密、赤斤蒙古、罕东、安定、阿端、曲先、沙州七卫,史称“关西七卫”。辖地“东领嘉峪关,西北达今新疆巴尔库山,西边包括罗布泊,西南尽有柴达木盆地”[③]。这些都司卫所的官吏有僧人世官和俗人世官,僧人世官有大国师、国师、禅师等僧职,俗人世官则纳入卫所体系当中,按九等编制,实

① 《明太祖实录》卷103,洪武九年正月癸未,第1739页。

② 王圻:《续文献通考》卷237《四裔考》,《续修四库全书》第766册,上海古籍出版社,2002年,第590页。

③ 郭厚安、李清凌主编:《西北通史》(第三卷),兰州大学出版社,2005年,第330页。

行土流参治或土官自治的政教合一制度。僧俗官员臣属于朝廷，可以世袭。

在边界线以内的广大地区，特别是边地和具有重要军事战略价值的地区普遍实行卫所制度，以达到加强军事防卫和巩固政权的目的。洪武七年(1374)，置西安都卫指挥使于河州，八年(1375)，改为陕西都指挥使司。陕西都指挥使司领有26卫、4千户所，其中涉及本研究区域的卫所有：固原、平凉、庆阳、延安、绥德、榆林、巩昌、临洮、秦州、兰州、洮州、岷州、河州、宁夏前卫、宁夏后卫、宁夏左屯卫、宁夏右屯卫、宁夏中屯卫、靖虏等19卫，灵州、镇羌等千户所。榆林卫、宁夏卫、洮州卫、岷州卫为实土卫所，其建置情况及管辖范围见表8—1：

表8—1 明代陕西都指挥使司所领实土卫所管辖范围

卫　名	建　置	辖　境
榆林	治今陕西榆林市，成化六年(1470)置	辖今榆林、横山、靖边、吴旗、定边等市县
宁夏	治今银川市，洪武三年(1370)为府，二十六年(1393)置卫，领灵州、兴武、韦州、平虏4千户所	辖今宁夏石嘴山、平罗、陶乐、银川、永宁、青铜峡、灵武、吴忠、同心等市县
岷州	治今甘肃岷县，洪武四年(1371)置岷州千户所，属河州卫，十一年(1378)升为军民指挥使司，领西固城守御军民千户所	辖今甘肃岷县、宕昌、舟曲等县
洮州	治今甘肃临潭县东，洪武四年置洮州军民千户所，属河州卫，十二年(1379)升为卫，属陕西都司	辖今甘肃临潭、卓尼、迭部、玛曲、碌曲等县

资料来源：郭厚安、李清凌主编：《西北通史》(第三卷)，兰州大学出版社，2005年。

宁夏前卫、宁夏左屯卫、宁夏右屯卫治俱在宁夏城；宁夏后卫治花马池(今宁夏盐池县)。宁夏后卫本为花马池守御千户所，成化十五年(1479)置，正德元年(1506)改卫；宁夏中屯卫治今宁夏中卫市，永乐元年(1403)置卫；靖虏卫治今甘肃靖远县，正统二年(1437)以原会州地置。

洪武十二年(1379)设置陕西行都指挥使司，治庄浪(今甘肃永登县)，同年废弃。二十六年(1393)再置于甘州(今甘肃张掖市)，领12卫，4千户所。其管辖见表8—2。

表 8—2 陕西行都指挥使司所领卫所建置情况

卫所	今地	辖境	备注
甘州左卫	今甘肃张掖市	今甘肃张掖市和民乐、临泽两县	与甘州右、中、前、后卫同治
肃州卫	今甘肃酒泉市	今甘肃酒泉、嘉峪关、金塔等市县	
山丹卫	今甘肃山丹县	辖境在今甘肃山丹县	
永昌卫	今甘肃永昌县	辖境在今甘肃金昌市	
凉州卫	今甘肃武威市	辖境在今甘肃武威市	
镇番卫	今甘肃民勤县	辖境在今甘肃民勤县	
庄浪卫	今甘肃永登县	今甘肃永登、天祝两县	
西宁卫	今青海西宁市	今西宁、湟中、湟源、大通、门元、互助等市县	
碾伯守御千户所	今青海乐都县	今青海乐都、民和、化隆等县	洪武十一年(1378)置,后废。徙西宁右千户所于此,后更名碾伯卫
镇彝所	今甘肃高台县西北	辖今高塔、高台县的一部分	
古浪所	今甘肃古浪县		正统三年(1438)置

资料来源:郭厚安、李清凌主编:《西北通史》(第三卷),兰州大学出版社,2005 年。

(二)西北边防区的形成。

明代初年北方边防线经历了两次明显的变化,洪武时期东北从辽东、大宁、开原经东胜,沿黄河以北到宁夏、甘肃,形成一条基本防线。永乐初年,东胜撤卫,防线内移,基本上沿着后来的长城一线形成防线。西北防区在经历了这样的变化后,随着蒙古诸部侵扰的日益加剧而逐步形成,这就是后来的陕西四镇。

(1)军事地理因素。

西北边防区形成的过程,首先是利用军事地理形势的过程。在各防区建设的过程中无不考虑到这一基本因素。就延绥镇而言,明人李贤说:延绥镇是“形胜之地,五路襟喉,长城因河为塞,洛水之交,三水所汇,边陲之郡，秦地要区”①；《读史方舆纪要》载，延安府“东带黄河，北控灵夏，为形胜之地”②。在这样的地理形势的基础上，又得人力的大力营造，才最终形成所谓的陕北巨防。明人许论说：“榆林旧治绥德，而弃米脂、鱼河等处于外，几三百里。虏轻骑入掠，兴镇兵出御之，每不及而返，虏得投隙焉。成化九年（1473）都御史余子俊建议徙镇榆林堡，襟吭既居，内地遂安。边墙东起黄甫川，西至定边营，长亘千二百余里，连墩勾堡，横截河套之口。内复堑山湮谷，是曰‘夹道’，地利尽得矣。”③这里所说的“九年”可能不大准确，文献相关记载也多有歧异，后文第九章有所说明。延绥镇设立以后，加上以后各代的不断营造，遂形成一大军事防区。

宁夏地处西北边陲，地势雄要，历来是中原王朝与北方游牧民族必争之地。其形胜：“背名山而面洪流，左河津而右重塞。左距丰（州）、胜（州），右带兰（州）、会（州），黄河绕其东，贺兰耸其西。西北以山为固，东南以河为险。黄河襟带东南，贺兰蹲踞西北。背山面河，四塞险固。西据贺兰之雄，东据黄河之险。”④许论说：“宁夏亦朔方地也。镇城所据，贺兰山环其西北，黄河在东南，险固可守。”⑤“今三边既为中国所有，而宁夏居中，适当喉襟之地。”⑥顾祖禹说得更具体：宁夏镇“关中之屏障，河（州）、陇（州）之噤喉”。“宁夏实关中之项背，一日无备，则胸腹四肢举不可保也”；宁夏后卫“控扼朔方，翼蔽内郡，北面之险也”；宁夏中卫“倚贺兰之险，阻洪河之阻，左联宁夏，右接庄浪，诚边陲要地也”；靖远卫“面山背河，地势险阻”⑦。

固原在宁夏以南，是陕西三边总督的驻地，弘治十四、十五年（1501—1502）间正式建置为镇。《读史方舆纪要》说，“州据八郡之兼备，绾三镇之要膂”⑧。魏焕说：“（固原）实番胡要害之地。弘治年间总制秦纮筑内边一条，自饶阳界起，西至徐斌水三百余里，系固原地界。自徐斌水起，西至靖虏花儿岔止，长六百余里，亦各修筑。至今于二、八月各修理一次，屹然为

① 李贤：《大明一统志》卷36《延安府》，黄永年点校，三秦出版社，1990年，第635页。

② 《读史方舆纪要》卷57《陕西六》，第2719页。

③ 许论：《九边图论》，徐丽华主编《中国少数民族古籍集成》（第6册），四川民族出版社，2002年，第599页。

④ 《嘉靖宁夏新志》卷1《宁夏总镇》，第10页。

⑤ 许论：《九边图论》，徐丽华主编《中国少数民族古籍集成》（第6册），第600页。

⑥ 《皇明九边考》卷8《宁夏镇》，第325页。

⑦ 《读史方舆纪要》卷62《陕西十一》，第2941页，第2955页，第2960页，第2963页。

⑧ 《读史方舆纪要》卷58《陕西七》，第2802页。

关中重险。东向可以顾榆林，西向可以顾甘肃，总兵、游击、守备皆驻扎于此，犹室家之有堂奥也。东之十（于）胡也，以花马池一带为门户；西之于番也，以西（宁）、兰（州）一带为门户。门庭有故，总制运筹于中，总兵、参（将）、游（击）提兵会各镇折冲于外，处置得宜，全陕无尤（忧）矣。”[①]蒙古各部入居河套以后，陕西防御形势日趋严峻，部分地区由腹里演变为边地，固原的军事战略地位迅速提高。况且，“固原地方，平慢（漫）千里，是通贼处，最为喉襟要地，且有楚、肃、韩三府，黔国公家人草场，固原州卫苑马寺、群牧所，军民土汉杂处，尤难抚驭”[②]。明人张雨说：“固原，古原州镇戎军也。我朝开府，表重臣总督三边军务，故原州称雄镇焉。按全陕以延（安）、宁（夏）为藩篱，花马池为户门，固原为堂奥，故督府岁于花马池秋防，盖亦居中乘便之意。镇西溯黄河上流为靖虏，为兰州；镇东为环县，为庆阳府，皆固原镇守所辖。故合环、庆、兰、靖为一镇，兰、靖滨于河，冰合则虏必犯之，故兰、靖有冬防，称固原要害者，必曰兰、靖云。环、庆则内地也。”[③]

甘肃，“即汉河西四郡地，国初下河西，弃敦煌，画嘉峪关为界，由庄浪迤南三百里为湟中地，今置西宁卫。由凉州迤北二百里为姑臧地，今置镇番卫。又设甘州等五卫于张掖，肃州卫于酒泉，兰州卫于金城，皆屯兵拒守。全镇之地，几二千里，惟一线通道，西遮西域，南蔽戎羌，比（北）扞胡虏，称孤悬重镇云”[④]。顾祖禹说：甘肃镇“河山襟带，扼束羌、戎”；山丹卫“密迩张掖，联属诸城，南隔番、戎，北控沙漠，甘肃有事，卫其肘腋也”；永昌卫“唇齿姑藏，形援张掖，襟山带水，战守有资，河西一线，卫其东西孔道也”；凉州卫“山川险阨，土田沃饶，自汉开河西，姑藏常为都会”；镇番卫“南蔽姑藏，西援张掖，翼带河、陇，控临绝塞，地形陡绝，戎马之场也”；庄浪卫“黄河南绕，松山东峙，河西之肘腋也”[⑤]。西宁卫“河、湟环带，山峡迂回，扼束羌、番，屹为襟要”[⑥]。

以上论述可见，明政府在充分利用西北军事地理环境的基础上，通过设立军镇、部署兵力、修筑边墙等措施，使军事地理与防御工事紧密联系，

① 《皇明九边考》卷10《固原镇》，第412—413页。

② 杨一清：《为乞留守备官员以慰边人事》，《杨一清集》卷14，第524页。

③ 《边政考》卷3，第358页。

④ 《明会典》卷130《甘肃》，第670页。

⑤ 《读史方舆纪要》卷63《陕西十二》，第2971—2998页。

⑥ 《读史方舆纪要》卷64《陕西十三》，第3005页。

进而完成了西北边防区的构建。在这一过程中,各镇的设置充分考虑到了军事战略地位和地理条件,堡寨一级防守点的布防,也充分考虑到了这一点,以延绥镇为例,其具体情况可参见表 8—3。

表 8—3 延绥镇辖营堡及其形胜

堡名	形胜	堡名	形胜
保宁堡	城设在平地,系极冲下地	木瓜园堡	城设在山上,系次冲上地
归德堡	城设在半山半川,系腹里中地	清水营	城设在山坡,系次冲中地
鱼河堡	城设在平川,系腹里上地	黄甫川堡	城设在山畔,系次冲中地
镇川堡	城设在平川,系腹里上地	龙州城	城设在平地,系极冲中地
响水堡	城设在山坡,系极冲中地	镇靖堡	城设在山畔,系次冲中地
波罗堡	城设在山畔,系极冲中地	镇罗堡	城设在平川,系极冲中地
怀远堡	城设在山上,系极冲上地	靖边营	城设在山原,系极冲上地
威武堡	城设在山阜,系极冲上地	宁塞堡	城设在山原,系极冲上地
清平堡	城设在山原,系极冲中地	把都河堡	
常乐堡	城设在平川,系极冲中地	柳树涧堡	城设在山上,系极冲中地
双山堡	城设在山冈,系极冲中地	新安边营	城设在山畔,系极冲中地
建安堡	城设在山畔,系极冲上地	旧安边营	城设在平川,系极冲中地
高家堡	城设在平川,系极冲上地	新兴堡	城设在山上,系次冲中地
柏林堡	城设在山原,系极冲下地	砖井堡	城设在平川,系极冲上地
大柏油堡	城设在山上,系极冲下地	石涝池堡	城设在山上,系次冲上地
神木堡	城设在平川,系极冲中地	三山堡	城设在山畔,系次冲中地
永兴堡	城设在山上,系次冲中地	定边营	城设在平川,系极冲上地
镇羌堡	城设在山原,系极冲中地	盐场堡	城设在平川,系极冲中地
孤山堡	城设在山畔,系次冲上地	饶阳水堡	设在腹里

资料来源:据谭吉璁纂修,康熙《延绥镇志》卷一之三《地理志》整理,上海古籍出版社,2012年,第 13—22 页。

(2)边防区形成的民族分布因素。

明代是我国少数民族形成、发展并趋于稳定的时期,民族共同体基本定型,此时在西北地区居住着畏兀儿、撒里畏兀儿、哈萨克、布鲁特(柯尔克孜)、回回、哈剌灰、蒙古(包括瓦剌、哈密、赤斤蒙古诸卫的蒙古族、察合台王统治下的蒙古族)、藏族和汉族等[①]。在这些民族中,和明朝西北边防关系最为密切的,一是活动在蒙古高原的蒙古诸部,二是青藏高原的“番”藏部族。

元室北迁后,蒙古族是明代北方势力最强、影响最大的民族,主要分布在“东自松花江、脑温江(今嫩河)和辽河流域,西至天山、衣烈河(今伊犁河)流域,北抵也儿得失河(今额尔齐斯河)、谦河(今叶尼塞河),南临明朝北部防线的广大土地上……此外,还有几十万蒙古族居住在明朝内地、西北和南方的一些省内……游牧于我国北方、东北、西北的蒙古族,由于明蒙战争和内部政治演变的结果,逐渐成为一些各自为政的集团,主要有鞑靼、瓦剌、兀良哈三卫、西北诸卫和察合台后王等”[②]。明初,扩廓帖木儿逃往宁夏、甘肃一带,西北大部分地区仍由故元势力控制,新疆处于察合台后王(亦称别失八里,后称亦力把里)的统治之下。为了击败北元及蒙古诸部势力,明军首先在陕西境内驱逐故元势力,然后逐渐向甘肃、青海等地推进,洪武三年(1370),明军在沈儿峪击败扩廓帖木儿后,北元在西北地区的主要力量退出。但是,北元势力尚未完全覆灭,甘肃北部蒙古各部仍然活跃,甚至有可能时刻卷土重来,所以明朝陆续开始在西北地区建立卫所,派驻重兵防守,以遏制蒙古进入内地侵扰。同时由于明朝西边只能管辖到嘉峪关,嘉峪关以西的广大地区,历来是中西交通要道,其东北为鞑靼部,北为瓦剌部,西边新疆天山南北分布着察合台后王统治下的蒙古族和土鲁番,于是明朝在嘉峪关以西设置安定等羁縻卫,任命蒙古族首领为卫所官员,统治各部,以其为西北藩篱,保障内地的安全。

明代中叶以后,鞑靼蒙古进入了青海并长期占据这里,史称:“亦卜剌窜西海,阿尔秃厮与合,逼胁洮西属番,屡入寇。巡抚张翼、总兵王勋不能制,渐深入,边人苦之。”[③]直到万历二十六年(1598),收回了被蒙古势力占据四十多年的松山地区,切断了漠南右翼蒙古与青海之间的通道,才使青海蒙古势力陷于孤立境地,逐渐衰微。之后,虽然还不时有蒙古势力进入青海地区,但其影响已经相当有限了。

藏族主要分布在今天的西藏地区,甘肃、青海、四川和云南部分地区也

① 翁独健主编:《中国民族关系史纲要》,中国社会科学出版社,2001年,第601—602页。

② 《中国民族关系史纲要》,第587页。

③ 《明史》卷327《鞑靼传》,第2170页。

有分布，明政府在这里设置朵甘、乌思藏两个都司，实行以土治番、因俗而治的统治形式。按照当时的习惯，明人将甘青地区的藏族称为“西番”，他们主要分布在河湟洮岷地区，政府在这些地区设立河州、洮州、岷州、西宁等卫管理，采取土流参设、以流管土、以土治番的统治方式。

除此而外，西北还居住着一个比较重要的民族——回族，他们是元明时期形成和发展起来的一个民族，在西北地区主要分布在“陕西省的甘州、肃州、庆阳府、平凉府(以上属今甘肃省)、西安府、延安府、凤翔府、汉中府(以上属今陕西省)、灵州、固原(以上属今宁夏回族自治区)以及哈密、柳城(今鲁克沁)、土鲁番(以上属今新疆维吾尔自治区)等地”[①]。在元末农民起义中，许多回族人民也参加了起义，无论在推翻元朝统治的战争中，还是在明太祖消灭群雄割据的战争中，或在对北元的战争中，回族将领都起了重要的作用，其中有些人成为明朝的开国元勋，对明朝的建立和巩固立下了丰功伟绩，如常遇春、胡大海、冯国用兄弟、蓝玉等以及后来的麻贵、达云都是一代名将。回族不仅对明朝的军事有重大贡献，而且在政治方面也颇有建树，如马文升、孙继鲁和海瑞等，他们参与了中央或地方的政治，对边防、社会、民族等方面都做了杰出贡献。由此可见，明代西北的蒙古族和藏族是明朝政府重点防御的对象，他们所居住的地区是明政府重点设防的区域，而回族和明朝的关系密切，不是明朝主要的防御对象。

(3)备御西北方针的确立。

明初，朱元璋以摧枯拉朽之势迅速推翻了元朝的统治。然而，“元亡而实未始亡耳”，元朝尚有一定的实力，史称“引弓之士，不下百万众也；归附之部落，不下数千里也”[②]，他们时刻准备卷土重来，这对明朝的北方防线构成了巨大的威胁。明朝初年虽然也进行了多次的北征，试图彻底解决问题，但因各种原因始终没有能够完成这一任务。在这种情况下，明初诸帝都认识到蒙古问题的难以解决，因而在战略上进行了调整，即由主动出击变为积极防御，以此维护西北国防的安宁。朱元璋在命中山侯汤和，颍川侯傅友德，佥都督蓝玉、王弼，中书右丞丁玉率师往延安防边时，曾告诫诸将领说：“今延安地接西北，与胡虏接境，虏人聚散无常。若边防不严，即入

① 《中国民族关系史纲要》，第660页。

② 谷应泰：《明史纪事本末》卷10《故元遗兵》，第149页。

为寇，而后逐之，则塞上之民必然受害。朕尝敕边将严为之备，复恐久而懈怠，为彼所乘。今特命卿等率众以往，众至边上，常存戒心，虽不见敌，常若临敌，则不至有失矣”；“自古重于边防，边境安则中国无事，四夷可以坐制”；“太平之世，不可忘战，略荒夷之地，不如守边”[①]。从而在战略上和指导思想上明确了沿边防御的总方针。以后诸帝基本上都遵循着这样的目标，实行积极的边防防御。

明朝周边民族众多，究竟何处为防御的重点？一般而言，肯定要根据对明朝的威胁程度而定。就明初的情况来看，西边的藏族地区相对安宁，南方的两广地区及西南的云、贵、川等地，不时有少数民族的反叛，但只对当地的社会稳定造成了影响，并没有威胁到明朝的统治，只有北边的蒙古对明朝的威胁最大，因为它关乎着明政权的存亡问题。

在这种情况下，政府把北方边境地带作为重点防御的区域之一，所谓“我国家边守之务，西北为重，而陕西居其半”[②]，清楚地说明了这一点。而在这一区域里又把蒙古作为重点防御的对象，这就是明朝备御西北的一个总方针。

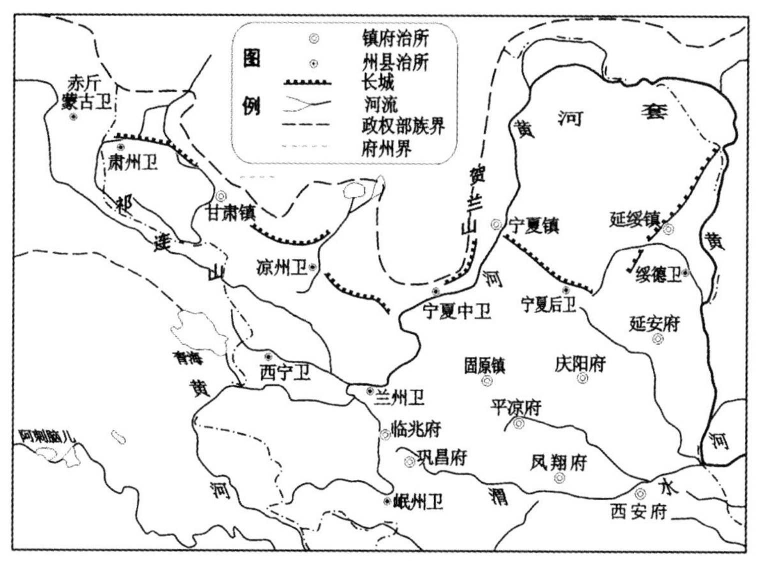

图 8—1　明代西北防御布局大势

① 《明太祖实录》卷 103，洪武九年正月癸未，第 1739 页。

② 杨廷和：《赠都御史邃庵杨公序》，《明经世文编》卷 121，第 1168 页。

西北地区指明朝政府直接管辖下的陕西都指挥使司和行都指挥使司的辖区，它包括今嘉峪关以东的陕西北部、甘肃、宁夏及青海东部地区，军政建置主要有延安卫、绥德卫、榆林卫、洮州卫、宁夏卫、宁夏后卫、宁夏中卫、靖虏卫、甘州卫、肃州卫、山丹卫、永昌卫、凉州卫、镇番卫、庄浪卫、西宁卫及各卫辖的所、堡寨等。此处不涉及明代陕西布政使所辖的西安、凤翔、汉中等府。因为西北战争主要发生在边疆地带，而西安、凤翔、汉中等府除了在明初朱元璋统一陕西的时候发生过与蒙古军队的战争外，在明代其余时间里，地处腹里，几乎没有因蒙古军队的内侵而发生过战争。陕西北部、甘肃、宁夏等地不仅是明与蒙古军队的接触地带，而且也是战争的频发地，明朝的防御布局主要集中在这里。

二、西北防卫环境的初步营造

西北地区作为农耕文明与游牧文明的交汇地，关乎政权的安全和边防的稳定，也是中原通往西域的交通孔道，战略位置十分重要。明初，甘肃、青海的部分地区为北元控制，新疆大部分地区处在察合台后裔的统治之下。除此而外，在这一地区还生活着藏族、回族、畏兀儿等族人民。就当时形势和明朝的军事盛况而言，明军在占领河西地区以后是有条件继续向西占领西域一带的，但当时并没有这样做，而是将占领区仅限于嘉峪关以东，即汉代以降传统的占领区。为什么如此？文献没有记述和解释。但根据形势分析，大概有两点因素影响了这一进程：一是长城一线以北蒙古势力的依然存在，这种存在的后果当时尚难以预料。同时这样的存在，必将明军的相当一部分兵力“掣肘”于此，客观上使得明政府难以抽出大规模的兵力继续向西。而河西地区乃至长城以北广大地区的威胁没有解除，在客观上也造成了明军不大会选择孤军深入，以征西域的方略；二是朱元璋等较为保守的民族主义观念的影响。建国前明朝的总口号是“驱逐胡虏，恢复中华”，在一定程度上反映了这样一种基本观念。以致于明朝初年在占领了北方基本的农耕区以后，也不再积极拓土拓疆，而是以农牧分界线为界来巩固和经营传统的农耕区。正因为如此，对西北农牧交错带地方的经营和巩固就成为当时基本的战略选择。在这一战略经营中，安全防卫和稳定发展始终是两个核心问题，《明史》记载，明太祖“甫定关中，即法汉武创河西四郡隔绝羌、胡之意，建重镇于甘肃，以北拒蒙古，南捍诸番，俾不得相合”[①]。说明明初以来这里的边防环境营造实际上都是围绕这一根本点来进行的。

明初营造西北边防环境的第一个措施，就是武力驱逐盘踞在西北地区的北元及蒙古诸部势力。早在至正二十七年(1367)十月明军北伐前，朱元璋就制定了周密作战计划，“吾欲先取山东，撤其屏蔽，旋师河南，断其羽翼，拔潼关而守之，据其户槛。天下形势，入我掌握。然后进兵元都，则彼势孤援绝，不战可克。既克其都，鼓行而西，云中、九原以及关、陇可席卷而下”[②]。洪武二年(1369)四月，明军进攻关陇，打击盘踞在这里的故元李思齐、张良弼、扩廓帖木儿势力。之后，明军一支进入河湟洮岷地区，收降西番各族和元军，另一支直趋西宁，打击故元豫王势力。

庆阳战役使元军受到重创，扩廓帖木儿退守甘肃张掖一带，朱元璋也即下令“固守疆圉”，停止了进攻。但是，扩廓帖木儿屡袭扰兰州、安定(今甘肃定西)，给明朝造成了巨大的威胁，于是朱元璋命将北伐，扫除西北的残元势力。明朝先后于洪武三年(1370)、洪武五年(1372)、洪武十三年(1380)进行了三次北伐。其中洪武十三年，当镇守甘肃都督濮英于凉州(今甘肃武威市)俘获了北元柳城王等22人及部属1300余人后，上书太祖请求“督兵略地，开哈梅里(今哈密)之路，以通商旅”。急于经营西北的明太祖当即回复“略地之请，听尔便宜”，同时要濮英小心谨慎，切勿轻敌大意。濮英遂挥兵西进，五月克百城子，进至赤斤站，七月兵进苦峪，俘获了北元省哥失里王及其部属数十人[③]。但濮英撤兵后，所占地区又被蒙古占据。濮英的这次进兵，虽然没有进入新疆，但对哈梅里地区产生了重大影响，其首领即于次年入贡。此后明朝把经营的重点放在了东北，西北的军事活动告一段落。

第二个措施是用藩王守边。在西北地区，先后分封第二子朱樉为秦王，镇守西安；第十四子朱楧为肃王，镇守甘肃；第十六子朱㮵为庆王，镇守宁夏；第十八子朱楩为岷王，镇守岷州(今甘肃岷县)；第二十二子朱楹为安

① 《明史》卷330《西域二》，第2188页。

② 《明太祖实录》卷21，吴元年十月庚申，第304页。

③ 《明太祖实录》卷131，洪武十三年四月丁亥，第2078页；卷132，洪武十三年七月甲辰，第2104页。

王，镇守平凉（今甘肃平凉）。“诸子守边”的政策表明了朱元璋守土的决心，实际上也确实在明代初年的防卫中起到了一定的积极作用。但这一政策并没有实行多长时间，因为这些藩王手中握有重兵，甚至在后来的发展中有意培植自己的势力，这些迹象对于皇权的稳定构成了可能的威胁。所以明成祖继位后就放弃了诸王守边的政策，代之以镇将守边的政策。

第三个措施是在沿边地带构建军事防御带和准军事防御区。与镇将守边政策相适应，明廷一方面将都城迁至北京，并建陵墓于边塞附近的昌平，以此为基础加强北边边境的防御；另一方面调整北疆的防御体制，建立以军镇为中心的防御区域。这样的变化奠定了终明一代以“九边”防御为目标的边防建设之路的基础。军镇是在卫所的基础上逐渐发展起来的。早在洪武时期，西北沿边地区就设立了平凉、兰州、巩昌、镇番、庄浪、宁夏卫、甘州五卫、肃州卫、西宁卫、山丹卫、永昌卫、凉州卫以及一些千户所。以后各朝在此基础上，根据形势需要不断增设，卫所也越来越多。距今人整理，属于陕西都司管辖的有：延安卫、绥德卫、榆林卫、宁夏卫、宁夏前卫、宁夏后卫、宁夏中卫、宁夏左屯卫、宁夏右屯卫、固原卫、兰州卫、平凉卫、秦州卫、临洮卫、巩昌卫、靖虏卫、洮州军民卫、岷州军民卫、西固城守御千户所、灵州守御千户所、兴武营守御千户所、平虏千户所。属于陕西行都司管辖的有：甘州左卫、甘州右卫、甘州中卫、甘州前卫、甘州后卫、肃州卫、山丹卫、永昌卫、凉州卫、镇番卫、庄浪卫、西宁卫、镇夷守御千户所、高台守御千户所[①]。在这些卫所之上建置有总兵官（后来有总督、巡抚）等驻守的四个军镇，即延绥（榆林）、宁夏、固原和甘肃四镇，形成四个基本的军事防御区域。

第四个措施是安抚和怀柔西部诸少数部族。为了保障西部疆土的安全，针对西域诸少数民族部众明初归附的情况，洪武、永乐两朝相继在嘉峪关外设置了七个羁縻卫所，即安定、阿端、曲先、罕东、沙洲、赤斤蒙古、哈密卫，并利用当地部族统领为都指挥等进行防御。在此基础上，政府对这些归附的少数民族首领长期加以安抚，在经济上也给予丰厚的赏赐。如洪武七年（1374），安定卫的卜烟帖木儿遣使来朝，明太祖即“宴赉其使者，遣官

① 马大正主编：《中国疆域经略史》，中州古籍出版社，2000年，第224页。

厚赉其王”[1]。洪武九年(1376)又命前广东参政郑九成等人出使安定,“赉王及其部人衣币”。之后每当“西番”入贡,即“厚赉之,复命中官赍银币往赐”[2],以厚结其心。对于一些没有置卫的部落,只要遣使来朝,朝廷即予以厚赐。洪武十四年(1381)哈梅里王兀纳失里遣回回阿老丁入贡,明太祖“诏赐文绮,遣往畏吾儿之地,招谕诸番”[3]。这些做法,倒不是说明廷乐善好施,而是意在笼络,使他们能够更好地为明朝守卫边疆。在营造一个安和的西域政治环境这一总战略下,政府先后多次派人前往西域了解当地部族及民地情况,积极谋求结好西域诸少数民族部族,从而使西域众多部族向明朝称臣纳贡。这其中,别失八里和撒马儿罕就是两个有代表性的部族。别失八里在今哈密以西的新疆至中亚一带,本属元察合台汗国的封地,后分裂为东西两部,其中非察合台系的蒙古帖木儿夺取西察合台汗位,占据了撒马儿罕(今属乌兹别克斯坦),建立了一个帖木儿汗国,明代史籍中称撒马儿罕。东察合台汗国总体上控制着今新疆一带,首都定在别失八里(今新疆吉木萨儿北破城子),明人习称别失八里。洪武中后期,撒马儿罕和别失八里都曾与明朝建立了“朝贡”关系。除了在这一意义上的上述作为以外,朱元璋还将西域各部之间的仇杀,视作是“夷狄相攻,中国之利”。其根本意义上的友好关系似乎还很难谈得上。洪武二十四年(1391)哈梅里要求于延安、绥德、平凉、宁夏等地与明朝互市,朱元璋就以“番人黠而多诈,互市之求,安知非觇我。中国利其马而不虞其害,所丧必多。宜勿听”[4]为由,俨然加以拒绝。由此可以看出他在这一点上的矛盾和徘徊。

当然,在安抚、结好的总精神下,从皇帝到政府始终没有对西域诸少数民族的侵扰失于防范。整个明代,上至皇帝,下至一般民众,对西北诸少数民族始终存有一种不信任的忧虑,这样的疑虑在很大程度上源出于文化心理上狭隘的民族主义观念,所谓“非我族类,其心必异”,而“夷夏之防”的意识观念在有明一代几乎无时不在。在这一背景之下,政府始终没有稍懈于对这些部族的军事防范。明初根据各地区已有的情况和矛盾,设置诸羁縻卫所,分而治之,且不必说,就是在“朝贡”地的选择上,也是精心策划,时时

① 《明史》卷330《西域二》,第2188页。
② 《明史》卷330《西域二》,第2188页。
③ 《明史》卷330《西域二》,第2192页。
④ 《明史》卷330《西域二》,第2192页。

提防的。上文所述洪武二十四年(1391)哈梅里的要求被拒绝,就是以后各部的朝贡,也都有明确的规定,使他们总体上停留在嘉峪关一带,主要人员前往"京师"朝贡。永乐三年(1405)当听说"撒马儿罕回回与别失八里沙迷查干王假道率兵东向",成祖立即敕谕甘肃总兵官宋晟"彼必未敢肆志如此,然边备常不可怠"[①]。永乐五年(1407)忠顺王安克帖木儿的妻子往蒙古鬼力赤,立即引起了明成祖的警惕,他认为她有可能引诱蒙古入侵哈密,要求加强戒备。对于在甘肃游牧的土达(留居内地的蒙古人),明成祖同样认为"终怀反侧"[②],要求甘肃守将严加防范。至于修筑嘉峪关、河西长城,设置陕西行都司并置甘肃镇镇守河西,都是这一政策具体实践的典型反映。

当然,在这一总体思想和实践中,政府也不是简单诉诸武力来解决西北问题。在实际活动中,政府也往往采取比较理性的策略,尽量通过诏谕、安抚,必要情况下才实行武力威慑或军事镇压。如,永乐四年(1406),哈密忠顺王脱脱为其祖母所逐,明成祖即下诏严责,并认为脱脱为"朝廷所立,虽有过,不奏而擅逐之,是慢朝廷"[③],逼其祖母和头目遣使谢罪乃罢。永乐五年(1407)哈密头目陆十等叛,忠顺王脱脱诛之,并向朝廷请求支援,成祖乃命甘肃总兵官宋晟发兵应援。永乐十年(1412)罕东"掠安定民三百户,复纠合西番无赖阻截关隘,剽掠不已",成祖遣指挥康寿往敕,令其酋长"俾悉还掠,且戒饬自今能悔过迁善"[④]。同年赤斤蒙古卫指挥塔力尼藏匿叛逃老的罕等,明成祖因道路险恶,难以运饷,且时值隆冬,不宜发兵,乃遣人敕谕塔力尼曰:"尔等归顺朝廷以来绝无瑕誉,今乃容纳叛贼老的罕等,甚非计也。盖朕待此贼素厚,竟负恩而叛,负恩之人何可与居?尔勿贪末利,自贻伊戚,比如人身,本无疾病,乃灼艾加针以成疮瘢,尔宜审之,如能擒老的罕等送来,当行赉赏,不然发兵讨叛,非赤斤之利。"[⑤]在强大的军事压力下,塔力尼于次年擒献老的罕等人。

对活动在河湟洮岷地区的众多番族,明政府也根据他们的特点加以抚

---

① 《明太宗实录》卷39,永乐三年二月庚寅,第658页。

② 《明太宗实录》卷130,永乐十年七月壬寅,1610页。

③ 《明太宗实录》卷50,永乐四年正月辛酉,第759页。

④ 《明太宗实录》卷124,永乐十年正月甲辰,第1558页。

⑤ 《明太宗实录》卷135,永乐十年十二月戊寅,第1651页。

绥,并在这一基本原则下积极防范。基本做法:(1)敕封官爵,笼络各番部首领。当时"西番"各部以部族为单位,社会经济、文化发展比较落后,各部首领对各部拥有绝对的统治权力,并决定各部族的一切事务。根据这种情况,明政府通过敕封官爵来笼络各部首领,以达到对各部族的控制。故元土蕃宣慰使何锁南普归降后,被授予河州卫指挥同知,与知院朵儿只、汪家奴同为指挥同知,其下设千户所八,百户所七,皆命其酋长为千户、百户长①。故元西宁州同知李喃哥归附后也被任命为西宁卫指挥。通过这种方式,西宁、河州、洮州、岷州等卫的高级官职中都有"西番"各部首领,《明史》称为"土官与汉官参治"②。(2)借朝贡厚加赏赐。这和对西域诸番的基本做法相一致。(3)利用宗教信仰,因俗以治。宗教在"西番"社会生活中占有很重要的地位,明政府针对当地多信仰喇嘛教的风俗,封赠番僧法号,"番僧有封灌顶国师及赞善、阐化等王、大乘大宝法王者,俱给印诰,传以为信"③。这实际上是以中央政府的名义,肯定了番僧的合法地位,而番僧也只有经过明王朝的敕封才具备合法性④。同时,明朝在西北防区内设立僧道管理机构,在西宁设立僧纲司,以番僧三剌为都纲司。"又立河州番、汉二僧纲司,并以番僧为之,纪以符契"⑤。通过对"西番"上层宗教权力的控制,政府在很大程度上实现了约束和笼络"西番"各部的目的。(4)以茶马互市,互通所需,加强"西番"各部与中央政府的经济联系。为了控制"西番"各部,巩固西北边防,明朝在西北地区建立一套较为完备的茶马制度。一是设立茶马司,专门管理和经营茶马贸易。先后设置的茶马司有秦州、洮州、河州、西宁、甘肃五个茶马司。茶马司开始时设有司令(正六品)、司丞(正七品),洪武十五年(1382)改设为大使(正九品)、副使(从九品)各一人,专掌"汉番"之间的茶马贸易。二是实行金牌信符制度。所谓金牌信符制度,就是政府利用金牌以控制和管理"西番"诸部与政府从事茶马贸易的制度。政府制作金牌,一式两份,上号藏于内府,下号藏于诸番,茶马交易时,各部族需持政府颁发的金牌到指定地点,换取一定数量的茶

① 《明史》卷330《西域二》,第2185页。
② 《明史》卷330《西域二》,第2188页。
③ 《明史》卷90《兵志二》,第597页。
④ 韦占彬:《明初西北边政述略》,《石家庄师范专科学校学报》2000年第3期。
⑤ 《明史》卷330《西域二》,第2186页。

叶。这样的措施，既是为了有序的管理，也带有鲜明的政治色彩，进而成为明朝政府加强“西番”各部与中央政府经济联系的重要手段。通过这一办法，政府就在一定程度上控制了茶马贸易的主动权，也在一定程度上掌控着“西番”各部与此相关的经济活动。

第五个措施是在边地实行屯田和民粮输边制度。西北地区远离内地，人烟稀少，土地贫瘠，经济落后，加之战争破坏严重，各地十分残破。不仅粮饷派征困难，而且道路险远，运输极其艰难。在这样的条件下，单纯依靠政府供给军饷是不现实的，实际上也难以有效地实现镇守边疆和巩固边防的目的。所以洪武三年(1370)，当郑州知府苏琦建议仿内地屯田之法时，朱元璋立即予以采纳，进而在陕西、宁夏、甘肃沿边等地实行大规模的军士屯田。其详情参见王毓铨先生的《明代的军屯》一书的相关部分，此不赘述。除此之外，为了保障边储，明政府又实行“开中食盐”政策，借以吸引商人向边地运输粮食。在这一过程中，一些商人为了节约成本，雇人在陕西三边(延绥、宁夏、甘肃)等地开发屯田，形成商屯。明人称道当时的情况说:“富商大贾，悉于三边自出财力，自招游民，自垦边地，自艺菽粟，自筑墩台，自立保伍。岁时屡丰，菽粟屡盈。”[①]这些经营性措施在明代初年均发挥了积极的影响，不论是屯田还是后来的商人输粮于边和商屯，都取得了明显的成绩，从而在一定程度上保障了陕西四镇的粮饷供应，保障了西北边防的稳定和巩固。只是这一制度自永乐后期就开始出现败政，以后愈演愈烈，从而使边地粮饷供给成为困扰明朝的一个基本问题。

总之，为了保障西北边疆的巩固和安全，明朝在西北边防环境的营造中做了大量的工作，通过这些工作和与此相关的政治、经济、军事活动，明朝在西北边地建立了较为全面的安全防卫体系。当然，随着历史的发展，这样的防卫体系也不时面临着内外两个方面诸多的挑战，但其基本路径却始终没有改变。就这一点言，这一时期对西北边防环境的营造及其成就，为明朝西北边疆的巩固做出了巨大的贡献。

① 霍韬:《哈密疏》,《明经世文编》卷186,第1913页。

第九章 陕西四镇分路防守体制的形成和演变

明代九边形成以后，在具体防守过程中相继实行了分路防守的体制。所谓分路防守体制，是指九边各镇在总兵官镇守之下，在镇内实行由分守参将负责的分区防守，有学者称为“次一级的防区，又是次一级的防御单位”[①]。明代志书等相关文献对于这方面的记载较为笼统，有些甚至存在着错误。学术界对此问题的关注也不多，目前尚没有系统的考证和论述。为了能够正确地认识明代志书相关内容的意义，正确认识明代九边防守的历史，有必要对此问题加以澄清。下面就陕西四镇分路防守体制的形成和演变加以论述。

一、延绥镇

延绥镇由延安、绥德二卫发展而来，作为镇一级边防单位形成于正统年间[②]。正统年间，延绥镇进行了一系列的营建，初步建成了区域性防守体系。所谓“延绥沿边地方，自正统初创筑榆林城等营堡二十有三，于其北二三十里之外筑瞭望墩台，南二三十里之内植军民种田界石”[③]，清楚地说明了这一点。不过，初形成的延绥镇并没有实行分路防守制度，而是由镇守官王祯总体负责守卫。直到景泰年间，王祯也先后由都指挥佥事升为都督佥事、都督同知、右都督等职。在这一过程中，朝廷先后又配备协赞官员、协同守备官员等，与王祯等共同守卫。由于延绥沿边东西辽远，备冬期间，协守与镇守往往各守一方，以便有效防守。正统九年(1444)整饬边务靖远伯王骥等奏说：“延安、绥德地方广远，通贼路多，我兵聚之，则防御不周，分之则势力寡弱。即今备冬，除各营寨墩隘哨守官军外，惟都督王祯、

① 艾冲：《明代陕西四镇长城》，第12页。

② 《明代延绥镇的形成》，《中国史研究》2008年第2期。

③ 《明宪宗实录》卷102，成化八年三月庚申，第1994—1995页。

王斌所领各千人，东西相距辽远，有警恐难策应。臣等议于陕西见操及甘肃下班官军内更选一千人，令都指挥杨保青统领，时于延绥往来哨守，俟春暖仍还各处，庶边境有备，易为调遣。”①协守王斌备冬期间驻守西边，镇守王祯驻守东边，这是延绥镇东、西路分守最早的雏形。以后相沿成习，所以王斌不断经营西边，甚至与镇守王祯矛盾重重②。但依然没有东、西路的称呼，以及作为一项制度的明确的信息。直到天顺二年(1458)，文献中才开始见到“延绥东路”、“西路”这一概念。《明英宗实录》记载，天顺二年二月，“乙巳，封都督同知杨信为彰武伯，命充总兵官，佩征虏副将军印，镇守延绥地方。命都督同知张钦充右参将仍守西路”③。该年闰二月，“敕延绥总兵彰武伯杨信、游击将军定远伯石彪等，今得延绥东路都指挥李鉴奏……”④。五月，“召协同分守延绥东路都指挥同知李鉴还京，以哨备桑坪堡都指挥佥事刘瑛代之”⑤。由此推测，延绥镇东、西路分守体制约形成于天顺二年(1458)前不久。

当时东、西路分守管辖，因文献缺载，难以确知，估计仍以绥德、延安二卫过去所辖为主而分。东、西路将官设置不对等，驻地也没有稳定下来。直到成化元年(1465)，“敕都指挥同知郑时充右参将，分守延绥东路地方”⑥；“署都指挥佥事韩斌充左参将，分守延绥西路”⑦。至此，左右二参将分守东西二路的形式才得以实现，以参将分守为特征的典型的分路防守体制明确出现。

成化六年(1470)正月，“延绥三路”一词首次出现。巡抚大同右副都御使王钺等奏：“延绥三路俱系虏寇出没之所，比令许宁军出西路龙州、镇靖等堡，范瑾军出东路神木、镇羌等堡，(王)越与太监秦刚军据中路榆林城，

① 《明英宗实录》卷122，正统九年十月壬戌，第2450页。

② 《明英宗实录》卷149，正统十二年正月辛巳条载，王祯奏言：“协守守备署都督佥事王斌不应将已归并宁塞等营舍人尽调安边营。又占留应归并榆林庄等寨舍人跟随不放回操备”(第2928页)；卷190，景泰元年三月壬申，王祯又奏，“守备都督佥事王斌以神木县守御官军擅调安边营操备”，请治其罪(第3927页)。

③ 《明英宗实录》卷287，天顺二年二月乙巳，第6150—6151页。

④ 《明英宗实录》卷288，天顺二年闰二月丁卯，第6168—6169页。

⑤ 《明英宗实录》卷291，天顺二年五月丙午，第6223页。

⑥ 《明宪宗实录》卷15，成化元年三月戊午，第335页。

⑦ 《明宪宗实录》卷18，成化元年六月乙卯，第371页。

以为两路应援。"[①]就上奏语气知,"延绥三路"体制在此以前已经形成,但具体形成于什么时间,文献没有明确记载。这可能与成化三年(1467)整饬边备兵部尚书王复的整治有关。当时,王复针对"延绥城堡穹远,最为难守,止有总兵参将三员,调度岂能周遍"的情况,建议朝廷"因时损益,不拘故常,于延绥添设协同参将二员,于高家、龙州紧关冲要城堡驻扎,往来提调,互相策应",同时,又建议从鄜州、庆阳等官军及地方土军中组织9600名军士"添拨各堡,轮班操守"[②]。这些建议都得到批准,新添设的二员协同参将,分别驻扎于高家、龙州两个"紧关冲要城堡",旨在加强中路防守。延绥中路就是这一次整治之后,初步形成并被人们认识的,但当时尚没有"中路"这一明确提法。

促使延绥中路形成的另一个重要因素是榆林卫的设立。成化六年(1470)三月巡抚延绥等处左副都御史王锐建议设立榆林卫,得到批准[③]。第二年正月,余子俊代替王锐巡抚延绥,遂"大筑边城",将镇城由绥德"徙治榆林"[④],榆林卫当正式设立。至此,自王复以来以旨在加强中路防守的延绥镇整治的成果,以卫的形式巩固下来,并经余子俊的继续整治和规划,最终形成明确的东、中、西三路分守体制。兵部尚书余子俊上奏说:"延绥屯兵三路,以备虏患。东路神木堡,西路安边营,山势峻险,虏难轻入。惟中路榆林,东有常乐、双山、建安、高家四堡,西有响水、波罗、怀远、威武、清平五堡,南有归德、鱼河二堡,地势平旷可以通骑,主将之人难于应御。宜视宣府、甘宁之例,增设副总兵一人协守。"[⑤]后来记载这一历史的文献,如

---

① 《明宪宗实录》卷75,成化六年正月壬寅,第1448—1449页。

② 《明宪宗实录》卷40,成化三年三月丙寅,第799—800页。

③ 《明宪宗实录》卷77,成化六年三月辛卯,第1491—1493页。康熙《延绥镇志》卷1《地理志》说,成化七年"都御使王锐置榆林卫"(第11页)。其中的"七年",当是实际建置年份,与"六年"并不完全矛盾。但说"王锐置榆林卫"和"成化九年""徙镇榆林堡"(第31页),应该是错误的。因为七年正月余子俊已取代王锐巡抚延绥,王锐不可能在七年从事榆林卫的建置工作。《边政考》卷2《榆林卫》说"成化八年置榆林卫"(第317页),万斯同《明史·地理志》说榆林"成化九年置卫"(第393页),《读史方舆纪要》卷61《榆林镇》说"成化九年陕抚余子俊改筑旧城,置榆林卫"(第2905页)等,都不准确或者是错误的。因为《明宪宗实录》中,成化七年及其以后屡有"榆林卫"名出现,说明榆林卫在此以前已经设立。

④ 《明史》卷91《兵三》,第599页。《皇明九边考》卷7《榆林镇》以为,成化九年余子俊建议"徙镇榆林堡"(第295页);《秦边纪略·延绥卫》以为"成化八年乃移镇"(第336页)。这些说法都是不准确的。

⑤ 《明宪宗实录》卷199,成化十六年正月己丑,第3492页。

《皇明九边考》[①]、《边政考》[②]、康熙《延绥镇志》[③]、《秦边纪略》[④]等，几乎都强调了余子俊移镇榆林的意义，并将三路分守的体制笼统地记载在榆林卫建成之下，这一方面是正确的，另一方面却也不完全符合史实[⑤]。总之，随着榆林卫的设立，延绥东、中、西三路分守防御体制最终形成。

东、西二路分守格局运作时期，东路参将主要驻守地是清水营，西路参将主要驻地是安边营。东、中、西三路体制形成后，东路参将驻扎神木堡，中路总兵官等驻守榆林城，西路参将驻扎新安边营。新安边营是旧安边营内迁以后形成的西路防御中心。成化九年(1473)王越、余子俊等上奏请移旧安边营于"中山坡"，即新安边营所在，虽然得到朝廷允准[⑥]，但因各种原因，直到十五年(1479)才迁徙至此[⑦]。此后一个相当时期，西路参将一直驻扎在这里，所以上引余子俊上奏所说的"西路安边营"，实指"新安边营"。此后，河套诸部频繁从定边至花马池一路内犯，又有人建议将驻扎于新安边营的分守参将移驻旧安边营，如正德十六年(1521)巡抚延绥都御使姚镆的建议，虽然得到兵部认可[⑧]，但一直没有执行。直到嘉靖二十一年(1542)再经总督杨守礼建议，才"诏延绥西路参将吴瑛乃驻扎旧安边营"[⑨]。不过，西路参将以后的驻地可能还曾内迁过新安边营。《明世宗实录》记载，嘉靖四十一年(1562)"从抚臣孙慎"建议，"移西路参将驻旧安边地备虏"[⑩]，可以证明这一点。据此，《皇明九边考》所记载的西路参将驻地——新安边营，如果理解为成化十五年(1479)到嘉靖二十一年之间的情

① 《皇明九边考》卷7《榆林镇》，第295页。

② 《边政考》卷2《榆林卫》，第317页，第335页。

③ 康熙《延绥镇志》卷1《地理志》，第11—12页。

④ 《秦边纪略》卷5《延绥卫》，第336页。

⑤ 需要说明的是：《皇明九边考》卷7《榆林镇》不说中路，而说"南路"(第297页)。其实，南路基本上就是中路。康熙《延绥镇志》卷1《地理志》下有"东路神木道"、"中路榆林道"、"西路靖边道"(第11页)，即三路道制。这是万历年间的划分，虽然与这一时期的"三路"体制有历史渊源，但不能混为一谈。

⑥ 《明宪宗实录》卷120，成化九年九月壬子，第2324—2325页。

⑦ 《明宪宗实录》卷170，成化十三年九月甲戌，第3077页；卷195，成化十五年十月丁未，第3446页。《读史方舆纪要》卷61《榆林镇》"安边营"条所说，"成化中移治迤南中山坡，曰新安边营"(第2936页)，实指成化十五年的移建工作。

⑧ 《明世宗实录》卷9，正德十六年十二月甲午，第340—342页。

⑨ 《明世宗实录》卷265，嘉靖二十一年八月己亥，第5261页。按：《明会典》卷126《镇戍一》所说"嘉靖二十一年复驻旧安边营"(第654页)，当源于此。

⑩ 《明世宗实录》卷509，嘉靖四十一年五月己丑。

况，就是正确的。《边政考》成书于嘉靖二十六年(1547)，却仍然沿袭《皇明九边考》之说，将西路参将驻地定为新安边营[①]，并且对这些变化没有明确的说明，就不完全正确，甚至可能是错误的了。《明会典》从《明实录》，认为嘉靖二十一年西路参将"复驻旧安边营"[②]，虽然不错，但也没有全面、准确地反映这一历史变迁。至于万斯同《明史》认为西路参将驻守"旧定边营"[③]应该是错误的。这是在使用这些材料时应该充分注意的问题。

嘉靖后期以后，以三路为主体的分路防守体制发生了一些变化。总的发展路线是各路内部的再划分，以进一步增强分守防御能力。表现在两个方面：一是增设分守参将并分管更具体的防区；二是增加新的设防中心。这实际上是一个问题的两个方面。嘉靖四十一年(1562)延绥西路定边营设有"右副总兵"，万历四年(1576)添设"分守孤山参将、分守清平参将和榆林保宁参将"等3个参将[④]。万斯同《明史》、张廷玉《明史》记载略同。定边营副总兵是新添设的副总兵，"分守定(边)、安(边)、镇静等处"[⑤]，这是一个新变化，表明西路防守地位的提高。而副总兵驻守定边营，西路参将驻守安边营，反映了防守中心的增加，也说明西路最高一级防守中心的东移，即移向西路的中段，这样更有利于指挥提调整个西路的防守。6参将分守体制虽然没有改变三路分守体制的总体格局，但实现了旧三路参将分守区域的进一步划分，增强了次一级分防区的指挥和管理能力，对局地要路的防御更有针对性。这种改变是隆庆五年(1571)以后北方俺答归款和大规模的外来侵扰基本结束情况的反映。在一定程度上，在形式上类似二、三路防守体制形成前及其形成过程中，以防御重点的防御形式，在一个新的层面上实现了防御形式的"回归"，虽然其意义已经与以前大不相同了。以上论述表明，《明会典》、万斯同《明史》、张廷玉《明史》等关于延绥镇镇戍及职官设置，只是明中晚期情况的反映，不能误认为是有明一代的历史反映。

---

① 《边政考》卷2《榆林卫》，第317页。

② 《明会典》卷126《镇戍一》，第654页。

③ 万斯同：《明史》(三)卷113《兵卫八》，第69页。

④ 《明会典》卷126《镇戍一》，第654—655页。

⑤ 《明世宗实录》卷509，嘉靖四十一年五月己丑，第8381页。

二、宁夏镇

宁夏镇约形成于永乐初年，初由右军都督府左都督何福佩征虏前将军印充总兵官镇守，并节制陕西都司、行都司，山西都司、行都司，河南都司官军[①]。一度是山西、河南和陕西等西北边疆重要的军事指挥中心和防守中心。自此以后一直由总兵官镇守，是陕西四镇中最早设立的军镇之一。永乐至宣德年间(1402—1435)，宁夏镇进行了一些初步的建设，先后设立卫所，营建城堡，调整驻防地点。宣德以后又配备有参将协助总兵官镇守[②]。因为明初以来西北边防布局在河套黄河到贺兰山一线，宁夏镇防守的重点在黄河以西，除贺兰山诸关隘外，黄河以西的防守，主要集中在宁夏、灵州、中卫等主要城镇；河东地区因距离边境较远，沙漠弥漫，几乎没有什么驻防。正统元年(1436)宁夏总兵官都督同知史昭说："宁夏城池、屯堡、营墩俱在黄河之外，备御西北一带。其河道迤东至察罕脑儿直抵绥德，沙漠旷远，并无守备。"正是鉴于这种情况，他打算"拟于来春，相地于花马池，筑立哨马营，增设烟墩，直接哈剌兀速马营"[③]，这一计划获得朝廷批准。"哈剌兀速"是今天的都思兔河(又名黑河)，是宁夏镇早期巡边线上重要的组成部分，花马池哨马营的设立，与不久于其东南部设立的延绥镇定边营、安边营，构成了额尔多斯高原西南的一道屏障。虽然这种建置只是早期边防"巡哨"体系的组成部分，但与此相关的建设为东路分守体制的形成奠定了一定的基础。

宁夏镇的分路防守大约形成于正统八、九两年(1443—1444)期间。正统七年(1442)以后宁夏镇已经设立有左右二个参将，辅佐总兵官镇守宁夏，这是分路防守实施的必要条件。但这两个参将不是同时设立的。先是正统元年(1436)正月，朝廷因总兵官史昭年老，加上当时"边警"较多，特命"行在右军都督佥事丁信充宁夏左参将"，协助总兵官镇守宁夏[④]。这是宁夏设立参将之始。到了正统七年(1442)九月，北方沿边重要边镇相继配备

① 《明太宗实录》卷11，洪武三十五年八月己未，第178页。

② 《明宣宗实录》卷22，宣德元年十月乙酉，第589页。

③ 《明英宗实录》卷22，正统元年九月乙巳，第436页。

④ 《明英宗实录》卷13，正统元年正月庚午，第229页。

参将,以加强军事指挥和防守,朝廷又"命都指挥佥事王荣充右参将,协助总兵官史昭镇守宁夏"[①]。从此,宁夏有左右两个参将,这就为"分工"和分辖管理提供了可能,正是从这时候以后,左右二参将才有可能管辖东、西二路。弘治《宁夏新志》记载,"正统八年(1443)兵部尚书王骥行边,奏设分守左参将,为宁夏西路";"正统八年置花马池营,调西安等卫官军两班轮操,设右参将分守其地,为宁夏东路"[②]。这里所说"正统八年"东、西二路开始分制,从理论上讲是正确的,但说是王骥在该年的所为,却与历史事实不符。根据《明英宗实录》记载,兵部尚书王骥在正统九年(1444)以前的数年一直在云南总督军务,九年正月才被诏还京师[③],同年九月又与右都御使陈镒被派往"西北沿边整点军马。(王)骥先往延绥、宁夏,后至甘肃;(陈)镒先往甘肃,后至延绥、宁夏。凡边防事宜,悉听便宜处置"[④]。因此,如果此事与王骥有关,只能在正统九年九月以后,而弘治《宁夏新志》所说的正统八年如果正确,肯定与王骥没有关系。不管怎么说,九年以后分路防守确实已经存在了,这从《明英宗实录》的记载还能够得到引证。正统十年(1445)到十一年(1446),左参将丁信多次与广武营指挥使种兴发生矛盾,他又曾告种兴不受约束[⑤]。十二年(1447)"从左参将丁信奏请","增置宁夏中卫黄河南岸及银定泉、麦垛山墩台三座"[⑥]。这些事件都发生在宁夏西路,由此推知,当时左参将丁信确实已经分守宁夏西路了。而右参将王荣主要行事则与宁夏东路相关,如正统十年,"敕宁夏右参将都指挥同知王荣,得奏所守河东花马池等三营系重地,尔欲照上年例,率马队官军于十月间出境烧荒,悉从尔所言"[⑦]。从"敕文"知,王荣分守花马池等三营的时间不长。又从"上年"知,永乐九年王荣已经分守该处并执行"烧荒"之事了。正统十一年王荣与延绥守将王斌等"互相讦奏"[⑧]。十二年王荣上奏再称"臣守花马池、兴武、清水等营"[⑨]等。这些清楚地说明他确实分守宁夏东

① 《明英宗实录》卷96,正统七年九月丁卯,第1927页。
② 弘治《宁夏新志》卷3《宁夏后卫》,第365页;《宁夏中卫》,第381页。
③ 《明英宗实录》卷112,正统九年正月丁丑,第2263页。
④ 《明英宗实录》卷121,正统九年九月丁亥,第2436页。
⑤ 《明英宗实录》卷141,正统十一年五月丙申,第2802—2803页。
⑥ 《明英宗实录》卷149,正统十二年正月庚寅,第2932—2933页。
⑦ 《明英宗实录》卷132,正统十年八月戊辰,第2635页。
⑧ 《明英宗实录》卷144,正统十一年八月癸亥,第2847—2848页。
⑨ 《明英宗实录》卷159,正统十二年十月丙戌,第3105页。

路诸营。景泰元年(1450),文献中明确出现了"西路左参将丁信"、"东路右参将王荣"[①]的说法,使这一问题更为清楚。因此,宁夏东西二路分守体制约形成于正统八、九两年期间。

在左右二参将分守东西二路的同时,宁夏镇由总兵官等驻守,实际上也形成一路,这就是后来所说的中路。正统十四年(1449)二月,左参将都指挥使丁信奏请添拨宁夏中卫守军,"兵部尚书邝野等言:宁夏中路总兵官张泰处,马步官军见有一万四千有余,如信处有警,就于泰处量调应援,不许自分彼此"[②]。也就是说,在东西二路分守形制出现的同时,中路分守也出现了,实际上形成的是三路分守体制。三路中,西路分守广武营、鸣沙洲、宁夏中卫等营卫;中路在总体负责管理宁夏镇的同时,分守广武营以北、黄河以西的沿边地区;东路分守花马池、兴武营、清水营等河东沿边地带。

三路分守在景泰以后得到进一步加强,同时适应新形势,中路在管辖上也作了一些调整。(1)景泰元年(1450)增加副总兵一员,"协同总兵官都督同知张泰镇守"[③]宁夏,副总兵常驻扎宁夏,有时也驻扎灵州守备中路[④]。(2)东西二路分别增设"协同",与左右参将一起分守二路。景泰四年(1453)七月,同时任命宁夏中卫署都指挥佥事王勋、兴武营署都指挥佥事马鉴,协同左右参将分守东西二路[⑤]。"协同分守宁夏东路兴武营官一员,驻扎兴武营地方","协同分守宁夏西路广武营官一员,驻扎广武营地方"[⑥],这一建置自此形成制度。(3)成化以后,宁夏镇防卫的重心由河西移向河东。顾祖禹说:"盖明初寇遁漠北,间有侵轶,不过河西一带。自游牧套内,患乃更在河东。"[⑦]蒙古诸部于天顺年间逐渐移入河套牧猎,成化初年移入的部族渐多,并初步发展为南下"掳掠"的根据地。在这一背景下,河东防守压力增大,政府除进行一系列的沿边防御设施建设外[⑧],将原

① 《明英宗实录》卷188《废帝郕戾王附录第六》,景泰元年闰正月甲寅,第3829页。

② 《明英宗实录》卷175,正统十四年二月壬戌,第3367页。

③ 《明英宗实录》卷198,景泰元年十一月甲辰,第4200页。

④ 《明英宗实录》卷233,景泰四年九月癸酉,第5094页。

⑤ 《明英宗实录》卷231,景泰四年七月己巳,第5054页。

⑥ 《皇明九边考》卷8《宁夏镇》,第335页。

⑦ 《读史方舆纪要》卷62《陕西十一》,第2942页。

⑧ 《明宪宗实录》卷113,成化九年二月戊子条载,陕西记功兵部郎中刘洪"陈边备事宜",建议"自永清直抵灵州(500余里),每一里半筑一墩"。又建议宁夏总兵或副总兵一员,"专于兴武营居中巡督"(第2202—2203页)。这些建议多得到采纳,可见防御重心总体上向东转移的趋势。

属于东路管辖的清水营分化出来归中路管辖，清水营因此成为中路门户和重兵戍守的城堡。关于这一事件的具体情况，文献漏载，不得确知。但从以后的诸多事件，特别是涉及东路防守时，只提及兴武营、花马池营等，而中路门户又往往提及清水营来推断，这一变化大概在正德初年完成。正德元年（1506）灵州千户所升为灵州守御千户所[①]，清水营可能就是这一时期划归灵州守御千户所的。《边政考》记载清水营属于灵州守御千户所管辖[②]，反映的正是这次改制以后的情况。此后分守中路参将就驻扎在灵州，并与清水营组成中路驻防核心城镇。《明会典》说："灵州左参将：每年河开之后，移驻清水营防守；河冻，往来灵州，通防横城至秦灞沿河一带地方。"[③]正确地反映了这一点。相比之下，《皇明九边考》所说"分守中路参将一员驻扎永清营"，《边政考》所说"灵州守御千户所驻扎分守中路参将一员"，实际上都不完整，有的本身就是错误的。首先，《皇明九边考》所说中路参将驻扎"永清营"，在上述诸文献中都没有提及，并且也未能得到其它旁证资料的支持。再从地理位置上看，永清营在兴武营以东 30 里[④]，也不得列入中路范畴，所以这里的"永清营"可能是"清水营"之讹。若此，则中路参将驻扎清水营也不完全对，应当依照《明会典》的记述加以修正。其次，《边政考》仅说中路参将驻扎灵州也不全对，应当结合《明会典》的记载加以补正。

嘉靖后期宁夏镇增设北路分守参将，使得宁夏镇形成四路分守的格局，这种情况一直持续到明朝灭亡。北路分守初属中路，正德六年（1511）"总制右都御使杨一清奏设守备，镇城迤北地方皆领之"[⑤]。后来，该守备被罢除，至嘉靖十二年（1533）经总制唐龙建议复设[⑥]。嘉靖十三年到十六年之间（1534—1537），巡抚宁夏右副都御使张文魁曾奏"请改设参将，增其士马"，但没有被批准，所以直到嘉靖十九年（1540）依然由"一守备统五百人"守卫[⑦]。那么，北路分守参将到底是什么时候设立的？文献失载，不得

① 《读史方舆纪要》卷 62《陕西十一》，第 2949 页。
② 《边政考》卷 3《宁夏卫》，第 339 页。
③ 《明会典》卷 126《镇戍一》，第 655 页。
④ 《边政考》卷 3《宁夏卫》，第 338 页。
⑤ 弘治《宁夏新志》卷 3《平虏城》，第 408 页。
⑥ 《明世宗实录》卷 155，嘉靖十二年十月辛巳，第 3507—3508 页。
⑦ 《明世宗实录》卷 236，嘉靖十九年四月壬戌，第 4814—4815 页。

确知。从《明实录》资料看,嘉靖四十二年(1563),宁夏镇首次出现“平虏参将”,也称“北路参将”[①],但据此并不能确认平虏城设立分守参将的时间。结合《皇明九边考》、《边政考》的著作时间及其不记载平虏城参将的史实,我们估计平虏分守参将设立晚于《边政考》的著作时间——嘉靖二十七年(1548)。若此论断不误,则《明会典》所说“北路平虏城参将。旧设。”就只能是嘉靖二十七年以后所设置的,万斯同《明史》因基本上照抄《明会典》,自然也当如是看。如果这样的话,《明会典》、万斯同《明史》以及张廷玉《明史》所反映的宁夏镇分守建置就只是明嘉靖中期以后的情况,它不是有明一代的制度。

三、甘肃镇

甘肃镇形成于洪武后期,自洪武五年(1372)以后,河西诸卫相继建立,并各自划地自守,互不统属。洪武二十五年(1392)“上以西凉、山丹等处远在西陲,凡诸军务,宜命重臣专制之,乃命都督宋晟为总兵,都督刘真副之。遣使制谕曰:其西凉、山丹诸军马,凡有征调,悉听节制”[②]。从此开始向区域一体防御体制转化,二十六年(1393)陕西行都司建立,统一的西北防御区域形成。最初的陕西行都司,日常实行的是以卫所为单位,一面守卫一面屯田的体制。在一些重要城镇,如镇城甘州和凉州、西宁等卫,朝廷委派重要军事将领驻扎镇守。这种体制历经洪武、建文、永乐、洪熙、宣德诸朝六十余年,期间由于大量士兵转变为屯田兵,加上士兵逃亡现象严重,边防力量日益削弱,如永乐初年的镇番卫,“原调庄浪千户所军九百备御,今屯田之外,止存五百八十,不足调用”[③]。类似情况在各卫普遍存在,而逃亡现象更是屡见不鲜,这方面的材料颇多,不必赘举。正统以后蒙古诸部势力日益兴起,边境防御压力增大,整肃和改制行动日渐增多。正统元年(1436)英宗“敕谕”甘肃总兵官蒋贵和左副总兵官任礼,其中说道,朝廷曾命蒋贵率兵巡边,而左副总兵任礼等“乃欲分兵守备”,意见不一,如今蒋贵

---

① 《明世宗实录》卷522,嘉靖四十二年六月戊午,第8542页;卷554,嘉靖四十五年正月庚辰,第8916页。

② 《明太祖实录》卷216,洪武二十五年二月癸酉,第3183页。

③ 《明太宗实录》卷31,永乐二年五月丙辰,第561页。

充总兵官镇守甘肃，任礼可与蒋贵“和议，择其长便而行，勿偏执以误事”[①]。任礼的“分兵守备”思想是对旧的“巡边”体制意欲变革的新思想，虽然朝廷要求他与新任总兵官蒋贵协商并“择其长便而行”，事实上可能并没有实行。第二年(1437)兵部尚书王骥被派往“整理甘肃边务”，他可能借鉴了任礼的“分兵守备”的思想，遂提出在总兵官等统一领导下的分守区防御变革，史载：“行在兵部尚书王骥奏：臣奉敕往甘肃集边将图上平虏方略。今会总兵等官郑铭等议，兵贵合而能分，若合兵于一处，则贼来或东或西，我军疲于奔命，宜分兵四处，各命将臣分领守御。自庄浪西抵古浪城，南抵黄河，东北抵宁夏界，以属都督李安；自凉州北抵镇番，南抵古浪，东北至板井，以属都督赵安；自甘州东过山丹，直抵永昌，北至胭脂堡，西至深沟垒，以属都督任礼；自肃州东接深沟，东北抵镇夷，西抵嘉峪，北抵天仓，以属都督蒋贵。俾其各守地方，训练士卒，贼至则各自拒御，去勿穷追，如贼大举入寇，则互相应援，并力截杀。如此则内外有备，将士齐心，军无奔走之劳，民省转输之苦。上是其议，悉从之。”[②]这是甘肃镇历史上第一个明确的分守防区计划。由于甘肃镇东西狭长，南北跨度又大，如果以甘州镇城为中心，东路实际上分作两个分防区，所以没有像其它镇一样统一以东西等“路”相称[③]，但实际上相当于“路”。在这四个分守防区外，南部的西宁卫，由于番汉杂处，且主要分防的是“番族”，所以自成一区。与同期诸镇分守路驻扎将领相比较，甘肃镇分守区将官身份和地位较高。任礼当时是行在中军都督府左都督充左副总兵，后一度充总兵官；赵安是行在左军都督同知充右副总兵；李安是右军都督同知；蒋贵曾为总兵官，后又为右都督充左副总兵。这种高级别的将官驻守，反映了明代前期甘肃镇在整个西北防区特殊的地位。

王骥搞的“四分守区”计划虽然得到英宗的认可并“悉从之”，但在最初实际上并没有推行。表现在两个方面：(1)没有任何资料明确记载或能够证明此后这四个分守区确实存在和按计划运行着，也没有明确并相对稳定

① 《明英宗实录》卷23，正统元年十月癸酉，第461页。

② 《明英宗实录》卷34，正统二年九月戊子，第656页。

③ 《明武宗实录》卷15，正德元年七月乙卯：“调甘肃西路右参将吴鋐分守庄浪”(第443页)。《明武宗实录》卷6，弘治十八年十月辛巳，有“肃州右参将署都指挥佥事吴鋐”(第206页)之说。则“肃州右参将”有时也称作“甘肃西路右参将”。据此，甘肃镇也存在有“甘肃西路”的说法，但统一的东、西等分守路的称呼没有出现。

的与之相应的人员配置。《明英宗实录》记载，蒋贵于正统四年(1439)任甘肃总兵官，并于五年(1440)十二月回京。李安在正统三年、四年镇守的是凉州、庄浪，赵安于正统六年(1441)以后数年镇守凉州，虽然与计划中的分区不完全矛盾，但也不完全一致，倒是跟他们以前的镇守地是略相一致的。至于蒋贵于正统四年任总兵官后，肃州仍在都指挥的分守下，在很大程度上依然相当于一个重要的卫的守御状况，并没有像王骥计划所设想的那样是一个分防区域；(2)事实是，凉州、庄浪在正统二年(1437)九月以后依然是作为一个大区来对待的，并没有明确分开，这也与以前没有什么区别。正统元年(1436)陕西行都司都指挥同知包胜曾“守凉州、庄浪二卫”[①]，三年(1438)行在兵部右侍郎徐晞“镇守凉州、庄浪等处”[②]，包括右军都督府都督同知李安的镇守(见上文)，都能够证明这一点。凉州在此前和以后始终是这一大区的守卫中心。正统六年到十年(1441—1445)，先后由副总兵赵安、右军都督佥事充副总兵王敬等镇守，并有署都指挥佥事萧敬协同赵安守备。因此，被英宗认可并被批准的“四分守区”计划是一个当时没有实行的计划。在这种情况下，甘肃镇守卫的基本情况是：西部以肃州卫为中心，一般由卫一级驻防官镇守；中部以甘肃镇为中心，由总兵官等官驻守；东部以凉州、庄浪为一个大的防御区域的两个中心，其中凉州的地位更重要，驻有副总兵官和兵部侍郎等，总体上镇守凉州、庄浪二卫地方。

甘肃镇以左右参将分防为基本特征的分路防守形成于成化年间，参将是当时为辅佐总兵官镇守诸镇而设的将官。正统初年甘肃镇已经设有一个右参将，正统八年(1443)在兵部侍郎徐晞的建议下又增加一个左参将，但他们一开始都在镇城，“协赞总兵官镇守甘肃”[③]，参与地方分守的情况一直到天顺朝尚没有实现。成化年间进行了一些变革：(1)成化五年“诏凉州、庄浪内外官俱改为分守，仍听镇守总兵官节制”[④]。这不但明确了两个卫的分守地位，而且将凉州、庄浪视为两个独立的分守区。(2)由参将分守地方。成化元年(1465)“命署都指挥佥事王裕充右参将分守肃州地方”[⑤]，

① 《明英宗实录》卷17，正统元年五月丁卯，第326页。
② 《明英宗实录》卷39，正统三年二月丙戌，第757页。
③ 《明英宗实录》卷108，正统八年九月辛酉，第2187页。
④ 《明宪宗实录》卷74，成化五年十二月乙丑，第1425页。
⑤ 《明宪宗实录》卷22，成化元年十月甲午，第439页。

这是肃州卫由参将分守之始，以后虽然还有一些反复，但到十年(1474)以后基本上稳定下来，在辖区上也由过去镇守或分守肃州卫，变为以肃州卫为主并包括其它一些地方在内的一个区域。成化十年“命前宁夏副总兵都指挥使刘晟充右参将分守肃州，监管镇夷、天仓、毛目等地”[①]，明确反映了这一点。自此以后，由参将分守这一管辖区基本上再没有变化(以后出现过副总兵驻防的情况，但不是常态)。成化十六年(1480)“敕分守庄浪署都督同知鲁鉴充左参将，兼守西宁地方”[②]，左参将分守庄浪等地方也成为定制。而同一时期的凉州一直以来是副总兵镇守和分守，总体上保持稳定。到此，我们看到甘肃镇的主要防区实际上形成西路肃州、中路甘州、东路偏北凉州、东路偏南庄浪四个分守区。这和正统初年王骥的计划大略相近，所不同的是庄浪分守兼辖西宁卫而已。分守区的进一步明确以及与之相应的参将等官员配备，改变了甘肃镇以前镇守、分守较为混乱的情况[③]，标志着甘肃镇进入以参将分守为基本特征的新阶段。

弘治八年(1495)以后，镇番卫一度从凉州分守区分立出来，成为一个独立的分守区。当时巡抚甘肃都御史许进等认为，“镇番一卫去凉州二百五十余里，逼临虏境，四面受敌，防御尤难”，建议“简命一人充右参将分守镇番，勿令分守内外官节制”。这一建议得到批准，并命陕西都司都指挥马荣充右参将“暂分守镇番”[④]。但后来屡有反复，十一年(1498)“罢分守镇番右参将都指挥佥事李能”[⑤]，十二年(1499)又“命河南都司都指挥同知何忠充右参将分守陕西镇番等处”，十七年(1504)又“命陕西都司都指挥佥事李恺守备镇番”[⑥]，正德四年(1509)复由李恺充右参将分守[⑦]，六年(1511)又革去参将而变为守备[⑧]，八年(1513)虽有“诏免(镇番)听凉州节制”[⑨]，最

① 《明宪宗实录》卷136，成化十年十二月辛丑，第2558页。

② 《明宪宗实录》卷203，成化十六年五月壬午，第3551页。

③ 这种情况在甘肃镇表现得非常突出，《明宪宗实录》记载，成化十四年巡抚甘肃左佥都御使王朝远、太子少保兵部尚书余子俊都曾上奏论及此事，并要求或建议改制。

④ 《明孝宗实录》卷100，弘治八年五月甲午，第1837页。

⑤ 《明孝宗实录》卷140，弘治十一年八月辛卯，第2435页。

⑥ 《明孝宗实录》卷212，弘治十七年五月壬寅，第3970页。

⑦ 《明武宗实录》卷53，正德四年八月庚午，第1207页。

⑧ 《明武宗实录》卷81，正德六年十一月丙寅，第1755页。

⑨ 《明武宗实录》卷101，正德八年六月庚子，第2092页。

后还是在总督甘肃等处军务左都御史彭泽的建议下，归属于凉州副总兵节制[①]。这种情况一直持续到隆庆元年（1567），分守镇番参将再度出现，并比较稳定地保持下来[②]。这一阶段的分守镇番参将虽然稳定设立，但镇番并没有形成独立的分守，而是接受凉州副总兵的节制，直到万历十四年（1586）五月，总督陕西兵部尚书郜光先《陈备边要务四事》提出："以将官言，镇番守备既改为参将分守，不宜仍令凉州副总兵统束。"[③]后经朝廷同意，镇番分守才再次从凉州副总兵节制下独立出来，形成独立分守区。万历《明会典》说："镇番参将，旧设，后改为守备。正德四年（1509）改设。"[④]旧设及其反复的情况如上所述，说镇番参将是"正德四年改设"，的确也有这回事，但镇番参将绝对不是这时才设立的，更不能以此作为镇番参将设立的标志。

参将独立分守西宁大约在嘉靖十二年（1533）以后出现，隆庆元年（1567）以后成为定制。嘉靖十二年（1533）以前西宁守卫经历两个阶段：成化十六年（1480）以前主要由卫所官员守备；此后到嘉靖十二年主要由分守庄浪左参将兼守，也称分守庄浪、西宁等处左参将。史载：成化十六年五月壬午，"敕分守庄浪署都督指挥同知鲁鉴充左参将兼守西宁地方。西宁初无守将，至是太监谭礼奏请，固有是命"[⑤]。自此以后，西宁长期属于庄浪左参将兼守。嘉靖十二年五月，因西宁已经有兵备副使驻扎，三边总制尚书唐龙奏请西宁"不必更以庄浪参将辖之，径属甘肃镇巡节制"，得到诏许[⑥]，可能此后便脱离庄浪参将管辖。但分辖后西宁是设立参将还是守备，文献记载的不大明确。到了隆庆元年（1567）以后，分守西宁参将才频频见诸文献，并且比较稳定，说明参将守卫西宁已发展成为定制，万历《明会典》记载甘肃镇下有"西宁参将"，当是这时期以后情况的反映。

综合以上考述，成书于嘉靖中期的《皇明九边考》和《边政考》记载的甘肃镇分路情况，即：分守凉州右副总兵，驻扎凉州；分守庄浪左参将，驻扎庄

① 《明武宗实录》卷124，正德十年闰四月辛酉，第2483页。

② 镇番再度改设参将具体在什么时候，文献没有明确记载，从《明世宗实录》中主要仍是守备驻扎，到《明穆宗实录》和《明神宗实录》里一变为"镇番参将"看，这一改变可能从隆庆元年开始。

③ 《明神宗实录》卷174，万历十四年五月丙午，第3198页。

④ 《明会典》卷126《镇戍一》，第655页。

⑤ 《明宪宗实录》卷203，成化十六年五月壬午，第3551页。

⑥ 《明世宗实录》卷150，嘉靖十二年五月甲寅，第3437—3438页。

浪；分守肃州右参将，驻扎肃州；甘州由总兵官和协守左副总兵驻扎[①]。实际上反映的是成化到嘉靖中期形成的基本格局和历史，所以其中没有镇番分守参将和西宁分守参将的记载。万历《明会典》、万斯同《明史》和张廷玉《明史》反映的是嘉靖后期，特别是隆庆元年（1567）以后甘肃镇分路防守的体制。

四、固原镇

固原镇在弘治十四、十五年（1501—1502）设立，初由三边总制驻扎，直接管辖“固（原）、靖虏、甘（甘州中护卫）、兰（州）”四卫，并提督固原、延绥、宁夏、甘肃四镇防务。正德元年（1506）经总制杨一清奏请，由陕西总兵驻扎镇守，专掌本镇防务，而总制则专门负责提调四镇防务。以后不久，又将陕西西南河州卫、临洮卫、岷州卫及西固城、文县、阶州三个守御千户所划归固原防区[②]。嘉靖十八年（1539）“总制移镇花马池，仍以陕西镇巡、总兵提督此边”。

参将分路防守出现于嘉靖九年（1530）以后。在此之前，以总制、总兵总领和提调各卫所的形式防守。弘治十八年（1505），经杨一清奏请，东西路各组织游兵协助防御。东路由都指挥黄正统领洮河等七卫游兵1500余人驻清平苑，防御东路侵入要路；西路由固原守备都指挥苗英等专守，“以控安（定）、会（宁）、隆德诸处”[③]。实际上是东路环庆、固原，西路靖虏、兰州诸卫地的后备和策应力量。这是东西二区分防的实践基础。嘉靖四年

---

① 《皇明九边考》卷9《甘肃镇》，第361—362页；《边政考》卷4，第393页，第402页，第385页。

② 《明代陕西四镇长城》，第10—11页。《皇明九边考》卷10《固原镇》言，“（弘治十五年）于是始改州（固原）立卫，以固、靖、甘、兰四卫隶之。嘉靖十八年因主事许论议，以总制移镇花马池，仍以陕西巡抚、总兵提督此边”（第410页）。《殊域周咨录》卷18《鞑靼》引《固原边论》（第613—614页）与此文大意略同，但就文意看，仍有四点不同：一是以弘治十四年为改州立卫和设置总制大臣的时间；二是认为十五年后总兵亦住此城；三是认为设置总制后，总兵亦驻此城，“以固、靖、兰四卫专隶”。与《皇明九边考》相比，此处可能漏掉“甘”字。余思黎点校本以“以固靖、兰，四卫专隶”断句标点（见第613页）可能不确；四是认为“嘉靖十八年因主事许论议，命总制移镇花马池，陕西巡抚、总兵移镇此边”。此处从艾冲教授说。

③ 《明孝宗实录》卷222，弘治十八年三月丙申，第4188页。

(1525)因杨一清奏请,固原添设参将一员,协助总兵官等驻守[1],这与各镇所走的路线一致,一开始都没有分布到分守区,进行独立防守。九年(1530),总制陕西三边兵部尚书王琼奏言:"固、靖、环、兰东西相去一千二百里,止以一参将分守,且与镇守都督同居一城,防御未便。又,兰州见在修边,而矿徒未绝,请以固原参将移守兰、靖地方,仍听镇巡官节制"[2]。这一建议得到采纳,于是参将驻扎兰州。自此固原镇旧区实际上分为二路:西路兰、靖二卫,由参将驻扎兰州分守;东路固原、环庆二卫,由总兵驻扎固原领导,并由守备具体负责防御。固原镇旧区分路防守体制形成。

洮(州)、岷(州)、河(州)三卫明初是西安都卫的核心管辖区,陕西行都司建立以后,三卫长期以卫的形式守备各自辖地,并分班或遇警前往甘州、凉州、兰州、靖虏等卫地协助守卫。后也曾一度驻守协守副总兵,但不久即被罢除[3]。嘉靖元年(1522)设立"洮岷河"参将[4],九年曾一度罢除[5],十一年复设[6]。参将驻扎洮州,形成独立参将分守区。万历《明会典》仅说"旧系守备,嘉靖十一年改参将"[7],这是很不完全的。嘉靖三十八年(1559),由于"俺答拥众盘据西海,势将入犯",总督陕西三边军务侍郎魏谦吉上奏,请将原"洮岷河"参将所辖防区,分为洮州和河州两个防区,分别设置参将,增兵防守,得到准允[8]。所以,到嘉靖末年为止,固原镇实际上形成四路分守的情况,即:兰州、靖虏一路,固原、环庆一路,洮州一路,河州一路。其中固原一路由总兵驻扎并兼守,其它三路分设参将驻守。据此,《皇明九边考》所载固原镇分守参将,即驻扎兰州的"兰靖"分守参将和驻扎洮州的"洮岷河"分守参将[9],实际上只是嘉靖元年(1522)至三十八年(1559)的制度。

隆庆以后,分守又有所变化:一是靖虏卫从"靖兰"参将中分离出来,在隆庆四年(1570)增设参将;二是万历元年(1573)添设"陕西参将";三是万

① 《明世宗实录》卷53,嘉靖四年七月辛未,第1318页。
② 《明世宗实录》卷120,嘉靖九年十二月辛巳,第2872页。
③ 《明武宗实录》卷141,正德十一年九月庚子,第2781页。
④ 《明世宗实录》卷15,嘉靖元年六月癸卯,第499页。
⑤ 《明世宗实录》卷115,嘉靖九年七月丙辰,第2742页。
⑥ 《明世宗实录》卷145,嘉靖十一年十二月甲申,第3373页。
⑦ 《明会典》卷126《镇戍一》,第656页。
⑧ 《明世宗实录》卷470,嘉靖三十八年三月乙亥,第7895页。
⑨ 《皇明九边考》卷10《固原镇》,第414—415页。

历三年(1575)设"阶文西固参将";四是洮州于万历六年(1578)改副总兵驻扎,管辖洮、岷二卫。具体情况参见万历《明会典》卷126《镇戍一》"陕西"[①]条,此处不再赘述。

总之,到万历时期,固原镇已经形成南北二部六个分防守区域:北部以旧固原镇所辖地区构成,有兰州、靖虏和陕西(固原)三个参将;南部由后来划属的西南部地区构成,有洮岷副总兵、河州参将、阶文西固参将等一副总兵、二参将。总兵官和副总兵分别驻扎固原和洮州,两地成为南北两个军事驻防和指挥中心。万斯同《明史》和张廷玉《明史》承继万历《明会典》,所反映固原镇分路防守的建置只是万历以后的情况,并不是明朝固原镇分路防守历史的全部。

① 《明会典》卷126《镇戍一》,第656页。

第十章　陕西四镇战争的分布与明中后期边防经营的变化

明代陕西四镇范围内的战争活动，自洪武初年就已经出现，自此以后直至明朝灭亡，几乎每朝都有，可以说战争活动与明朝相始终。战争活动影响的面很广，远者涉及明朝的存亡，近者则直接影响到当地军民的生产、生活，而对于边疆防御来说，又直接影响着防卫布局、人力配置和边墙建设等诸多方面。因此，对于战争活动分布的研究直接关系着一系列历史问题的认识和解释，其研究意义重大。下面仅就明代陕西四镇区域内战争活动的分布，以及其影响下的明代中后期边防经营上的变化加以论述。

一、战争的分布

明代陕西四镇及其近地大小战事很多，这些主要见载于《明实录》这部历史文献中，为了获得一个大致明确的数字，我们依据这部文献，对其中所记载发生在这一区域的战事做了一个初步的统计，其详细情况可参见本书附录三。下表10—1只是一个反映战争数量关系的简单表格。

表10—1　明代陕西四镇战争统计

镇名＼时期	洪武	永乐	洪熙	宣德	正统	景泰	天顺	成化	弘治	正德	嘉靖	隆庆	万历	泰昌	天启	崇祯	合计
延绥镇	2				4		9	92	11	14	41	12	53	4	6		248
宁夏镇	1	3			9	5	9	45	30	17	27	5	16			3	170
固原镇	21				1	1	6	52	11	18	14		7				131
甘肃镇	7	1	1	4	20		35	16	48	41	45	4	49	1	12		284
合计	31	4	1	4	34	6	59	205	100	90	127	21	125	5	18	3	833

通过这个表，可以看到，有明一代，陕西四镇防区及其近地发生的战争活动约有833次之多，这833次战争活动，分布于四镇的情况是：延绥镇248次，宁夏镇170次，固原镇131次，甘肃镇284次。这样的分布表明甘肃镇是陕西四镇中战争活动最多的一镇，这一事实与后文附录中所论宣德至万历时期蒙古诸部侵扰九边地区的战争的地域分布的结论是一致的。这样的事实有助于解释和认识为什么于河西地区设置陕西行都司以专门防卫该地区这一问题。甘肃镇战争分布数量最多，与甘肃镇防卫的边防线最长有关。自东到西，这里的边防线长达2000余里，是所有诸镇中防线最长的一个镇。本区域设置15个卫所，也是陕西四镇中卫所设置最多的，甚至是其他几个镇卫所的数倍。从外部因素来看，其北面是蒙古瓦剌、鞑靼纵横驰骋的疆场，西面、南面环绕的是"西番"和诸羌各部。其结果正如志书所说："甘肃一镇，最为孤悬，而防范机宜，尤当严密，所以然者何也？盖各边止知防秋，而甘肃四时皆防；各边止知防虏，甘肃则又防番、防回。兵马奔驰，殆无虚日。"[①]所以就产生了这样的事实。延绥镇于战争数量分布上位居其次，道理与此相类。它的边防线东西长1500里左右，北面是非常雄悍的河套诸部，特别是在明代中期以后，瓦剌、小王子、吉囊、俺答等部联盟的形成，对这一带威胁很大，与此相应侵扰战争的数量也很多。宁夏镇与固原镇南北相对，两镇战争数量虽不算高，但二者之和远高于其它二镇，因为边防线较为窄狭，发生在这里的战事就显得非常密集。固原镇总体上地处宁夏镇以内，直接面对的外部威胁主要集中在西北靖虏、兰州二卫地方，所以其战争数量相对最少。如果我们将陕西防线作为一个自东而西的整体来看，山陕黄河以西至兰州卫以东所遭受侵扰的战争数量约略相当。因此，从一个较长的时段来说，蒙古诸部的侵扰战争在西北防线上是全面展开的，这也就是长城为什么从延绥镇修筑开始后来一直要延伸至嘉峪关的原因。从另一个角度讲，游牧民族作战的游动性特质决定北方防线的防卫只能是全面的，而不能是重点的或区域的。

陕西四镇区域内战争的数量在时间分布上是有变化的。就其侵扰程度而言，大致可分为三个阶段。第一个阶段，是洪武至天顺时期（1368—1464），这期间有96年，即接近100年时间，发生在这里的战争较少，特别

① 《五凉全志》卷3《艺文志》，第427页。

是属于蒙古等部侵扰性战争数量更少。分布于洪武时期的数十次战争主要集中于平定西北期间，是明朝与北元残余势力作战的主动性战争。后经建文朝、永乐朝、洪熙朝、宣德朝，基本上处于稳定阶段。正统以后，虽然蒙古诸部开始逞强，战事日渐增多，甚至到天顺年间明显增长，但总体上尚不能影响西北边地的安宁和平静。这种情况的原因：一是明王朝新建立，尚处于蓬勃发展的时期；二是明朝实行笼络和优待各民族的政策，正是在这一背景下，从洪武时期到天顺时期，北元残部和其它蒙古诸部、“西番”诸部纷纷内附，形成归附潮流（详见附录一）。加上北元势力退居蒙古高原后，元气大伤，后来又有各部之间的内争或内讧，故而难以形成有组织的、规模较大的侵扰活动。第二阶段，成化至万历时期（1465—1619），共 154 年。这期间是陕西四镇发生战争最多的一个阶段（见图 10—1），当然在不同时代战争数量也有很大的不同，其中成化年间战事最多，战争数量达到 205 次，占到了明代本地区战争总数量的四分之一。成化以后，各朝战争的总数量虽然总体上呈下降趋势，但不同时代战事的绝对数字依然比较大，如弘治时期 100 次，正德、嘉靖和万历时期分别为 90、127、125 次。造成这一现象的原因固然很多，但基本的原因则涉及两个方面：一是经过了近百年的生存斗争、权力斗争和诸派势力之间的斗争，蒙古诸部日渐从明初的“狼狈”状态中恢复过来，先后形成东部蒙古势力，西部瓦剌势力，和后来的小王子达延汗、吉囊、俺答汗等联盟集团。在这一过程中，蒙古诸部骑兵的战斗力在长期作战中得到切实的锻炼，作战能力特别是利用自身优势所从事的“游击”性战术得到了很大的提高。二是经过了一百年间的运行，明朝的国势、国威逐渐下降，对于北方防线总体上采取保守性防卫。在这一背景下，作为边疆防卫支撑的边政日渐废弛。永乐时期一些地方军屯的流失和军士逃亡现象就出现，此后至明代中期在各个方面都已相当严重，特别是人心涣散，各营其私的现象，在各阶层官军和军士中都较为突出。两相对比，其遭受侵扰的战事剧增不言而喻。当然，这里尚须明确一个问题，就是蒙古诸部侵扰战争的性质主要是侵扰和掠夺性战争，而不是推翻明政权和旨在恢复旧元统治的战争，因为后一性质的战事在蒙古诸部，当时尚难以做到。成化时期，西北战事之所以最多，直接因素在于正统以降蒙古诸部的相继入据河套，提供了蒙古诸部侵扰的根据地，正是由于这样的根据地及其以此为据点的多次侵扰，构成随后陕西四镇长城相继修筑的直接原因。弘治以后,陕西四镇战事总体上衰减,一方面是长城的修建在一定程度上起了一定的阻遏作用;另一方面是蒙古诸部联盟将战略侵扰的重心转移向大同及其以东所致。加上外交方面的配合,如马市的开放,以及隆庆五年(1571)到万历十九年(1591)间,俺答汗及其子孙的归附并被封为顺义王,遂使西部"边境休息,不用兵革者二十余年"[①]。第三个阶段,泰昌至明末(1620—1644)。这期间,蒙古诸部势力衰微,东北女真人日渐兴起,战争重心转移至辽东地区。西北虽然还有一些蒙古部族在活动,但侵扰明显减弱。明朝末年,李自成等农民义军兴起,也有一些战事,但与以前相比,就不能同日而语了。

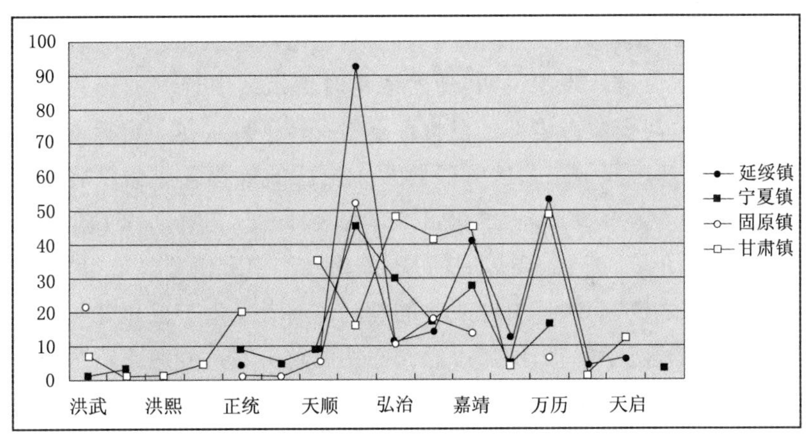

图 10—1　明代陕西四镇战争分布走势图

各镇战争分布(参见附录三)的时间特点不尽相同。(1)延绥镇:洪武至正统年间,基本上属于零星性侵犯。天顺时期虽然略有增加,但亦不过分布于天顺初年的几年中,且每年只有 2—3 次。这是进入河套部分部落的尝试性侵犯,随着延绥总兵官的设立,在一定程度上有所遏制。到成化年间,特别是长城修建以前的七八年里,侵扰战事越来越多,一年中 8 次以上已是常事,更有甚者,成化六年(1470)一年中的侵犯达到 29 次之多。这样的情况,让延绥镇守军"应接不暇",迫不得已,才有巡抚王锐、余子俊等奏修长城的举措(见下文)。长城修筑以及其它城堡等防御工事的添设,一定程度上遏制了蒙古人的肆意侵扰,随后战争"渐稀"。成化以后各朝战争

① 《明通鉴》卷 65,隆庆五年九月癸未,第 2318 页。

的年均数字大致是:成化,4.0;弘治,0.61;正德,0.88;嘉靖,0.91;隆庆,2;万历,1.13;泰昌,4;天启,0.86。可见,成化年间最为严重,其次是隆庆朝较为密集。其它各朝,除泰昌(只有一年)外,年均数字约略相当。

(2)宁夏镇:与延绥镇类似,正统以降,宁夏镇开始较多地遭受侵扰。至天顺年间为止,其遭受侵扰的程度较延绥镇严重,表现在战争数量上明显较延绥镇要多。按照统计,这一时期宁夏镇发生27次战争,而延绥镇只有16次战争。这样的差异,主要是因为宁夏镇的地理位置靠近蒙古诸部,而延绥镇当时尚有千里河套之地加以阻隔。魏焕说"洪武以来,虏出入河套,往来甘凉,皆自贺兰山后取道"①,在一定程度上反映了这一点。成化年间,宁夏镇战争数量剧增,达到45次之多,这一数据也是各朝中最大的。这一点和延绥镇一致。但随后的弘治朝,这里却发生30余次战争,而延绥镇只有11次。这一现象说明,随着成化时期延绥镇长城的修建及其防卫力量的加强,河套蒙古诸部的侵扰重点略有转移。这在一定程度上促进了杨一清等修建宁夏河东边墙和经营河东地区的进程。成化以后该镇于各朝战争的年均数字大致是:成化,1.96;弘治,1.67;正德,1.06;嘉靖,0.6;隆庆,0.83;万历,0.34。需要说明的是,成化九年宁夏镇曾经取得"红盐池之捷"和"韦州之捷"两次反击性战争的胜利。前者发生于成化九年(1473)九月,当时满都鲁、孛罗忽、乩加思兰三部从河套出发,"分寇西路",陕西赞军务左都御史王越与总兵官许宁、游击将军周玉三路军移师河套红盐池,直捣上述诸部老巢,大获全胜。此次胜利对于满都鲁、孛罗忽、乩加思兰等部打击较大,结果是:"及三虏回,见庐帐畜产皆已荡尽,而妻孥亦多丧亡,相顾悲泣以去。由是不敢复居河套,其势顿衰。"②后者发生在同年十月,满都鲁、孛罗忽、乩加思兰三部侵扰韦州,王越与宁夏、大同、宣府、延绥总兵等官范瑾、周贤、岳嵩、刘聚等,共同抗击,取得胜利③。但这样的胜利并没有多少深远的影响,成化中后期宁夏镇战事不但没有减少,而且持续到弘治、正德年间,战争的年均数都相当可观,特别是后两朝时期的战争年均数比延绥镇都大。

(3)甘肃镇:甘肃镇辖"河西十五卫地方,东起庄浪,西至肃州,绵亘几

① 《皇明九边考》卷8《宁夏镇》,第349—350页。

② 《明宪宗实录》卷121,成化九年十月壬申,第2339页。

③ 《明宪宗实录》卷122,成化九年十一月甲午,第2348页。

二千里地"[①]。所在地域辽阔、边境线漫长。明代初年,这里先后盘踞着故元大将扩廓帖木儿、李思齐、张良弼、孔兴等数十万武装,对明朝构成一定的威胁。从洪武二年(1369)起,为了平定和统一这一带地方,明军集中发动了多次战争,直到洪武五年(1372)其势力分化,或归降或外逃,但在以后的几十年里,镇外蒙古、西番诸部仍不时侵扰,战事多有发生。在以后的时间里,经历了永乐朝的间歇,从宣德年间开始,又日渐增多,正统至天顺年间,更有50余次战争,是成化以前战事最多的一镇。成化年间,由于蒙古诸部所发动的侵扰性活动主要集中于延绥、宁夏、固原诸镇一带,所以甘肃镇的战事明显减少,并且在战争数量上明显较其它三镇少得多。但弘治以后,战争绝对数量再次增加,并且一直持续到万历时期。弘治时期,延绥、宁夏诸镇的长城开始起了一定的作用,而甘肃镇尚没有形成系统的长城防卫,所以蒙古部分力量屡屡自此侵扰。自此以后的岁月里,分布于此的战争数量总体上都是其它诸镇难以比拟的。成化以后该镇于各朝战争的年均数字大致是:成化,0.70;弘治,2.67;正德,2.56;嘉靖,1.0;隆庆,0.67;万历,1.04;天启,1.71。

(4)固原镇:固原镇管辖地区及其附近一带,在洪武初年,由于北元残余势力屯聚于此,曾发生多次激战,由此造成固原及其管辖地区成为陕西四镇中发生战争最多的所在,绝对数字达到21次之多。随后进入一个几十年的"平静期"。天顺以后,随着蒙古诸部的入套和侵扰,宁夏镇和延绥镇之间的"缺口"成为非常重要的一个侵扰通道,固原镇的备受侵犯和以此而引起的战争也是从这一时期开始多了起来。成化时期,发生于这一带的战争有52次之多,仅次于延绥镇,排在第二位。随后的各朝,依次是弘治朝11次,正德朝18次,嘉靖朝14次,万历朝7次。从战争的绝对数量看,发生在这里的战争并不是很多,但其影响往往很大。蒙古诸部一旦深入固原镇,这就意味着越过了长城一线的"大门",进一步威胁到腹里地区。弘治十五年(1502)置镇以后,一来加强了各方面的配置,二来东北"缺口"不断修筑长城、壕堑,后来又于固原以北修筑壕堑,从而在很大程度上遏制了蒙古人的侵扰。因此,在陕西四镇中,固原镇是发生战争最少的一镇,这与它特殊的地理环境有关。

---

① 《明宪宗实录》卷151,成化十二年三月丁巳,第2762页。

总体而言,陕西四镇中,甘肃镇发生战事最多,延绥镇次之,宁夏镇又次之,固原镇最少。天顺至万历时期,是陕西四镇战争最为频繁的时期。这期间,由于战争的时空变动,各镇遭受战争侵扰的频繁程度也有很大的差异:成化时期是陕西四镇发生战事最为频繁的时期,期间战事205次,是整个明代本区域战争数量的四分之一。成化时期的战争主要分布于延绥、宁夏和固原三镇,分别是92次、45次和52次,总数占到这一时期陕西四镇战争总数的92.2%。成化以后,各镇战事相对平稳,但基本上持续未断,直到万历以后,大概由于东北女真人的兴起,蒙古诸部衰落,发生于陕西四镇的侵扰与反侵扰战争总体上结束。成化时期的战争及其形势直接影响了后来这一带防御线上长城的修筑进程,也促进了后来作为三边总制所在的固原镇的形成,造成了明中后期边防经营的诸多变化。

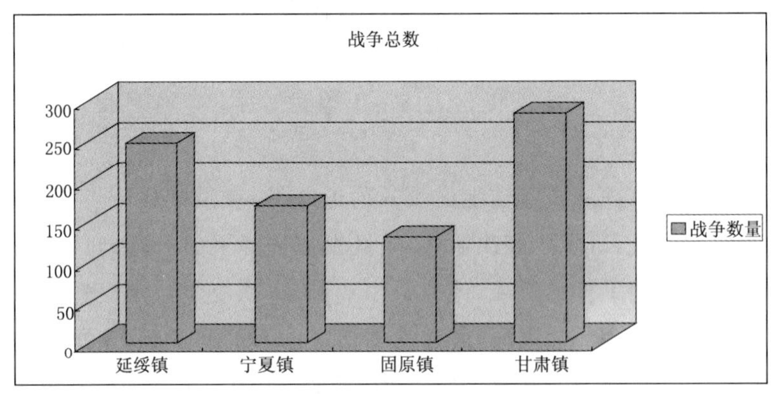

图 10—2 明代陕西四镇战争分布图

二、明中后期边防经营的变化

蒙古诸部侵扰活动的多寡及其侵扰方向和区域的不同,直接影响着明朝政府在沿边地区的防御应对和经营。早在洪武时期,政府就开始营造北方边疆防线。先是伴随着明军的征战,在各地相继设立卫所。在北元势力被赶出明本部以后,在各省辖区的基础上,又设立都司和都卫,特别是针对北元和蒙古其它势力的可能的侵扰,在北方沿边一些地方设立行都司,如山西行都司、陕西行都司、北平行都司等。永乐以后,随着宁夏、甘肃、大同、宣府和辽东等军镇的设立,边防重心北移至边境线上。不过这些做法主要还只是一些宏观上的布防。正统以后，蒙古诸部南犯的次数越来越多，规模也越来越大。各镇在防御布局上不断调整，相应地在防御设施建设上也越来越细致，而这一过程的实现主要是在不断应对频繁的侵扰战争的过程中逐渐形成的，前文所述，明代西北防区内共发生战争 833 次，其中正统以后就有 793 次，约占战争总数的 95%，这样的情况在很大程度上影响着政府应对和经营边疆防御的活动，反过来说，明中后期的防御性经营和建设又体现了战争的深刻影响。

(一)四镇建制完整形成。

由于永乐以后北方边疆防御思维的调整，以沿边主要军事城镇为核心的防区防御路线逐步形成，围绕这一思想及其实践的防御经营及其成就，遂构成一种边疆地区边防建设的新道路。在这一过程中，西北防区逐渐形成了陕西四镇及其分区防御的完整建置。陕西四镇中，甘肃、宁夏二镇最早建立，时间是在永乐时期。当时的主要形势还是在洪武时期“一边”基础上的发展，特别是黄河以南的河套地区依然掌握在明朝的控制中，延绥镇一带的防御意义尚没有完全凸显出来。至于固原镇，作为三边总制驻扎的中心城镇，在没有长期且比较大规模的全面侵扰的时候，难以发现其军事指挥中心的军事价值，事实上也是没有任何必要的。所以后二镇就难得建置，而这一带的防卫，也就仅停留在一般卫所作为的意义上。宣德以后，边境形势开始有了明显的变化，正统以后形势日益严峻，特别是北方蒙古诸部占据河套地区并以此为根据地进行不断侵扰的时候，延绥、固原以及宁夏以东一带地区的军事地理意义才得以凸显，并在具体的防卫实践中被发现，进而才有二镇的设立和进一步建设。

河套地区的丧失全在于明朝防御上的保守和轻视，这是导致延绥、固原二镇设立的远因，也是根本原因。一是永乐时期弃守洪武时期的“一边”防守，也就是“东联开平、独石、大宁、开元，西联贺兰山、甘肃北山”一线的守卫；二是再弃“守河”，并且退守延绥。这其中的重要事件是耿炳文的放弃“守河”，所谓“国初耿炳文守关中，因粮运艰远，已弃不守，城堡兵马烽堠全无”[①]。成化间整饬边备尚书王复说，“延绥境外亦有黄河千六百余里，

① 《皇明九边考》卷 1《镇戍通考》，第 46—47 页。

实天造地设之险。洪武间东胜以西路通宁夏，墩台基址尚存。永乐初，残胡远遁，始将守备军马移入延绥，弃河不守”[①]。说明这一点明人早有认识。至于近因，则是蒙古诸部的占据河套。蒙古诸部什么时间进入河套，文献有不同的说法。《明实录》说：“景泰初始犯延（安）、庆（阳），然其部落犹少，不敢深入。天顺间，阿罗出进入河套，不时出没，尚不敢迫近居民。至成化初以来，毛里孩之众乃敢深入抢掠，攻围墩堡。盖以先年虏我汉人以杀戮恐之，使引而入境久留河套故。今日贼首孛罗合、乩加思兰相继为患，卒不可除。”[②]《皇明九边考》说，“成化七年（1471）虏始入套，抢掠即出，不敢住牧。弘治十三年（1500）虏酋火筛大举入套，始住牧”[③]。又说，“弘治以前，虏住套不常，间有连岁不入者”[④]。《延绥镇志》说：成化十三年（1477）冬，“踏冰过黄河。此河套住牧之始”[⑤]。这些说法中，涉及两个重要问题：一是蒙古诸部始入河套问题，二是蒙古诸部始住牧河套问题，对此有必要简要加以说明。

蒙元势力被赶出河套地区是在洪武四年（亦说三年）[⑥]，此后河套为明朝控制。“正统中，北虏屡入河套为患，特敕都督王祯镇守延绥等处”[⑦]。上引《明实录》所述景泰、天顺年间的侵入，则是这一过程的继续。因此，蒙古诸部开始进入河套的时间应该在正统年间。只是蒙古诸部的出没，还停留在“抢掠即出，不敢住牧”的情况下。如果这一点不错，那么，魏焕所说“成化七年（1471）虏始入套”的说法就是不准确的。出入河套地区的诸部族何时开始“住牧”，《延绥镇志》所说成化十三年虽然不一定准确，但在成化时期大致没有问题，上引《明实录》的“久留河套”也可以印证。如此，则《皇明九边考》所谓弘治十三年“始住牧”说，就不大准确。当然，虽然蒙古诸部进入河套，甚至“住牧”，但并未长期稳定地占据河套，这些“住牧”依然只是些抢掠过程中的短暂驻足而已。弘治十三年马文升说，“陕西延绥、环

---

① 《明宪宗实录》卷40，成化三年三月丙寅，第799页。
② 《明宪宗实录》卷102，成化八年三月庚申，第1994页。
③ 《皇明九边考》卷7《榆林镇》，第311页。
④ 《皇明九边考》卷8《宁夏镇》，第348页。
⑤ 万历《延绥镇志》卷3《纪事》，第224页。
⑥ 万历《延绥镇志》卷3《纪事》，第223页。
⑦ 万历《延绥镇志》卷1《建置沿革》，第27页。

庆、临巩、固原等处，无虏警者二十余年，畜产蕃盛”[①]。又有文献记载说，“弘治中，虏不住套者垂二十年，而沿边马率牧塞外扯彬滩诸处”[②]。充分证明了这一点。

蒙古诸部较为稳定且大规模住牧河套地区，是在弘治后期至正德年间，也是在这一时期“河套遂失”。当时驻扎这里的部族，除了上述阿罗出部、毛里孩部、乩加思兰部外，尚有火筛部。“正德以后，应绍不、阿儿秃斯、满官嗔三部入套。应绍不部下为营者十，曰阿速，曰阿剌嗔，曰舍奴郎，曰孛来，曰当喇儿罕，曰失保嗔，曰叭儿廒，曰荒花旦，曰奴母嗔，曰塔不乃麻。旧属大师亦不剌，后分散，各部惟哈麻真一部全。阿儿秃斯部下为营者七，旧亦属亦不喇，今则大酋吉囊领之，为营者四，曰哱合厮，曰偶甚，曰叭哈思纳，曰打郎。满官嗔部下为营者八，旧属火筛，今则大酋俺答阿不孩领之。为营者六，曰多罗土闷，曰畏吾儿，曰兀甚，曰叭要，曰兀鲁，曰土吉喇。三部兵约共七万，俱住牧套内，时寇(延)绥、宁(夏)、甘(肃)、固(原)、宣(府)、大(同)等边”[③]。随着蒙古诸部进入河套和住牧河套地区，并以此为根据地侵扰延绥、固原、庆阳、宁夏河东地区，延安、绥德卫在应对中发展为延绥镇，固原镇也在总制和协调三边防卫中最终设立。

延绥镇初形成于正统元年至十年(1436—1445)间[④]，天顺时期已有总兵官镇守。固原镇一开始设置就是总制诸边思想及其实践的产物，成化二年(1466)到二十年(1484)，经多位官员一再请求，期间也经常不定期地驻守着各种名目重要的文臣武将，在实际作战中节制三边，形成实际的防区中心，最后到弘治十四五年(1501—1502)正式完成建置。至此，陕西四镇体制完整建立。陕西四镇的完整建立，标志着九边建制西半段的最终形成。

(二)将官等人员配置上的变化。

与明初卫所相比，陕西四镇在军事防卫和管理的将官和人员配置上发生了较大的变化。

---

① 《明孝宗实录》卷167，弘治十三年十月癸未，第3029页。

② 万历《延绥镇志》卷3《纪事》，第225页。

③ 《皇明九边考》卷7《榆林镇》，第311—312页。

④ 《论明代九边延绥镇之形成》，《中国史研究》2008年第2期。

(1)镇守总兵官等将官的新设置。军镇设立以后，原来地方防区的最高将官都指挥使被总兵官所取代。《万历野获编》言，“国初，武事俱寄之都指挥使司，其后渐设总兵，事权最重”[①]。这种情况在永乐以后开始比较稳定。因为甘肃镇和宁夏镇设置最早，总兵官在这两个镇率先驻扎，不但如此，由于明代初年河西以及贺兰山以北“虏患”的关系，宁夏总兵官何福还曾一度总制陕西都司、陕西行都司和河南都司军马。不过这样的情况毕竟带有一定的特殊性，它不是总兵官的常态情形。永乐中后期，随着防卫中心向边境线上中心城镇的转移，总兵官驻扎和防区逐渐制度化，总兵官也发展为只管本镇防卫，并辅之以策应其他军镇防区战守的高级将官，这样的制度，终明一朝没有再发生变化。延绥镇初步形成以后，一开始没有设置总兵官，而是由都指挥行使与之相当的权力，直到天顺二年(1458)才由总兵官驻扎，这在前文中略有涉及，此不赘述。总兵官一般驻守在镇城中，总领全镇兵马，其具体职责:“操练军马，修理城池，严明号令，防御虏贼，抚恤士卒。一应战守机宜，须与镇守巡抚、内外官员计议停当而行。各路副参以下官员悉听节制。”[②]

总兵官之下配备有协守副总兵一员，一般驻坐镇城，遇有特殊时期或特殊地方有必要前往镇守，有时也离开镇城或者直接配设于此。其职责因各镇具体情况不同而不尽相同，但总体精神是一致的，如延绥镇(榆林镇)，其职责是:“挑选各城堡精锐官军三千员名，专一统领操练，加意抚恤。但遇大同、宁夏有警，随处听调策应杀贼，不许逗留误事。居常无事，协同主将，修理城池、墩台、关堡，整饬器械盔甲什物。凡边墙、崖寨、川面水口等项，悉遵照榜文，每年夏初秋末二次补葺，务令坚完。若本境东西二路有贼，即与主将分投截杀，不许互相推托，坐视边患。一应军机重事，须要与镇守总兵、巡抚等官，从长计议停当而行。仍听主将节制。其分守参将等官有事，亦须计议，务在同心协力，以安边境。”[③]再下边便是诸分守参将，这一点上一章有所论述。由于各镇情况不同，分守参将设置也没有统一的数量规定，并且随着形势的发展，其设置前后也有所变化。有的镇中还设有协同分守一路将官，如宁夏镇，有协同分守宁夏东路兴武营官一员，驻扎

① 《万历野获编》卷22《督抚》，第554页。

② 《皇明九边考》卷7《榆林镇》，第302页。

③ 《皇明九边考》卷7《榆林镇》，第302—303页。

兴武营地方;协同分守宁夏西路广武营官一员,驻扎广武营地方[①]。这样的建置不是制度性规定,而是依据地方防御的特殊需要的特殊设置,各军镇并没有统一设置。另外,为了适应各镇之间相互策应和救援的需要,以及不同军镇内部防卫和截杀敌军的需要,九边各镇中比较普遍设立了游击将军一职,陕西四镇中,延绥镇设东、西路游击将军各一员,驻扎在榆林城中。宁夏镇、甘肃镇和固原镇各设游击将军1员,分别驻扎于宁夏镇城、甘肃永昌和固原城中。游击将军一般统领3000或2000兵,或负责分路,或负责全镇,或被调遣他镇,俱听镇巡官调遣,往来截杀,战守策应。时人记述其职责说:宁夏镇游击将军,"统领义勇土兵三千员名,常年依旗分布清水营按伏,如遇花马池、灵州一带地方有警,俱听镇巡官调遣策应,用防虏患"[②]。甘肃镇游击将军,"常在永昌驻扎,东至庄浪、西至甘州,往来应援,剿杀贼寇。仍听总督、镇巡等官节制"[③]。其它诸镇则与此相类。游击将军的人数以后可能还有所增加,《明史》记载延绥镇二人,又有"入卫游击"四人。宁夏镇三人,又有"入卫游击"一人。甘肃镇四人,陕西镇(固原)四人[④]。至于以下守卫一城一堡的守备等属于常规性配备,不必细述。

(2)巡抚、总督(总制)等的新设立。巡抚是后起的一方军镇的统帅,虽然"巡抚"一词出现得很早,洪武初年已经有这样的概念,但当时尚不是地方官的称谓,而是朝廷任命文武大臣或将军巡视地方不同事务和抚安军民的一般性说法。如洪武四年(1371)李国凤"巡抚江南"[⑤],洪武十六年(1383)前魏国公徐达"巡抚北边,训练士卒"[⑥]。洪武二十四年(1391)皇太子"巡抚陕西"等。约至宣德五年(1430)前,其主要在侯伯、布政使和大理寺卿等朝臣中派委,此后多由各部"侍郎"充任,遂有"巡抚侍郎"的说法。这些官员虽为朝廷派出,却也开始具有常态化和地方化的趋势。宣德七年(1432),"命各处巡抚侍郎同巡按监察御史考察方面官,仍同布政司、按察司考察郡县官。时吏部都察院奉敕考核方面及郡县官贤否,尚书郭琎等言,各处有巡抚侍郎,请令同巡按御史考察,如无巡抚侍郎,应别遣官,或止

① 《皇明九边考》卷8《宁夏镇》,第335页。
② 《皇明九边考》卷8《宁夏镇》,第334—335页。
③ 《皇明九边考》卷9《甘肃镇》,第362—363页。
④ 《明史》卷76《职官志第五十二》,第505—506页。
⑤ 《明太祖实录》卷99,洪武四年四月丁巳,第1686页。
⑥ 《明太祖实录》卷157,洪武十六年十月戊寅,第2434页。

令布政司、按察司堂上官,同巡按御史考。直隶府县,宜从巡按御史考"①。这"各处巡抚侍郎"和此后巡抚陕西、山西、湖广、浙江、江西等地方巡抚②的稳定说法,表明地方巡抚官设置的初步形成。《明英宗实录》"修纂凡例"说,"凡兵政有新令者书,及命文武大臣,各处镇守、巡抚,及有备御规画,皆书"③。宣德十年(1435),"少傅兵部尚书兼大学士杨士奇等言:近闻河南强盗三十余起,往来行劫,恐将来势盛。宜写招抚榜文十道,遣人星驰赍去张挂。并敕镇守巡抚等官,整理军马堤备,如此贼滋蔓,即遣将往率官军剿捕,以息地方人民患害"④。这里所说的地方"镇守、巡抚"既已密切相连,则其成为各地方重要的执政长官已经明朗。按此,吴廷燮所谓"宣德、正统定名巡抚"⑤是正确的。

巡抚多属文职官员充任,正统以后常以"巡抚都御史"名号出现,提督官军,"兼治一方的民事和军务,不但原来的都、布、按三司成为巡抚的下属,即总兵官也须听其指挥"⑥。其在地方防卫和管理中的地位于此可见。正统至景泰初年,陕西巡抚中先后析置了宁夏巡抚、甘肃巡抚和延绥巡抚⑦,巡抚治边遂为制度,故魏焕在《皇明九边考》中说,"镇戍莫重于巡抚"⑧。巡抚驻扎于各镇城,其职责是:"训练兵马,整饬边备,防御贼寇,督理屯田、粮草、备荒、水利,衣甲、器械务要齐备锋利。沿边各城堡、墩台、壕堑,照依榜例,督令以时修整。粮草务必充足。须抚恤士卒,禁约官军头目,不许贪图财利,科克下人,役占军余,私营家产。违者,轻则量情发落,重则奏闻区处。一应军务事情,悉听从宜处置,该与镇守总兵官公同者,公同从长计议而行。"⑨是当时军镇的最高统帅。

总督(或总制)是继巡抚统领军镇后的又一新建置。出于军镇之间协防和提调军事活动的需要,明代中期将地域上相连,且在防守上密切相关

① 《明宣宗实录》卷94,宣德七年八月庚子,第2129—2130页。
② 《明英宗实录》卷5,宣德十年五月壬寅—庚辰,第97—103页。
③ 《明英宗实录》"修纂凡例",第9页。
④ 《明英宗实录》卷2,宣德十年二月戊申,第41—42页。
⑤ 吴廷燮:《明督抚年表》"自序",《二十五史补编》(六),中华书局,1955年,第8579页。
⑥ 吴晗:《明代的军兵》,《读史札记》,生活·读书·新知三联书店,1956年,第101页。
⑦ 《明朝总督巡抚辖区研究》,第51—53页。
⑧ 《皇明九边考》卷1《镇戍通考》,第35页。
⑨ 《皇明九边考》卷7《榆林镇》,第300—301页。

的数镇的最高军事指挥和提调权委派一大臣统领和节制，后来逐渐制度化，从而形成总督、总制体制。像巡抚一样，总督、总制最初也不是一固定建置的官衔，而是根据不同事务的需要临时性委任或差遣所加的名号。两者相较，总制似乎更早，早在建国前的征战过程中就有使用，如"置帐前总制亲兵都指挥使司"[①]，某将军"总制各翼军马"、"总制诸郡兵马"[②]等。总督一职，宣德以后较多出现，既有总督地方军务[③]，也有总督陵墓工程[④]、总督运粮[⑤]、总督屯种[⑥]等等的委派。成化帝继位以来，因北方蒙古诸部屡扰延绥、大同等边地，分守延绥西路左参将都指挥同知房能就建议"在廷文武大臣从长计议，专命张泰(时任宁夏总兵官都督同知)、王清(时任镇守宁夏太监)总制三边号令"，但兹事体大，皇上令兵部讨论[⑦]。之后因为调度的急切需要，不断有设立总制三边的呼声。而在这一过程中，也不时有各总兵官临时节制的具体行动，如都御史王越、马文升、史琳等都曾数年总制三边军务。弘治十四年(1501)朝廷确定设立这一职位，同年九月遂有："起致仕南京户部尚书秦纮为户部尚书兼都察院右副都御史，代史琳总制陕西固原等处军务。赐之敕曰：先因虏入河套，侵犯延绥等处地方，命将统兵征剿，以固原地方要害，特命尔往彼总制。近者虏贼退遁，总兵等官已取回京，而陕西、延绥、宁夏、甘凉各路边务多次整饬，令并命尔总制。凡军马钱粮等项，宜逐一从新整理，俱许便宜处置。遇有虏寇侵犯，即便随宜调遣各路军马，相机剿杀，各该镇巡等官悉听节制。尔须殚心竭力，区画调度，务使各边士马精强，钱粮充足，一应边备俱各修举，足以捍御虏寇，绥靖地方，以纾朕四顾之忧，庶副委任之重尔，唯钦哉故敕。"[⑧]这是正式设立三边总

① 《明太祖实录》卷4，丙申七月己卯，第46页。

② 《明太祖实录》卷9，辛丑正月辛酉、甲戌，第111、114页。

③ 《明宣宗实录》卷22，宣德元年十月庚辰，成国公朱勇言，"紫荆关等处关口，烟墩凡三十一处，俱属大宁都司各卫官军分守，事无统纪，请令保定后卫指挥刘辅总督"(第586页)。

④ 《明宣宗实录》卷59，宣德四年十月壬午，"修凤阳皇陵殿宇垣墙。时因雨损坏，命行在工部，凡用竹木、砖瓦、铜铁、颜料诸物，令有司备，仍选廉干官往总督之"(第1402页)。

⑤ 《明宣宗实录》卷26，宣德二年三月庚寅，命"李素往湖广，总督运粮，往交阯给军"(第673页)。

⑥ 《明宣宗实录》卷46，宣德三年八月丁酉，"总督香河等县屯种指挥同知李三等奏，今年五月以来，天雨连旬，河水泛涨，渰没屯地二百六十八顷，禾稼无收，命行在户部蠲其子粒"(第1131页)。

⑦ 《明宪宗实录》卷12，天顺八年十二月丁亥，第256页。

⑧ 《明孝宗实录》卷179，弘治十四年九月甲辰，第3311页。

制的开始。随着三边总制的设立，巡抚、总兵官亦须听其节制，总制或总督成为地位最高、权力最大的军政官员。

表 10—2 总制(总督)陕西三边人员简表

时代	姓名	出身	在任时其它官衔
弘治	王　越	进士	左都御史，少保兼太子太傅
	史　琳	进士	
	秦　纮	进士	户部尚书兼右副都御史
正德	杨一清	进士	延绥巡抚、右副都御史，右都御史、户部尚书
	才　宽	进士	工部尚书兼右都御史
	张　泰	进士	刑部左侍郎兼右副都御史
	邓　璋	进士	右都御史
	陈天祥	进士	右副都御史
	彭　泽	进士	左都御史
嘉靖	李　钺	进士	兵部左侍郎兼右佥都御史
	金献民	进士	兵部尚书兼右都御史
	杨一清	进士	兵部尚书、左都御史
	王　宪	进士	南兵部尚书
	王　琼	进士	兵部尚书，太子太保兵部尚书兼都察院右副都御史
	唐　龙	进士	兵部尚书兼右都御史
	姚　镆	进士	兵部尚书
	刘天和	进士	兵部左侍郎，右都御史，左都御史，兵部尚书兼左都御史
	杨守礼	进士	宁夏巡抚，右副都御史，右都御史，兵部尚书兼右都御史，太子太保
	张　珩	进士	兵部右侍郎、右佥都御史，右都御史
	曾　铣	进士	兵部右侍郎
	王以旂	进士	兵部尚书兼都察院右佥都御史，太子太保
	贾应春	进士	兵部右侍郎兼右佥都御史

续表

时代	姓名	出身	在任时其它官衔
嘉靖	江　东	进士	兵部右侍郎
	王梦弼	进士	宁夏巡抚，兵部右侍郎
	魏谦吉	进士	兵部右侍郎
	郭　乾	进士	兵部右侍郎，右都御史、兵部右侍郎
	程　軏	进士	陕西巡抚
	喻　时	进士	右副都御史，都御史
	陈其学	进士	兵部右侍郎，左侍郎
	霍　冀	进士	兵部左侍郎
隆庆	王崇古	进士	兵部右侍郎兼右佥都御史，右都御史兼兵部右侍郎
	王之诰	进士	右副都御史兼兵部左侍郎
	戴　才	进士	兵部左侍郎，兵部尚书
万历	石茂华	进士	右都御史兼兵部左侍郎，兵部尚书兼左副都御史
	董世彦	进士	兵部右侍郎兼右佥都御史
	郜光先	进士	兵部左侍郎兼右副都御史，右都御史兼兵部左侍郎，右都御史、兵部右侍郎，兵部尚书兼右副都御史，太子太保
	高文荐	进士	兵部左侍郎兼右佥都御史
	梅友松	进士	兵部左侍郎
	魏学曾	进士	兵部尚书兼右副都御史
	叶梦熊	进士	兵部右侍郎
	李　汶	进士	右都御史兼兵部右侍郎，兵部尚书兼左副都御史，太子太保，太子太傅
	徐三畏	进士	兵部尚书兼右副都御史，太子少保，太子太保
	顾其志	进士	兵部右侍郎、右佥都御史，右都御史兼兵部左侍郎
	黄嘉善	进士	右都御史、兵部左侍郎，兵部尚书，太子少保
	刘敏宽	进士	右佥都御史、延绥巡抚、兵部左侍郎
	杨应聘	进士	兵部左侍郎兼右佥都御史
	张鹤鸣	进士	

续表

时代	姓名	出身	在任时其它官衔
天启	李起元	进士	右佥都御史兼兵部左侍郎
	李从心	进士	兵部右侍郎兼右佥都御史
	王之采	进士	兵部右侍郎
	史永安	进士	兵部右侍郎兼右佥都御史
崇祯	武之望	进士	右都御史兼兵部右侍郎
	杨　鹤	进士	右都御史兼兵部右侍郎
	洪承畴	进士	右佥都御史兼兵部右侍郎，兵部尚书兼右副都御史，太子太保
	郑崇俭	进士	兵部右侍郎
	丁启睿	进士	兵部右侍郎兼右佥都御史，兵部尚书
	傅宗龙	进士	兵部右侍郎兼右佥都御史
	汪乔年	进士	兵部左侍郎
	孙传庭	进士	兵部右侍郎兼右佥都御史，兵部尚书兼左副都御史
	余应桂	进士	兵部右侍郎兼右副都御史
	李化熙	进士	陕西巡抚

说明：本表依据吴廷燮《明督抚年表》(《二十五史补编》六）整理制作，另外参考《明史》等相关文献对部分人员“身份”加以补充。

陕西三边总督自设立以来基本上是由进士出身的文官出任，是朝廷认为具有总领和协调能力的有才干人才。出任或在任期间的总制或总督几乎都有一定的统兵经历，或加以兵部侍郎等职衔。同时我们看到有一些总督在任期间由于战功等被晋升为兵部尚书。这样的调整和配置固然加强了中央政府特别是兵部对于地方军镇的统领，有利于各镇之间协同防守。但文官统领也在一定程度上造成武官系统的消极应事，明代中后期九边军事将官“营私”成风和军士大量逃亡等现象不能说与此没有关系。

在设置总兵官的同时，为了控制地方总兵官以及后来巡抚、总督等的地方专权，自永乐初年始，朝廷还向各镇派驻有镇守内臣(太监)，借以加强朝廷的控制权。但这种掣肘经常会造成吏部右侍郎王鏊所说的情况，即“今日边方之重者，曰大同，曰宣府，曰延绥榆林，其在边将之任内，臣则有太监，武臣则有总兵，文臣则有都御史。都御史欲调兵，总兵不可而止者有矣，总兵欲出兵，太监不可而止者有矣”[①]。所以，这一制度总体上是一种不成功的做法，遂于嘉靖十八年(1539)，也就是北方战事依然很严峻的时期，就废除了此项制度。

(三)防边军事力量的多样化发展。

明初设都司卫所守边或地方，卫所军士就是“正军”，虽然后来有屯军的出现，实亦是从正军中分出一部分守边，一部分屯种。随着边防形势的变化，边防守卫军的种类和军额也发生一定的变化。卫所兵以外，又有：

(1)备边“班军”之设。班军是一年中按规定时间轮班守边和操练的备御军。其构成，一般是“拣选腹里卫所少壮强勇者”[②]。其中“腹里”，既包括陕西腹里卫所，也包括河南一些卫所和潼关卫的备御官军。文献所见“调宁夏汉中班军”[③]，延绥镇“河南各卫调来守边官军，历十、七月始放回”[④]，以及“固原、安(定)、会(州)班军”[⑤]，都是这一体制的反映。就陕西四镇而言，防秋和防冬尤为重要，所以班军一般于这两个季节上班，依次轮换。当然，由于地方腐败，班军在成化时期已经存在“少经战阵，有名无实”的情况。巡抚甘肃右佥都御史徐廷章说：“旧例，备御官军俱系拣选腹里卫所少壮强勇者，轮班守边。近日，卫所官军则多方推调，或托病，或营求管事，而不依期领军赴操军；或贿嘱亲管官旗，托故隐蔽，却将本户或另补不堪贫弱军人辏数。及至到边验出，累行坐取，而卫所官因受其贿，反将坐取之人挟制，莫敢谁何。详其所由，盖因各官倚恃军职，纵加参奏，不过催督赴边，无大利害，展转延调，又过一班，以此奸顽得计，率以为常。”[⑥]

(2)游兵。这是由正军组成的一种兵种，由游击将军统领，专事策应救援或截杀，见前文第四章。

(3)土兵、民壮。这是适应边防形势日渐由各镇招募的防边力量。本来，土兵在明初就有，但主要指归附并被安置于边地的蒙元将官及其势力。景泰以来有些沿边地方的土兵、民壮也曾被组织起来部分参与防边。天顺

---

① 《明孝宗实录》卷170，弘治十四年正月丙子，第3092页。
② 《明宪宗实录》卷43，成化三年六月丙申，第872页。
③ 《明武宗实录》卷175，正德十四年六月乙酉，第3402—3403页。
④ 《明英宗实录》卷328，天顺五年五月丁未，第6753页。
⑤ 《明孝宗实录》卷101，弘治八年六月乙卯，第1849页。
⑥ 《明宪宗实录》卷43，成化三年六月丙申，第872页。

元年(1457),“户部尚书沈固奏:沿边民丁多者,宜选三丁朋当土兵一名,卫所带管,二丁供给。……上然其言,命兵部臣曰:朕念辽东至甘肃一带,边境人民,每被虏寇侵扰,不得安业,虽常调腹里官军更番操备,然不熟边情,用之无益。今思近边人民,禀气强劲,膂力过人,边鄙利害、戎虏情伪,素所谙晓,不分军民舍余人等,有愿与朝廷效力者,许其自报,收附近边卫寄管,令作土兵。名色赏银一两,给与鞍马、器械。秋冬操练,支与口粮;春夏务农,住支本户。有税粮者免征五石,仍除二丁供给,免其杂泛差徭。该管头目务加优恤,如有事故,不许勾补。运(军)还为军,民还为民,粮差照旧。后有长成壮丁,照例告报,有功者一体升赏。尔兵部其即出榜沿边各处晓谕。”①这是朝廷推出的一项招收和役使沿边各地军民的政策,政策明确,因此而招来的兵员被称为“土兵”。此后各处边镇相继组织招收土兵,作为防边的补充力量。第二年,宁夏镇招募土兵,以致于庆王府中“军校余丁因榜例,多于太监、总兵处投充报效”,为此庆王上诉朝廷,英宗“遂命兵部移文各处,今后王府军校毋得令投充土兵诸役”②。“成化初,差御史李纲前去陕西延(安)、庆(阳)二府招募土兵,每名量免纳税粮六石,常存二丁帮贴。当选过土兵四千八百六十六名,编成排甲,差委有司佐贰官员管领,听调杀贼”③。此后,历代都有土兵参与守边或作战。随着蒙古诸部侵扰的日益剧烈,“京军”也不时被派往陕西四镇进行救援,有时土兵还被编入“京营”军中参与作战。至于后来还出现有“义兵”、“民兵”等,都从不同层面防御和打击各侵扰势力,此处不再一一备述。

(四)“议复河套”计划及其失败。

面对河套诸部日益频繁的侵扰,为了彻底解除延绥、宁夏二镇的防御困境,并基于对于蒙古诸部未入河套前的憧憬,延绥地方守将房能于天顺八年(1464)提出了一个“搜剿套虏”的建议和计划,他说:入套蒙古诸部,“夜则隐伏近边,旦则拥众突入,劫截道路,抢杀人畜,若不豫为区画,诚恐养成边患,亟难芟除。窃见宁夏总兵官都督同知张泰,在边年久,练达老成;镇守宁夏太监王清,曾搜河套,师行有纪;巡抚延绥右佥都御史徐廷章,

① 《明英宗实录》卷281,天顺元年八月丁未,第6038—6039页。

② 《明英宗实录》卷286,天顺二年正月己巳,第6122—6123页。

③ 《皇明九边考》卷1《镇戍通考》,第66页。

临机应变,刚果有为。请敕在廷文武大臣从长计议,专命张泰、王清总制三边号令,而以徐廷章赞理军务,臣愿受其节制。当春初河泮草枯之时,量调宁夏并偏头关军马,各从便路过河,及调延绥一带边堡头拨敢勇官军,并知识道路夜不收,付臣等统领,量赍粮料,会合并进,声势相接。臣先启行,遍历河套搜寻,所在并力擒捕,捣其巢穴,绝其种类,如此军威远振,边境获安矣。"[①]此计划一出,刚继位的宪宗皇帝也许出于刚上任的勇气,认为很有道理,遂要求兵部讨论。由此引发长达80年时断时复的"复套"论议,直到嘉靖中期,方才罢了。"搜剿河套"和收复河套是西北边疆防御中的大事,就其内容本身而言,它一开始就带有一定的片面性和盲目性,特别是将着眼点仅放在"搜剿"和驱逐蒙古诸部这一点上,而对于与此相关的诸多问题,诸如兵力的组织、将官的选择、后勤的保障,以及搜剿完成后的防守等等,均没有全面的符合实际的计划。但面对这样的难题,特别是搜剿后的防御问题,此后80年间都没有形成一个符合实际的理想方案。就是到嘉靖时期,杨一清提出:"兹欲复收东胜,因河为固,东接大同,西接宁夏,使河套千里之地归我耕牧,开屯田数百里,用省内运,则陕西犹可息肩也。"[②]曾铣提出:"为今之计,宜用练卒六万人,益以山东枪手二千,多备矢石,每于春夏之交,携五十日之饷,水陆并进,乘其无备,直捣巢穴。材官驺发,炮火雷激,则虏不能支矣。岁岁为之,每出益厉,虏势必折,将遁而出套之恐后矣。然后因祖宗之故疆,并河为塞,修筑墩台,建置卫所,处分戍卒,讲求屯政,以省全陕之转输,壮中国之形势,此中兴之大烈也。"[③]都不同程度地涉及到这些方面,但以明代中期边政的败坏和镇守将官的蝇营狗苟与贪污腐化,也不可能实现这样的目标。因此,即便如李贤、杨一清、白圭、曾铣这样的名臣或总制参与其中,却都只能看着这样的计划一个个化为"纸上谈兵",以及看着为此而"组织"的军事活动一次次成为泡影。与此同时,不论是邻近河套的延绥镇、宁夏镇、山西镇,还是较远一点的大同镇和甘肃镇等,却都积极从事以明长城为边界线的防御工事建设。这样的防御定位和活动,虽然与收复河套的总精神没有绝然的矛盾和冲突,但又怎能不影响

① 《明英宗实录》卷12,天顺八年十二月丁亥,第256页。

② 《明史纪事本末》卷58《议复河套》,第891页。

③ 徐日久:《五边典则》卷11《陕西总》,徐丽华主编《中国少数民族古籍集成》(第3册),四川民族出版社,2007年,第692页。

上下一心共同实行复套的理想呢？因此，整个社会的保守精神与部分统帅、将官的进取意志形成明显的反差，组织实施过程中的逡巡反复，首鼠两端，以及蒙古诸部外交方面的灵活多变，最终导致近一个世纪的“议复河套”活动，基本上停留在“议”的意义上，没有多少实际的功效。

（五）修筑长城和多重防卫思想的新进展。

修筑长城是战国秦汉以来中原王朝防御北方游牧民族侵扰的基本经验和方法。长城修筑的根本原因是由于游牧民族侵扰作战的性质和特点所决定的，这一点古人自有不同论述，北宋时期欧阳修针对西北防御的论述却非常精辟，这一点也与明代北方防御非常类似，他说：

> 臣视庆历御边之备，东起麟（州）、府（州），西尽秦（州）、陇（州），地长二千余里，分为路者五，而分为州为军者二十有四，而军州分为寨为堡为城者又几二百，皆须列兵而守之。故吾兵虽众，不得不分，所分既多，不得不寡。而贼之出也，常举其国众合聚为一而来，是吾兵虽多，分之为寡，彼众虽寡，聚之为多，以彼之多击吾之寡，不得不败也。此城寨之法既不足自守矣。而五路大将所谓战兵者，分在二十四州军，欲合而出，则惧后空而无备，欲各留守备而合其余，则数少不足以出攻，此当时所以用兵累年，终不能一出者以此也。夫进不能出攻，退不能自守，是谓攻守皆无策者，往年已验之失也。①

随着九边体制的日益形成，各军镇根据各防区的实际情况设立了各路防守和堡寨防守，不可谓不严密。但这样的防守依然难以抵挡蒙古诸部大军的突入和侵扰，这其中固然有边政败坏的问题，而“吾兵虽多，分之为寡，彼众虽寡，聚之为多，以彼之多击吾之寡”则是关键问题。加上游牧骑兵往来迅速，突如其来，飚忽即逝，更使得这种分散式防守难以确保无虞。明人李杰说：“臣尝深思之矣，西北二边，境土辽远，虏一鸣鞭，即抵城下。欲战则势力不敌，欲守则刍粮罕继。且其来如猋风，去如收电，我方出兵策应，彼已

① 李焘：《续资治通鉴长编》卷204，中华书局，1986年，第4937—4938页。

虏获而归。"[①]这样的论说应该说是对游牧骑兵作战特点最为精准的认识和描述。面对这样的情况，只加强人力配置已不足以解决和控制游牧民族的侵扰，所以向古人学习，修筑长城，加强硬件设施建设就成为必然的一种选择。

九边地区的边墙营造以辽东一带最早，明人称"辽东边墙，正统二年(1437)始立"[②]。成化二年(1466)，吏部郎中刘文在《陈边务便益四事》中提出，"陕西诸边宜俟贼退之后，相其险要，深为阱沟，因其高阜，监为墩堡，急则有所凭恃，而应援便则出其不意，而掩击必有擒获之功"[③]。第二年，王复巡视陕西边备，又向宪宗提出一套防御计划，文献记载如下：

臣奉命整饬延绥、宁夏、甘凉一带边备，查得：东自黄河岸府谷堡起，西至定边营，连接宁夏花马池边界，东西萦纡二千余里，险隘俱在腹里，而境外临边无有屏障，止凭墩台城堡为守备。缘有旧城堡二十五处，原设地方或出或入，参差不齐，道路不均，远至一百二十余里，近止五六十里，军马屯操反居其内，人民耕牧多在其外。遇贼入境，传报声息，仓卒相接。比及调兵策应，军民已被抢虏(掳)，达贼俱已出境，虽称统领人马，不过虚声应援。及西南直抵庆阳等处，相离五六百里，烽火不接，人民不知防避。其北面沿边一带墩台，皆稀疏空阔，难以瞭望。臣与镇守延绥、庆阳等处总兵、巡抚等官计议，临边府谷等一十九堡俱系极边要地，必须增置挪移，庶为易守。趁今声息稍宁，先行摘发军余，采办木植，候春暖土开，委官监督，并力兴办，将府谷堡移出芭州旧城，东村堡移出高汉岭，响水堡移出黑河山，土门堡移出十顷坪，大兔鹘堡移出响铃塔，白洛城堡移出砖营儿，塞门堡移出务柳庄，不惟东西对直捷径，而水草亦各利便。内高家堡至双山堡，双山堡至榆林，宁塞营至安边营，安边营至定边营，相去隔远，合于各交界地方崖寺子、三眼泉、柳树涧、瓦渣梁各添置哨堡一座，就于临近营堡量摘官军哨守。又于安边营起，每二十里筑墩台一座，通共二十四座，连接庆阳。定边营起，每二十里筑立墩台一座，共十座，连接环县。俱于附近军民

① 李杰：《论西北备边事宜三》，《明经世文编》卷90，第807页。

② 《明孝宗实录》卷72，弘治六年二月辛亥，第1351页。

③ 《明宪宗实录》卷32，成化二年七月癸未，第636—637页。

内量拨守瞭。北面沿边一带墩台空远者，各添墩台一座，共三十四座。随其形势以为沟墙，必须高深，足以遮贼来路，因其旧堡，广其规制，必须宽大，足以积粮草，容人马。庶几墩台稠密而易于瞭望，烽火相接而人知防避，营堡相接而易于策应，声势相倚而可以遥振军威。[①]

不论是刘文的"相其险要，深为阱沟，因其高阜，监为墩堡，急则有所凭恃，而应援便则出其不意"，还是王复的"随其形势以为沟墙，必须高深，足以遮贼来路"，多少都显示了于陕西诸边修边的思想萌芽。与此同时，东邻的山西镇防线上已经有人提出"斩砌边墙"[②]的意见。随后在成化三年(1467)，朝廷已"命巡抚山西右佥都御史李侃等修理黄河七堡，并保德州一带边墙，酌量军民多寡、地方缓急，调拨民壮，支与口粮，相兼修筑"[③]。五年(1469)宣大总兵上报已经修筑边墙壕堑 114600 余丈[④]。可以看出，成化初年，修筑边墙已经成为边镇防守的一种新举措和新趋势。在这一背景下，成化六年(1470)巡抚延绥等处左副都御史王锐建议修筑榆林一带边墙，所谓："设险以备边患。谓榆林一带营堡，其空隙之地，宜筑为边墙，以为拒守。其墙于墩外修筑，址广一丈，杀其上为七尺，上为垛口五尺，共高丈八尺。上积垒石，于墩下各筑小堡，可容官军护守。虽暂劳人力，而得以永为边备。"[⑤]此建议得到了朝廷的同意。成化八年(1472)二月，朝廷"命大同、宣府、蓟州密云、辽东、甘肃等处，及偏头雁门、紫荆、倒马、居庸等关镇守总兵内外等官，修补墩台、城堡、边墙、壕堑，时延绥、宁夏以有警故不及"[⑥]。说明当时修边工程尚未兴工。学界一般认为陕西西北边墙以延绥镇修筑最早，时间在成化八年，并且认为首倡和主持修建者是巡抚余子俊，其实这一说法不完全准确。如前所述，成化六年(1470)巡抚延绥等处左副都御史王锐就建议修筑榆林一带边墙，得到朝廷准允。第二年正月，余子俊以都察院右副都御史身份代替王锐巡抚延绥地方，继续坚持了王锐的修边举措，只是是否按照王锐原先的设计来进行，尚不是很清楚。文献记载，"七年(1471)

① 《明宪宗实录》卷 36，成化三年十一月己丑，第 714—716 页。
② 《明宪宗实录》卷 32，成化二年七月戊戌，第 645 页。
③ 《明宪宗实录》卷 40，成化三年三月壬申，第 809 页。
④ 《明宪宗实录》卷 68，成化五年六月丙子，第 1360 页。
⑤ 《明宪宗实录》卷 77，成化六年三月辛卯，第 1491—1492 页。
⑥ 《明宪宗实录》卷 101，成化八年二月丁亥，第 1970 页。

六月内，因总兵、巡抚官之议，乃依界石一带山势，随其曲折，铲削如城，高二丈五尺，川口左右俱筑大墩，调军防守，以为一营永逸之计。然未尝拟奏借役民夫，而守备城堡客兵多不过千人，不可供役”[①]。这应该是余子俊任职内的事情，但因为当时延绥等沿边战事和“未尝拟奏借役民夫”而没有动工。第二年九月和十二月余子俊和平虏将军总兵官赵辅、参赞都御史王越等还先后上奏和会同勘议兴修边墙事宜，朝廷明确指示他们“及时兴举”[②]。成化九年(1473)有“余子俊方修治边墙”[③]记载，而余子俊个人也说“成化十年(1474)臣巡抚延绥时，曾奏起陕西民夫五万名，相兼所在官军，因其地势，或削山筑墙，或筑墩挑堑”[④]。所以，艾冲教授认为延绥一带边墙的兴筑是在成化九年和十年进行和完工的[⑤]，其观点是正确的。不过，延绥镇边墙总体上有“大边”、“二边”两道东西向长城，两道长城各为何人所修，位置若何，文献记载确有出入，艾冲教授在《明代陕西四镇长城》一书中也有详细的研究，但依然还有一些有必要申明和探讨的地方，兹一并陈述如下。

(1)如前所述，增修堡寨、墩台并堑壕筑墙自成化二年以来就不断有人提出，修筑榆林一带边墙的具体设想和计划由王锐于成化六年(1470)提出，且得到了朝廷的批准。按照这一计划，榆林一带边墙建筑应在榆林城以北二三十里的瞭望墩台沿线。该边墙建成以后，拟将其以内田土进行分配和屯种。如果说后来形成的“夹道”南北宽40—60里的话，那么该计划中的边墙就应当是后来大边的位置所在，但事实又不是这个样子。因为后来的大边北距榆林城仅有9里，北距神木仅4里(此说可能有误，但亦当不远)。据此，后来的筑边计划没有采纳和延续王锐的设想，而是余子俊任巡抚以后集众议的新设计。

(2)余子俊主持修建的边墙应当包括后来所说的“大边”和“二边”西段的一部分。成化十年余子俊按计划修筑完边墙后向朝廷的汇报讲，“奏修筑边墙之数：东自清水营紫城砦，西至宁夏花马池营界牌止”，“凡修边墙东

① 《明宪宗实录》卷102，成化八年三月庚申，第1995页。
② 《明宪宗实录》卷111，成化八年十二月丙子，第2162页。
③ 《明宪宗实录》卷123，成化九年十二月壬申，第2362页。
④ 余子俊：《议军务事》，《明经世文编》卷61，第487页。
⑤ 《明代陕西四镇长城》，第21页。

西长一千七百七十里一百二十三步，守护壕墙崖砦八百一十九座，守护壕墙小墩七十八座，边墩一十五座”[①]。可以看出，余子俊的汇报中似乎只有一道边墙，其长度和起止都很清楚，这就是后来人普遍认为的大边长城。从常理来讲，如果余子俊主持修建了后人所说的“二边”边墙，并且是在成化九、十两年间完成的，他不可能不于其中予以汇报和“表功”。看来，这些数字中应该包含着后者的一部分。因为当时尚没有“大边”、“二边”的概念，之所以没有“二边”概念，就是因为它没有形成一道完整的边墙，与此相对应也就不存在“大边”的概念。既然没有“大边”、“二边”的概念，就只有一个边墙概念，故而一并就数字来汇报。为什么说该数字中包含有“二边”的一部分呢？这是因为：其一，成化七年至十年间计划和从事修墙时，确实一再谈到利用并修复北宋时期防御西夏的西面铁角城一带防御工程，至成化八年(1472)十二月，总兵官武靖侯赵辅同参赞都御史王越、镇守总兵马文升、巡抚余子俊等官“勘议”时，还是认为，“其铲山筑墙并修理铁角等城，用力不多，为计甚远，镇守等官奏欲动调人夫五万，优免徭役，支费官钱，俱乞允行”。遂得到“铲山筑墙及修铁角等城，众议既协，宜令及时兴举，俱允之”[②]的答复。可见，这一带工程也属第二年兴举工程的组成部分；其二，成化九年(1473)，平虏将军总兵官刘聚、参赞军务左都御史王越，会同沿边镇守巡抚等上《安边三策》所言——“其(延绥)东西二路墩台迤南，俱有山险，先已役民五万铲削如城”[③]——不只是指后来所说的“二边”工程，其主体应是“大边”的组成部分，这从工程位于“东西二路墩台迤南”可以得到确证。当然，其中可能也包括铲山筑墙和护卫一部分城堡，即后来被纳入“二边”的一部分。该项工程于同年因为天旱经巡按御史苏盛建议停工；其三，后人屡次提及余子俊所修边墙的长度与余子俊所汇报的边墙长度相差过远。如嘉靖二十五年(1546)总督三边曾铣、巡抚谢兰、张问行奏言，“东自黄甫川起，西至定边营止，延袤一千五百余里，岁久倾颓，余址间存，不异平地”[④]。《皇明九边考》说，“东起黄甫川，西至定边营，长垣九百二十余里，

---

① 《明宪宗实录》卷130，成化十年闰六月乙巳，第2468页。

② 《明宪宗实录》卷111，成化八年十二月丙子，第2162页。

③ 《明宪宗实录》卷120，成化九年九月壬子，第2323页。

④ 《明世宗实录》卷318，嘉靖二十五年十二月庚子，第5924—5925页。

城堡三十四，墩台一百七十有零”[①]。又说“余子俊奏修榆林东中西三路边墙崖堑一千一百五里”[②]。《边政考》说“一千五百里有奇”[③]。嘉靖三十年延绥镇巡官张愚等也说“东西相距千五百里”[④]。据此，从黄甫川到定边营所管地段边墙充其量也就1500余里。余子俊所汇报数字较此多了270里，这270里当包括“守护壕墙崖砦八百一十九座，守护壕墙小墩七十八座”的壕墙的长度，而这些崖砦壕墙或有一部分属于后来的“二边”西段的一部分。另外，余子俊所修边墙的东端，他本人只说是起于“清水营紫城砦”，据说，此寨位于今府谷县黄河岸边墙头村一带，向西不远即是“黄甫川”，所以后人的说法属于简略之说，也是对的。

(3)“大边”、“二边”概念及其相关问题。“大边”一词最初出现于弘治时期，是在大同镇边墙修筑及其维修过程中最先使用的概念，与此相应，在该镇又有“小边”(即内边)的说法[⑤]。延绥镇出现类似的概念，大约是在嘉靖时期。嘉靖十年(1531)总制陕西三边尚书王琼奏议：“若延绥边墙，在二边犹因山为城，易于战守。乃大边则沙漠平漫，即城暂而守，然外无墩台之固，内无策应之兵，势不久长。故先朝余子俊修筑二边，迄今尚在，而文贵所修大边，则荡然无复存者。”[⑥]这时距余子俊修边已经57年。后《边政考》称余子俊“之筑榆林也，称大边”，并绘制有详细的大边、二边图[⑦]。嘉靖《陕西通志》亦称余子俊“筑大边”[⑧]，并有“二边”概念。可见，这样的概念是后人对于延绥镇“现存”边墙的一种表述和区分。也有另一种表述，这就是《皇明九边考》所说的“内复堑山湮谷，另为一边，名曰夹道”[⑨]。正是因为是后人的表述，也就从这一时期起，关于大边、二边的历史等问题就出现了认识或表述上的分歧。上引总制陕西三边尚书王琼所言大边为弘治年

① 《皇明九边考》卷7《榆林镇》，第299页。

② 《皇明九边考》卷1《镇戍通考》，第47页。

③ 《边政考》卷2《榆林卫》，第335页。

④ 《明世宗实录》卷375，嘉靖三十年七月丁亥，第6679页。

⑤ 《明孝宗实录》卷126，弘治十年六月乙酉，第2245页；卷132，弘治十年十二月癸酉，第2329页。

⑥ 《明世宗实录》卷130，嘉靖十年九月丙子，第3095页。另见卷127，嘉靖十年闰六月壬辰，第3028页。

⑦ 《边政考》卷2《榆林卫》，第335页，第317—322页。

⑧ 嘉靖《陕西通志》卷10《河套》，三秦出版社，2006年，第467页。

⑨ 《皇明九边考》卷7《榆林镇》，第299页。

间文贵所修，二边为余子俊所修，就是其中之一。其是非真实，艾冲教授已有详确的考证，即肯定大边为余子俊主持兴筑，而否定了文贵所修为大边的说法[①]，其认识是正确的。

"二边"同样是后出的概念，是相对于大边而言的。关于它的修筑也有不同的认识，上述引王琼说以为是余子俊所修。《皇明九边考》所言"夹道"，就其文意看，也似认为是余子俊所修，但不是很明确。嘉靖《陕西通志》说"弘治间，总制秦纮筑二边城，北为河套，东自黄甫川，……西过徐斌水"[②]。这是针对余子俊修筑"大边城"而说的，显然认为二边是弘治年间秦纮所修。而今人艾冲教授则确认其为余子俊所修。那么，二边究竟是何人于何时修筑的呢？笔者认为，其修建时间应在成化九年(1473)至嘉靖十年(1531)期间，修筑者可能包括余子俊、秦纮等多人。首先，如上所述，余子俊在修大边时只修建了二边的西边一部分，甚至当时还看不出作为一边的形态，否则不会不加以汇报，也不会没有人提起。况且边墙的长度也与此不合。其次，弘治十七年(1504)秦纮上奏称，"臣尝督修诸边城堡一万四千余处，边堑六千四百余里"[③]。而据杨一清奏修宁夏、固原一带边墙说，"弘治末至今，寇连岁侵略。都御史史琳请于花马池、韦州设营卫，总制尚书秦纮仅修四五小堡及靖虏至环庆治堑七百里"[④]。也就是说秦纮修筑过这一带(包括延绥镇)边墙城堡，因此14000余处城堡和6400余里边堑中，应该有相当一部分属于延绥镇二边的组成部分。另外，正德十二年(1517)巡抚都御史陈璘、总兵官王勋等也曾"修筑榆林边墙三十余里"[⑤]。这些虽然没有明确记载是"二边"工程，但弘治末正德初年，杨一清以为延绥大边"余子俊修之甚固"[⑥]，则这些修筑分布于大边和宁夏一带者当很有限，其相当一部分属于二边工程的可能性很大。复次，就常理而言，只有二边完整形成以后，才会与大边对应起来谈，并且才有区分和分别表述的必要。嘉靖年间出现的"大边"、"二边"概念正说明了这一点。

继延绥镇之后，宁夏镇、固原镇和甘肃镇也相继投入边墙的修筑。成

① 《明代陕西四镇长城》，第25—27页。

② 嘉靖《陕西通志》卷10《河套》，第467页。

③ 《明孝宗实录》卷211，弘治十七年闰四月乙亥，第3942页。

④ 《明史》卷198《杨一清传》，第1351页。

⑤ 《明武宗实录》卷148，正德十二年四月丁未，第2883页。

⑥ 《明史》卷198《杨一清传》，第1351页。

化十年(1474)，巡抚宁夏都御史徐廷章奏筑河东边墙，这段边墙西起黄河嘴，东到花马池，全长387里。弘治十五年(1502)总制尚书秦纮奏筑固原边墙，自"徐斌水起，迤西至靖虏营花儿岔止六百余里。迤东至饶阳界止三百余里"。正德元年(1506)，总制杨一清又修筑了此前徐廷章主持所修的外边墙，"高厚各二丈，墙上修盖暖铺九百间，墙外浚旧堑亦深阔各二丈，于是外边之险备矣"。嘉靖九年(1530)总制王琼重新修筑上述秦纮所筑内边长城，并在此基础上，"又自花儿岔起，西至兰州枣儿沟止，开堑三十四里"。后因清水营、兴武营、花马池、定边各营地方，常是河套诸部侵扰往来的必由之路，总制王琼又从黄河东岸横城堡起，向东转南方向，直抵定边营南山口，修一道长堑，长210里，同时修筑墙体18里。随后，总制唐龙、总制王宪、总制杨一清都曾于此有所致力。刘天和还"奏筑叠堤一道，亦西自横城(堡)，南抵南山口，并壕墙为二道"[①]。今人华夏子考证，宁夏境内明长城大致可以分为三部分：即东长城、北长城和西长城。东长城由陕西定边进入盐池县，向西抵黄河横城。北长城有两道，由灵武横城沿黄河向北至内蒙巴音陶亥农场北，过黄河抵石嘴山境东北贺兰山下，为旧北长城。北长城在旧长城南，宁夏平罗县境。西长城起于石嘴山市境，沿贺兰山由北向南进入中卫县后，改沿黄河西行进入甘肃靖远县[②]。因此，至明代中期，宁夏镇已经构筑成三面长城环绕的防御格局，固原镇北面也已经被几道壕堑所护卫。这样的格局与这一时期蒙古诸部的侵扰和战争的集中发生密切相关，是适应本镇防卫形势的新部署。

与以上三镇相比，甘肃镇长城修筑较晚，弘治九年(1496)尚是"其地内无黄河之险，外无边墙之限"[③]的情况。弘治十六年(1503)镇守总兵官刘胜奏请修筑"自庄浪接宁夏冈子墩起，至肃州嘉峪关讨来河止，修筑边墙总二千六百七十八里"[④]，并说这是前镇巡所议。

大概从此以后，这一带开始修筑边墙，艾冲教授以为自此时至正德二年(1507)主要是修壕堑，嘉靖中期开始主体筑墙，遂形成东起兰州西至嘉

---

① 《皇明九边考》卷1《镇戍通考》，第47—49页。

② 华夏子：《明长城考实》，档案出版社，1988年，第73页。

③ 《明孝宗实录》118，弘治九年十月戊戌，第2136页。

④ 《明孝宗实录》卷199，弘治十六年五月己巳，第3681—3682页。

峪关的2000余里的长城[①]。

自成化以降的长城修筑，是蒙古诸部形成强大联盟和不断侵扰背景下的无奈之举，也是适应新的防卫形势的新部署。随着长城在各镇的相继实现，与之相配套的城堡建设和重新部署也在不断的进行中，在这一过程中各镇都增设了数量不等的城堡，对于各个重要侵扰路径及其沿线进行了重点建设，有的修筑边墙数道，从而比较全面、完整地构建起沿边地带的边防设施体系。如果说，"搜套"、"复套"还多少带有一些明初防边的进取精神的话，长城的全面建设及其布防，则宣告了这样的时代的结束。明中期北方边防经营上的变化亦以此为最大。

长城固然在一定程度上遏制了蒙古诸部势力铁骑的肆意践踏，在一定时期各边内军民均不同程度地得到了长城的护卫，过上了较以前较为安生的生活，如延绥镇长城，"厥功告成，自是虏寇稀矣"[②]；"寇抄渐稀，军民得安耕牧焉"[③]。但它们并没有起到当初设想的那样理想的作用，这一方面由于长城本身的泥土性质所造成的易毁性，另一方面也因为沿边地带地理环境和风沙影响，加上蒙古人的破坏，所以至嘉靖中期，不少地段的长城及其壕堑都不同程度地出现"岁久倾颓，余址间存，不异平地"[④]的情况。另外，长城毕竟只是一个防御设施，各种堡寨和贯穿其中的军事布局，也都只是基于地理条件的可能的创获和利用，如果军队、指挥官，包括一系列好的制度，没有得到好的建设，仅仅通过这些"硬件"建设，还是不能够彻底保障边地无虞的。清康熙皇帝说："帝王治天下，自有本原，不专恃险阻。秦筑长城以来，汉唐亦常修理，其时岂无边患？明末我太祖统大兵长驱直入，诸路瓦解，皆莫敢当。可见守国之道，惟在修德安民。民心悦，则邦本得，而边境自固，所谓众志成城者是也。"[⑤]其话虽然重在说明治国之道，长城的情况也是一个道理。所以，在随后的过程中，除了不断的修复、加固长城以外，加强人力调配和组织多重防御布局也一直没有松懈，这从嘉靖中期以降各种各样的守边策不时出现，可以得到较为充分的证明。

---

① 参见《明代陕西四镇长城》，第98—107页。

② 丘浚：《兵部尚书余肃敏公子俊传》，焦竑《国朝献征录》卷38《兵部一》，台湾学生书局，1965年，第1588页。

③ 《明史》卷178《余子俊传》，第1229页。

④ 《明世宗实录》卷318，嘉靖二十五年十二月庚子，第5924—5925页。

⑤ 《清圣祖实录》卷151，康熙三十年五月丙午，中华书局，1985年，第677—678页。

各种守边策的内容五花八门，甚至多集中在军事兵力的部署和协调等上面，但还有一种主要是构筑多边或多重防卫线，这是对长城防线的有力补充。兹引述几种设想、认识和具体内容如下：

成化九年(1473)二月陕西都御史马文升上《御寇安民事宜策》指出：

> 今宜仿有宋缘边、次边之制，省百姓转输之劳，以榆林一带城堡为缘边，令见(现)在重兵就粮防守，若虏来近边，则勿轻出，必其深入，乃合击之。以米脂、绥德、安定、保安、金汤、铁边、柔远、怀安、环县、庆阳、平凉、固原一带为次边，分布客兵，以时截杀。各处运粮止于次边，使彼在边既无所掠，深入又多失利，必将渡河而去。纵不渡河，陕西军民亦可少息矣。[①]

弘治十四年(1501)兵科给事中屈伸说："陕西西北即是河套，以延绥、宁夏为第一边，以环、庆、韦、固为第二边，东南则内地也。"[②]其说法与上述马文升所言基本一致。弘治十五年(1502)总制尚书秦纮提出"四厄"说。他说：

> 御戎之道，当以守备为本。平凉北四百余里，旧有豫旺城，固(原)、靖(虏)北三百余里，旧有石峡口及双峰台城。此皆达贼入寇总路，最宜设备。欲将此三处修完，分兵防守，东与环(县)、庆(阳)，北与韦州，烽火相传，互为应援，此第一厄也；进而稍南，内有野处军民，已为随山修堡，使皆险固可依。又有西安州、镇戎所、海剌都、打剌赤、黑水口、干盐池、撒都城，犬牙参错，(此第二厄也)；又进而南，则有固原卫、靖虏卫、平滩堡、一条城、东山城、白杨城，分布守御，此第三厄也；又进而益南，则有火龙沟、虎山沟、金佛峡、麻张沟、海子口，乃贼深入腹里之路，亦皆山间蹊径，用力不多，各以石甃为墙，仍各留门，以便军民出入。其门俱有铁裹，墙上各建管房，分兵防护。一夫守险，百人难过，此第四厄也。夫贼路固多，如此处置，则贼无入路。就令能入，跋涉路迷，人马力疲。况各堡屯兵随处设险。我欲夹攻者易，贼欲入寇

① 《五边典则》卷13《陕西总》，徐丽华主编《中国少数民族古籍集成》(第3册)，第518页。
② 《五边典则》卷15《陕西总》，徐丽华主编《中国少数民族古籍集成》(第3册)，第597页。

者难。以此防边,似为得策。[①]

嘉靖前期许论在《九边图论》中也说,"固原为堂奥,响石沟至花儿岔为第二门,花马池一带为三门,谓有重险矣"[②]。可以看出,伴随着长城的兴筑以及多边墙隘的防御实践,构筑多重防御和多重布局的思想和建议开始得到重视,并从理论上对这一带防御布局加以审视和认识,这是西北边地防御布局认识的新进展。这样的进展标志着西北防御布局从思想到实践都日渐趋于成熟。

---

① 秦纮:《边备事宜疏》,《明经世文编》卷68,第575页。

② 许论:《九边图论》,徐丽华主编《中国少数民族古籍集成》(第6册),第603页。

第十一章　延绥镇的粮饷供给(一):镇内自给

陕西四镇中,延绥镇的地理位置最为特殊。其它三镇都依托有或大或小的地区性农业经济区:宁夏镇依托宁夏平原,甘肃镇依托河西走廊绿洲农业,固原镇依托固原盆地和平凉地区。唯独延绥镇地处毛乌素沙漠南缘和黄土高原深处,传统农业发展最为薄弱。这一天然的自然条件,决定了本地难以依托现有的地理环境状况来支撑大量的驻军。建镇以前,该防区驻军不多,又有河套南部一带农牧业的补充,基本的生活所需尚不成问题。延绥镇形成以后,一方面驻军人数增加,另一方面因为备战而不时调来大量的外来军士,粮食供应就非常紧张,甚至成为能否支撑边防的一大难题。为此,政府采用多种方式解决粮饷问题,在这多种方式中,当地屯田及其粮饷供给始终是一项基本的制度与举措。

一、屯田与镇内自给

明代九边中,不论哪一镇,要获得稳定的存在与发展,首先要有相对稳定的粮饷来源,而这一点最主要的就是立足于本镇而发展的屯田生产。延绥镇的屯田有军屯、民屯和商屯三种形式,民屯和商屯发展薄弱,特别是商屯,时断时续,很不稳定。因此,民屯和商屯在二百多年的粮饷供应中所占的比重是相当有限的,延绥镇的屯田及其粮饷供给主要来源于军屯。

延绥镇屯田约与陕西地区屯田同时兴起,时间可能在洪武三、四年(1370—1371)间。到洪武六年(1373),“天下卫所州县军民皆事垦辟”[①],延安、绥德等卫自然也不例外。至此以后,有关陕西军民屯田的记述渐多,如:洪武十三年(1380),“诏陕西诸卫军士留三分之一守御城池,余皆屯田给食,以省转输”[②]。洪武十五年(1382),“诏遣延安侯唐胜宗、长兴侯耿炳

① 《明史》卷77《食货一》,第510页。

② 《明太祖实录》卷133,洪武十三年九月癸丑,第2118页。

文巡视陕西城池,督军屯田”[①]。洪武二十五年(1392)三月,朱元璋以陕西等处城池久不修浚,士马久未检阅,“屯田之兵亦多逋逃,恐武备渐致废弛,……乃命长兴侯耿炳文理庆阳、延安、绥德、宁夏左右二屯凡五卫,……仍戒以各慎乃事,务安军民”[②]。就是说,洪武时期,延绥镇所在地区诸卫所,都已不同程度地从事屯田经营了。

延绥镇军屯提供给本地的给养主要有三种:(1)屯粮。屯粮也称“屯田子粒”或“税粮”。按照当时的制度,夏季缴纳者称为“夏税”,秋季交纳的称“秋税”,在后来的有些时候,部分子粒还折银征收。(2)地亩银。就是按军士屯田所领授地亩所征收的银两。(3)草料。草料包括粮料和草料,粮料有时并入屯粮,而按屯田缴纳的马草称为“屯草”。由于后者有时是屯田所得的禾秸等,故又称“谷草”,秋天采打的青草称“秋青草”[③]。

军屯田地主要来源于官田,其中大部分是元末战乱背景下形成的荒田,另有一部分来自政府没收的田地,所谓“凡屯田腹边,公田、闲田、没田给卫所耕”[④]即是。“公田”就是“官田”,是由政府所有并直接经营的土地;“闲田”即荒闲地,有些是抛荒的无主土地,有些则是屯军新开荒地。成化六年(1470)三月,“诏陕西延绥开屯田”,因“榆林一带营堡原无额设田地”,故“令陕西三司督令营堡委官,通将沿边田地丈量,分拨官军耕种”[⑤]。延绥沿边地区地阔人稀,屯军在此不断开辟新的屯地。成化九年(1472)延绥巡抚都御史余子俊奏修边墙城堡后,将“墙内置地悉分屯垦”[⑥],随后屯垦还拓展到了榆林以南地区,令榆林以南,招集军民屯田,“每一百亩,于邻堡上纳子粒六石”[⑦]。这样,延绥地区的大量荒地都得以开垦,成为屯地的主要来源。“没田”即“没官田”,亦称“籍没田”。明朝规定,凡是民间因触犯法律而被籍没家产的人,田土勒令没归官有[⑧],这些籍没入官的土地就是“没田”,实际上也是官田的一种。据相关研究,明初的“没田”主要分布在

① 《明太祖实录》卷147,洪武十五年八月己丑,第2318页。
② 《明太祖实录》卷217,洪武二十五年三月至五月癸未,第3187—3188页。
③ 《明代的军屯》,第130页,第139页。
④ 郑晓:《吾学编》卷65《皇明百官述》,上海古籍出版社,1995年,第124页。
⑤ 《明宪宗实录》卷77,成化六年三月壬辰,第1493页。
⑥ 《明史》卷178《余子俊传》,第1229页。
⑦ 《明宪宗实录》卷122,成化九年十一月甲辰,第2353页
⑧ 《吾学编》卷65《皇明百官述》,第129—130页。

江南一带,西北延绥一带可能有罚没元末地主的田地,但其在屯地份额中的比例应当有限。

对于军屯地的分布,明代有两个重要原则:"第一、尽可能拨给屯种军士肥沃土地;第二、尽可能给他们附近或附郭土地"[①]。得益于第一个原则,时任兵部侍郎、总督陕西三边军务的曾铣奏称,"全陕内地,屯田百万,多擅膏腴"[②]。到隆庆三年(1569),时任总理屯盐都御史庞尚鹏,清理延绥屯田时发现,当地屯田仍有很多肥沃土地,"东起黄甫川,西至定边营,千有余里,膏腴之地,无虑数万顷"[③]。第二个原则以及明代军屯的基本组织形式,直接影响了延绥镇屯田的分布。就近划拨原则决定了延绥镇屯地,绝大多数分布于镇域所辖卫所营堡的周围。其具体范围,大致北抵边墙,南至庆阳、延安、绥德诸卫所,东以黄河为界,西与宁夏镇花马池接壤。

军屯的生产组织以"屯"为基本单位。"屯"的基层组织是"屯所",即"屯田百户所",一屯有若干人或若干户。在边地,为防御蒙古诸部的侵掠,往往合几个"屯"或"屯所"立一个"屯堡"[④]。这些屯堡,就是延绥军屯的基本组织形式。这样,"屯"依附于屯堡,屯堡依附于卫所营堡,形成自上而下的管理体制。

延绥镇军屯的分布情况前后有所变化。正统以前主要分布于今榆林以南。史载,"延绥沿边地方,自正统初创筑榆林城等营堡二十有三,……南二三十里之内植军民种田界石,凡虏入寇,必至界石内方有人,乃肆抢掠"[⑤]。就是说,当时军民屯垦田地的北界位于榆林等营堡南二三十里及其以内。成化年间,延绥镇修筑边墙,旧界石以北诸地因边墙得以保护,边墙以内便得以分配和垦殖。延绥巡抚余子俊说,"其界石迤北直抵新修边墙内,地俱已履亩起科,令军民屯种,计田税六万石有余"[⑥]。自此,屯垦面积进一步扩大。正是这一时期,政府对于这一带屯田耕垦进行了严格的分配和管理,各营堡田地、草场界限分明。文献记载:

① 《明代的军屯》,第 94 页。

② 曾铣:《复套条议》,《明经世文编》卷 240,第 2511 页。

③ 庞尚鹏:《清理延绥屯田疏》,《明经世文编》卷 359,第 3875 页。

④ 《明代的军屯》,第 186 页。

⑤ 《明宪宗实录》卷 102,成化八年三月庚申,第 1994—1995 页。

⑥ 《明宪宗实录》卷 130,成化十年闰六月乙巳,第 2467 页。

> 成化十年(1474),令陕西榆林等处近边地土各营堡,草场界限明白,敢有那移条款,盗耕草场,及越出边墙、界石种田者,依律问拟。追征花利完日,军职降调甘肃卫分差操。军民系外处者,发榆林卫充军;系本处者,发甘肃充军。[①]

后来,余子俊在其所上《备边事宜》奏报中讲,"延(绥)、庆(阳)一带旧立界石为限,不许越地屯种。近年贪利之徒,占田出界石至有七八十里者",由此"招衅纳寇"[②]。出界占田现象应该说由来已久,所以才有"界石"加以限制。成化十年长城修成以后,如上引文所说,政府又加以严格管理和限制,但依然没有阻止住沿边军民的越界开垦,其越界程度有远至七八十里者。在这一境况下,田土粮食、人口靠近边界,成为诱发侵扰的一个重要原因。余子俊此疏就是请求朝廷,严禁军民越界种植,后得到朝廷的支持。延绥镇边墙以北的河套地区,在明代初年曾是当地军民重要的屯垦区。当时有人讲,"套地长几二千里,横数百里,山川环列,原田沃饶"[③];"彼时虏少过河,军士得耕牧套内"[④]。也正因为如此,明初除屯垦外还有樵采围猎之利,"故诸堡皆称丰庶"[⑤]。后来蒙古诸部相继进入河套,特别是成化十年"大边"修成以后,当地军民的耕田、牧放和樵采自然撤出,"诸利尽失"。当然,成化以后也曾根据情况不定期的有所开放。地志记载:"大边之外,各衙门有分地,居人亦各有旧庄及先世所占地。放人出耕,则地百倍。正统以前不禁,成化中间放,弘治来,惟巡抚陈公寿一放,正德丁丑再放。"[⑥]但这样的开放对于当地军事屯田的意义可能相当有限,而对部分将官豪强等的获利可能更有意义。

军屯地的南界较为复杂,除了分布在沿边地带的屯地较集中外,榆林以南的屯地是拨自延安府、庆阳府的官田或荒闲地,与民田形成犬牙交错的状态。地志记载:"威武(堡)迤西,饶阳(堡)以东,北铲削二边,南界延安

---

① 杨时乔:《马政纪》卷11《各边草场》,文渊阁四库全书(663),台北故宫博物院藏本,第627页。

② 《明宪宗实录》卷170,成化十三年九月甲戌,第3078页。

③ 《读史方舆纪要》卷61《陕西十》,第2908页。

④ 程道生:《九边图考》,徐丽华主编《中国少数民族古籍集成》(第4册),第290页。

⑤ 《读史方舆纪要》卷61《陕西十》,第2908页。

⑥ 万历《延绥镇志》卷2《钱粮上》,第151—152页。

府安塞、保安、安定,庆阳府合水、环县,给延、庆二府募军余丁及赖字号军余住种";绥德卫官军田地,自"高家堡迤西,威武堡迤东,北铲削二边,南杂葭州吴堡县、绥德州清涧县民田,沿黄河至清涧县南营田铺止";延安卫官军田地,"北与榆林卫屯田邻伍,东、南、西俱与本府内州县民田相搀"[①]。就是说,军屯地的南界延伸到延安、庆阳府及其下辖的州县中,军屯田地与州县民地呈现出"插花地"的状态。

表 11—1　延绥镇主要军屯堡寨的分布

屯堡	辖屯	屯地所在
威武堡	东赖字号屯、府谷屯	延安府府谷县
龙州城	吴堡屯、神木屯	延安府吴堡、神木县
镇靖堡	葭州屯、米脂屯、宁州屯	延安府葭州、米脂县,庆阳府宁州
靖边营	绥德屯、清涧屯、安定屯	绥德州、延安府安定县
宁塞堡	保安屯、安塞屯	延安府保安、安塞二县
把都河堡	环县屯	庆阳府环县
永济堡	肤施屯、延长屯、东真宁屯	延安府肤施、延长二县
新安边营	延川屯、宜川屯、甘泉屯、中部屯、鄜州屯、洛川屯	延安府延川县、宜川县、甘泉县、中部县、鄜州、洛川县
新兴堡	西真宁屯、宜君屯	延安府宜君县
石涝池堡	合水屯、西赖字号屯	庆阳府合水县
三山堡	安化屯	庆阳府安化县

资料来源:据万历《延绥镇志》卷 2《钱粮上》整理。

延绥镇屯地的数额有多少?这不得一概而论。按照政府的规定,屯田兴起及其以后,政府拨给每名屯军"一分"土地。这分田地的实际亩数有多少,也是因为不同地区田地的总量、田地与军士居第的远近,以及土质肥瘠

① 万历《延绥镇志》卷 2《钱粮上》,第 148 页。

等诸多差别而有所不同。《明会典》记载:“每军种田五十亩,为一分,又或百亩,或七十亩,或三十亩、二十亩不等。军士三分守城,七分屯种。又有二八、四六、一九、中半等例,皆以田土肥瘠,地方冲缓为差。”[①]说明当时没有严格的统一标准。成化六年(1470)三月,“诏陕西延绥开屯田。……令陕西三司督令营堡委官,通将沿边田地丈量,分拨官军耕种,每岁秋之后,量征谷草入官,人田百亩”[②]。则延绥镇沿边屯地是“人田百亩”的标准。王毓铨先生认为,延绥镇屯田军士的田地基本稳定地维持在每分一顷(百亩)的水平[③],应该是对的。不过,这种情况在后来也有变化,特别是随着官豪侵占、军士逃亡现象的加剧,一些田土肥沃的地区未必都能够保障军士能够拥有百亩的份额。

延绥镇屯地的总数额问题是一个比较难以确定的难题。从理论上讲,自明代初年屯田伊始,到延绥镇的建立以及以后的发展,屯田数额一定是存在着较大的变化。但限于文献记载的缺漏,现在只能根据仅有的一些记录,对于相关时段上的数额作一说明。

(1)成化至嘉靖年间的屯田数额。成书于万历十年(1582)的《万历会计录》(以下简称《会计录》)记载,延绥镇“国初屯田37756顷22亩”[④]。《明实录》成化十三年(1477)记载,“延(安)、庆(阳)、绥(德)三卫,原有屯地一万一百余顷,每军一名该地一顷,共纳子粒五万六千余石,谷草七万九千余束”[⑤]。后者所言延安、庆阳、绥德三卫,正是榆林卫设立以前的最初情况。榆林卫设立以后,特别是榆林沿边地带后来有不少荒闲田被纳入屯地,分配给军民耕种,其田地有多少?嘉靖《陕西通志》记载说,榆林卫屯地为27965顷[⑥],如果所说榆林卫是独立的一卫,那么将上述三卫与榆林卫的数字相加,所得结果就应当是当时延绥镇屯田的地亩数,其总和是38065顷。这个数额可能就是成化至嘉靖间延绥镇屯地的基本数额,它与《会计录》所载明代初年的数额比较接近。

---

① 《明会典》卷18《户部五》,第119页。

② 《明宪宗实录》卷77,成化六年三月壬辰,第1493页。

③ 《明代的军屯》,第71页。

④ 张学颜等:《万历会计录》卷26《延绥镇饷额》,北京图书馆古籍珍本丛刊(53),书目文献出版社,1998年,第903页。

⑤ 《明宪宗实录》卷166,成化十三年五月庚午,第2999页。

⑥ 嘉靖《陕西通志》卷34《田赋》,第1879页。

(2)万历十年(1582)屯田数额。万历十年十月延绥巡抚王汝梅奏报:

> 清丈榆林、绥德、延安三卫原额屯地三万九千七百五十三顷四十三亩,原额屯粮六万七千七百三十三石有奇。节年失额并沙滩水压甚多,今次清丈,除补足原额外,尚多抛荒屯地三十顷四十三亩,征粮七十一石有奇。①

据此,万历十年榆林、绥德、延安三卫屯地数额应当在40000顷左右。这次屯地清查可能与张居正改革的影响有关。张居正在改革期间,曾任用户部尚书的张学颜等清丈土地,核实税额,其结果是"自正(统)、嘉(靖)虚耗之后,至万历十年间,最称富庶"②。延绥镇在万历十年的屯地数额,基本上反映了明代中期的屯地数额,如果考虑到一些官占等因素,40000顷以上大概是明代中期延绥镇屯田数额的常规数额或理论数额,后来即使有所增加,增加的幅度也不会很大。

另外,康熙《延绥镇志》中保留了一些明代延绥镇军屯的资料,据记载,榆林卫原额屯地共5774分,其中有官地74分,屯地5700分。按每分为6顷计,共计34644顷(原文数为36960顷零,当误)。其中官地74分,分拨给"只身百户",其余5700分分给军籍军士,也就是说实际军士屯地34200顷;绥德卫原额屯地5700分,每分1顷20亩,则屯地有6840顷,除去部分官员地和嘉靖初年修筑边墙时一些弃地,实在屯地6636顷;延安卫原额屯地3072顷66亩8分③。根据这三组数字,可以推算出延绥镇三卫原额屯地总数约为44557顷,除过一些分给百户官员或修边弃地外,总数约为43908顷。这大概是万历以后延绥镇屯地情况的反映。

延绥镇屯田到底能够提供给边军多少粮食?这是评价延绥镇内部供给边粮的基本问题。从明代人的不少记述知,明代初年边镇军饷主要"仰给屯粮","一军之田,足以赡一军之用。后主兵不足,增以募兵,募兵不足,增以客兵,调集多于往时,而坐食愈众"。到中期以后,屯政破坏严重,驻军人数又不断增加,而屯军又大量逃亡,由此造成"屯粮不足,加以民粮,民粮

---

① 《明神宗实录》卷129,万历十年十月甲辰,第2407—2408页。

② 《明史》卷222《张学颜传》,第1510页。

③ 康熙《延绥镇志》卷2《食志》,第72—77页。

不足，加以盐粮，盐粮不足，加以京运”[①]的情况。延绥镇的粮饷实际上也经历了这样的变化，到了明代中期，镇内供粮已经严重不足，以致于普遍认为延绥镇粮储最难。下面就此简要加以说明。

如上所述，《明会典》记载了国初屯地数、成化十三年(1475)屯粮数与现额。其中明初原额官军屯地以及屯粮现额的记载与《会计录》完全一致，二者可能抄写的是同一批数字。《明会典》成书于万历十五年(1587)，《会计录》成书于万历十年(1582)二月，根据一般于岁末报奏钱粮数额的惯例，推测其所载现额应在万历九年(1581)左右。《明会典》和《会计录》记载的原额等数字，与《武备志》中所记的官军、屯粮料、屯草的原额也完全一致，地亩银的数目，《会计录》记录为1114两，《武备志》为1124两[②]，也非常接近，三者著述年代相隔不远，很可能传抄了同一批数字，而所摘抄的来源自然是以户部记录为准的，所以相比起来，这批数字以户部尚书王学颜等著的《会计录》更准确。王毓铨先生分析说，这里的原额并不是指明初的原额，而应当视为弘治年间的数字，如此其记录才与史实吻合[③]。

《皇明九边考》与《边政考》成书年代相近，都在嘉靖中期，它们所记载的屯粮数额(见表11—3)应当是同一时期的著录。嘉靖《陕西通志》和《全陕政要》编撰年代相近，都在嘉靖中期，其中所记屯粮数额完全一致，当是来源于同一资料。需要说明的是，《边政考》和《全陕政要》的数据与嘉靖年间其它史料的记录存在较大的出入，如屯粮料只有33568石，而其它资料记载却有60000余石。究其原因大概在于《边政考》和《全陕政要》二书名目上是榆林镇的数字，实际上仅是榆林卫的各项数字。这从嘉靖《陕西通志》所记录榆林卫屯粮、屯草等数目和它们的数目相合可以得到证明。总体而言，嘉靖年间延绥镇屯田所获得的粮料数额基本上稳定在60000余石上，这基本上就是当时延绥镇屯田自给所能提供的大致数目。

《明经世文编》中提到延绥镇屯粮数额的，有梁材的《议处陕西四镇边储疏》(嘉靖九年，1530)，潘潢的《议延绥新军疏》、《查核边镇主兵钱粮实数疏》(嘉靖二十九年，1550)，二者所报均为嘉靖年间的数字(见表11—3)。刘斯洁所撰《太仓考》成书于万历八年(1580)，其中记录有延绥镇屯粮的现

① 孙承泽:《春明梦余录》(上)卷35《户部一》，北京古籍出版社，1992年，第573页。

② 茅元仪:《武备志》卷207《镇戍四》，(台北)华世出版社，1984年，第8786页。

③ 《明代的军屯》，第112页。

额与原额数,原额数字的年代已不可考,但现额应为万历八年以前的数字。其中屯粮和屯草数与《会计录》所记万历二年(1574)、万历六年(1578)的数目相近或一致,而与万历七年(1579)的数字相差很大。其中特别提到秋青草数额,是万历五年(1577)谭启《边储簿》中所记载的数额。因此估计,《太仓考》记载的屯粮、料草很可能是万历六年(1578)前后的数额(见表11—2)。

表11—2　《太仓考》与《会计录》所载延绥镇的屯粮额数

《太仓考》	屯粮料58518石	草34478束;秋青草12688束	
《会计录》	万历二年,粮33796.77石,料22722,合56518.77石	草34478束	
	万历六年,粮33796石	草34478束	
	万历七年,粮料59587.38石	草25478束,折米草42502束	地亩银1046.16两

说明:《太仓考》秋青草数据万历五年谭启《边储簿》册报。

《武备志》成书于万历三十年(1602)前后,其中所载现额各项数字除地亩银外,其它诸项都与《会计录》所记万历十年(1582)的额数相一致。《明史》记载的屯粮为56000余石,地亩银1000余两[①],该项数额与《会计录》万历十年数额接近,只是具体年代不可考。

康熙《延绥镇志》卷2《食志》记载:榆林卫屯田按原额征粮33558石,万历后实征粮41420石4斗3升;绥德卫嘉靖后除去修边弃地等项,共征粮17766石5斗5升9合1勺;延安卫按原额地征粮14571石7斗。三卫总计约合65897石。另外,在这组数字中有增征均徭银、九厘银、马价、除荒银共2002两3钱8分。九厘银也称辽饷或新饷,是明代加派的三饷之一。万历四十六年(1618),因辽东军事需要,户部尚书李汝华议请每亩田地加征三厘五毫之赋,第二年复加三厘五毫。四十八年(1620)兵、工二部议请再加二厘,前后合计每亩共加征九厘,这就是九厘银。到了崇祯四年(1631),又将原来加征的九厘银提高到了一分二厘[②]。又有自成化中增征的马价银。马价银一般源于地亩银与桩朋银,桩朋法行于成化十三年

① 《明史》卷82《食货六》,第541页。

② 苑书义编:《中国历史大事典》,河北教育出版社,1988年,第381—382页。

(1477)，是对盗失官马责成官兵出银赔补的办法[①]。万历皇帝在位共四十七年，所以这组数字应是万历四十七年(1619)至崇祯四年(1631)这段时间里征收数额的反映。65897石这一征粮数字，与成化十年(1474)余子俊修筑边墙后广开屯垦所得——“计田税六万石有余”[②]——数字相差不大。据此估计，60000余石粮食是延绥镇屯田以供给其内部需要所能提供的基本粮额。其它各时代具体征收情况参见表11—3。

表11—3 延绥镇屯田子粒简况

时间	项目				史料来源
	屯粮料(石)	草(束)	秋青草(束)	地亩银(两)	
成化十年(1474)	60000	44248		1482.42	康熙《延绥镇志》卷2《屯田》、《明宪宗实录》卷130成化十年闰六月条
弘治年间(1488—1505)	65845	43372		1114	《会计录》卷26《延绥镇饷额》、《明会典》卷28《边粮》、《武备志》卷207《镇戍四》
嘉靖八年(1529)前后	66097	73211	983418		梁材《会议王禄军粮及内府收纳疏》、《议处陕西四镇边储疏》，《明经世文编》卷103、卷104
嘉靖十年(1531)	66139.18	73221	377460		《会计录》卷26《延绥镇饷额》
嘉靖十八年(1539)前后	66135	73211	733460		《皇明九边考》卷7《榆林考》
嘉靖二十九年(1550)前后	66135	73211	377460		潘潢《议延绥新军疏》、《查核边镇主兵钱粮实数疏》，《明经世文编》卷198、卷197
嘉靖三十四年(1555)	63900.76	69555			《会计录》卷26《延绥镇饷额》

① 姚继荣:《明代西北马政述论》，《青海师专学报》1996年第1期。

② 《明宪宗实录》卷130，成化十年闰六月乙巳，第2467页。

续表

时间	项目				史料来源
	屯粮料(石)	草(束)	秋青草(束)	地亩银(两)	
嘉靖四十五年(1565)	64852.56	43416	377640		同上
隆庆元年(1567)	89696.94	80945			同上
隆庆三年(1569)	64852	43416		1096	同上
隆庆五年(1571)	89696.93	80945			同上
隆庆六年(1572)	55825.91	46927			同上
万历元年(1573)	55800	46900			同上
万历二年(1574)	56518.77	34478			同上
万历六年(1578)	58518	34478	12688		《太仓考》卷7、《会计录》卷26《延绥镇饷额》
万历七年(1579)	59587.38	67980		1046.16	《会计录》卷26《延绥镇饷额》
万历九年(1581)前后	56487	61505		1046	《会计录》卷26《延绥镇饷额》、《明会典》卷28《边粮》、《武备志》卷207《镇戍四》
万历四十七年至崇祯四年间(1619—1631)	73758.6			2002.38	康熙《延绥镇志》卷2《屯田》①

说明:万历六年的屯粮料在《会计录》中只记载了粮数,故取《武备志》中的粮料总数。

表11—3显示,延绥镇自身生产所获得的屯粮料,在嘉靖以前总体上比较稳定地维持在60000石以上。隆庆时期总体上发展较好,以致于有两年的屯粮数接近90000石。也可以清楚地看出,从隆庆六年(1572)开始,屯粮已转入60000石以下,并且这一情况一直持续到万历年间。隆庆年间

① 此处万历四十八年,即明光宗泰昌元年(1620)。

出现了两个峰值，并且这两个数额相同，可能与隆庆间曾清理过屯田有关[①]，后一年的数据估计是根据册报表中先年较高的一项数字传抄上去的。天启以后屯粮数额再次上升，超过60000石而升至73000石以上，应当与后期“辽饷”等的加派和政府的特别整治有关。屯草的数量变化比较显著，但秋青草和地亩银则缺乏足够的数据，这与史书中没有明确的记载有关。秋青草由于缺乏数据就不便做长期性的分析，但从现存的成组数据来看，秋青草的数目远多于屯草，应是马草的主要组成部分。秋青草由军士农闲时从草场或野外采打而得，但延绥一带边警频繁，军士时常处于警戒状态，经常有差役，官豪势力役占军士、强占草地，以及蒙古诸部不断侵扰导致采草范围受限等，均不同程度地影响到对秋青草的采打，从而导致秋青草数目变化幅度较大。地亩银数据的缺乏主要是史书缺乏完整的记载。屯田子粒本来就以征本色为主，地亩银在屯田子粒中数额不多，在整个供应总量中就更加有限，因此其记录可能被忽视了。根据现存的数据，估计地亩银的整体水平应维持在1000两左右，只是明光宗泰昌元年(1620)后，因“三饷”的加派使之增加到了2000余两。因此，构成屯田子粒主要内容的就是屯粮料和屯草了。下图11—1简要表示出期间屯粮料的变化趋势。

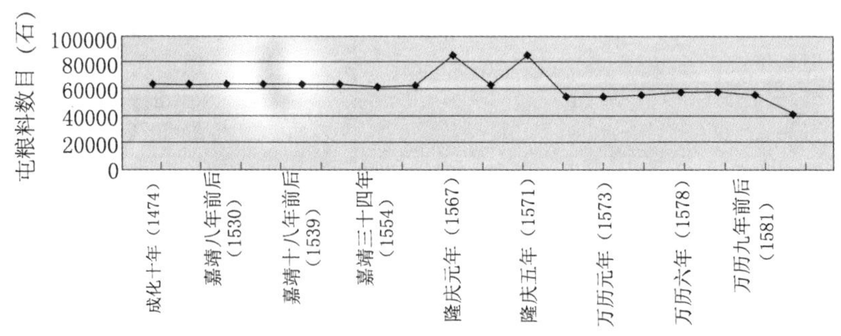

图11—1 延绥镇屯粮料数额与变化

屯草的数目变化与屯粮料表现为基本一致的变化趋势(见图11—2)：

① 参见庞尚鹏：《清理延绥屯田疏》，《明经世文编》卷359，第3872—3877页。

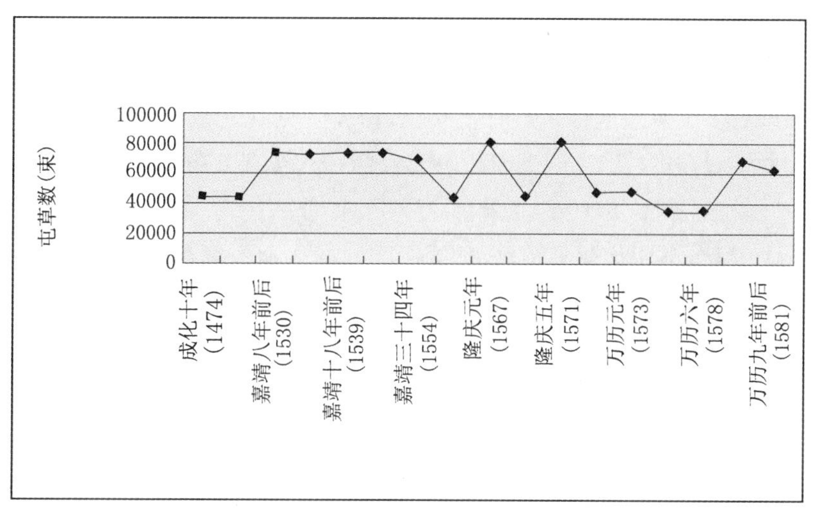

图 11—2 延绥镇屯草数额与变化

屯草的峰值和低谷与屯粮料的峰值和低谷出现在基本相同的时段,其原因和屯粮量变化的原因当是一致的。因为屯草本来就是屯田所得的禾秸,故又称谷草,在一般情况下,屯田收获的粮食和谷草与屯种的作物量之间保持着一定的正相关系。一般情况下,屯田上种植的粮食作物越多,收获的粮食和谷草也越多。因此,屯粮料和谷草都以耕种量为基准,在趋势上体现出了一致的相关性。与屯粮料不同的是,屯草在隆庆年间的峰值并没有超出嘉靖年间太多,表现得不够明显,但之后的下降却表现得比较突出。总体而言,屯草变化的幅度要比屯粮料变化的幅度大得多,但其变化的总趋势基本上是一致的。

像明朝很多地方一样,延绥镇的屯田经济也经历了屯政败坏的情况。其主要表现,也主要是屯地的流失或抛荒,屯田子粒数量的减少,以及屯丁的逃亡等。这几个方面互相影响,互为因果。史载:“自正统后,屯政稍弛,而屯粮犹存三之二。其后屯田多为内监、军官占夺,法尽坏。宪宗之世颇议厘复,而视旧所入,不能什一矣。弘治间,屯粮愈轻,有亩止三升者。”[①]这是就当时一般情况而言的,具体到延绥镇的情况,嘉靖二十八年(1549)户部尚书潘潢说:“屯田原额,……则十数年并无一处通关奏缴,宣(府)、大

① 《明史》卷77《食货志》,第511页。

(同)、延绥屯废尤甚,以致边储急缺。"[①]叶向高则说,天顺以后,屯种军余苦于补赔,相继逃亡,以致田亩日荒,九边供输之费因此大困。嘉靖、隆庆时期以后多次清理屯田,"虽时盈时耗,而较其见存之数,大约损故额十之六七矣。盖在洪(武)、永(乐)间……延绥六万,今五万……今仅视延绥、山西,计其初当亦不下十万,今得二万八千有奇……是何盈缩相去若此甚也"[②]。显然,与明代初年相比,延绥镇实际的屯地数额和屯田子粒征收减少了许多。造成这种情况的原因是多方面的,杨一清任总制三边总督期间,长期负责陕西军务,对此深有感触,他说:

> 屯地多侵没于将领豪右之家,以致屯军终岁赔粮。有贫丁以田假佃于人者,有田隔远硗瘠,无人愿假,不得已终岁佣身以输粮而不足者。管屯之官,至计十岁以下幼男充报屯丁,参两朋合,谓之抬粮。屯事至此,边人之困尚忍言哉?[③]

从此可以看出,当时豪强势要大量侵占肥沃屯地,所余贫瘠、偏远的土地,没有人愿意佃种,但屯粮还得照常交纳,以致屯军只能靠出卖自身劳力来完成输粮任务,由此造成屯军大量逃亡。嘉靖年间,户科给事中管理怀指出,延绥镇屯田不兴的四种情况:一是"胡马充斥,疆场戒严,时不能耕";二是"牛种不给,力不能耕";三是"丁壮亡徙,无人以耕";四是"套为虏有,虏反居内,田顾居外,势不能敢耕"[④]。这些论述,既指出了延绥镇屯政败坏的原因,也是当地屯田陷入困境的真实写照。隆庆三至四年(1569—1570),时任总理屯盐都御史的庞尚鹏,实地踏勘过延绥镇的屯田状况,他说该镇屯田抛荒的情况是:"屯丁之消耗,一也;虏患之频仍,二也;征科之繁苦,三也;豪强之兼并,四也。"[⑤]除此之外,一些自然因素如沙埋、水压等也不时地造成一定的损失[⑥]。在这种情况下,上述屯额和粮额的数据,虽然看上去好像比较稳定,但这种平稳的意义恐怕主要表现为理论上的数

① 潘潢:《会议第一疏》,《明经世文编》卷198,第3053页。
② 叶向高:《屯政考》,《明经世文编》卷461,第5059—5060页。
③ 杨一清:《论甘肃事宜》,《明经世文编》卷119,第1138页。
④ 《明世宗实录》卷162,嘉靖十三年四月乙巳,第3598页。
⑤ 庞尚鹏:《清理延绥屯田疏》,《明经世文编》卷359,第3872页。
⑥ 《明神宗实录》卷129,万历十年十月甲辰,第2407页。

字,实际情况可能并非如此。

二、粮饷的仓储与管理

军屯地所产的屯粮有相当一部分要运往各边仓储存,并通过边仓分配给军士等。所以粮食的仓储和管理就是与屯田等相适应的重要建置。应该说,边仓管理的好坏事关屯政甚至边防的成败。特别是明代中后期,大量来自腹里地区等的粮饷运来诸仓,更说明了粮饷的来之不易以及管理的重要性。

明代仓储制度在洪武初年就已经确立。当时朱元璋下令设置京卫仓等官仓,存备粮储。又令各府州县设东南西北四所"预备仓"。后来各地又相继设立常平仓和社仓等。这样,自上而下逐渐形成了以官方为主,以民间为补充的仓储体系。对此,文献记载说:"国家设仓庾储粟,以赡军赈民,两京直隶各布政司府州县、各都司卫所,以及王府,莫不备具。"①明代仓储名目繁多,"明初,京卫有军储仓,洪武三年(1370)增置至二十所,且建临濠、临清二仓以供转运。各行省有仓,官吏俸取给焉。边境有仓,收屯田所入以给军。州县则设预备仓,东南西北四所,以振凶荒"②。这里所说的"边境有仓,收屯田所入以给军",就是边地诸卫所的边仓。边仓最初以收储当地屯田所产粮谷为主,并用以供应本镇军士等消费。到了后来,由于相当一部分粮饷来自腹里补给,则边仓除了收藏一定的当地屯粮外,更多地成为内地转输给边地粮谷的储藏场所。边仓最初由各卫所管理,明代中期由于一些卫所官军受纳粮储时,经常恃强勒索,弊端丛生,朝廷下令改由当地府、州、县政府来管理,而沿边无府州县设置地区,仍由卫所管辖。宣德十年(1435)七月,镇守河南行在户部右侍郎王佐上奏,说河南所属税粮于军卫收受,奸弊百出,宣宗皇帝得知此事,下令廷臣集体讨论。结果令"通行天下司府州县,原有仓分者,以卫所仓并属之。原无仓者,就以卫所仓改易其名隶之。惟辽东、甘肃、宁夏、万全、沿海卫所无府州县者仍旧属卫所"。③ 正统元年(1436)以后,陕西行都司诸卫所仓相继改隶陕西布政司④。以后军卫仓先

① 《明会典》卷21《户部八》,第136页。

② 《明史》卷79《食货三》,第520页。

③ 《明英宗实录》卷7,宣德十年九月己卯,第135页。

④ 《明英宗实录》卷22,正统元年九月辛酉条说,"宁夏等六卫并洮河岷三卫仓,无附近州县,欲如行都司例,改隶陕西布政司管辖"(第450页),正是对于这一政策的贯彻。

后纳入地方政府管理范围,只有少量卫所仓库仍由卫所自行管理,如延绥镇榆林卫部分边仓,分布于沿边堡寨,由边卫自行管理。

延绥镇边仓主要分布在沿边州县及各营堡之中。按照历史文献记载,这些边仓共有三十余所,其中《会计录》记述的名单是:

> 清水堡仓、黄甫川堡仓、建安堡建安仓、神木仓、柏林寨堡仓、永兴堡永兴仓、高家堡阜益仓、双山堡常盈仓、榆林城广有仓、归德堡归德仓、鱼河堡永充仓、绥德州广盈仓、响水堡永益仓、绥德堡广足仓、定边营定边仓、孤山堡广济仓、镇羌堡丰盈仓、大柏油川堡仓、新兴堡新兴仓、怀远堡永盈仓、龙州城宏阜仓、新边营利益仓、宁寨营宁寨仓、永济堡永济仓、清平堡常济仓、威武堡富有仓、镇靖堡巨积仓、把都河堡仓、木瓜园堡仓、盐场堡仓、常乐堡仓、三山堡仓、石涝池堡仓。①

万历《延绥镇志》也有一个记述②,所记诸仓与上引《会计录》名单大多相同。所不同的是:(1)无永济堡永济仓和盐场堡仓 2 个仓;(2)榆林镇城增加了广有库、新建库、抚赏库、榆林卫库、利益库、广储仓、阜平仓;(3)另有延安城延丰仓、保宁堡仓、柳树涧(堡)仓、砖井堡新建仓、旧安边城旧便利仓、新安边城新便利仓、饶阳水堡仓、镇虏堡常裕仓,是《会计录》所无;(4)有一些仓的名号或仓所在地点与《会计录》有所出入。如广足仓在波罗堡,《会计录》说在绥德堡。利益仓,在靖边营,《会计录》说在"新边营",其"新"当是"靖"字之讹。宁塞仓,《会计录》作"宁寨营宁寨仓","塞""寨"形近,或因形近致讹,故当以"宁塞"为是。

《明会典》将延绥镇边仓与延安府及其所辖州县仓著录在一起,内容多与《会计录》一致。其中延安府辖仓 32 个,分别是:延丰仓、广储仓、清水营仓、建安堡建安仓、神木仓、柏林寨堡仓、永兴堡永兴仓、高家堡阜益仓、双山堡常盈仓、榆林城广有仓、归德堡归德仓、鱼河堡永充仓、绥德州广盈仓、响水堡永益仓、绥德堡广足仓、定边营定边仓、孤山堡广济仓、镇羌堡丰盈仓、大柏油川堡仓、新兴堡新兴仓、怀远堡永盈仓、龙州城宏阜仓、新(靖)边营利益仓、

① 《万历会计录》卷 26《仓庾》,北京图书馆古籍珍本丛刊(53),第 924 页。

② 参见万历《延绥镇志》卷 2《贮所》,第 128—133 页。

宁寨(塞)营宁寨(塞)仓、永济堡永济仓、清平堡常济仓、威武堡富有仓、镇靖堡巨积仓、盐场堡仓、常乐堡仓。[①] 另有绥德州广盈仓1仓,合计33仓,在数量上与上引《会计录》记载名单数量相同,但与《会计录》相比,这里新增了延丰仓和广储仓2个仓,而少了三山堡仓、石涝池堡仓2个仓。

康熙《延绥镇志》记载边仓有40个,分别是:镇城:广有仓、广储仓、阜平仓;其它:常乐堡仓、建安堡仓、永兴堡仓、镇羌堡丰盈仓、归德堡仓、清平堡常积仓、把都河堡仓、新兴堡仓、新安边城新便利仓、三山堡仓、石涝池堡仓、饶阳水堡仓、高家堡阜益仓、柏林寨仓、大柏油仓、神木仓、孤山堡广济仓、清水堡仓、黄甫川堡仓、木瓜园仓、绥德卫新建仓、双山堡常盈仓、保宁堡仓、鱼河堡永充仓、响水堡永益仓、波罗堡广足仓、怀远堡永盈仓、威武堡富有仓、龙州城宏阜仓、镇靖堡巨积仓、镇罗堡常裕仓、靖边营利益仓、宁塞仓、柳树涧仓、砖井堡新建仓、旧安边城旧便利仓、定边营金猫仓。[②]

可以看出,上述文献记载诸边仓数量不尽一致,名称也不完全相合,除了一些讹误外,造成这一现象的原因,可能主要是前后略有变化所致。在管理上,除了卫所管辖外,有些边仓曾经设有专门的"通判"官员负责管理,如绥德州广盈仓、鱼河堡永充仓、榆林城广有仓、永宁仓(可能是永兴仓之误)、绥德堡广足仓、怀远堡永盈仓、清水堡仓、孤山堡广济仓、镇羌堡丰盈仓、神木仓、柏林寨堡仓、高家堡阜益仓、双山堡常盈仓和府谷县仓等14仓,曾由延安府添设通判二员分管。定边仓、便利仓、宁寨(塞)营宁寨(塞)仓、新边营利益仓、镇靖堡巨积仓、龙州城宏阜仓、常积仓等7仓,曾由庆阳府添设通判一员分管。[③]

庆阳府管辖诸仓,按嘉靖《庆阳府志》记载,有"永盈仓,在府治西北,预备仓在府治北,新仓在府治南"(以上属府城),"旧安边营旧便利仓、新安边营新便利仓、定边营仓、三山堡仓、永济堡仓、石涝池堡仓、新兴堡仓、把都河堡仓、饶阳堡仓,以上九仓俱于属府"。[④]《明会典》记载,有"永盈仓、定边仓、便利仓、把都河堡仓、饶阳水堡仓、石涝池堡仓、三山堡仓、甜水堡仓(嘉靖三十二年添设)"。另于环县条下尚有"韦州仓、环庆仓、清平驿仓、山

① 《明会典》卷22《仓庾二》,第146页。

② 康熙《延绥镇志》卷2《食志》,第78—82页。

③ 《万历会计录》卷26《仓庾》,北京图书馆古籍珍本丛刊(53),第924页。

④ 傅学礼:嘉靖《庆阳府志》卷4《公署》,甘肃人民出版社,2001年,第68页。

城驿仓、徐家台堡仓、红得城清平仓、槐安巡检司仓”。[①] 但就庆阳府辖仓而言，两种文献也有出入，但在大的方面是一致的。差别较大的是《明会典》，在此单独列有环县诸仓，而嘉靖《庆阳府志》对其属县安化县、合水县、环县、宁州和真宁县都有详细记载。[②]《明会典》这样的选择性记述，应该着重在于“边仓”的考虑，所以重点记载了环县诸仓，而不及其余诸州县。

总体来看，上述诸文献所载延绥镇边仓的情况虽然不完全相同，但总体上没有太大的变化。这些不同或差异，除了文字上的讹误外，可能主要是因为边仓兴废、改建或重建，拟或名称的改变等所致。这样的情况在整个边仓的分布格局中属于很小的一部分，基于这一点，可以说，明代中后期延绥镇仓储数量和分布情况基本上是稳定的。

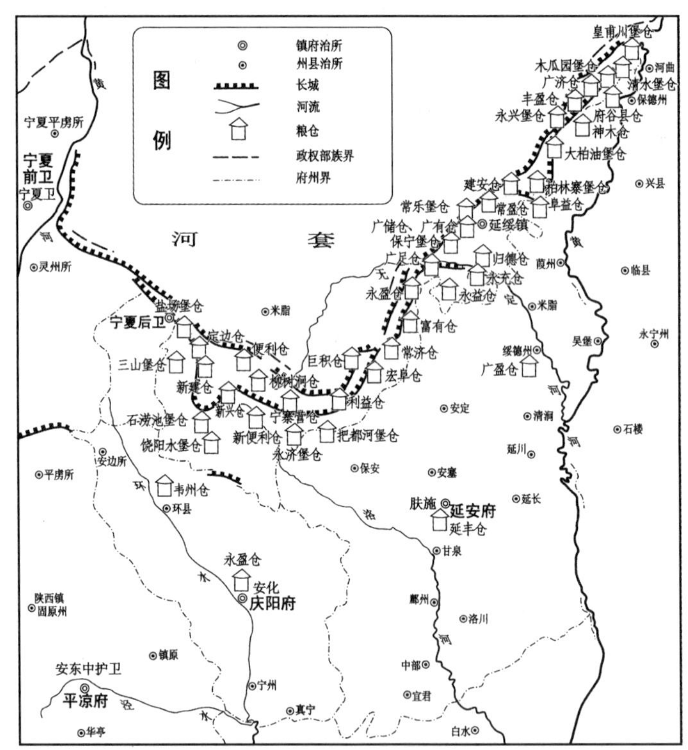

图 11—3　明代延绥镇主要边仓分布示意图

延绥镇除镇城等重要城堡设置有较多的储仓外，其它边仓在设置上基

① 《明会典》卷22《仓庾二》，第146页。

② 参见嘉靖《庆阳府志》卷4《公署》，第68—72页。

本保证了一堡(营)一仓的布局和规模。这样的布局和规模,既有利于各营堡对于粮饷的分配,也能有效地保障粮储的安全。明代边臣奏折中常提到蒙古部落侵入内地掳掠粮草的情况,若有营堡护卫,既能供应守军军粮,也能守护粮草。至于方便发放边军给养,更是一个一般的常识性问题。当然,由于这种分布要求纳粮民户必须将粮储等物运输到各个边仓,所以运输途中的损耗就只能由民户自己承担了,正是因为这样,民户输纳粮饷的任务就非常繁重,其输纳生活也非常艰苦。

明代仓储在管理上内外有别。一般情况下,“京仓以御史、户部官、锦衣千百户季更巡察。外仓则布政、按察、都司关防之”①。而在最高管理层,不论京仓、外仓,均由户部总督仓场和调度管理。“永乐中,置京仓及通州诸仓,以户部司员经理之。宣德五年(1430),始命李昶为户部尚书专督其事,遂为定制。以后或尚书或侍郎,俱不治部事,专理粮储”②。边仓直接由地方管理,但户部通过下设的十三个清吏司,对外仓进行监督,所谓“十三司各掌其分省之事,兼领所分两京、直隶贡赋,及诸司、卫所禄俸,边镇粮饷,并各仓场盐课、钞关”③。各司下各设郎中等职。宣德以后,陕西司设郎中二、员外郎一、主事二,分掌其事。地方布政司对仓储的管理,主要是通过参议、参政派管的。参议、参政分守各道,“及派管粮储、屯田、清军、驿传、水利、抚民等事”④。陕西所设分守道有六,即:关内道,驻省(西安);关西道,驻凤翔;西宁道,驻凉州;关南道,驻兴安;河西道,驻庆阳;陇右道,驻巩昌⑤。分守道官员或称参政,或称参议。延绥镇部分边仓由河西道管理⑥。

按察司对地方仓储的管理主要体现在其监督职能上,按察“副使、佥事,分道巡察,其兵备、提学、抚民、巡海、清军、驿传、水利、屯田、招练、监军,各专事置”。其中副使二员,正四品,佥事无定员,正五品,一般多寡从其分道之数而定。陕西按察分司分为五道,即关内道,关南道,河西道,陇右道,西宁道。后来因为监督军卫屯粮的需要,又增设监司,加强监督和管

---

① 《明史》卷79《食货志三》,第520页。

② 龙文彬:《明会要》卷31《职官三》,中华书局,1956年,第522页。

③ 《明史》卷72《职官一》,第474页。

④ 《明史》卷75《职官四》,第499页。

⑤ 《明史》卷75《职官四》,第499页。

⑥ 《明会典》卷22《仓庾二》,第150页。

理。正统三年(1438),增设理仓副使、佥事,又于甘肃设佥事与布政司参议各一员,监收仓粮。八年(1443)增设佥事,专理屯田。景泰以后,各省根据事务情况加以添设,或置或罢,不一而足[①]。

都司掌管一方军政之事,原不直接管理地方仓储之事,但由于边仓与军务息息相关,在边镇粮储接收与发放上他仍然起着非常重要的作用。当时都司下专设有仓库、草场大使、副使各一人,具体分管各项事务[②]。延绥镇设有管粮佥事二员,专理边镇粮饷,并配有关防印记,督理收发粮草。嘉靖十八年(1539)经总制刘天和提议,设管粮郎中一员,驻扎花马池整理延绥、宁夏二镇客兵粮草。二十六年(1547)经御史黄如桂提议,"将各项钱粮,无分主客,俱以郎中领之"。被采纳,并于第二年起开始实行[③]。也就是说,此后该镇主客兵粮饷均由管粮郎中总领。

延绥镇诸边仓自成化九年(1473)七月设置仓大使、仓副使,具体管理各仓储粮。文献记载,当年"癸卯,增设陕西延安府阜益、丰盈、广济、永充、广足、永盈、常积、宏阜、宁塞、定边十仓大使,常盈、柏林寨、神木、清水、富有、永益、巨积七仓副使,新设永兴、永济、新兴三仓并广有库大使各一员"[④]。在由延安等府州县管理后,府设通判,专管粮储,官品属于正六品,设置上没有定员。各府、州、县所管各仓,均设大使一人、副使一人。其中府管仓大使是从九品官员,各州县大使则未得入流。虽然如是,实际上管理州县仓库的并不只是仓库大使、副使等人,特别就各县而言,知县、县丞以至大户、斗级等力役,都不同程度地参与了地方仓储的管理和运作。因此,边仓管理实际上是由多个部门分别负责管理的。从行政上讲,不同部门之间或存在相应的隶属关系,但在边仓管理上却不是逐层管理,而是直接参与、各司其职的管理方式。

仓储钱粮的收支遵循明确而严格的规程。边仓收纳钱粮须立文簿,查验勘合,支取钱粮也要遵守一定的规程。洪武二十六年(1393)颁布粮仓收支条例规定:"凡各卫支过月粮,本卫具手本奏进,与同户部委官于原进册内注销,仍呈报本部知数。其在外仓廒,凡有勘合下仓放支,亦必禀请提调

---

① 《明史》卷75《职官四》,第499页。

② 《明史》卷76《职官五》,第507页。

③ 《万历会计录》卷26《延绥镇饷额》,北京图书馆古籍珍本丛刊(53),第925页。

④ 《明宪宗实录》卷118,成化九年七月癸卯,第2275页。

正官眼同支给。比候年终,将支过数目同实在粮斛,通行开报,以凭稽考。”[1]就管理部门而言,从中央六部到地方三司,以及府州县和各卫所,都是边仓的直接管理者;就管理制度而言,中央与地方以及地方布政司、按察司、都司等各部门互相监督,而仓储收支又有严密的制度保障。因此边仓管理从理论上讲是比较严密的。

遗憾的是,实际的情形并不是这样。实际管理中,部分卫所官军在受纳粮储时,经常恃强勒索,至于豪猾包揽、官豪侵欺的事,更是屡见不鲜,以致于纳粮民户苦不堪言。就是在部分边仓改隶当地政府衙门管理后,纳粮民户也没有幸免同样的灾难,所以明政府仍屡屡发文禁止。余子俊对此有过详细描述,他说:

> 近年以来,各处官旗诸色人等,号为揽头。预料纳户起程,分投差人接至中途,巧言哄惑,必欲包揽撮放。沿(沿)途供给酒食,加意奉承,延至仓场城堡住处。明白令大粮头主张,私自许伊干纳几石,不讨价物,逼令小粮头尽数揽与上纳,或撒放以至下年了结。待得价物到手,任意花费,或充还宿债,或代纳旧粮。纳户上门,动辄倚恃官府情熟,明则危言骂詈,暗则隐面潜藏,贻患有司,坑陷良民。临敌缺乏,弊源在此。又有等挟势贱买,或克减官军俸粮,不行关支,就留在仓,逼挟该仓出给实收,却行增价,关支官银,并揽粮过久。因为有司差官守并通关,方与备办三七四六麄米,插和沙土进仓。该仓官攒平日被诱吞饵,只得收受。养军无惠,弊源在此。其它料草之弊,千态万状,俱此一律。[2]

地方豪强并狡诈之徒伪称代为解纳,骗取纳户钱粮,实际中饱私囊,或以次充好,以势强压仓场接收。又有部分官吏利用职权,内外勾结,上下其手,篡改册簿,侵吞粮储,经年累月,数目惊人,而人手迁易,难于追赔,故多不了了之。成化年间,“陕西、甘肃一带官仓,近被官攒斗级侵盗粮料,多至一万三千余石,少者二千有奇”。[3] 典型地说明了这一点。明中后期,

---

① 《明会典》卷22《仓庾二》,第151页。

② 余子俊:《议军务事》,《明经世文编》卷61,第488页。

③ 杨鼎:《会议大同等处事宜》,《明经世文编》卷40,第318页。

粮储亏空越来越多,政府无从追赔,从而经常造成边储空虚。在这种背景下,地方官吏玩忽职守,仓廒失修,粮草保存不当或被侵盗、浪费、冒领等现象已经司空见惯,这样的管理和现象怎能不影响边仓的正常运作?至此,整个监督体系实际上也已经失效,理论上的监督和管理也就没有实际意义了。

第十二章　延绥镇的粮饷供给(二):腹里补给

除了本地屯田的有限供给外,明中期以后,延绥镇所需粮饷大量依赖外部补给。宣德五年(1430)行在兵部尚书张本称,"甘肃、宁夏、大同、宣府,粮饷皆出民力运输,所费浩大"[①]。万历十一年(1583),户部给事中萧彦说:"臣观边储之匮,未有甚于榆镇者。孤悬绝塞,四望不毛,十万之众拱手而仰给县官。"[②]外部补给主要来自腹里地区,补给类型包括税粮输纳(民运)、开中法(纳粮中盐与纳银中盐)、京运银(后演变为常例,称京运年例银)等三种形式。

一、民运税粮及其输纳

民运税粮是延绥镇粮饷补给的主要形式。史载,"民运者,屯粮不足,加以民粮。麦、米、豆、草、布、钞、花绒运给戍卒,故谓之民运,后多议折银"[③]。它是编户民田赋税中由民众起运到边镇的一种边粮补给形式,也是比较长期稳定的边粮补给手段。延绥镇形成于正统年间,在此以前主要是卫所军士驻扎,虽然明代初年就已有屯田,但当时的屯粮在整个粮饷中所占比重是相当有限的,所以成化六年(1470)有人讲,榆林沿边营堡,"一应粮草,俱系腹里人民供给输运"[④]。也是在这一年,经巡抚延绥都御史王锐奏请,延绥一带"诏开屯田",此后虽然取得每年60000余石粮食的成就,依然需要借助外部补给。

陕西布政司所辖八府之地是陕西三边粮饷的主要供给者。早在明代初年,黄河流域诸省就是北方沿边驻军粮食的主要供给地。当时人说,洪

---

① 《明宣宗实录》卷67,宣德五年六月乙酉,第1581页。

② 张萱:《西园闻见录》卷61《边储》,(台北)明文书局印行,1991年,第410页。

③ 《明史》卷82《食货六》,第541页。

④ 《明宪宗实录》卷77,成化六年三月壬辰,第1493页。

武年间,“供给各边,止于山西、陕西及河南、山东、北直隶等处而已”①。永乐年间又规定,沿边省份钱粮不起解京师,而是存留各省并起运边地备用。所谓:“自永乐以来,……今天下司府州,除陕西、山西、云南、贵州、广东、广西、福建、四川八布政司,隆庆、保安二州,钱粮俱本处存留,起运边防备用。”②陕西北接蒙古诸部,西连“西番”,边防线漫长,供给沿边粮饷自然责无旁贷。嘉靖七年至十二年(1528—1533)间,时任户部尚书梁材说,“陕西八府税粮例不解京,专一拨派延(绥)、宁(夏)、甘肃二(当是‘三’之讹)镇并固原等处,以供军饷。旧规俱是民运本色,后因道路险远,改征折银,行之亦久”。③《明会典》记载,洪武四年(1371)“议准”陕西供应甘肃、兰州、凉州、河州、岷州、洮州、宁夏、庄浪、西宁、临洮、山丹、永昌等卫军粮,“每岁令西安等府,送纳大路官仓,转运边卫”④。永乐十年(1412)五月,“陕西秦州民张源言:巩昌、临洮等府夏秋二税,岁令民运甘州,其地相去二千余里,皆陆行负荷及载以牛驴”⑤。延绥边地的民粮供应大概也与此相类。

不过,延绥镇形成以前及其形成初期,粮食需求有限,外来补给或从统一调拨的物资内分发调剂⑥,或者主要来自沿边各府州县的民粮供给。由于镇城初治绥德,所辖延安、绥德、庆阳三卫,治所与府州同城,上述三卫军饷除屯田自给部分外,不足的部分由各自所在府州县民粮补充。宣德四年(1429)七月,巡按陕西监察御史传吉奏报:“延安等府每岁供给秋粮,因秋田不登,俱以小麦或他物易米输官,劳费尤甚,乞许止用小麦抵米送纳,庶民粮易完,军储亦足。”⑦其中所说延安等府每岁以秋粮充军储之例,就是当地所补给的军粮。正统三年(1438)五月,镇守陕西右副都御史陈镒奏言,“延安、绥德二府税粮,既远馈宁夏,又分拨本处边堡,供给不敷,乞令巡抚官于二处取勘各官军庄田,验数纳粮,以备军饷”⑧。此项请求得到了户

① 叶伯臣:《御选明臣奏议》卷10,《文渊阁四库全书·史部》(445),台湾商务印书馆,2008年,第168页。

② 叶伯臣:《御选明臣奏议》卷10,《文渊阁四库全书·史部》(445),第168页。

③ 梁材:《议处陕西四镇边储疏》,《明经世文编》卷104,第940页。

④ 《明会典》卷28《边粮》,第208页。

⑤ 《明太宗实录》卷128,永乐十年五月丙申,第1594页。

⑥ 《明会典》卷28《边粮》,第208页。

⑦ 《明宣宗实录》卷56,宣德四年七月丁未,第1329页。

⑧ 《明英宗实录》卷42,正统三年五月丁酉,第819页。

部的批准。其中“本处边堡”,就是延安、绥德等卫所辖营堡。据此可以肯定,延安、绥德二府民粮不但供给延安、绥德等边卫,而且还要补给宁夏镇。正统三年九月,陈镒复奏,延安、庆阳二府民运边粮常在运输途中被蒙古部落劫掠,因此提出分定疆界,由镇守官拨官军防护的办法。绥德、延安、庆阳三地分别由都指挥王祯、陶敏、张通分地域负责[①]。这种将运粮区划分成对应防区分别负责的方式,也表明民粮供应区与边卫之间的对应关系。

延绥镇边粮的供应和补给不止源于邻近府州县,陕西布政司所辖的腹里地区诸州县也是政府规划的重要供应区。上文引述户部尚书梁材所说,“陕西八府税粮例不解京,专一拨派延(绥)、宁(夏)、甘肃三镇并固原等处,以供军饷”,说的已经很清楚。不但如此,陕西布政司还承担向延绥镇提供布花等实物的任务。天顺七年(1463)五月,巡抚辽东、宁夏、延绥等处右副都御史等官胡本惠等奏:

> 延安、绥德等处沿边操备军余,每年陕西布政司以在库布花运送给赏,为御寒之具。所司恒于冬初方委官领送,起请人夫及千余名,山路险远,每岁停塌,直至次年二三月方得运至,则隆冬已过,军士不蒙实惠。请令陕西有司将合用布花实数预为拨派所属州县,径送延安、庆阳二府并绥德州官库收贮,至八九月间,本司委官至彼,就近领运赴边给散,庶民免转输之苦,军受及时之惠。[②]

在本省不足的情况下,常常调拨它省物资来补充。正统六年(1441)十月,为预备陕西边储,除“于附近有粮处所及时攒运赴边”外,政府还拨发“山东明年夏税折布十万匹,河南折十万匹,直隶、苏州等府今岁秋粮折银五万两,俱运赴陕西布政司收贮,以备籴粮接济”[③]。正统十年(1445)八月,陕西连年薄收,为保证边储,政府拨运河南、湖广部分税粮,收贮于河南附近的陕西府卫仓,并动用南方折色银布,运贮河南布政司官库,用来籴粮备

---

① 《明英宗实录》卷46,正统三年九月癸未,第886页。
② 《明英宗实录》卷352,天顺七年五月甲寅,第7063页。
③ 《明英宗实录》卷84,正统六年十月癸未,第1677页。

用[①]。当年九月,又征发浙江等处折粮银十一万两,运赴甘肃、宁夏、延绥,籴补边粮[②]。同年十一月,镇守陕西右都御史陈镒奏请赈济说:“看得河南二府相与邻近,乞将河南府并潼关仓粮运至泾阳等处,将怀庆府仓粮运至华阴等处,以备赈济,仍将浙江苏松江折粮银,或于京库量拨,差官送至陕西布政司,于有收去处籴粮存积便益。”[③]《英宗实录》记载,“先是陕西边堡缺粮,上命河南怀庆府州县挽输以给,至是边粮足用,腹里复丰登,故命停之”[④]。除了上述河南、山东、山西、浙江、南直隶、湖广诸行省税粮供应外,景泰年间,又从江南调拨折银充边储。景泰元年(1450)正月,“命户部以江南折粮银七万五千两于陕西易米,以实边储”[⑤]。由此可见,延绥镇粮饷补给的来源相当广,涉及省份相当多。

延绥镇民粮补给的情况有一个发展过程。早在成化以前,一方面边防压力尚不是很大,外来客军较少,本镇屯田粮食加上附近各府州县民粮的补给,基本上能够保障本镇的正常消费,粮储供需矛盾尚不突出。成化以后,蒙古诸部相继占据河套,侵扰日渐频繁,并且侵扰规模不断扩大。与此相应,延绥镇相继修筑边墙,增筑城堡,各类驻军人数也在不断增加,在原来单一的卫所军士基础上,后来又有募兵、民兵、游兵、奇兵,甚至为了应对大规模的入侵,还不时调来客兵,所以粮饷供需矛盾日渐突出。加上延绥镇所处地理环境较为恶劣,交通运输状况极差,遂致粮饷危机频频出现。成化九年(1473),政府开始向陕西布政司所辖的西安、延安、庆阳三府每年开派夏秋本色粮料 241136.98 石,折色粮料 15842 石,谷草 484140 束;凤翔、汉中二府折色草价银 6969.44 两,河南布政司布料价银 33000 两[⑥]。这里所说的岁派民粮的数额并不是固定的,而是稳定保持在一定水平(陕西约 28 万石),并且根据边防的需要可能随时增加。本、折粮料的份额与开派地,根据年成丰歉、边储虚实等因素随时调整。如弘治十三年(1501)河南夏税改征本色征用,弘治十六年(1503)西安、延、庆三府税改为折色征收二万石,正德十年(1515)又将三府本色尽征折色,嘉靖三十三年(1544)议

① 《明英宗实录》卷 132,正统十年八月丁卯,第 2634—2635 页。

② 《明英宗实录》卷 133,正统十年九月辛卯,第 2651—2652 页。

③ 《明英宗实录》卷 135,正统十年十一月癸未,第 2683 页。

④ 《明英宗实录》卷 142,正统十一年十一月壬寅,第 2811 页。

⑤ 《明英宗实录》卷 187《废帝郕戾王附录第五》,景泰元年正月癸卯,第 3802 页。

⑥ 《万历会计录》卷 26《延绥镇饷额》,第 907 页。

本、折兼用,到隆庆二年(1568)尽复本色。因此,所谓固定额派是指延绥镇有了对应的长期供应区域。陕西腹里诸府除了供应延绥镇外,照例也要供应甘肃、宁夏、固原等镇,特别是甘肃。成化三年(1467)六月,巡抚甘肃右佥都御史徐廷章奏报,甘肃等卫每年征纳的屯粮只能支用三个月,其余月份所需的粮食"俱藉腹里西安民粮接济。顷因延绥有警,甘肃坐拨止得三分之二"[①]。这样,以陕西一省之力要支撑三边四镇的日常需求本来就非常吃力,一旦遇上较大规模的战事爆发,势必难以应对。在这种情况下,只能就近拨取邻省山西、河南等省粮料给予补给。

山西本有供应边方大同、偏关、宣府等镇的任务。成化以前很少参与陕西粮食补给。成化二年(1466),因"官军欲捣河套,乃以各属税粮输之榆林"[②]。成化七年(1471)巡抚延绥右副都御史余子俊筹划"防套之计",户部决定"以山西明年应运大同税预拨粟五万,草五十万"给予延绥[③]。这些虽然还带有一定的特殊性,但却也拉开了山西民粮补给陕西的序幕。此后山西粮食不时供给延绥镇,在一定程度上有力支援了陕西的防边事业。成化八年(1472)八月,兵科都给事中梁璟因为山西岁旱民饥,请求发放官银补给。他在所上奏书中说:"近以延绥有事,预征山西粮草及攒运边储已经数次,今又行摧预征草豆,起解秋青草束,每夫科银多或至二十两。"[④]至于河南,从正统年间就不时补给陕西,成化初年余子俊计划"捣套"时,曾要求河南也按照山西的标准,准备粮食。以后各代,根据边情,仍不时供纳。所以当时人说:"今延绥之地,兵马屯聚,刍粟之费,日赖资给。乃以山西、河南之民,任飞刍挽粟之役,仰关而西,徒步千里……今关陕所需,皆山西、河南所给。且以户部所计,山西米豆,必令运贮榆林及保德州县诸仓。河南米豆,必令运贮潼关卫及陕州诸仓……"[⑤]成化十八年(1482)六月,巡抚山西右副都御史何乔新,因"山西内迫京畿,外控夷狄,实西北重地,比年旱涝相仍,师旅数动,仓廪多空,军伍多缺,人民

① 《明宪宗实录》卷43,成化三年六月丙申,第871页。

② 《明宪宗实录》卷228,成化十八年六月甲寅,第3908页。

③ 方孔炤:《全边略记》卷4《陕西延绥略》,《明代蒙古汉籍史料汇编》第三辑,内蒙古大学出版社,2006年,第143页。

④ 《明宪宗实录》卷107,成化八年八月乙亥,第2083页。

⑤ 倪岳:《论西北备边事宜疏》,《明经世文编》卷77,第670页,第676页。

转徙未归，战马倒死未补”，请求朝廷按照以前的情况，只供山西大同等地[①]。况且，成化以后山西也频频遭到蒙古诸部的侵扰，战事不断，所以山西粮食就较少供应陕西了。

山西粮食缺供后，除了河南补给以外，延绥镇粮饷的补给地开始向南方诸省发展。成化二十年(1484)十二月，“诏发江南折粮银十五万两……于陕西榆林等处，以给边储”[②]。二十一年(1485)八月，总督延绥等处边储户部左侍郎李衍，因陕西三边粮储不足，要求“湖广、江西今年该运南京粮共四十万石及加耗余粮俱折银”，运送陕西，得到宪宗许可[③]。成化二十年“陕西大荒，奏讨湖广漕运粮米，及于襄阳等处籴买米粮，雇船运至金州，转运商州镇安县等处，令榆林各军就食及乞运助边……又奏讨河南漕运临、德二仓漕米，由黄河运至陕州地方，令潼关、华阴、朝邑等州县贫民就支。又运至渭南县地名柳林等处放支”[④]。这样的补给地变化，与边地形势的总体变化是相一致的。

图12—1 明代延绥镇民运供应分布区域示意图

① 《明宪宗实录》卷228，成化十八年六月甲寅，第3907—3908页。

② 《明宪宗实录》卷259，成化二十年十二月癸酉，第4377页。

③ 《明宪宗实录》卷269，成化二十一年八月丁亥，第4544页。

④ 王尧封：《急缺粮运以实重边奏》，万表编《皇明经济文录》(下)卷24《陕西》，全国图书馆文献缩微复制中心，1994年，第594页。

总之,延绥建镇以前,主要靠邻近庆阳、延安等府州县输纳粮饷,陕西布政司所辖腹里地区诸府州县也向延安、庆阳诸边卫供应部分粮料布花等物。其所不足的部分,从山西、河南、山东等地税赋中派给陕西三边的份额内,调拨使用。成化九年(1473)起,本镇岁派民粮来自陕西西安、凤翔、汉中、延安、庆阳五府,但各地本折不等。河南则以布料价银比较稳定地供给本镇,遇灾荒及战事,粮饷的供应范围还要扩大到东南诸多省份。成化年间,山西、河南二布政司以大量本色粮料供应延绥,成化十八年(1482)后,山西供应渐少。湖广、南直隶、江南等地区多以折银的形式补充延绥军饷。

民运粮因年成丰歉和边情变化,其具体项目、数额和来源在不同时代有所变化,本色、折色在派发总额中的比重以及征纳地区等也不尽相同。但文献关于这方面的记载较少,并且也不系统,现从有限的资料中整理出部分年份的情况(见表12—1),以见其大致情况。

表12—1　延绥镇民运粮项目与数量

时间	项目	史料来源
成化九年(1473)	岁派陕西西安、延、庆三府夏秋本色粮料241136.98石,折色粮料15842石,谷草484140束;凤翔、汉中二府折色草价银6969.44两;河南布政司布料价银33000两 合粮料256978.98石,草484140束,银39969.44两	《会计录》卷26《延绥镇饷额》
成化年间(1465—1487)	岁派陕西夏秋民屯粮320680.375石,料30806.8石,草594386束;河南布政司夏税粮料30000石,每石折银7钱,该银21000两,阔布40000匹,折银3钱,该银12000两,该每年征解银33000两 民屯粮料合计351487.18石,草594386束,银33000两	唐龙:《大虏住套乞请补正数粮草以济紧急支用疏》,《明经世文编》卷189
弘治十三年(1500)	河南夏税本色76800石,并与现在粮内量拨100000查照缺粮仓分上纳	《会计录》卷26《延绥镇饷额》
弘治年间(1488—1505)	陕西西安等府民运280000余石,河南布料价银33000两	同上;《明会典》卷28《边粮》
正德八年(1513)	陕西每岁280000余石,河南折银料豆30000石,合310000余石	《明武宗实录》卷103,正德八年八月己未

续表

时间	项目	史料来源
嘉靖八年(1529)	陕西民运税粮 289673 石,马草 506470 束,河南折布并料豆银 15000 两	梁材:《会议王禄军粮及内府收纳疏》,《明经世文编》卷 103
嘉靖九年(1530)	陕西、河南布政司起运粮料 305000 石,草 506470 束	梁材:《议处陕西四镇边储疏》,《明经世文编》卷 104
嘉靖十年(1531)	陕西布政司税粮本色 79304.96 石,折色银 184658.23 两,草 552086 束,河南布料价银 33000 两 合粮 79304.96 石,草 552086 束,银 217658.23 两	《会计录》卷 26《延绥镇饷额》
嘉靖十八年(1539)	陕西布政司岁入本镇夏税秋粮本色共 79305 石,折色共 211980 石,各折不等,共折银 184658 两;本色马草 556086 束;河南布政司岁入本镇布豆折银 33000 两 合粮 79305 石,草 556086 束,银 217658 两	《皇明九边考》卷 7
嘉靖二十九年(1550)	陕西布政司岁入本色稻粟米麦共 69021 石,料 10283 石;折色粟米小麦 191457 石,料 20523 石,各折不等,共折银 184658 两;本色马草 552086 束;河南布政司起运本镇夏税布 40000 匹(每匹折银 3 钱),料 30000 石(每石折银 7 钱),共折银 33000 两 合粮料 79304 石,草 552086 束,银 217658 两	潘潢《议延绥新军疏》、《查核边镇主兵钱粮实数疏》,《明经世文编》卷 198、卷 197
嘉靖四十五年(1566)	本色粮料 32766.38 石,本色草 12088 束,折色粮银共 190834.55564 两,折色草银共 23137.32 两,本省并河南折色料银共 53271.218 两 合粮料 32766.38 石,草 12088 束,银 267243.1 两	《会计录》卷 26《延绥镇饷额》
隆庆三年(1569)	税粮本色 43317.662 石,粮折布 400 匹,本色马草 21374 束,折色 506135 束,折银 192184.24 两,河南布料价银 33000 两 合粮 43317.662 石,草 21374 束,银 225184.24 两	同上
隆庆六年(1572)	本色粮 83618.3 石,料 14327 石,草 3217 束,折色银 196546 两,河南折布银 33000 两 合粮料 97945.3 石,草 3217 束,银 229546 两	同上
万历六年(1578)	民运粮 83049.64 石,料 14777.25 石,草 7942 束,折色银 197433 两,河南布折银 33000 两 合粮料 97826.89 石,草 7942 束,银 230433 两	同上

续表

时间	项目	史料来源
万历八年(1580)	民运粮料 97826 石,草 7942 束,折色银 197433 两	《太仓考》卷 7
万历九年(1581)	粮 97826 石,草 7942 束,折色银 197433 两	《会计录》卷 26《延绥镇饷额》;《明会典》卷 28《会计四·边粮》
万历二十一年(1593)	今查延绥镇每年有本色屯粮、民运粮料 156300 余石,折色盐引等银 294800 余两	杨俊民:《边饷渐增供亿难继酌长策以图治安疏》,《明经世文编》卷 389

从表 12—1 可以看出,陕西布政司承担了延绥镇大部分的粮饷供应,尤其是西安、延安、庆阳三府是粮料和马草的主要供给地。陕西凤翔、汉中府和河南布政司多以布、料折银征收交纳的方式为延绥镇提供给养,间或征运本色,如正德八年(1513)和嘉靖九年(1530)所示。不论是陕西还是河南,越往后期就越趋向于改折征纳,这种趋势从下图 12—2 可以得到较为清楚的反映。

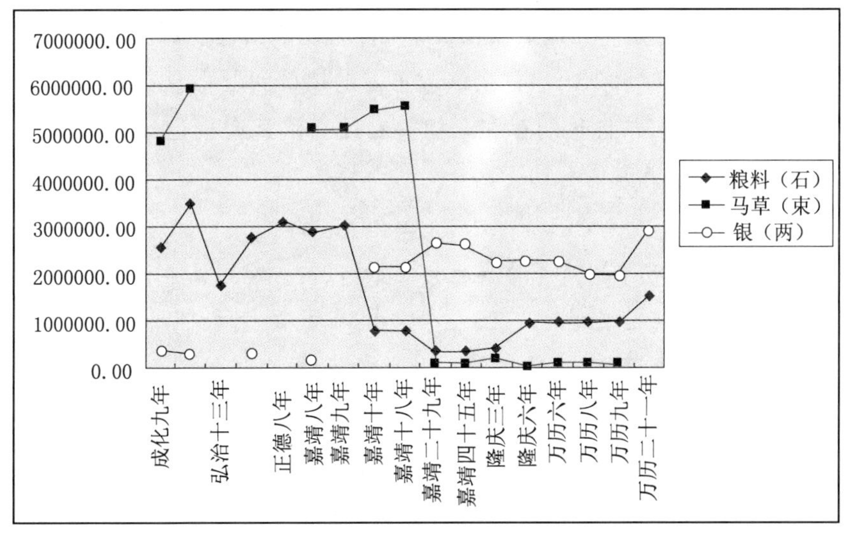

图 12—2 延绥镇民运粮项目与数额变化

约从嘉靖十年(1531)以后起,折银率明显上升,而本色粮料各项剧减,在嘉靖四十五年(1566)前后降到谷底,其中本色粮料从隆庆年间起稍有上升,但再未恢复到明初的水平,而本色马草的供应却持续走低。隆庆年间延绥镇的粮料供应已极度匮缺,总督王崇古因此奏请恢复征纳本色,户部商议后同意将西安等府额派延绥镇税粮改征本色,因此这一时期本色粮料数额有所回升。但终因本色输纳负担过重,未能尽复本色,所以主要还是折银征纳供应边镇。从图12—2可以看出,不论是本色粮草还是折色银钱,其总的趋势是,数额从嘉靖四十五年(1566)起都开始下降,这表明民运税粮的供应已经越来越不足了。相比起屯粮在万历年间才出现明显下降的趋势,民粮的供应似乎失效得更早些,而由于民粮数额巨大,在供应中具有举足轻重的地位,因此民粮供应的相对提前衰落就对延绥镇的整体供应造成了更大的冲击和压力。

关于民运粮料的运输。如前所述,延绥镇边储多赖腹里民运税粮补给,但在交通运输条件落后的当时,把这么多粮饷、草料顺利地运送到沿边相应机构是件很不容易的事情。在明代的二百余年里,民粮供边的工作基本上没有停止过,那么怎样来完成这项任务呢?下面从组织、解运程序和运输等方面来作一说明。

民粮运输涉及承担机构、组织方式,以及运送程序和工具、交通条件等,其过程非常复杂。先说运输税粮的程序与组织情况。黄仁宇先生在论述明代赋役制度时谈到民户直接供应军需的惯例问题[①],这在延绥镇边粮供应中同样存在,并且长期存在。相关制度在洪武时期已经形成,对此,《明太祖实录》记载其内容如下:

> 户部校理各卫官军岁支俸粮实数,以内外有司民户该输正粮对数拨给,如一县之粮以对一卫,或多或少,损其赢,补其不足;一户之粮以对一军,多少损益如之。度其道里之远近,有司以勘合号数编定次第,如金吾卫军五千即以金吾字为号,自一号编至五千号而止;又如指挥使岁俸四百二十石,务以人户粮额足其数于勘合簿注之,递发军卫收掌,俟人户输粮之际,对号相符,依数收受,即以实收付之,以凭查照。

① (美)黄仁宇:《万历十五年》,中华书局,2006年,第53页、第248—249页。

若一卫所收俱足,则出通关付有司奏缴。[①]

前述延绥镇边储的补充,主要由陕西、河南、山西等省来承担,陕西是最主要的供给地。山西、陕西、河南等省民粮供边的部分也叫起运粮。所谓"起运",是指政府规定各地从实际征收税粮中必须上交定额粮食的赋税制度,上交的部分称"起运",起运额因时因地而有不同[②]。明代史著中所指的"起运京边税粮",就是上交给京师及其边镇的税粮,运解京师者称"京运",拨送军卫者叫"对拨"。在实征税粮中,除起运京边的份额外,其余留给地方支用,这部分叫做存留。存留的数目,每年岁终由各级政府逐级申报给户部[③]。所以,起运粮是边粮的关键,一般由输粮民户交纳。洪武二十四年(1391),因天气寒冷,"陕西之民运粮艰苦,宜令停罢。其已到仓者即收之,在中途者就贮所在官仓,其运粮人及车牛悉令放还"[④]。二十九年(1396),又因陕西各府州县民转运边饷道远,令"于驿道有军民处置仓,各就近地,计程接递"。永乐二十年(1422),"令各府州县民运边粮者,各免差一年"[⑤]。类似记载在历史文献中较为常见。问题是,民运粮的组织征集、民户承担情况仍然不很清楚,对此有必要做进一步的说明。

税粮输边,也就是起运供边,首先的环节是征收,其次是解纳。征收是重点,也是整个环节的前提条件。那么税粮是怎样征收并集中起来的呢?关于这一过程,文献记载:

凡各处解纳一应官物,除缎匹必须经手局官头目管解外,据军需布货等物,本处民人,止令送物到县。如物数多,本县限七日内辨验,交收在官,随即省会人户回家,毋得生事刁蹬。官府应办夫力,差有职役人员管解至本府,各府亦依前限,验收转解赴行省。其行省差有职役人员,一同各府解物人通行数解赴都省。所据各处官司,置立勘合文簿,凡遇解物应合差夫,并拨船只,验物多寡,书填名数,差遣并不差

① 《明太祖实录》卷200,洪武二十三年二月丙辰,第2998—2999页。

② 唐嘉弘编:《中国古代典章制度大辞典》,中州古籍出版社,1998年,第597页。

③ 《中国古代典章制度大辞典》,第119页。

④ 《明太祖实录》卷214,洪武二十四年十一月壬子,第3161页。

⑤ 《明会典》卷28《边粮》,第208页。

拨原纳物里长人户送纳。违者，俱以不应论罪。[①]

这条史料反映了明代解运税赋的一般流程：(1)民户将诸军需布货物资就近送纳本县，并等候辨验；(2)本县官司须限期辨验民物并收受官仓，之后民户即可返家；(3)官府派定力差等职役人员，按由县—府—行省—都省[②]逐级转解，各处官司须勘合查验。由此可知，税粮转解主要是由力差等职役人员承担的。关于力差等职役解运税粮的详细过程，梁方仲先生在《明代粮长制度》里有具体论述，这里根据他的论述，理出其基本过程。

先是，粮长自京师领取勘合[③]（后改为由户部差吏前往各省分发），然后回到乡里催办粮食。征收任务被分派给各里长，里长再分配到甲首，甲首再分配到甲内各粮户。接下来进入解运阶段，各甲税粮由甲首负责运解给里长，里长再将本里粮数解运至粮长，最后粮长将所负责征收的税粮汇集起来，率领里长及运粮人户装载舟车，运送到缴纳地点。粮长赴各指定仓库完粮时，必须取得各该仓库的证明，手续是各仓库在勘合上填写并盖印，说明其粮数已交足，这就是所谓“通关”。取得通关后，粮长便缴上内府户科代奏，再赴户部注销。同时户部向户科领出粮长的通关勘合，立案备查[④]。

上述粮长制主要行于南方地区，这一点梁方仲先生已有明确说明。至于北方地区，梁先生认为，“山东、河南、陕西三省是大约设立过粮长制的。这三省均设有‘大户’一役，专管督办诸里甲的税粮，其位置颇与粮长相同，可是看不出曾经订有划分粮区的办法”[⑤]。就是说他没有给出一个明确的

---

① 《皇明制书》，杨一凡点校，社会科学文献出版社，2013年，第9页。

② 都省是元中书省的别称。明初承元制，仍以中书省统六部，但不设中书令。洪武十三年(1380)罢中书省，废丞相，官属尽革，惟存中书舍人。六部直辖皇帝，自六部以下皆无所统属，而机要之任则归于内阁，遂大异前代之制。故此处都省应指户部（郑天挺、吴泽、杨志玖主编《中国历史大辞典》上卷，上海辞书出版社，2000年，第448页）。

③ 《明太祖实录》卷141，洪武十五年正月甲申条记载说：“勘合其制，以簿册合空纸之半，而编写字号，用内府关防印识之，右之半在册，左纸册付天下布政使司、指挥使及提刑按察司、直隶府州卫所收之，半印纸藏于府内。凡五军都督府、六部、都按察院有文移，则于内府领纸，填书所行之事，以下所司。所司以册合其字号，印文相同则行之，谓之半印勘合，以防欺弊。”（第2222—2223页）

④ 梁方仲：《明代粮长制度》，上海人民出版社，2001年，第29—40页。

⑤ 《明代粮长制度》，第56—59页。

说法。日本学者寺田隆信在《山西商人研究》一书中认为,民运粮的运送是一种力役,他还根据谷口规矩雄的相关研究,推定明代华北的“大户”和民运粮的输纳有关,只是详情有待进一步考定[①]。以此为线索,赖建诚先生在《边镇粮饷——明代中后期的边防经费与国家财政危机,1531—1602》一书中对谷口的研究做了跟进探讨。他通过地方志与《明会典》等资料,结合梁方仲先生《明代粮长制度》的研究,对华北大户与边镇民运的关联作了进一步论述。他认为华北地区的大户确实承担起了边粮解运的任务,但相关的详情,尤其是具体到某一地方大户如何对应边卫解运民粮的详情仍不明了[②]。对此,下面就此问题作进一步的探讨。

正德四年(1509)十月,户部在覆议总督漕运右副都御史邵宝等所陈漕运诸事时,提及各地税粮征收的弊端:“江南粮长,江北大户,多征收侵克,为小民累。”[③]可见江北地区在税粮征收中确实实行过与江南粮长制类似的办法,也就是前人所说的“大户制”。大户,一般指拥有土地较多的民户,“亦称‘上户’、‘豪户’、‘富室’,明清间没有官爵或其它特殊政治身份,却拥有为数颇多的土地的地主,不享有优免赋役的特权”[④]。明代华北地区,至少在陕西、河南二省,大户是力差或力役的一种,大户的佥发或许与其财力相关,但其实质却是一种徭役。根据地志和相关政书的记载,大户与斗级、门子等同在力差名目之下,其在陕西八府州县是普遍存在的。就嘉靖《陕西通志》的记载来看,陕西八府州县中,除西安府蓝田县“大户”列在“银差”目下,临洮府兰州和延安府吴堡县无“大户”记载外,其余各州县下都有“大户”名目,列在“力差”目下[⑤]。江北大户制虽然没有形成像江南粮长制那样系统的制度,但就征纳官物这点看,二者似没有实质性的区别。崇祯三年(1630),河南巡抚范景文说:

> 民所患苦,莫如差役。钱粮有收户、解户,驿递有马户,供应有行户,皆佥有力之家充之,名曰大户。究之,所佥非富民,中人之产辄为

① (日)寺田隆信:《山西商人研究》,张正明译,山西人民出版社,1986年,第41—42页。

② 赖建诚:《边镇粮饷——明代中后期的边防经费与国家财政危机,1531—1602》,浙江大学出版社,2010年,第134—145页。

③ 《明武宗实录》卷56,正德四年十月丁酉,第1251页。

④ 张作耀、蒋福亚、邱远猷编:《中国历史辞典》,国际文化出版公司,2000年,第65—66页。

⑤ 嘉靖《陕西通志》卷33《户口》,第1822—1847页。

之倾。自变为条鞭法，以境内之役均于境内之粮，宜少苏矣，乃民间仍岁奔走，罄资津贴，是条鞭行而大户未尝革也。[①]

显然，大户在江北大抵类似于江南的粮长。陕西、河南等省的大户在延绥镇民运边粮输纳过程中起着比较重要的作用。天顺七年（1463）八月有一条材料说："初，行事校尉言，陕西右参政娄良总督粮储，怒大户苏海等五十余人恃顽不纳边粮，用大荆杖、水浸、火煨而挞之。"[②]成化十三年（1477）五月，户部尚书杨鼎与吏部尚书尹旻等群臣会议巡抚宁夏、延绥都御使张鹏、丁川所言边方事宜时称："延、庆边粮坐陕西、山西、河南，岁委老人、大户送纳，往往乘机作弊，次年方到"。因此提议，"岁委陕西布、按二司堂上官一员督运，限以年终完报，过期住俸"[③]。该项提议得到了批准。正德六年（1511）五月，户部侍郎丛兰陈言备边务中说："陕西起运粮草折色，数为大户侵费，宜岁委官押送每镇。"[④]正德九年（1514）九月，户部郎中张文锦督税陕西，在《言筹边谷民十事》中要求，"部送钱粮，宜选州、县官，不可专委老人、大户，以致欺侵"[⑤]。由此可见，延绥镇民运粮的输纳，即使不是全部，也在很大部分上是由老人、大户负责解纳的。需要说明的是，老人与大户的实际职掌是有区别的。老人是明代的乡官，"明初于州县置，选年高有德，众所信服者任之，劝民为善，并理断乡间争讼。又名里老。后更名耆民、公正、约长，似汉之三老"[⑥]。老人的职责主要在道德教化方面，也负责督课农桑，主持乡村水利事务等[⑦]。因此，在更多的情况下，边粮输纳是由老人参与，而由大户主要负责的边粮解纳任务。

那么，大户是如何与上述流程联系起来的呢？于慎行在《与抚台宋公论赋役书》中说："旧时征派税粮，预选殷实之家佥充大户，列肆自收。完日，各照厫口，给批自解。"[⑧]正德六年（1511）七月，吏部尚书杨一清在陕西

① 《明史》卷78《食货二》，第516页。
② 《明英宗实录》卷356，天顺七年八月庚子，第7109页。
③ 《明宪宗实录》卷166，成化十三年五月庚午，第2998—2999页。
④ 《明武宗实录》卷75，正德六年五月丁卯，第1653页。
⑤ 《明武宗实录》卷116，正德九年九月戊辰，第2346页。
⑥ 唐嘉弘编：《中国古代典章制度大辞典》，第454页。
⑦ 吕宗力编：《中国历代官制大辞典》，北京出版社，1994年，第337页。
⑧ 张萱：《西园闻见录》卷32《户部一》，第470页。

边务疏内说:"正德五年(1510)以前,拖欠沿边粮草,多已征在官而未起解,或已起解而委官及大户未纳,宜令抚按官督守巡有司核实监追。"①就是说民运边粮首先需要将粮料解运各级官仓,然后再由大户起解到边卫。这段话说明大户的工作:(1)负责征收税粮;(2)将税粮解送所指定的仓场,然后换取批文回程。简言之,就是征收、交纳两项。其详细情况,时人葛守礼在《宽农民以重根本疏》中说:

户部开各仓库名目及石数价值若干,通行各布政司及直隶各府,……明白开派某人某仓口粮若干,给与由帖,使其收照,各赴该仓收粮大户处投纳。给私记合同小票,以征完欠,官府凭此以稽查,人户凭此以考验。其大户收完,与已收若干、未完若干,历历可指。②

所谓"由帖",即税粮额册,明正德初年,由地方创行,各州县地方政府将本地各等次的田亩面积、人丁总数及其应负担的各种赋税总额,以及本地政府应运出、应存留的钱粮数量等项印制成册单,然后将各税户田亩、人丁及其应缴税额分别填于单上,在田赋开征之前发给各纳税户,限期按单缴税。实行一条鞭法后,各地普遍实行。这条材料记述的正是明中后期税粮征收的基本情况,从中可以看出,民户是参照由帖将税粮投纳到"收粮大户"处,大户最终负责将税粮解运至官仓。另有一条材料更具体地记录了税粮起运京边的过程,其中说:

其余起运京边、腹里并存留布匹折银者,俱作一条鞭征收。行令各属州县掌印官分派各户,于帖内明开某户原该粮若干,内派折银若干,本色若干,各注写某大户收,限某日完纳。各花户俱自行上柜交纳,不许催头人等揽收。其各仓大户,止许粮百石、银百两坐大户一名,各纳户数足分坐,不许将一名花户却分析各仓口,以致零碎,交纳不便。其大户俱以本里收,本里钱粮如不敷,或兼附近里分,庶使逃亡

---

① 《明武宗实录》卷77,正德六年五月丙辰,第1687页。

② 葛守礼:《宽农民以重根本疏》,转引自赖建诚:《边镇粮饷——明代中后期的边防经费与国家财政危机,1531—1602》,第139页。

可查，欺弊不生，务要遵照律限。[①]

很清楚，各州县派定各户税粮份额，花户（一般纳税户）自行上库交纳，再由大户负责征收解纳上仓。嘉靖二十二年（1543）三月，巡抚保定都御史丁汝夔说："臣尝督粮陕西，将各边钱粮立法籍记，季终核其已征完者，责州县截解于府，府总解各镇，严行催运。"[②]由此推知，延绥镇边粮解纳经历了州、县、府、镇等环节。

各府如何将钱粮解运到边镇？文献记载："（洪武）四年（1371），……每岁令西安等府送纳大路官仓，转运边卫，……二十九年（1396），以陕西各府州县民转运边饷道远，于驿道有军民处置仓，各就近地，计程接递。"[③]这是说当时采用的是通过沿途官仓逐仓转输到边卫的方式。在当时运输条件较差的情况下，这种输运方式不失为一种有效率的运送方式。

关于大户的职责，文献记载说，"户部会派之时，查照每卫该领布花数目，就令各大户运赴各该卫，分附近州县上纳，以便给散"[④]。这是说大户交纳布花等物时的职责情况。那么在起运边粮时的情况怎样？梁方仲先生说，"在解运粮米任务的安排中，粮长所担当的是一个总领队的角色"[⑤]。其"所据该办税粮，粮长督并里长，里长督并甲首，甲首催督人户，装载粮米。粮长点看见（现）数，率领里长并运粮人户起运"[⑥]。大户与粮长相当，其职责也应当类似。关于这一过程，文献有详细的记述，即：

夏税于五月十五日开仓，七月终齐足，不得过九月。秋粮十月初一日开仓，十二月终齐足，不得过次年二月。取获通关缴报依期完报者，各掌印管粮官量行奖励。如过期不完及继奸作弊害人，各照律例从重参提究治。[⑦] ……京边税粮，奉户部勘合坐派。……原派本

① 《河南赋役总会文册》卷1《税粮》，北京图书馆古籍出版编辑组编《北京图书馆古籍珍本丛刊》（第60册），书目文献出版社，1998年，第166页。

② 《明世宗实录》卷272，嘉靖二十二年三月辛酉，第5352页。

③ 《明会典》卷28《边粮》，第208页。

④ 《明会典》卷28《边粮》，第209页。

⑤ 《明代粮长制度》，第31页。

⑥ 《明会典》卷29《征收》，第216页。

⑦ 《河南赋役总会文册》卷1《税粮》，第166页。

> 色,俱不通舟楫去处,递年征派价银,大户收解本司,倒文俱赴巡抚都察院挂号解部,转发各该仓库,听本司总部官查照。彼处时估籴买本色上纳完足,掣取批关,中间若有羡余,扣留在京,除帮价外,有余银类解本司,补放禄粮。其各大户仍赴都察院销号,赴司掣取府批回销。[①]

也就是说,大户将本处税粮收解至布政司后,领取文书依期赴各仓库完纳后便可取获"通关",再由各仓库在勘合上填写并盖印其粮数已交足的手续,取得通关后即须交上内府户科代奏,再赴户部注销。户部从户科领出粮长的通关勘合,立案备查。至此税粮方解纳完毕。

延绥边地一带地形破碎,道路崎岖,舟楫不通,加之蒙古部落经常南下劫掠,粮道素称险远,民粮运输相当困难。当时主要的粮储运输方式,无非依赖人力或畜力肩负车载。文献记载称,"九边之地,输粮大率以车。宣德时,饷开平亦然,而兰(州)、甘(州)、松潘,往往使民背负"[②]。其"西北边粮草,全赖陕西小民肩担驴驮,谓之'乞运'"[③]。因此输纳延绥边粮的方式,主要是肩负、车载、驴驮三种,其中所能依赖的技术条件实在有限。人力负载自不待言,运输有限且相当辛苦,仅适用于短途接替,若是单靠人力长途运输,所负载的粮食恐怕连满足路途中所需都有困难。运载量较大且适用于长途运输的就主要仰赖畜力装载了。理论上说,畜力车载运输量最大也最为经济,但如前文所述,由于地理环境的限制,延绥镇许多地方道路崎岖狭隘,通行大车比较困难,这就只能改用小车或直接用牲畜驮运,运输效率非常低下。

当时陆上交通工具主要是畜力车,或者以牛驴拖曳,或者以马骡拉载。"凡骡车之制,有四轮者,有双轮者,其上承载支架,皆从轴上穿斗而起。四轮者前后各横轴一根,轴上短柱起架直梁,梁上载箱"。四轮大车运载量显然要多于双轮者,但必须有更多畜力牵引,"凡四轮大车,量可载五十石,骡马多者或十二挂,或十挂,少亦八挂"。遗憾的是,"凡大车行程,遇河亦止,遇山亦止,遇曲径小道亦止"。这种大车在延绥镇确实遇到很大的麻烦,不

---

① 《河南赋役总会文册》卷1《税粮》,第171页。

② 《明史》卷79《食货三》,第520页。

③ 焦竑:《焦氏笔乘》卷3《安南》,上海古籍出版社,1986年,第278页。

像在平原地区的西安等府那样，可以用来运输较多的粮食。“牛车以载刍粮，最胜晋地。路逢隘道，则牛颈系巨铃，名曰‘报君知’，犹之骡车群马尽系铃声也”，延绥边地的情况，当与之类似。此外还有独轮车，这也是北方边地运粮中经常使用的工具。“北方独辕车，人推其后，驴曳其前，……不载人者，载货约重四、五石而止”①。遇到完全不能通车的路段，粮草只能通过人挑或牲畜驮载，其运输功效自然就非常低下。

延绥镇粮食输纳虽然主要靠陆路运输解决，但由于陆路交通状况较差，运输工具又非常原始，有时难以满足实际的需要。所以政府在调运外来补给粮饷方面，往往也绞尽脑汁，开辟新的运输线路，采用和开发漕运就是其中的一种。史料记载：

> 成化二十年(1484)，陕西大荒，奏讨湖广漕运粮米，及于襄阳等处籴买米粮，雇船运至金州，转运商州镇安县等处，令榆林各军就食及乞运助边。又令西(安)等四卫官军及附近居民就彼关作赈济及俸米月粮。又奏讨河南漕运临、德二仓粮米，由黄河运至陕州地方，令潼关、华阴、朝邑等州县贫民就支。又运至渭南县地名柳林等处放支。②

此次河运虽然没有直接涉及到延绥镇，但与它也有一定的关系。隆庆元年(1567)十一月的一段史料记载：

> 户部覆延绥巡抚都察院右佥都御史王遴奏：本镇黄甫川运河已通，漕粟现贮府各县仓，乞颁降印记一颗，责令本县典使主之。人(又)运船水手临河雇觅，非经久计，请于葭州、神木、府谷、吴堡、米脂、绥德等州县均徭内增编，比常役少加优异，以恤其劳。报如议。③

据此可知，延绥镇也曾利用黄河水运，漕运粮食以充军需。另据文献记载：“自嘉靖四十五年(1566)，于府谷县开运河，每年操船二三十只，动

---

① 宋应星：《天工开物》卷9《舟车》，广东人民出版社，1976年，第257—259页。

② 王尧封：《急缺粮运以实重边奏》，《皇明经济文录》(下)卷24《陕西》，第594页。

③ 《明穆宗实录》卷14，隆庆元年十一月丁巳，第380—381页。

支兵饷银两,往山西兴(县)、临(县)、保德(州)地方籴买粮米,运赴该县,以济黄甫川九堡之急。"[①]这些情况主要是官方行为,与一般民运关系不大。民粮运输主要还是利用肩挑驴驮,或以牛车装载来供应延绥镇的边储的。

民运粮料等物一般根据路途远近计程接替转输。史料记载,从洪武四年(1371)起,"每岁令西安等府送纳大路官仓转运边卫"。洪武二十四年(1391)又因天气寒冷,明太祖停罢陕西民运粮食,"其已到仓者即收之。在中途者就贮所在官仓。其运粮人及车牛悉令放还"[②]。就是说,民户送粮并非直接运送边卫,而是通过官仓来转运的,而且这些官仓就设在大路附近,用于暂时存储待转输的边粮。洪武二十九年(1396),又"以陕西各府州县民转运边饷道远,于驿道有军民处置仓,各就近地,计程接替"[③]。这种官仓的设置逐渐增加并完善,分布在驿道旁边。由此可见,民户运输粮料的路线也是沿着驿路展开的。

明代对驿路的建设比较重视,除因袭和修葺了元代驿路外,还新修了不少驿道,至永乐十九年(1421)已形成了以北京为中心,通往十三个布政司首府的七条主要驿路。以此为主干线,各布政司又纷纷修建了与之衔接的大小驿路,连通各府州县。而运粮的民户,就沿着这些大大小小的驿道,将粮饷最终运送到各边镇。由于延绥边粮被派发给不同的地区,根据输粮地的不同也就形成了不同的运输路线。从前文的论述可知,陕西布政司内的西安、凤翔、汉中、延安、庆阳五府承担着主要的粮料输纳任务,而山西、河南二布政司也是延绥镇粮饷的重要供应区。在部分特殊的年份,南方的湖广布政司,南直隶的苏州等府也解运过部分粮饷济边。因此,民粮输纳延绥镇的路线分为省内和省外两条,但最主要的还是陕西境内的运输路线。

陕西的驿路以西安府为中心向周围府州县辐射:向东经由华州、潼关而与河南相通;向西经咸阳渭水驿而分为两道,由咸阳经乾州威盛驿、永寿永安驿,西北行可达平凉、肃州,而由渭水驿西行,经武功部城驿等地,可达凤翔府、巩昌府等地;由凤翔府南行,经宝鸡陈仓驿等地,可达陕南汉中府,

① 《明会典》卷28《边粮》,第214页。

② 《明太祖实录》卷214,洪武二十四年十一月壬子,第3161页。

③ 《明会典》卷28《边粮》,第208页。

并直接连通入川通道;向北经三原建忠驿等地,可抵达延绥、庆阳等地。其中向北的驿道又称延州道。由于延绥民粮的主要供应区分布在西安、凤翔、汉中、延安、庆阳五府,位于延绥以南的西安、凤翔、汉中等府税粮则均需先集中于西安府,再经由这条延州道运往延绥。因此,这些地区的民粮运输路线就主要由西南方向的驿路和延州道构成。

由汉中解纳粮饷至延绥,路途遥远而且险峻,需经由凤翔辗转至西安,故多折银征收。这条驿路主要连接了汉中府及下辖的宁羌州、沔县及凤翔府、凤县等陕西西南主要府州县。从宁羌州起往北,沿途的主要驿站有:阳平驿(宁羌州)、顺政驿(沔县)、汉阳驿(汉中府)、马道驿(褒城县)、松林驿(凤县)、东河桥驿(凤翔府)、陈仓驿(宝鸡县)、岐阳驿(凤翔县)、凤泉驿(扶风县)、邰城驿(武功县)、渭水驿(咸阳县)、京兆驿(西安府)①。民粮集中到西安府后,再由西安京兆驿出发,经延州道可运抵延绥镇。这条驿路经三原、耀州、同官、宜君、中部、鄜州、甘泉各县驿站至延安府,再继续北行,经延长、延川、清涧、绥德、米脂等县驿站,然后直抵镇城及东路神木道和中路榆林道所属营堡。而从延安府金明驿往西北行,经保安县的园林驿即可抵达西路的靖边道各营堡。此外,从鄜州的张村驿西行,经隆益镇驿和合水县的邵庄驿、宋庄驿等驿站,可抵达庆阳府②。西安、延安等五府州县民粮输纳延绥边地,主要沿这条主要驿道及支线逐程接替转输。鉴于这条道路险远,而在粮饷运输上又有着特殊的重要性,成化初年,陈俊因"边庾空竭,岁又不登,而榆林道远,转输难,乃发金于内地市易,修西安、韩城、同官径道,以利飞挽"③。此次对于该路线南段的修缮和改造,在一定程度上改善了道路情况,也节省了一定的距离。

民粮通常要运送到指定仓场交纳,榆林沿边的仓场多就近分布在各营堡附近,既便于粮饷的发放,也便于监管和保卫粮储不被侵掠。因此各营堡仓场之间亦有道路交错相通,构成一个密集的交通网络,民户运粮便由这些道路分赴各仓场上纳。这些道路主要沿边墙而行,并延伸连接到了庆阳、延安等地的主要驿道,从而把沿边地带与腹里地区紧密联系了起来。

① 《明会典》卷146《驿传二》,第745—746页。

② 杨正泰:《陕西驿路分布图(1587年)》,《明代驿站考》(增订本),上海古籍出版社,2006年,第122页。

③ 《明史》卷157《陈俊传》,第1119页。

为了更有效地防御蒙古诸部的入侵,除高垒边墙之外,在边墙内外还挖有深沟,外侧的深沟能起到阻挡蒙古马队的作用,而内侧的深沟就因地势而形成了连接榆林镇东西两端的交通大道。由于边墙阻挡了蒙古诸部的侵袭,并能为粮食运输提供安全保障,甚至直接连通各仓场,因此"运粮者循边墙而行,骡驮车挽,昼夜不绝"[①],成为了边地的主要粮道。

除此之外,由庆阳府至安边营和定边营也有道路相联系,经此可达西路靖边道各营堡,亦可取道前往镇城。由庆阳经华马池北行,可达新安边营。穿过新安边营至庆阳府一路,从新安边营继续往西北,即可抵达旧安边营。从庆阳往北,经过环县、饶阳水堡、三山堡,沿边墙北上,可抵达定边营。这些通道"每二十里筑墩台一,计凡三十有四,随形势为沟墙,庶息响相闻,易于守御"[②]。它们不仅是重要的军事通道,也是庆阳府、环县等地民粮输边的重要道路(参见图 12—2)。

对延绥镇而言,山西是仅次于陕西的重要的粮料输出地,尤其在成化年间和灾荒年份,榆林卫亦常由府谷东渡黄河籴买米粮。由府谷一带直接输纳的是晋北保德州等地的税粮,这条道路称为"北路粮道"。晋中的粮食则由汾州经永宁州渡黄河运入吴堡县,再转输至各营堡,这条通道叫做"中路粮道"。晋南的潞安等府州县民粮,由山西河津运入陕西韩城,或由山西蒲州运至陕西同州后,再经由梁山(黄龙山)中的谷道北运,这一段叫做"南路粮道"[③]。河南税粮则主要经由陕州经潼关驿而进入陕西,再通过陕西诸道运往边地。至于江南、湖广一带的粮米北运,或由陆路,或由水路,或者两者都用,不可统一言。如成化二十年(1484)"陕西大荒,奏讨湖广漕运粮米,及于襄阳等处籴买米粮,雇船运至金州,转运商州镇安县等处,令榆林各军就食及乞运助边。又令西(安)等四卫官军及附近居民就彼关作赈济"[④]。就是南粮北运走水路而转陆运的例子。

民粮供边实际上也存在很多难以解决的困难。按照明代中后期的情况,民运粮在延绥镇粮饷供应总量中所占的份额高于屯田子粒。隆庆年间曾任总理屯盐都御史的庞尚鹏说,"盖九边额供之数,以各省民运为主,屯

① 王琼:《北虏事迹》,中国西北文献丛书第三辑《西北史地文献》第 103 册,第 136 页。

② 《明史》卷 177《王复传》,第 1223 页。

③ 王开主编:《陕西古代交通道路史》,人民交通出版社,1989 年,第 369 页。

④ 王尧封:《急缺粮运以实重边奏》,《皇明经济文录》卷 24《陕西》,第 594 页。

粮次之,……而盐粮乃补其所不足,亦千百十一耳"[①]。比较明确地说明了这一点。但民运粮的首要困难在于运输,即使岁丰粮足之年,按时完粮或者不成问题,但其运输实在是一种沉重的负担。如前所说,这里粮道险远,特别是黄土高原诸道路非常难走,以致于不少地方只能靠陆路车载、马驮和人力肩挑手提等非常原始的运输手段来实现,故在当时这样的困苦和艰难一再被人提起。倪岳说:"今延绥之地,兵马屯聚,刍粟之费,日赖资给。乃以山西、河南之民任飞刍挽粟之役。仰关而西,徒步千里,夫运而妻供,父挽而子荷。道路愁怨,井落虚空。幸而至也,束刍百钱,斗米倍值。不幸遇贼,身已虏矣,他尚何计!"[②]王越说,"自移镇榆林,绥德官军移徙不常,在绥德者不及什一。自是延、庆之民,困于远输,日益流徙。田多荒芜,户口减什之六七,而边备日益匮乏矣"[③]。李东阳说:"今沿边诸卫所,良田美地,多归长官,壮夫余丁,半为服役,不能不仰给于馈挽,山西、河南诸道并进。自绥德至榆林,屯兵之地几二百里,及诸堡分给,又倍蓰之。山谷狭隘,车毂不通,驴所负刍米,多至狼藉。石米之费,或逾一两,束刍之费,或至三钱。民劳兵困……"[④]项忠说:"陕西乃关中重地,屯驻军民,比之别处,数常加倍。本处额征税粮马草子粒有恨(限),供给不前。每年户部送江南诸处折粮银十万两,河南送大布十万匹,前来辏用,仅够支持,未见充足。一遇边方有警,奏开盐粮等项,缓不及事,未免动劳军民。见丁攒运粮草,父去子来,车摧牛毙,苦不可言。……陕西人民边运困苦已极。"[⑤]另外,《御制大诰》有一条材料说:"且如西凉、庄浪等处,河州、临洮、岷州、洮州军人缺粮,着令民人趱运。地将盈雪尺余,深沟陡涧,高山峻岭。庄农方息,劳倦未苏,各备车辆,重载涉险,供给军储。中路车颓牛死者有之,人亡粮被盗取者有之。若牛死车存,人在中途,进退两难,寒风凛冽,将欲堕指裂肤。上畏法度,谨遵差期,虽死不易,苦不胜言。设若到卫交纳,淋尖跌斛,加倍输纳,无敢妄言。"[⑥]这虽然是今甘肃中南部一带的情况,但其情形与延绥镇的情况差相仿佛,由此可见,民运粮输

① 庞尚鹏:《清理盐法疏》,《明经世文编》卷357,第3849页。

② 倪岳:《论西北备边事宜疏》,《明经世文编》卷77,第670页。

③ 王越:《屯御疏》,《明经世文编》卷69,第579页。

④ 李东阳:《西北备边事宜状》,《明经世文编》卷54,第420页。

⑤ 项忠:《处置地方事》,《明经世文编》卷46,第357页。

⑥ 《皇明制书》,杨一凡点校,第50页。

边的困难确实很大。

明中后期,延绥镇粮饷供应的另一困扰是民粮逋欠。当时陕西,尤其是陕北地区,屡遭自然灾害的打击,特别是旱灾对于当地粮食生产的影响远远大于南方地区。频繁出现的自然灾害,不但令本该起运延绥镇的边粮无法征解,就连当地百姓的基本生活所需也常常需要政府的援助和救济,这方面的资料在《明实录》等文献中记载颇多,这里仅举数例,以见一斑。神宗时期的一条材料记载,"丁丑,全陕沙碛荒芜,正供多逋"①;又"以陕西临(洮)、巩(昌)、平(凉)、延(安)、庆(阳)五府旱荒,尽蠲十年起运民粮。诏发太仓银十五万、太仆寺马价银二十万,分解饷司,补民粮未完之数。仍谕陕西督抚多方赈恤,务济民艰"②。万历四十四年(1616),陕西巡抚龙遇奇称,陕西人民十八年来输过边饷150万两,但也逋欠边饷204万两③。由此可见,民粮逋欠之严重。起运地如遇灾伤饥荒,户部通常会要求其它地方支持转运。成化二十年(1484)陕西大饥,遂调用湖广、南直隶、河南等多个布政司的税粮赈济,但因路途遥远,途中既多耗损,又往往难以补充急缺。

还有在边粮起解过程中,部分官员借机中饱私囊,屡屡导致钱粮短缺的情况。万历皇帝曾针对保定等地起解钱粮中存在的问题说:"近来各边起解钱粮,掌印及委解官侵克短少,往往逼嘱管粮官收纳,这积弊不独保定一府为然。"④这虽然只是针对易州一镇而言,实际上起运延绥镇的各地钱粮都在不同程度上存在官员侵吞克扣的问题。正因为如此,明政府曾屡次盘查这一弊端,但由于政治环境复杂,各级官吏相互依存,往往不了了之,以致侵渔之弊无法杜绝。

---

① 《明神宗实录》卷130,万历十年十一月丁丑,第2426页。

② 《明神宗实录》卷133,万历十一年二月乙酉,第2470—2471页。

③ 《明神宗实录》卷548,万历四十四年八月癸丑,第10383页。

④ 《万历会计录》卷22《易州镇饷额》,北京图书馆古籍珍本丛刊(53),第782页。

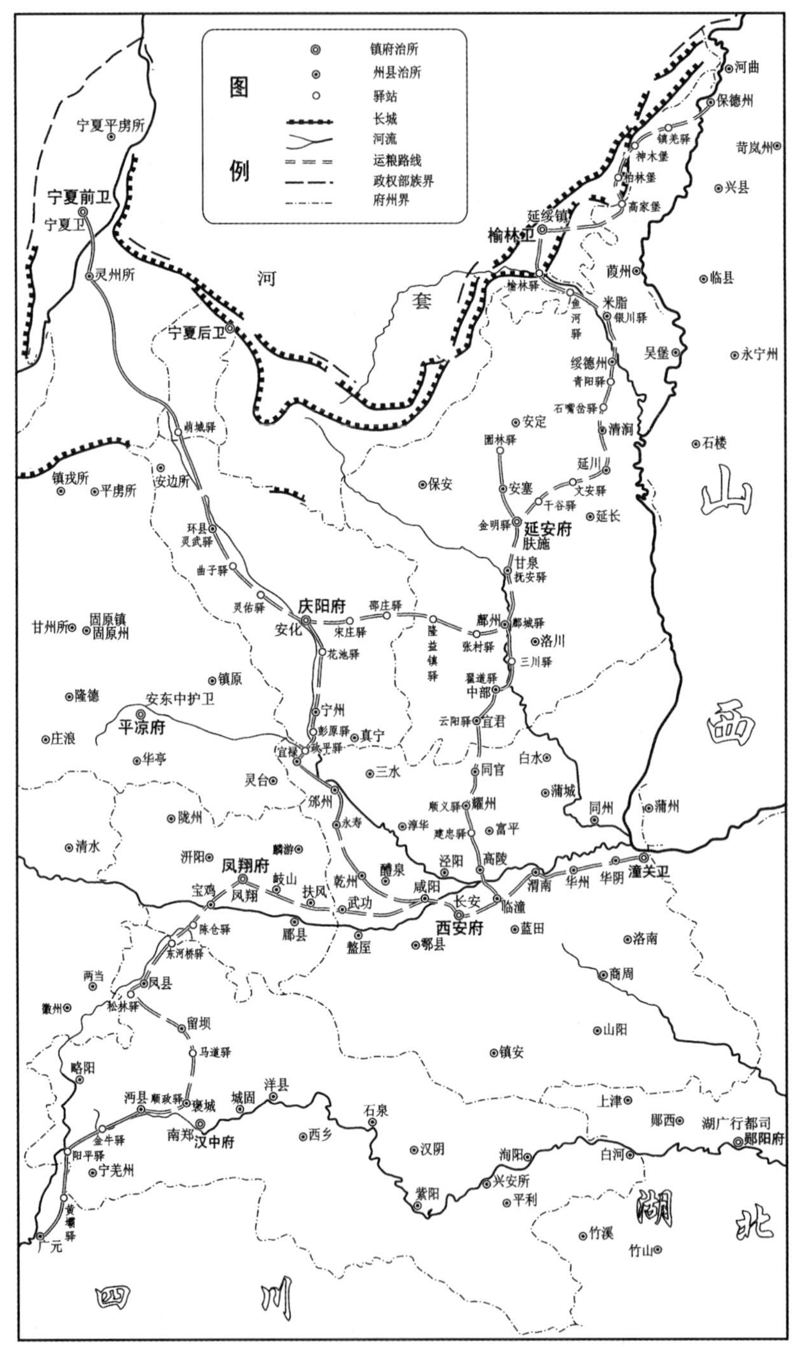

据杨正泰《明代驿站考》之《陕西驿路分布图(1587年)》(上海古籍出版社,2006年)改绘。

图 12—3 明代陕西民粮运往延绥镇的主要路线

以上几个方面的事实和原因表明,明代中后期民粮输纳不会取得理想的绩效。万历中期,户部尚书赵世卿在一份奏疏中对此有清楚的说明。他说:

> 照得九边主客年例兵饷,俱有各省府州县民运,及各卫屯粮供给,……至今只是虚文,逋负益多,绝未见参罚一人,以致有司愈加玩愒,及今各镇告匮之文无日不投。中间或有上半年不足,而预借下半年,今年不足而预借明年。……今有十年不解一分者,积弊如此,饷额安得不亏?"[①]

"逋负"如此之多,民运粮饷在长期运行中的问题自然很多,而这样的问题,既非一朝一夕间形成,形成后又难得有一个很好的解决,遂致积弊既久且深,边政日趋败坏。

二、开中法与商人输粮于边

开中法是明代为了解决边粮运输而实行的由商人输粮于边的政策。其具体做法是,政府招募商人向边地运输粮食,以换取盐引,商人凭借盐引,在指定盐场领取一定数量的食盐,进而运销于指定地区以谋取商利。明代所实行的开中法,并不是一种临时解决边粮的办法,而是一项与国家财政、盐法、边饷密切相关的一项长期制度。文献记载:

> 有明盐法,莫善于开中。洪武三年(1370),山西行省言:大同粮储,自陵县运至太和岭,路远费烦。请令商人于大同入米一石,太原仓入米一石三斗,给淮盐一小引。商人鬻毕,即以原给引目赴所在官司缴之。如此则转运费省而边储充。帝从之。召商输粮而与之盐,谓之开中。其后各行省边境,多召商中盐以为军储。盐法边计,相辅而行。[②]

① 赵世卿:《司农奏议》卷4,《续修四库全书》第480册,上海古籍出版社,2002年,第209页。

② 《明史》卷80《食货四》,第523页。

开中法在明代实行了一百多年，其间根据实际需要，在边地先后推行过纳钞中盐、纳布中盐、纳马中盐、纳铁中盐、纳米中茶、以茶易马等多种方式。弘治五年(1492)叶淇变法，纳银领引，中盐法遂告废止。但政府仍以发放盐引的方式为边镇筹集饷银，盐引折银依然在边镇饷银供应上起着重要作用。延绥镇实行开中食盐法，据《会计录》记载，应在正统五年(1440)，当时都御史陈镒题奏请求仿肃州事例，开中盐粮，后得批准，遂“开淮盐一十二万引，浙盐八万引，每引纳米豆麦两斗五升，三分淮盐，二分浙盐，相兼上纳”①。叶淇变法后，仍常有盐引银入补军饷的记载。由此可见，实物开中与后来的盐引换银均为延绥镇粮饷供应的组成部分。

纳粮中盐，通指商人输纳粮料等实物到边镇指定地点以换取盐引的制度。由于路途遥远，输纳不易，商人中亦自然有分工合作。一般山陕商人因为距离边地较近，通常直接输粮粟于边，这部分商人称“边商”，也称“粮商”。由于盐场远在江浙一带，支盐路途辽远，守支时间漫长，边商很少直接前往内地支盐，而是将盐引转卖给内地商人，即“内商”或“盐商”。边商在内地依照政府的要求把军需物资缴纳边仓以后，即可获得国家控制盐场的盐引，延绥镇的盐引一般开派于两淮、两浙的盐场，也有开派在陕西灵州、盐池等地的情况，但数量不多，开派不常。边商获取盐引(行盐权)的过程，谓之“报中”。边商向内商倒卖出盐引，内商便凭盐引到指定的盐场守候支盐，称为“守支”。开中制里与延绥镇粮饷密切相关的，就是这两个环节，尤其是前一环节。明代盐法，学界研究已相当深入，下面借鉴前人研究，对与延绥镇有关的纳粮中盐、纳银中盐两个环节作进一步论述。

开中法在延绥镇的实施，经历了纳粮和纳银中盐两个过程，其中大部分时间以纳银中盐为主，纳粮中盐实施的时间较短，次数有限。由于从内地运送粮食赴边地的路途遥远，长途运输的成本极高且效率低下，“商人惮转粟之劳，无不自出财力，招致游民以事耕作”②，从而形成了一种新的屯田形式——商屯。延绥镇商屯的功效如何？由于缺乏具体的数据，难得有一个准确的说明。就文献记载来看，从永乐中起，“下实粟于边之令，富商

① 《万历会计录》卷26《延绥镇饷额》，北京图书馆古籍珍本丛刊(53)，第909页。

② 张宸：《商屯议》，贺长龄、魏源等编《清经世文编》卷34，中华书局，1992年，第837页。

大贾竞于三边出财力,招游民,筑墩台,立堡伍,荒土膏沃,稼穑衍殖。及乎(天)顺、(成)化,甘肃、宁夏粟石二钱,边用大饶”[①]。说明这一时期商屯在陕西三边地带的成效还是相当显著的。霍韬在《哈密疏》中谈到西北三边商屯的情况说:“富商大贾,悉于三边自出财力,自招游民,自垦边地,自艺菽粟,自筑墩台,自立保伍,岁时屡丰,菽粟屡盈”[②]。也体现了这一点。不过,不能因此对于商屯在陕西三边军需供给中的地位估价太高。因为:(1)成化以前,延绥镇总体上受蒙古诸部的威胁并不是很大,这一带的驻军人数有限;(2)商屯初兴,无论是领引还是盐场兑盐都还没有像后来那样腐败;(3)当时军屯开展不久,并处在发展时期,本身对于边粮的支持比较明显。在这种背景下,边地屯田环境总体上还比较好,所以边粮需求的矛盾不是很突出。随着边地政治环境的日益恶化,驻防官军日渐增多,客兵又不时而至。这样,一方面,因军士增加使得粮食需求急速扩大;另一方面,因为边地烽火连年,商屯渐次离开。由此造成边粮窘迫,商屯的补给作用实际上就相当的有限了。

开中法在延绥镇的实施,主要体现在“纳银中盐”这一内容上。文献记载:“国朝盐法,设转运司者六,提举司者七,盐课司以百计。大、小引目二百二十余万,解太仓银百万有奇,各镇银三十万有奇。”[③]盐银不但是国家财政收入的重要组成,也直接供应边饷,且数额巨大。初期,延绥镇开中不常,且往往需要边臣奏请开派,盐引数量多寡不一。到嘉靖年间,开始定主、客兵盐银,“兹后有额派、有补岁用不敷之例。额派者,专备客兵支用;补岁用不敷者,照例给放官军月粮,及新增募军之费”[④]。开中由初期的纳粮演变为了后期的额派饷银,它也在以后成为延绥镇粮饷固定的供应来源之一。

---

① 张溥:《七录斋集》卷1《盐法论》,四库禁毁书丛刊第182册,北京出版社,2000年,第375页。

② 霍韬:《哈密疏》,《明经世文编》卷186,第1913页。

③ 《明会典》卷32《盐法》,第226页。

④ 《万历会计录》卷26《延绥镇饷额》,北京图书馆古籍珍本丛刊(53),第909页。

表 12—2 明代延绥镇开中简况

时间	盐引数额（万引）	折粮率/折银率（斗/引）/（两/引）	纳粮总量/银（万石）/（两）	史料来源
正统五年（1440）	两淮 12 两浙 8	米麦豆 2.5	12×2.5＝30 8×2.5＝20 合计:50	《明英宗实录》卷 67 《会计录》卷 26
成化二年（1466）	两淮长芦河东共 40	两淮,米 5 豆 2 长芦存积,米 2 豆 1, 常股盐,米 2 豆 0.6; 河东,米 1 豆 0.5		《明宪宗实录》卷 30 《会计录》卷 26
成化六年（1470）	两淮 15 两浙 15	料 6 料 3	15×6＝90 15×3＝45 合计:135	《会计录》卷 26
成化十年（1474）	两淮 10 两浙 10 山东 5 河东陕西 5 河间长芦 2 福建 5 广东 5	米 4 豆 2 米 3 豆 1 米 1.5 豆 1 米 1.5 豆 0.5 米 2 豆 1 米 1.3 豆 0.5 米 1.5 豆 0.5	米 40 豆 20 米 30 豆 10 米 7.5 豆 5 米 7.5 豆 2.5 米 4 豆 2 米 6.5 豆 2.5 米 7.5 豆 2.5 合米:104 合豆:44.5	《明宪宗实录》卷 131,成化十年七月
成化十四年（1478）	河东盐 30			《会计录》卷 26
成化十七年（1481）	淮浙河东 40			《会计录》卷 26
成化十八年（1482）	两淮 16.8	米 2 豆 3	合米 33.6 合豆 50.4	《明宪宗实录》卷 224,成化十八年二月己未
弘治八年（1495）	两淮河东福建存积常股盐 30			《会计录》卷 26
弘治十七年（1504）	两淮存积盐 11.5344,常股盐 17.9265;两浙 10.9201			《会计录》卷 26

续表

时间	盐引数额(万引)	折粮率/折银率(斗/引)/(两/引)	纳粮总量/银(万石)/(两)	史料来源
正德五年(1510)	两淮25			《会计录》卷26
正德六年(1511)	灵州盐课司5			《会计录》卷26
正德七年(1512)	两淮等处31.1874			《会计录》卷26
正德十三年(1518)	河东20			《会计录》卷26
嘉靖元年(1522)	两淮余盐14		该银76500两	《会计录》卷26
嘉靖九年(1530)	淮浙山东长芦盐7		该银32330两	《会计录》卷26
嘉靖十年(1531)	淮浙等盐12.25		该银50000两	《会计录》卷26
嘉靖十一年(1532)	淮浙山东盐22.7278		该银88249.32两	《会计录》卷26
嘉靖十四年(1535)	两淮		该银30000两	《会计录》卷26
嘉靖十五年(1536)	两淮		该银30000两	《会计录》卷26
嘉靖十六年(1537)	两淮		该银30000两	《会计录》卷26
嘉靖十八年(1539)	淮浙盐		该银29500两	《明世宗实录》卷223
嘉靖十九年(1540)			客兵额盐银29750两,岁用不敷引盐银33889两,募军引盐银27520两。 合91159两	《会计录》卷26
嘉靖二十二年(1543)	淮浙盐6.1485		该银27520两	《会计录》卷26

续表

时间	盐引数额（万引）	折粮率/折银率（斗/引）/（两/引）	纳粮总量/银（万石）/（两）	史料来源
嘉靖二十九年（1550）	补不敷存积盐22.6482		该银97375两	潘潢《议延绥新军疏》、《查核边镇主兵钱粮实数疏》，《明经世文编》卷198、卷197
嘉靖三十年（1551）	两淮余盐12.7012	每引价银五钱	该银63506两	《会计录》卷26
嘉靖三十一年（1552）	淮浙盐17.1482 额派盐7		75125.5两作主兵年例支用，29750两，客兵合104875.5两	《会计录》卷26
嘉靖三十四年（1555）	淮浙存积盐15.6482 额外派工本盐6.0356 淮浙盐7		合127553.5两	《会计录》卷26
嘉靖四十五年（1566）	议定经制 淮浙存积盐15.6482 额派淮浙盐7		97375.5两	《会计录》卷26
隆庆三年（1569）	两淮8.4498 两浙7.4039	每引两淮五钱，两浙三钱，长芦二钱，山东一钱五分	计银68162两	《明穆宗实录》卷32，隆庆三年五月甲子
隆庆五年（1571）	淮浙盐共17.4982		该银75225.5两	《会计录》卷26
隆庆六年（1572）	淮浙存积常股盐16.9982		72725.5两	《会计录》卷26
万历二年（1574）	灵州大池课银 河东课银		13640.64两，抵主兵年例 3221.44两 合16862.08两	《会计录》卷26

续表

时间	盐引数额(万引)	折粮率/折银率(斗/引)/(两/引)	纳粮总量/银(万石)/(两)	史料来源
万历三年(1575)	两淮、长芦、山东常股存积盐	两淮每引率价银三钱五分,两浙每引率价银二钱,山东每引率价银一钱五分	该银88322.5两	《明神宗实录》卷24、《会计录》卷26
万历四年(1576)	两淮两浙常股存积盐20.8374			《明神宗实录》卷47
万历五年(1577)	两淮盐12.00712,两浙盐10.5769		共该价银97325.575两	《会计录》卷26
万历九年(1581)	淮浙盐15.6482又7		共该银67625两又29750两	《会计录》卷26

由表12—2知,延绥镇盐引开派于两淮、两浙、长芦、山东、河东盐运司和灵州盐课司,几乎分布于华北、华中的主要盐场,而在这些盐务单位中,又以开派两淮、两浙盐引为主。虽然在地理位置上灵州盐课司距离延绥镇最近,但灵州盐产量有限,而两淮、两浙作为当时的主要盐产区,其产量和质量均较高,因此也就被选为开中盐引的主要开派地。此外,延绥镇实物开中的次数有限,大部分的时间里是以纳银中盐为主。其折银率没有固定的比率,而是随所处时代的不同以及盐引开派地情况而变化。另外,盐银开派的数目变化并无明显的规律可循。这是由于政府通常都是根据实际需要召商开中,根据不敷之数而确定开中盐引的开派,直到后期出现了额派盐引,项目相对固定,并转为补充客兵银饷的来源。不过,盐引开派的次数越到后期越频繁,而且往往同时开派多个盐务单位,这也表明延绥镇对盐银的依赖越来越大。这种情况从侧面反映出屯田和民运这两大供应方式确实逐渐失去了效力。

实施开中制度,曾在一定程度上改善了延绥镇的粮饷供给,但随着盐法的破坏,它的作用日渐减弱,实际成效也很难理想。对此,嘉靖时给事中管怀理总结说:

> 盐法之坏，其弊有六。开中不时，米价腾贵，召籴之难也。势豪大家，专擅利权，报中之难也。官司科罚，吏胥侵索，输纳之难也。下场挨掣，动以数年，守支之难也。定价太昂，息不偿本，取赢之难也。私盐四出，官盐不行，市易之难也。[①]

延绥镇地处毛乌素沙漠与黄土高原交界地带，农耕条件有限，粮食产量本来就不高，而驻军众多又导致军粮需求一直居高不下。因此，榆林边地的粮价即使在丰年也高于内地，一遇荒年则有“米珠薪桂”之称。纳粮中盐能有效缓解缺粮的状况，但苦于运输道远，成本太高，商人多在当地购粮再换取盐引，而边地粮食产量本来有限，这样做不但没有增加边地粮食的供应量，反而抬升了粮价，从长远来看是极为不利的。势要占窝报中阻隔了普通商人正常开中的道路，韩文在《题为钦奉事》中详细揭露了势要报中的弊端，他说：“近年以来，势豪之家，往往主令家人诡名报中。及至赴官上纳，则减削价值。下场关支，则不等挨次。货卖则挟带私盐，经过则不服盘诘，虚张声势，莫敢谁何。以致资本微细者，敛迹退避，不敢营运。著实济边者，坐困岁月，不得关支。”[②]这种弊端造成的影响，是“一遇紧急，束手莫措，其不系要害所在，或附近腹里地方，粮料草束反至有余，以致年久浥烂，不堪支用”[③]。边镇急缺粮草，而腹里地方的粮草却浥烂浪费。又或以次充好，以势强压仓场接收。弘治初年陕西巡抚李伯起讲，榆林、宁夏各堡“粮或粗秕浥烂，草或斤数短少，皆出自银买权要之中纳也”[④]。官豪势要依仗权势中盐牟利，破坏了盐法的正当推行，在很大程度上导致了盐法的败坏。马文升说：“至宣德、正统年间，盐法渐弛。……自成化年间以来，有乞恩求讨者，有织造支用者，加以两京往来势要船只，夹带私盐数多。又况行盐地方之不拘，私自贩卖之无禁。虽有中者，及至到边，多不上纳粮料，止是折收银两。一遇紧急缺粮，复命大臣前去督理，重复劳民买运。所以祖宗盐法坏之极矣。”[⑤]

---

① 《明史》卷80《食货四》，第525页。

② 韩文：《题为钦奉事》，《明经世文编》卷85，第752页。

③ 韩文：《题为钦奉事》，《明经世文编》卷85，第752页。

④ 马中锡：《代李伯起陈便宜六事》，《东田文集》卷1，中华书局，1985年，第15页。

⑤ 马文升：《重盐法以备急用疏》，《明经世文编》卷63，第520—521页。

弘治年间,叶淇变法,改实物开中为纳银中盐,完全断绝了盐粮的供应,其结果是:"商贾耕嫁积粟无用,辍业而归,墩台遂日颓坏,堡伍遂日崩析,游民遂日离散,边地遂日荒芜。戎虏入寇,一遭兵创,生齿日遂凋落,边方日遂困敝。"[①]粮食供应量的减少促使米价大幅上涨,只有靠不断加派盐银和京运银籴买。加派盐银的结果是大量增发盐引。食盐产量本来有限,如此一来就造成盐引壅积,至盐商守支数年都不能支取到食盐,以致破产。所以出现政府虽然经常招商开中,而商人却畏而不往的情况。对此,万历年间延绥巡抚涂宗浚有详细的论述,他说:

> 延镇兵马云屯,赖召买盐引接济军需,岁有常额。往时召集山西商人,乐认淮、浙二盐,输粮于各堡仓,给引前去江南投司领盐发卖,盐法疏通,边商获利,二百年来,未闻壅滞。乃至于今,商人党守仓等,苦称边盐不通,引积无用,家家亏本,恳词求退。本道再三晓慰,则皆泣诉:山西之大贾皆去,土著之资本几何,原买旧引,堆积不行,财本已竭。今派新引,力不能承,死徙无门。细询其故,盖缘江南盐吏、盐官失政,城社之徒依附为奸,巧立名色,恣肆渔猎,弊窦多端。如边盐引每包重至五百五十斤,例也,而彼盐每引每包重至二千五百斤。人情孰不欲利,孰肯舍多而就少乎?是彼得利四倍,而边盐利少,无人承买,坐困一也。[②]

此外,余盐制的推行也严重影响了边镇盐法的实施。当时正课(正盐)壅塞,明政府推行余盐制,但"余盐利厚,商固乐从,然不以开边而以解部,虽岁入巨万,无益军需"。从边饷的角度看,余盐制显然是有害的。到了嘉靖二十年(1541),余盐的祸害愈演愈烈,嘉靖皇帝终于下令终止余盐制。但余盐制是国家财政收入的重要来源,所以"令甫下,吏部尚书许赞即请复余盐以足边用,户部覆从之,余盐复行矣"[③]。自此,"边盐不通,引记无用"的现象就更加普遍了。

---

① 霍韬:《哈密疏》,《明经世文编》卷186,第1913页。

② 涂宗浚:《边盐壅滞疏》,《明经世文编》卷447,第4919—4920页。

③ 《明史》卷80《食货四》,第525页。

三、京运银的补给

京运银是户部从太仓(国库)和属于内帑的内承运库中拨发给边镇军士的饷银。京运银最初偶然发放,用以补充边饷的不足,后来渐成常例,每年均需支出一定数目作为边饷补充银,所以又称作京运年例银。明朝初年,延绥镇军饷多取自民运粮及军屯,如有不足则以开中法补给。到正统、成化年间,边事渐紧,遂由国库拨发银两,分送三边以济一时之急。以后遂定为年例:本镇主兵岁发银3万两,又常另发银接济;正德年间,侍郎冯清奏讨客兵5万两,自此客兵年例亦开。嘉靖中,因蒙古诸部不时侵扰,防守军人数量增加,岁用日益增涨,入不敷出,遂将主兵银增至21.8万余两,客兵时发银7万或8万两。嘉靖四十五年(1566)始定经制,发主兵银24万两,客兵8万两。万历八年(1580),主兵银增至35.8万余两,客兵拟5万两为额,以盐引银抵数,如还不足,则以太仓银补发①。可以看出,随着时间的推移,越是到后期,边镇对于京运银的依赖越大。下表12—3是根据相关史料整理的一个不完全统计表,从中可以看出延绥镇京运银发放变化的大概趋势。

表12—3 延绥镇京运银发放情况简表

时间	项目	史料来源
天顺八年(1464)	发150000两运送陕西三边收买粮草	《会计录》卷26
成化十二年(1476)	发100000两运送三边	《会计录》卷26
成化十四年(1478)	发额银30000两往榆林	《会计录》卷26
正德六年(1511)	照旧例发30000两	《会计录》卷26
正德十四年(1519)	发客兵银50000两,客兵银自此始	《会计录》卷26
嘉靖二年(1523)	年例30000两	《会计录》卷26

① 《万历会计录》卷26《延绥镇饷额》,北京图书馆古籍珍本丛刊(53),第913—916页。

续表

时间	项目	史料来源
嘉靖六年(1527)	年例 30000 两	《会计录》卷 26
嘉靖七年(1528)	诏发太仓银 100000 两于延绥镇预备刍粮	《明世宗实录》卷 96,嘉靖七年十二月乙未
嘉靖八年(1529)	发银 200000 两专备大兵紧急支用	《会计录》卷 26
嘉靖九年(1530)	命户部于常例外发银 100000 两给赈,另发客兵银 70000 两	《明世宗实录》卷 112,嘉靖九年四月乙丑;《会计录》卷 26
嘉靖十二年(1533)	以延绥镇灾伤蠲免存留钱粮有差,仍调陕西布政司赈饥银 20000 两济之	《明世宗实录》卷 156,嘉靖十二年十一月壬子
嘉靖十五年(1536)	量支太仓银 60800 两与之购粮	《明世宗实录》卷 195,嘉靖十五年闰十二月壬戌
嘉靖十七年(1538)	发银 40000 两	《会计录》卷 26
嘉靖十八年(1539)	年例银与新增募军年例银共 40000 两	《会计录》卷 26;《九边考》卷 7
嘉靖十九年(1540)	发客兵银 20000 两	《会计录》卷 26
嘉靖二十一年(1542)	发太仓银 50000 两延绥镇供新募游兵行粮	《明世宗实录》卷 258,嘉靖二十一年二月丙辰
嘉靖二十二年(1543)	增年例 20000 两, 三月发太仓银 80000 两于延绥镇 十一月发太仓银 80000 两于延绥镇	《会计录》卷 26;《明世宗实录》卷 272,嘉靖二十二年三月癸丑;《明世宗实录》卷 280,嘉靖二十二年十一月己酉
嘉靖二十三年(1544)	增年例 20000 两,马草银 3600 两 发太仆寺马价 26000 两给延绥镇买马,又发太仓银 30000 两备新募军马粮草,诏发太仓银 17000 两于延绥镇为增设营堡之费	《会计录》卷 26;《明世宗实录》卷 287,嘉靖二十三年六月癸巳;《明世宗实录》卷 290,嘉靖二十三年九月己巳
嘉靖二十四年(1545)	发太仓银 250000 两给延绥镇各备秋防客兵刍粮,发太仓银 43600 两于延绥镇作次年新旧募军及加添草银之数	《会计录》卷 26;《明世宗实录》卷 297,嘉靖二十四年三月己卯;《明世宗实录》卷 302,嘉靖二十五年八月辛亥

续表

时间	项目	史料来源
嘉靖二十五年(1546)	发太仆寺马价银4500两给延绥镇	《明世宗实录》卷310,嘉靖二十五年五月庚辰
嘉靖二十七年(1548)	诏给太仓银80000两于延绥镇	《明世宗实录》卷335,嘉靖二十七年四月壬申
嘉靖二十八年(1549)	增年例银34340.25两 发太仓银11200两备延绥镇新设游兵月粮,发太仓银75300两于延绥镇	《会计录》卷26;《明世宗实录》卷344,嘉靖二十八年正月乙未;《明世宗实录》卷352,嘉靖二十八年九月乙酉
嘉靖二十九年(1550)	户部岁运年例银30000两,新增募军粮银119278两	潘潢《议延绥新军疏》、《查核边镇主兵钱粮实数疏》,《明经世文编》卷198、卷197
嘉靖三十年(1551)	增年例银38595两,增年例24559两,又增年例9300两	《会计录》卷26
嘉靖三十一年(1552)	增年例50000两 加延绥镇年例银110000充新军粮饷	《会计录》卷26;《明世宗实录》卷386,嘉靖三十一年六月甲子
嘉靖三十二年(1553)	增年例11700两	《会计录》卷26
嘉靖三十四年(1555)	发主兵银195079.98两,客兵银80000两	《会计录》卷26
嘉靖三十五年(1556)	发河南怀庆开封三府库银65000两给延绥镇主兵	《明世宗实录》卷436,嘉靖三十五年六月己丑
嘉靖四十一年(1562)	预发延绥镇主兵银10000两,客兵银10000两	《明世宗实录》卷510,嘉靖四十一年六月丙子
嘉靖四十五年(1566)	定经制,主兵年例195079.98两,新增料银22185.23两,共发217265.21两 客兵年例80000两,本年再添银30000两。主兵年例本年增至247265.21两	《会计录》卷26
隆庆元年(1567)	发太仓银40000两于延绥镇备募军修边之用	《明穆宗实录》卷5,隆庆元年二月

续表

时间	项目	史料来源
隆庆二年(1568)	诏行开纳事例于延绥榆庆四卫军民以其银充刍饷,又发太仓年例银 299000 余两助之 发太仓银 51000 余两	《明穆宗实录》卷 17,隆庆二年二月庚子;《明穆宗实录》卷 1,卷 8,隆庆二年三月己未
万历元年(1573)	主兵年例 240000 两,客兵 80000 两	《会计录》卷 26
万历四年(1576)	主兵年例是年增至 287265 两零	《会计录》卷 26
万历五年(1577)	主兵年例 287265.21 两,客兵年例 80000 两	《会计录》卷 26
万历八年(1580)	主兵定额 357265.21 两,客兵银 50000 两	《会计录》卷 26
万历九年(1581)	京运年例银共 377515 两	《会计录》卷 26
万历二十一年(1593)	京运年例银 367265 两,实发银 310210 两	杨俊民:《边饷渐增供亿难继酌长策以图治安疏》,《明经世文编》卷 389
天启元年(1621)	延绥镇额银 433739 两 户部题发年例银延绥镇 50000 两	《明熹宗实录》卷 9,天启元年四月;《明熹宗实录》卷 11,天启元年六月
天启五年(1625)	户部请发天启五年春季各镇主客兵年例银延绥镇 94000 两	《明熹宗实录》卷 56,天启五年二月戊子

由表 12—3 可以看出,明代中后期京运银的发放日益频繁,而且名目多样,或为赈济,或为募兵银,或为修边银等。嘉靖二十二年(1543)到二十八年(1549)间,太仓银的发放几乎平均每年达三次以上。京运银发放的数额也逐年增加,由明初专供主兵银的 3 万两额上升到 37 万两以上,后者是前者的十二倍之多。在这一过程中,京运银的性质也由临时接济补给银演变为年例银。从主兵年例银到客兵年例银,再到募兵银和修边经费,以及赈济各项,延绥镇的众多开支都要仰赖京运银来开支,无怪乎

有人发出"每至外解不前，边徼告急，各镇委官抢地环呼，徒以京运故耳"[①]的感叹。延绥镇对京运银依赖的越来越大，固然是由于边境多事，但更主要的还是前三种供应方式的相继失效，不得不仰给户部发银接济的缘故。正德间，廷臣会议边储时曾无奈地指出："各边初皆取给屯田，后以屯田渐弛，屯军亦多掣回守城，边储始唯民运是赖矣。而其派运之数，又多逋负，故岁用往往不敷，乃以银盐济之，非得已也，舍此似无长策。"[②]可以看出，边镇粮饷的压力由地方日益转移并集中施加于中央，国家财政压力日益增加，这也直接影响了国家机构的正常运作，导致明王朝不能有效地解决当时内政外交事务中的突出问题，进而引发了一系列的政治和社会危机。

四、余论

通过以上论述，我们知道，除了本镇的屯田供给以外，延绥镇粮饷补给主要有民运粮、开中输纳和京运银三种形式，虽然每种供应形式在具体的实际运行中都不同程度地表现出各种弊端，甚至在日后也多日趋失效，但却一直充当着延绥镇粮饷的基本来源。对于这四种供应形式在延绥镇粮饷构成中的地位问题，因不同时期的情况不同，各自在解决边需中的作用也不完全相同，因而其中地位也难得一概而论。尤其是具有可比性的准确数据难以获得，很难反映各自供应的完整而准确的比例。不过，通过一些不完全的数据大致可以反映出一些趋势性的信息，使得我们可以获得一个总体的认识。下面以成化十年(1474)、嘉靖八年(1529)前后、嘉靖十八年(1539)前后、嘉靖二十九年(1550)前后、嘉靖四十五年(1566)前后、万历九年(1581)前后的五组数字作为比对。由于供应品种较为复杂，本色各项均统计为粮料，马草另计，折色银各项各折不等，且粮料的折银率经常变化难以换算，故不再折银统计，而是将粮饷分列，作为单独项目进行比照，见表12—4。

---

① 《明熹宗实录》卷9，天启元年四月戊寅，第443页。

② 《明武宗实录》卷37，正德三年四月甲戌，第876页。

表 12—4　延绥镇粮饷供应的来源与构成

<table>
<tr><th rowspan="2">时间</th><th colspan="7">项目及所占百分比</th><th rowspan="2">合计</th></tr>
<tr><th></th><th colspan="2">粮料(石)100%</th><th colspan="2">马草(束)100%</th><th colspan="2">饷银(两)100%</th></tr>
<tr><td rowspan="4">成化十年(1474)</td><td>屯田</td><td>65897</td><td>14%</td><td>44248</td><td>8%</td><td>1482.42</td><td>0.3%</td><td rowspan="4">粮料 469376 石,草 528388 束,银 431181.9 两</td></tr>
<tr><td>民运</td><td>256978.98</td><td>55%</td><td>484140</td><td>92%</td><td>399699.44</td><td>92.7%</td></tr>
<tr><td>开中</td><td>146500</td><td>31%</td><td></td><td></td><td></td><td></td></tr>
<tr><td>京运银</td><td></td><td></td><td></td><td></td><td>30000</td><td>7%</td></tr>
<tr><td rowspan="4">嘉靖八年(1529)前后</td><td>屯田</td><td>66097</td><td>19%</td><td>1056629</td><td>68%</td><td></td><td></td><td rowspan="4">粮料 355770 石,马草 1563099 束,银 247330 两</td></tr>
<tr><td>民运</td><td>289673</td><td>81%</td><td>506470</td><td>32%</td><td>15000</td><td>6%</td></tr>
<tr><td>开中</td><td></td><td></td><td></td><td></td><td>32330</td><td>13%</td></tr>
<tr><td>京运银</td><td></td><td></td><td></td><td></td><td>200000</td><td>81%</td></tr>
<tr><td rowspan="4">嘉靖十八年(1539)前后</td><td>屯田</td><td>66135</td><td>45%</td><td>806671</td><td>59%</td><td></td><td></td><td rowspan="4">粮料 145440 石,马草 1362757 束,银 287158 两</td></tr>
<tr><td>民运</td><td>79305</td><td>55%</td><td>556086</td><td>41%</td><td>217658</td><td>76%</td></tr>
<tr><td>开中</td><td></td><td></td><td></td><td></td><td>29500</td><td>10%</td></tr>
<tr><td>京运银</td><td></td><td></td><td></td><td></td><td>40000</td><td>14%</td></tr>
<tr><td rowspan="4">嘉靖二十九年(1550)前后</td><td>屯田</td><td>66135</td><td>45%</td><td>450671</td><td>45%</td><td></td><td></td><td rowspan="4">粮料 145439 石,马草 1002757 束,银 464311 两</td></tr>
<tr><td>民运</td><td>79304</td><td>55%</td><td>552086</td><td>55%</td><td>217658</td><td>47%</td></tr>
<tr><td>开中</td><td></td><td></td><td></td><td></td><td>97375</td><td>21%</td></tr>
<tr><td>京运银</td><td></td><td></td><td></td><td></td><td>149278</td><td>32%</td></tr>
</table>

续表

时间		项目及所占百分比						合计
		粮料(石)100%		马草(束)100%		饷银(两)100%		
嘉靖四十五年(1566)	屯田	64852.56	66%	421056	97%			粮料97618.94石,马草54194束,银721883.81两
	民运	32766.38	34%	12088	3%	267243.1	37%	
	开中					97375.5	13.5%	
	京运银					357265.21	49.5%	
万历九年(1581)前后	屯田	56487	37%	61505	89%	1046	0.1%	粮料154313石,马草69447束,银673369.5两
	民运	97826	63%	7942	11%	197433	29.3%	
	开中					97375.5	14.5%	
	京运银					377515	56.1%	

资料来源:《万历会计录》卷26,《明会典》卷22,嘉靖《庆阳府志》卷4,康熙《延绥镇志》卷2。

据表12—4,我们发现:(1)成化十年(1474)延绥镇的边储供应,无论是粮料、马草还是饷银,都是以民运税粮为主体的。一向被认为是粮料主要来源的屯田子粒所占的份额几乎只有民粮的四分之一;明代初年本色供应是延绥镇粮饷供应的主要形式,京运银虽然也有发放,但数量有限,在边饷构成中所占比例也不大。(2)从嘉靖年间开始,屯粮在本色粮料、草中占的份额越来越大,甚至超过了民粮的份额,而马草的供应几乎完全仰给屯田子粒。与此对应的是,民运本色供应急剧减少,除嘉靖八年(1529)外,民粮数额与屯粮相当或略多于屯粮。出现这种情况主要是由于民粮的改折征收所致,因此直到嘉靖二十九年(1550)以前,民粮在本色粮料和饷银的供应上都居于主导地位。嘉靖二十九年以后,民运供应份额逐渐减少,而京运银的大量发放,使它成为饷银的主要来源。(3)开中盐粮是仅次于民粮的重要补充,其数额远高于屯粮。开中法在粮饷构成中的比例一直比较稳定,除成化年间纳粮开中的份额超过30%外,其它年份基本上保持在

15%上下的水平。(4)不论民运税粮是本色还是本折兼有的情况,在整个历史时期的总供应中始终还是居主导地位的,即使明后期京运银大量拨放,也无法取代其重要的地位。纳粮中盐改为纳银中盐,以及民粮折色的征纳,使得输入延绥的本色粮料急剧减少,从而突出了屯粮在边储中的重要作用。屯粮虽然减产,但却不可或缺,这也说明了区域内粮饷自给的重要性。虽然屯田的作用没有像有些官员所说的那样,能够供给一军之食,但作为较为稳定的粮料供应源,在充实边储、维系供应平衡中起到了其它供应方式无法替代的作用。因此,对于长期驻扎大量军队的边镇,解决粮储供应的首要问题,还是要保证区域内具有一定的粮食供应能力。不论军士屯田还是当地民众耕屯之征纳,如果能保证边镇市场上有充足的粮储供应,那么边镇对腹里地区供应的依赖就会减少很多。同时,由于物资充足会提升银钱的购买力,来自腹里地区的供应也应该更有效。遗憾的是,明朝政府虽然也非常重视屯田的事业,但因各种原因,屯田最终还是不可避免地走向了衰落。伴随着屯田的衰落,边粮供应的危机日益加深,边储日虚,边疆各种矛盾也越来越突出。

明朝政府确实在延绥镇粮饷供应方面做了很多的工作,并且随着时代的演进,各种制度和政策也不同程度的有所建设和完善,但最终情况依然没有达到较为理想的效果,甚至在一个漫长的历史时期,粮饷供应始终成为困扰延绥镇边防的一个痼疾。这其中的原因,不同时期的人们各有不同程度的总结。景泰年间,于谦指出陕西边供可忧的四种情况:

> 陕西一省之民,供四镇之军,赋繁役重,食少人多。故每岁有收,用犹不足,不免于内帑取给也。况前此连岁遭凶,今历时不雨,夏麦失望,秋粮未期,军民皇皇,如在汤火。强者肆劫夺,壮者流他乡,老弱者甘心死亡。变在不测,此可忧者一也;……今榆林之兵旅方殷,甘(肃)、宁(夏)之声息且至。秋高大举,将何以支?此可忧者二也;……今附边既搜括殆尽,腹里又侵削无遗,一旦有事,束手无措,此可忧者三也;……今河南、湖广赤地千里,麦禾一空,虽有高价,无处告籴,此可忧者四也。[①]

① 于谦:《急处粮运以实重边以保盛业疏》,《明经世文编》卷33,第244页。

这些情况虽然是当时的具体情形，实际上在以后相当长的时间里却都不同程度地存在着，所以延绥镇的粮饷供给长期以来非常困难。并且陕西四镇军饷主要靠陕西地方“民屯税粮”供给，就是政府后来增加各边“边费”，陕西四镇所占份额却非常的少。隆庆初年，王崇古总督陕西三边时指出：“至于各边之增费，大都十分在蓟镇，十七在宣大，辽东、山西十二，而陕西四镇，惟延绥因增入卫兵马之支，稍增十一，其甘、宁、固岁额京运，视嘉靖初年原数，非惟未增，抑尚多减革拖欠未解也。……通计(陕西)四镇岁额止当蓟镇之半。”“九边之中，陕西四镇之费、帑银之数少，而他镇之费为更多”。而“陕西三边东自延绥黄甫川，西抵甘肃嘉峪关，西南抵洮岷，远接四川松茂，延长数千里。各镇兵马总计，兵四十余万，马十余万匹，以分守纡远之边，无所不寡，南番北虏，四时戒备。而防秋防冬之调遣，守关守墩之行粮，一岁之费，刍粮数百万计。”由于京运粮食很少，所以“陕西民屯税粮视各省为独重”[①]。由于政治腐败，其粮食虚耗仍较为严重。对此，王崇古说：“边腹之费，惟军职冗滥为尤甚。军不加多，而官增数倍，俸增巨万。一官之俸，数军之粮也。故各边军有逃亡，而粮无附余者，冗官食之也。”[②]“军职冗滥”，以及由此造成的俸禄剧增，实际上也是延绥镇粮饷困难的一个原因。至于边政破坏，守军坐食储粮虚耗边饷之事，韩文指出：

> 今各主兵并调集京营、延绥、偏头关等处兵马不下八万，俱闭门不出，束手无策。假众寡不敌之名，为怯懦自全之计，节年储蓄，被其坐食而尽。稍有不继，则将罪归于司国计者矣。以故乞粮乞草，日议于朝堂，送银送盐，络驿于道路，徒费百万之资，未闻一矢之利。纵使刍挽如山，粟积如海，亦必无补于事。……设若攻克战胜，虽费何惜？今乃不攻而餐，不战而食，师老锐屈，他变必至。此臣之所以痛心流涕不能自已者。[③]

嘉靖四十一年(1562)，延绥镇发生了一次严重的士兵哗变，对此，文献记载说：

---

① 王崇古：《陕西岁费军饷疏》，《明经世文编》卷318，第3386—3388页。

② 王崇古：《陕西岁费军饷疏》，《明经世文编》卷318，第3388页。

③ 韩文：《为预审军国大计以安内攘外事》，《明经世文编》卷85，第750页。

先是,延绥巡抚孙慎檄游击高廷相督兵筑三岔川堡。是时岁饥,工兴,多流民,应敟就食者,则相与掠田间菜蔬食之。廷相以严急失众心,及是副总兵张琮刑治掠蔬者,诸军乘之大噪。廷相惧,单骑走。琮与游击时达、范国辅、陈力等悉奔避。诸乱卒乃入城,肆劫商店,城中大扰。都司谢朝恩、中军周池、指挥叶采等,合率众捕击,擒斩数十人,余众始奔溃。榆卒素驯饬,初因前总兵李辅与巡抚董威有隙,纵诸军詈辱,威隐忍不能制。比自京有振武之变,榆卒遂渐犷悍,凡给粮督工稍违其意,即肆为流言。于时巡抚孙慎、总兵孙勇皆庸懦,不能驭众,卒至煽乱。①

此次哗变显然与军士缺粮和生活没有保障密切相关,它暴露了粮食供给危机与边防稳固之间的密切关系。边粮供应不足直接影响到边防军士的战斗力。时人王宗沐言:"诸边虏一报警,即称军疲不能战,或叫号不用命,主帅无以禁,姑徐徐燠休之。士习见久,以为帅不能如何,则骄悍不可使,遂成固俗"。在这种背景下,边军"畏敌如将,以故虏得岁扰边,……沿边堡屯被蹂躏残破矣。见烽火起,更为缩汗,幸其不出吾地,无能遗一镞以恐虏者"。这样的军队怎能防御外来侵扰?蒙古诸部所以能够经常越过边墙,长驱直入地蹂躏百姓,与边军战斗力下降有着直接的关系,而边军战斗力的丧失则源于边军粮饷的长期缺乏。所以王宗沐又说:"凡天下言役,苦无过边。寒甚,又昼夜乘城刁斗,在生死间。而县官衣食不时给,少有所调输,又以其半入将领,不得顾饔飧妻子。乃责之战,其势固当尔,奚足怪也。"②针对延绥镇边储空虚的情况,明代官员也曾提出了不少建议,其中很多建议也曾付诸实施,但都没有彻底解决这一问题。如杨一清申明"食盐开中"之具体办法说:

盖榷盐之利,本为助边,果能绝私贩之阻滞,杜权贵之请求,则生生无穷,何忧不给。伏望皇上俯念陕西关中重地,边储缺乏太甚,所宜急时预处。合无于陕西开中两淮等运司常股、存积等课盐百余万引,

① 《明世宗实录》卷509,嘉靖四十一年五月壬辰,第8383页。

② 以上参见王宗沐:《赠濡川杨公序》,《明经世文编》卷344,第3706—3707页。

> 及今招商，于夏秋收成之后，籴买粮料、草束，查拨固(原)、靖(虏)、兰州、环(县)、庆(阳)各该边堡屯驻军马缺乏去处上纳。仍要斟酌贼情缓急，如果虏贼在套，尽收本色，量宽斗头，使人乐趋，不许嫌避误事。若无紧急贼情，又当酌量年岁丰歉，年丰有收，则广为招籴，不厌其多。如岁歉收薄，则量收一半本色，以防目前之急，仍存一半银两，以为来岁之图。[①]

这项建议代表了当时不少官员的一致意见。其关键在于维持盐、粮比价的平衡，让商人有利可图。但这只是边镇单方面的举措，从前面的论述中我们知道，边商不愿意开中的重要原因是支盐困难，明政府虽然也一再重申并采取了一些积极的措施，但由于吏治腐败，贿赂公行，始终没有有效地解决这一问题，最终导致此种方式的流产。

腹里地区的粮运补给是边地粮饷的保障。但由于腹里的重点供应区限于陕西八府之地，这些地区除了关中平原为历史上的重要农业经济区外，其它地区农业生产的条件并不好，收成有限。加上自然灾害频繁，粮食供应实际上长时期存在困难。而山西、河南、山东、湖广、苏浙等地虽然也曾不同程度的有所贡献，但多是在特殊情况下的救急举措，不是常例。就是这些供应也经常因自然条件的限制，运输成本极高而“入不敷出”。所以，在当时的综合条件下，延绥镇的边粮供给就成为一个难以克服的客观难题。

在开源方面的措施难以取得实效的情况下，政府又在“节流”方面实行措施，如改革军职冗滥与虚冒军粮的弊端等，但终因吏治腐败，官员利益纠葛，难以达到预期的效果。最后甚至通过落实稽核边军实数来省减支粮，如有人希望朝廷命户部，“悉心检查各镇边储之报，某镇视嘉靖初年为增多，而兵马是否已增强众？某镇视以前年分为仍旧、为既减，而兵马仅未消耗。某镇兵马之支为独重，可量议裁减。某镇客兵之支为独费，可量议节省”。要求官员“勿以地之远近而异其支，勿以议论利害而忘其实”[②]。但这些建议也难以落到实处，因为边饷经常发放不足，各级军官、军士的俸饷

① 杨一清:《为预处边储以备紧急供饷事疏》,《明经世文编》卷115,第1081页。

② 王崇古:《陕西岁费军饷疏》,《明经世文编》卷318,第3389页。

月粮不够生活,只好靠冗员虚数来冒领多支钱粮保障生活。这一例例事件、一个个措施、一项项制度在解决这一问题上的最终失败,充分暴露了明朝专制主义中央集权制度和官僚制度的总危机,即便有后来张居正的改革,也难以挽回其走向败亡的趋势和命运。前人有所谓"明代亡于边防"之说,其实亡于边防的根本点在于边储空虚,以及由此导致的财政危机和政治危机。明朝末年的国家财政已到了山穷水尽的境地,当陕西大旱民饥时,政府不但不能进行有效的赈济,还因辽东危机而加征"辽饷"。特别是明后期北方边防重心的东移,延绥镇粮饷长期拖欠,边军失去基本的生活来源,以致于不少人后来就加入到明末农民起义军的队伍中去,这就在一定程度上加速了明王朝的灭亡。

第十三章　西北边防经济及其环境影响

这里的“西北”，是指明政府直接管辖下的嘉峪关以东陕西行都司和陕西布政使管辖的地区。明王朝时期，在东起鸭绿江西至嘉峪关设立“九边”，驻防重兵，“分地守御”，由此形成了长达万余里的边防线。由于这条边防线的重要性，使得当时西北所辖境内的广大地区基本上都纳入到一个大的战略防御体系区中。在这一背景下，为了保证和支持西北边防，政府采取了一系列政策，从而造成西北边防经济的兴起和发展。西北边防经济的兴起和发展对明王朝的稳定和发展做出了巨大的贡献，同时也在一定程度上改变了这一地区的自然环境和人文环境。

一、西北边防经济的兴起与类型

洪武二年(1369)三月明军进入陕西，三年(1370)夺取陕西大部分地区，后历经苦战，至五年(1372)，“河西悉内属”，明朝完全控制了这一地区。洪武到正统初年，西北的边防线基本上控制在阴山以南，向西北经贺兰山直达河西，即相当于秦汉时期长城一线。英宗正统十四年(1449)后，由于北元势力的侵扰，明放弃东胜，边防线逐渐内移，所谓“至是畏虏势拥逼，内徙诸卫，遂弃东胜、左右云川、玉林诸旧地”[①]。至此到成化年间，边地战事频繁，边防线遂移至明长城一线，以后再没有大的变动。为了巩固边防，明政府在西北实行了一系列政治、经济制度和政策，其中的经济制度和政策主要有：屯田制度，食盐开中制度，开边互市制度，移民实边政策以及牧马监制度等。这些制度和政策的实行，有力地推动了西北经济的发展。

屯田制度是明政府推行的一种土地利用和开发的制度。明军进入陕西的第二年，屯田可能就开始实施了。史载，洪武三年三月朱元璋对中书

① 《三云筹俎考》卷1《安攘考》，第51页。

省臣说:"屯田以守要害,此驭夷狄之长策,李牧、赵充国常用此道,故能有功。"[①]说明此时他已有"屯田驭夷狄"的思想。洪武四年(1371),陕西诸府已有屯田活动[②],说明洪武三年西北屯田当已经开始。之后随着各个时期的经营,屯田制普遍推行开来,其详细情况已有专门论述[③],此不赘述。按已有的研究,西北屯田有军屯、民屯和商屯三种类型。军屯是明政府设立在这一带卫所的军士的屯田。众所周知,明朝在北部边疆设有"九镇",亦称"九边",其中西北所设卫所屯田最多,时称"明太祖屯田遍天下,九边为多,而九边屯田,又以西北为最"[④]。明代九边中,陕西独占四边,即延绥、宁夏、固原和甘肃四镇。这些镇主要由卫所构成,所以在陕西大地上当时分布有数量众多的卫所。史籍记载,陕西都司辖有 30 卫、17 千户所,分别分布在南至汉中,北到榆林、宁夏的近 40 个主要城镇。陕西行都司辖有 12 卫、3 千户所,主要分布在河西地区[⑤]。这些卫所的军士一般按"屯七戍三"的比例,由三成军士戍守防卫,七成军士屯田,以达到"以屯养军"的目的。从这个意义上讲,军屯尤其是边地军屯具有显明的边防经济的性质。民屯是政府移民或招募或迁徙罪人前往"荒闲可耕"之地从事土地开发和耕种的一种土地经营形式。为了"实边固防",政府不定期地通过优惠政策实行民屯。明中后期军屯日渐破坏,有的或转化为民屯。西北民屯虽兴起稍晚,但在以后的历史进程中,由于各种原因发展得也很快、很普遍,可以说它与军屯共同构成西北农业土地开发和利用的主要形式,从而在很大程度上支持着西北的边防事业。商屯是在国家"食盐开中"政策下产生的,由商人组织人力在沿边地带屯垦荒地,"永免起科",并以屯田收入粮食上缴边镇以换取"盐引"的一种土地经营形式。"商屯盛行于九边,其中以三边为最"[⑥]。据称当时陕西三边(榆林、宁夏、甘肃)商屯相当兴盛:"富商大贾,悉于三边自出财力,自招游民,自垦边地,自艺菽粟,自筑墩台,自立保伍。

① 《明太祖实录》卷 50,洪武三年三月丁酉,第 978 页。

② 《明史》卷 77《食货志一》:洪武四年,中书省言"河南、山东、北平、陕西、山西及直隶淮安诸府屯田"语(第 510 页)。

③ 参见赵俪生主编:《古代西北屯田开发史》,甘肃文化出版社,1997 年,第 286—349 页。

④ 顾炎武:《延安屯田议》,《天下郡国利病书》(四),黄珅等点校,上海古籍出版社,2012 年,第 2040 页。

⑤ 《明史》卷 90《兵志二》,第 592 页。

⑥ 《古代西北屯田开发史》,第 314 页。

岁时屡丰，菽粟屡盈。”[①]与此相应，另一种交换形式是政府开发当地盐池，招引商人“入粟”。如洪武三年(1370)，“户部言：陕西察罕脑尔之地有大小盐池，请设盐课提举司，捞盐夫百余人，蠲免杂役，专事煎办。行盐之地，东至庆阳，南至凤翔、汉中，西至平凉，北至灵州。募人入粟中盐。”[②]

开边“互市”是明政府基于西北边防和安全需要，定期开放沿边市口与西北少数民族进行商品交换的制度。约有二种类型：一是茶马市；二是沿边市口开设马市。马匹是当时武装军队的重要“武器”或“工具”，当时明朝政府对茶叶控制非常严格，“所以然者，非为私奉，盖欲资外国之马，为边境之备焉耳”[③]，充分说明了这一点。明“茶马市之设，实肇于国初焉”[④]，其具体设置年代在洪武五年(1372)，明代在陕西设立的茶马市有数处，即西宁、河州、洮州、甘州、庄浪、甘州、肃州等。永乐、成化年间，政府在沿边市口开设马市。最初在辽东开设，嘉靖三十年(1551)又开设宣府、大同马市[⑤]。后来陕西四镇亦有马市之设，如榆林、横城堡、石嘴子，往往一年两次。这种马市因边地形势的变化而变化。还有一种边防经济形式，是明政府为了装备西北边防军而设置的养马场，专营养马。陕西的养马场主要分布在平凉、庆阳、巩昌3府，有6监24苑，牧地广袤2000余里[⑥]。

二、边防经济对人文社会环境的影响

边防经济活动对当地人文环境的改变和影响是多方面的。

(1)加速了当地的农田开发，改变并扩大了农业景观的分布。这主要是由屯田经济造成的。元朝时期，屯田在陕西行省北部主要集中在陕北、六盘山区、陇东和陇西部分地区；在甘肃行省主要集中在宁夏和河西地区[⑦]。明朝时期西北驻军达到25万人(一说40余万)，军屯、民屯几乎无所不在。这些屯田，一方面是对传统的农业垦区的恢复；另一方面是在传统

① 霍韬：《哈密疏》，《明经世文编》卷186，第1913页。

② 《明太祖实录》卷59，洪武三年十二月庚申，第1148—1149页。

③ 吴祯：《河州志校刊》，马志勇校，甘肃文化出版社，2004年，第37页。

④ 《河州志校刊》，第142页。

⑤ 《三云筹俎考》卷1《安攘考》，第62页。

⑥ 史念海：《河山集》(四集)，陕西师范大学出版社，1991年，第58页。

⑦ 吴宏歧：《元代农业地理》，西安地图出版社，1997年，第27—30页。

垦区基础上的扩展。陕西三边(延绥、宁夏、甘肃三镇)地区,“地广人稀,国初因田硗瘠,赋税不多,抛荒者听令尽力开耕,永不起科,故塞下充实,地渐开辟”①。当时陕西绥德州、榆林县、怀远县、清涧县,原额有山坡下等屯地7454顷②。这些山坡地都是屯垦过程中开发出来的。类似于这样的山坡地的开辟,除关中平原、宁夏平原、秦州谷地、庆阳盆地、兰州盆地以及部分河流谷地外,其余广大黄土高原丘陵沟壑地带应当是不少的。商屯则更多地集中在沿边地带,在时间上应当是在军、民屯垦之后进入该区的,这就决定了垦地的资源条件要较前者差一些,但唯利是图的商人在比较经济利益的权衡后,还是纷纷前往边地,相地而垦。商屯在三边地区的大量开垦,以及由此造成的农业繁荣景观,是历史上少有的。与此相应的另一个方面,是农田水利事业的发展和灌溉农业景观的扩大。西北地区绝大部分地区干旱少雨,发展农业生产多依赖河渠灌溉,从汉唐至元代,这里一直是发展灌溉农业的重要地区。明代这里屯田星罗棋布,灌溉农业在原有基础上进一步扩大。以宁夏为例,除了疏浚、恢复汉唐以来兴修的唐徕、汉延、秦家、汉伯、美利、石空、白渠、枣园、中渠、七星等渠道外,还开凿了一些新渠,如羚羊渠、帖渠、柳青渠、胜水渠、夹河渠和通济渠③。河渠灌溉面积在嘉靖十九年(1540)是150余万亩,到万历十四年(1586)发展到188万余亩,比元代至元元年(1264)的100余万亩有了非常大的增加④。河西屯田也是完全依赖河渠灌溉,在垦田面积不断扩大的情况下,开渠引水成为基本的条件,因而有数十道水渠的修建。其它地区虽没有宁夏平原和河西地区灌溉农业发展的规模大,但在屯田经济的要求下,相当一部分地区都不同程度地有所发展则是可以想见的。

(2)造就了众多城镇的产生和城镇商业的繁盛。促成城镇及其商业发展的原因自然是多方面的,但在这里最主要的还是明代几项制度的实施促成的,其中卫所制度及其所促成的大量堡寨的建立,茶马互市和沿边马市的开设,人口的大量增加,以及由此促成的消费市场的扩大等因素最为重

① 张瀚:《边患稍宁及时大修边政疏》,《明经世文编》卷300,第3153页。

② 据《古代西北屯田开发史》表中数据整理,第340—341页。

③ 杜建录、杨志高:《天下黄河富宁夏——古代宁夏平原的引黄灌溉》,陈育宁主编《塞北江南旧有名——宁夏历史十五题》,宁夏人民出版社,2003年,第60—61页。

④ 据陈明猷《贺兰集》“宁夏川区历史上引黄灌溉农田面积简表”,宁夏人民出版社,1994年,第122页。

要。西北地区为明朝边防重区，不但有陕西四镇之设置，而且建立有以卫、千户所、百户所及其所在城、堡、寨等不同级别的城镇体系，从而产生了众多的城镇。特别是沿边地带，人口较集中地分布在各卫所驻地及其所管辖的堡寨里，“堡寨之外极少单纯的农村”[①]。当时“四镇”兴建的关、堡、寨、营等数量相当多，如甘肃镇，《边政考》称当时就领有509座关、堡、寨、营[②]。与此相应诸城、关、堡、寨、营居住有一定数量的军士和民人。据艾冲研究，当时四镇驻兵：延绥镇：嘉靖二十年(1541)是44984名，万历二十八年(1600)后是49039名；宁夏镇：成化前约33000名，嘉靖十九年(1540)是32714名，隆庆三年(1569)变为37837名，后甚至上升为71693名；甘肃镇：嘉靖二十年是40537名；固原镇：至嘉靖二十年是47844名。即以嘉靖二十年计，四镇驻兵166079名[③]。加上其它诸城镇的驻兵，一般称当时西北驻兵25万。这些军士一般都与城镇结合在一起，是城镇的重要的消费者。

明代的茶马市主要在西北地区，当时西路茶叶主要来自秦岭以南的紫阳茶区和四川的部分地区，这样从汉中到西北沿边地带几条主要商路上的城镇因此很快繁荣起来。根据李刚的研究，当时在汉中设置有“茶引批验所”，“陕川茶叶在汉中批验后分两路运向甘陇：一路沿褒斜道(南段西北上)经留坝、凤县、两当达天水(秦州)。到天水后又分为两路，一路经清水达庄浪等地，另一路经甘谷、武山、陇西、临洮达临夏(河州)；再一路经勉县、略阳、成县、西和、岷县达临谭(河州)”[④]。由此形成沿线城镇的繁荣。如西乡县，“其民昼夜治茶不休，男废耕，女废织，而莫之能办也”[⑤]。与此相应，一些重要的茶叶集散地、中转站和茶马市等城市，如汉中、略阳、天水、徽州、河州、洮州、西宁、宁夏、皋兰、甘州、肃州、庄浪等城镇商业普遍繁荣。

东路茶商主要由旧武关道、潼关道进入陕西，经三原、泾阳县城转运，或向西走甘肃或向北走陕北。除了茶叶外，棉花、布匹、粮食等都是西北商人着力北贩的军需或民需商品。当时陕西三原、泾阳等城镇形成了当时的

---

① 《贺兰集》，第37页。

② 据《边政考》卷4统计，第378—407页。

③ 根据艾冲《明代陕西四镇长城》相关部分整理。

④ 李刚：《陕西商帮史》，西北大学出版社，1997年，第145页。

⑤ 何景明纂修：《雍大记校注》卷7，吴敏霞等校注，三秦出版社，2010年，第87页。

布业中心，与此相应陕西东部的渭南、大荔、朝邑、韩城等都不同程度地设有布庄。由三原向边地有两条重要道路：一是走西北官道，即从三原出发，经长武、彬县到泾州、平凉，在平凉转运或经皋兰到凉州、甘州、肃州等边塞城镇，或经固原到达中卫、宁夏。北路经同官北上延安到延绥镇，并在边市（如红山堡市、红寺墩市、榆林镇马台）贸易[①]。这些城镇因此都有了较大的发展。有人统计，到明朝末年西北三边各口的民族贸易市口由初期的2个发展到26个[②]，更说明当时的商贸经济在西北城镇发展和繁荣中的作用。

此外，由于实行“食盐开中”政策，西北盐业得以开发，一些城镇盐商云集，也促使城镇商业的繁荣。《明经世文编》记固原城的情况说：“近年总制尚书秦纮要增盐利，及以便益处置，出给小票，许令前往西、凤、延安、汉中等府发卖。故盐商云滃，盐场山积，固原荒凉之地，变为繁华。”[③]

（3）改变了西北的人口构成和职业构成以及民风民俗。这其中，除了普遍设立于各地的卫所堡寨及其众多的驻军外，明政府还实行“移民实边”政策，增强了这里人口构成的变化。洪武三年（1370）至五年（1372），明政府将宁夏境内的全部居民迁往关中，以至于宁夏府城、灵州城和鸣沙洲等城成为空城。后又大量迁徙东南一带人口进入宁夏。地志记载，洪武九年“立宁夏卫，隶陕西都司，徙五方之人实之”[④]，又“国初尽徙其民于关中，实以齐、晋、燕、赵、周、楚之民，而吴、越居多，故彬彬然有江左之风”[⑤]。另一方面，关中渭河沿岸在明清时期之所以分布有众多的回民就是这次“宁民”入陕造成的，以至于到后来这里的居民有“回三汉七”之说。这种大规模的人口迁徙，不但改变了原有的人口构成，而且在一定程度上改变了这里的民风民俗。如宁夏城有“晏公庙”，据说是因为“宁夏多江南人，故立是庙以祀之”[⑥]。而城内有“毓秀坊”，集中销售“苏杭杂货”[⑦]，也不能说与江南移民的影响没有一点关系。

---

① 《陕西商帮史》，第194—195页。

② 余同元：《明后期长城沿线的民族贸易市场》，《历史研究》1996年第2期。

③ 杨一清：《为议增盐池中马则例疏》，《明经世文编》卷114，第1069页。

④ 《嘉靖宁夏新志》卷1，第8页。

⑤ 《银川小志》，中国西北文献丛书《西北稀见方志文献》第51卷，第31页。

⑥ 《嘉靖宁夏新志》卷2，第100页。

⑦ 《嘉靖宁夏新志》卷1，第24页。

人口的职业构成中，最突出的自然是 25 万边防军的入驻。在这其中屯田军士占到 17 万左右。其次是西北商人的兴起。明代西北商人中，主要的大商人几乎都与边地贸易有关，这其中又以陕西商人最为显著，形成所谓的陕西商帮。据李刚研究，当时陕西商人遍布西北各地主要城镇，尤其是一些沿边大城市，如兰州、凉州、宁夏、甘州、肃州等等，有的甚至前往四川沿边。他们的足迹遍布大江南北，除西北外，尤以淮扬盐场、江南苏杭等地为多。现在人们常说陕西人保守，不出门，看样子明代就完全不是这样。“天下熙熙皆为利来，天下攘攘皆为利往”，头戴日月，脚踏黄土，日日夜夜，在西北大地上到处是长年累月奔赴于边地贸易的西北商人。这是一种前所未有的新景观！

三、边防经济对自然生态环境的影响

自然生态环境是人类未干预和改造以前地球表面原生的生态面貌。西北地区地域面积广大，各地自然原生生态环境本有不同。后来一个相当时期，虽屡经人类不断的改造而面目大为改观，但原生生态的地域性特质仍然不能有本质的改变。自陕甘交界的陇山沿关中平原北沿的北山山脉以北的地区是半农半牧地区，明代长城以北地区除了个别地区如河套平原外，基本上是畜牧业区。当然还有一些因自然环境变化而产生的荒漠和半荒漠区。这些已经是大家的共识了。这样，谈人类社会的经济活动对自然生态环境的影响实际上是在这个基本前提下进行的。明代西北的边防经济活动是明代西北经济的重要内容，其主要内容前文已述。这些经济活动到底对当地的自然生态环境有什么样的具体影响，严格地说是要根据历史文献资料与切实而全面的实地普查相结合，并经过科学的分析研究才能够说得精确，说得科学的。但现在我们还不具备这样的条件，所以这里也只能说个大概。

首先说屯田经济。明代屯田开发有二种基本情况：一是对旧垦区的恢复；二是在恢复旧垦区、垦地之外的扩大性屯垦。据研究，元代西北屯田的一个基本特征是“屯田点大多因水而设，管理官吏往往兼管河渠司事”①。

① 《古代西北屯田开发史》，第 284 页。

屯田点与水利的密切结合，既保障了屯田农业的收成，也有利于巩固和保持水土。这种点状农业对土地资源的破坏并不大，甚至在一定程度上会保护所在地的土地不被沙化。在这种情况下，只是近水的一些地区的自然生态转化为农业生态，对自然生态的平衡发展并没有实质性的破坏性影响。因此明代所恢复的旧垦区是对已垦荒田的再恢复，对保护这里的农业生态环境是有积极作用的。这样的积极作用是建立在灌溉农业不至于影响到一些河流断流，从而直接影响到下游生态环境巨大变化的基础上的。元代时期西北诸地的屯田似乎还没有达到河流断流这一点。明代在原来基础上新开垦的屯田的数量是十分巨大的，其地点的分布也多是旧垦区以外远离水源的地方。这样就加大了开渠的力度，在各地修建了众多的渠道，即便如此仍然有很多屯田地属于无灌溉旱地农田。如弘治年间，三边总制秦纮议开小盐池到花马池之间的屯田说，"固原以北延袤千里，闲田数十万顷，旷野近边，无城堡可依"。特建议"于花马池以西至小盐池二百里，每二十里筑一堡，堡周四十八丈，役军五百人。固原以北诸处亦各筑屯堡，募人屯种"[①]。这一建议后来得到批准。这一带地方，土地相对贫瘠，灌溉条件差，大多田地应属于旱田。还有近边地带，堡寨林立，屯田分布不少，其中除过个别屯田点地处河、湖滩外，大多也都是旱田。加上这里地貌本身属于荒漠和半荒漠景观，自然生态环境脆弱，如果没有水利灌溉加以巩固，极易导致就地起沙。据研究，今宁夏北部黄河东岸灵武、盐池境内的"河东沙"主要是在明代形成的。盐池境内流动沙丘出现的上限是1540年，即嘉靖十九年。这些沙漠是就地起沙，其中人为因素是主要因素。中卫、中宁境内腾格里沙漠的南移，主要是在明清以后开始的，其中人为因素也是重要因素[②]。类似这样的情况在陕北和河西长城沿线大概都有不同程度的出现。陕北、陇东地区大多属于黄土高原丘陵沟壑区，本来开垦屯田只能在河流谷地、滩地进行，但这些已经不能满足当时的需要，所以诸多的山坡地被开垦，前述陕西绥德州、榆林县、怀远县、清涧县，原额有山坡下等屯地7454顷，正是这种开垦的典型表现。山坡地的开垦，其收成全赖自然雨水，而这里恰好雨水缺乏，有限的降雨又多集中在夏季，往往以暴雨的形式

① 《明史》卷178《秦纮传》，第1231页。

② 《塞北江南旧有名——宁夏历史十五题》，第79—87页。

出现，所以加速了水土的流失。因此这些开垦对当地的自然环境具有一定的破坏作用。据此，明朝屯田对自然环境的破坏作用：主要体现在荒漠和半荒漠地带的这些新开垦的旱田上，对元代旧屯田区的恢复是不应当承担这些责任的；其次体现在灌溉农业景观的一步扩大上。西北地区诸河流，尤其是近边诸河流以及一些河流的上游，除黄河外都不算太大的河流，水量本来就有限，大量的引水灌溉农业，极大地降低了河流的冲刷能力，加上水土一定程度的流失，往往出现两种后果：一是河床淤浅、壅塞，甚至废弃；二是下游断流。如镇番卫所在地，“十地九沙，非灌不殖。有明成化间，饬令军屯，始以强大之人力拓地耕种，开渠引灌。昔河源有三，一名老西河，一名石羊河，一名洪水河。老西河为……风沙拥据，几成平坦，非有洪流而不得其利矣。故实则余二河”[①]。这里老西河的废弃显然是过度灌溉导致的恶果。河流下游的断流或少水会严重影响当地生态环境的变化，历史上民勤盆地沙漠不断南移是这方面的典型例子。如此说来，民勤盆地沙漠南移，明代在这一带的屯田灌溉是难辞其咎的。

其次说牧马业。前文已述，关中盆地以西以北的广大地区是半农半牧区。其间除了水利条件较好的河谷平原、河流谷地和河湖滩地外，其余广大地区最适宜畜牧业经济。但人口的膨胀及其对粮食的需要，使得历代王朝顾不得这种自然的“安排”了。所以才有历代的屯田及其对自然生态的改变。但历史上的一些王朝还是看到了这里的自然特点，虽然他们没有完全按照自然规律的“安排”生产，但在这里设立养马场还是体现了顺应自然、利用自然的积极行为，明代设在这里的广阔的养马场就是其中一个典型的代表，它对生态环境的恢复和保护是有积极作用的。史籍记载，洪武三十年(1397)明政府在西北设“陕西、甘肃行太仆寺，定牧马草场”，永乐四年(1406)“设苑马寺于陕西、甘肃，统六监，监统四苑”[②]。顾祖禹说：“明洪武三十年，于府(平凉府)治东建陕西行太仆寺。永乐四年，又于府治东建陕西苑马寺，领长乐、灵武、威远、同川、熙春、顺宁六监，开城、安定、弼隆、广宁、清平、万安、庆阳、定边、武安、陇阳、保川、泰和、天兴、永康、嘉靖、安胜、康乐、凤林、香泉、会宁、云骥、升平、延宁、永昌二十四苑，俱在府境及庆

① 吴景山：《‘大明成化年镇番卫军民屯田图’疏正》，《明史研究》1991年第2辑。

② 《明史》卷92《兵志四》，第607—608页。

阳、巩昌境内。正统三年(1438)又并甘肃苑马寺入焉。"[①]这6监24苑分布在今甘肃临洮、榆中、陇西、会宁、通渭、环县、庆阳,宁夏固原,陕西定边、靖边、志丹等县,绵延2000余里。这些牧地中,"甚至当地农民都成养马户,和牧民相仿佛"[②]。这样的牧场设置和农耕民户向养马户的转变,对于该区域生态环境的恢复和巩固自然会起到积极的作用。除此之外,其它一些地方也有牧场,如宁夏韦州,明初为庆王的封地,庆王后来徙居宁夏后,"以其地宜于畜牧。故留群牧千户所官军,专以牧养为事"[③]。而宁夏各地赋税收入里除粮食外,还有大量的"束草"作为赋税,说明当地各处都有相当部分的草场存在。这些也对当地的自然环境有积极的保护作用。

这里所说的只是涉及明代边防经济对自然环境影响的两个主要方面,至于商业贸易等自然也会在一定程度上影响到经济作物的发展和动物的生存状况,但因没有这两个方面影响显著,在此就不再论述了。

总之,明代西北的边防经济活动对西北地区的自然环境产生了深刻的影响。这些影响有积极的,也有消极的:(1)建立在元代旧农地恢复基础上的绝大部分屯田,在有充分的水利灌溉保证的条件下,只是自然生态向农业生态的转变,对生态环境的恶化并没有太大的影响,相反,在一定程度上还有巩固和保护环境的积极作用。远离水源的扩大性屯垦,特别是荒漠和半荒漠地区的无灌溉屯田对自然环境的破坏作用甚大。沿边地区的诸多沙化地区都与这时期的滥垦有关。因此,说西北环境恶化时,简单而笼统地说明代大量的屯田的消极作用是不符合事实的。(2)大规模养马场的设置和各卫所养马需要的相当一部分牧场和牧草地的存在,在一定程度上对维持和保护自然生态环境起到了积极的作用,这是应该充分肯定的。

---

① 《读史方舆纪要》卷58《陕西七》,第2781页。

② 史念海:《黄土高原历史地理研究》,黄河水利出版社,2001年,第500页。

③ 《嘉靖宁夏新志》卷3,第212页。

附录一：

明朝前期安置蒙古等部归附人的时空变化

在明王朝建立的过程中，居住在内地的蒙古人，除了一部分就地归附或被安置在内地其它地区外，另有一部分人员逃往蒙古族旧地蒙古高原，并与原来居住在这一带的蒙古人一起，构成残元势力的组成部分，不时地威胁着明王朝的统治。明王朝建立以后，长期奉行招抚和在明本部安置蒙古人的政策，蒙古等部人遂纷纷南下归附，并移居到明朝本部地区。对此现象，美籍学者 H.赛瑞斯说，"在明朝初期一百年之中的明蒙关系有一个最大的特点，便是蒙古人不断地移居到中国境内"[①]。学术界虽然早已关注这一现象[②]，并且对蒙古人在内地的安置及其分布地点也取得了相当深入的研究成果，但因研究尺度较大，一些结论尚停留在大尺度平面分布认识的层面上。为了进一步认识这一移居潮流的历史变迁过程，有必要在此基础上做进一步的深入探索，以揭示其运动和变迁的更为复杂的历史内涵。需要说明的是，下文论述的范围仅限于明政府在其本部对于蒙古等部人的安置，本部以外暂不涉及。

一、蒙古等部人归附的基本历程

明代蒙古等部人的归附大致分为两种情况：一种是在明朝招抚和安置政策吸引下，自觉南下归附的蒙古人；一种是与明政府军作战过程中，被俘获或投降的官员、军人及其家属人等。关于明朝对蒙古等部人招抚和安置的政策，前人研究得比较充分，但对归附的基本历程尚缺乏明晰的论述，而

---

① (美)H.赛瑞斯：《明朝政府给予蒙古人的封地》，《蒙古学信息》1990 年第 3 期。

② 代表性论文，如王雄：《明洪武时期对蒙古人众的招抚和安置》，《内蒙古大学学报》(哲学社会科学版)1987 年第 4 期；邸富生：《试论明朝初期居住在内地的蒙古人》，《民族研究》1996 年第 3 期；彭勇：《明代"达官"在内地卫所的分布及其社会生活》，《内蒙古社会科学》(汉文版)2003 年第 3 期；奇文瑛《明洪武时期内迁蒙古人辨析》，《中国边疆史地研究》2004 年第 2 期。

这一点关系到蒙古等部归附人安置的时空变迁问题。从明政府对待蒙古等部人的态度和总政策来看,招抚和安置的总精神是前后一贯的。在此背景下,明代,蒙古等部人的归附活动持续了一百余年,其中又可分为三个不同的阶段。

第一阶段,吴元年(1367)至建文四年(1402)。这是最初的35年,由于对元朝北方势力以及明太祖多次北征沙漠的战争,以蒙古人为主体的北方诸部族大量归降,形成明初最大的归附浪潮。有学者根据《明实录》记载认为,洪武年间,“以各种方式降服于明朝的蒙古、色目人等,约有六十余万,其中蒙古人占多数”[①]。有的认为,包括汉人、色目人和蒙古人在内,当时“降明”人数有130多万,其中蒙古人相当多[②]。还有人认为,“洪武元年(1368)到洪武二十三年(1390),在历次战争中被俘而降和自动率众归附的蒙古人众不下七八十万”[③]。由于文献记载本身的局限和统计口径的差异,这些数字之间差别较大,但有一点是共同的,就是洪武时期蒙古归附人的数量相当庞大。由于战争俘获或部族投降等方式的归附较多,比较大规模的归附活动比较突出。

第二阶段,永乐至成化年间(1403—1487)。这一时期历时85年,期间,首轮归附浪潮基本结束,前来归附的人数量明显减少,但归附事件依然较为频繁。永乐时期,有人统计约有5万人归附[④],而在这些归附人中,较大规模的降附、俘获次数日益减少。据《明太宗实录》,当时千人以上的归附事件只有数起,即:永乐三年(1405)平章把都帖木儿(后赐姓名吴允诚)率部属5000人归附[⑤];七年(1409)丞相咎卜儿及其属官各率所部来归,总人数有3万人[⑥];八年(1410)凉州鞑靼千户虎保亦令真巴等因“流言”而叛逃,后率其部属1.2万余人来归[⑦]。除此而外,多是单一达官及其家人,人

① 宝日吉根:《试述明朝对所辖境内蒙古人的政策》,《内蒙古社会科学》(汉文版)1984年第6期。

② 刘冠森:《明朝初期中国内地蒙古人的住地和姓名》,《辽宁师范大学学报》(社会科学版)1998年第1期。

③ 《明洪武时对蒙古人众的招抚和安置》,《内蒙古大学学报》(哲学社会科学版)1987年第4期。

④ 《试论明朝初期居住在内地的蒙古人》,《民族研究》1996年第3期。

⑤ 《明太宗实录》卷44,永乐三年七月壬寅,第691页。

⑥ 《明太宗实录》卷94,永乐七年七月乙未,第1250页。

⑦ 《明太宗实录》卷110,永乐八年十一月壬辰,第1413页。

数从数百人到数人不等。就归附事件本身来看，据《明实录》的记载，我们初步统计：永乐朝统治22年间，明确见载的归附鞑靼人有60余批。仁宗和宣宗统治的10年间，每年都有蒙古人来归附，总数有75批左右，其中宣德八年(1433)一年就有18批人前来归附。英宗前期，即宣德十年(1435)至正统十四年(1449)，几乎每年都有人来归附，总约85批，其中正统元年(1436)一年就有20批人，是永乐以后各年前来归附人批次中数额最高的。英宗后期，即天顺元年(1457)至七年(1463)，前来归附的人约有32批。代宗时期，包括正统十四年(1449)九月到景泰七年(1456)，每年都有蒙古人归附事件，来归人约有24批。成化年间，来归人约有14批[①]。这些事实说明，永乐以后的60余年间，蒙古人持续保持着南下归附的趋势，虽然各年份前来归附人数存在着明显的差异，但每年仍有大约3—8批人员前来归附。在这60余年里，宣德元年(1426)到正统十四年(1449)的25年里，蒙古人南下归附的事件最多。成化年间蒙古诸部势力日渐兴起，蒙古人南下归附事件大幅度减少，期间20余年里，前来归附人员只有14批，年均尚不到1批人。因此，以前持续、稳定的蒙古人归附活动基本结束。

第三阶段，弘治以后(1488—1644)。弘治以后，蒙古诸部势力雄起，极大地改变了蒙古人生活地区的政治和社会环境。政治和社会环境的改变，改善了蒙古人生存和发展的社会条件。在这种背景下，明政府虽然继续坚持以往的招抚政策，"厚抚来降"，妥善安置，但除个别现象外，蒙古人自愿南下归附的活动就基本结束了。

二、洪武时期的安置地及其变化

洪武初年对蒙古等部归附人的安置，是随着北伐、建国以及明初社会秩序的恢复相继进行的。安置的基本形式，包括战时的就地接收、边地安置、内迁安置、顺性择地安置，和原则上将蒙古王公大臣及其所属军士安置京师南京等多种类型。其中就地接收和将蒙古王公大臣安置京师两种形式，在各种安置类型中出现最早，也是对归降蒙古人等的最基本的处理方

① 据《明太宗实录》、《明仁宗实录》、《明宣宗实录》、《明英宗实录》及其附录《废帝郕戾王附录》和《明宪宗实录》统计。

式。吴元年(1367)十月，明政府发布"檄谕齐鲁河洛燕蓟秦晋之人"书，明确提出"驱逐胡虏，恢复中华"的口号。不过，这一口号主要针对的是元政权，并不是要将所有蒙古人驱逐出去，所以在同一檄书中又同时指出，"如蒙古、色目，虽非华夏族类，然同生天地之间，有能知礼义，愿为臣民者，与中夏之人抚养无异"[①]。在这一精神的指导下，明军在北伐过程中对待蒙古降服人员政策的总精神总体上是积极的，而不是有人说的，在建国以前主要是打击而没有招抚的政策[②]。史载，当年十二月徐达大军进入济南，部分蒙古贵族及其民人逃跑，但一部分人如"平章达朵儿只进巴等以城降"，收其将士2855人，马429匹，达朵儿只进巴被遣送建康(南京)。达朵儿只进巴虽在前往建康途中逃亡，但并未因此而影响明朝的纳降政策。还有，元昌国州(今浙江定海县)达鲁花赤阔里吉思来降，也被送往京师南京。将归降的蒙古部王公大臣等安置于京师，主要是出于政治上的考虑：一则可以达到旧将官与军士的分离，并将他们置于政府的直接监管之下；二则有利于感化，使之在一个新的意义上为明朝所用。朱元璋给北伐主将徐达和副将常遇春的上谕中明确表达了这一点。他说："闻大将下山东，所过郡县，元之省院官来降者甚多，二将皆留军中，吾虑其杂处我军……将变生不测，非我之利，……不如遣来，使处我官属之间，日相亲近，然后用之，可无后患。……各家属亦发遣来，我将厚待之。"[③]此处的"元之省院官"虽然不一定指蒙古人，但绝不将蒙古人排除在外。与此相应，对于归降的军人则随军接收，并使之投入明朝军队中。随着蒙古政权的被推翻和北方基本领土的占领，相当数量的降服军人被安置在北方边地卫所中。

洪武三年(1370)，明遣使诏谕元宗室部落臣民书，对居住在蒙古高原的蒙古宗室、驸马、王公及其部落臣民的可能归附做了明确安排，即在政治归附的前提下，"换给印信，还其旧职，仍居所部之地"。而对久居沿边地带的蒙古、色目归附人，则实行"悉安所居"，不作居地变更的政策[④]。因此，我们估计，北伐过程中除过北逃的蒙古等部人员外，归降的蒙古等部人都

① 《明太祖实录》卷26，吴元年十月丙寅，第404页。

② 《明洪武时对蒙古人众的招抚和安置》，《内蒙古大学学报》(哲学社会科学版)1987年第4期。

③ 《明太祖实录》卷28上，吴元年十二月丙辰，第430—431页。

④ 《明太祖实录》卷53，洪武三年六月丁丑，第1048页。

是按照这一政策的精神来安置的。

针对因北征被俘或因形势所迫“自觉”南归的蒙古人，明政府确立三个基本地区，比较集中地安置这些人员。第一个地区是新确定的三京（南京、开封、林濠）之地。南京是最早确定的都城，以前就安置有归附的蒙元旧将官，后更成为安置蒙元宗裔、亲王及其家属和从属军民的中心。据《明太祖实录》记载，洪武三年到六年（1370—1373），先后有数批元裔宗亲被送到这里安置。这些人包括：元裔孙买的里八剌及其家属，太尉沙不丁并将帅家属（3000余户），故元主之子失笃儿、国舅阿里麻思海牙、驸马忙哥剌失等，故元惠王伯都不花、储王伯颜不花、宗王子蛮蛮帖木儿，故元诸王兀剌歹等[①]。洪武五年（1372）李文忠又“以所获故元官属子孙及军士家属一千八百四十余人送至京师”[②]安置。北京（今河南开封）是洪武元年（1368）确定的行都。洪武二年（1369）将在甘肃西安州所获元豫王及其所属人口中的7000余人安置在这里[③]。又将世居甘肃巩昌的元降将汪灵真保、虎都帖木儿等安置于此[④]。林濠（今安徽凤阳）是洪武二年确定的中都。洪武五年有东胜来降鞑靼5900人，“命居林濠”[⑤]。除此而外，元政权被推翻后，供职于元大都的不少蒙汉官员应征投诚，也被安置在南京。又有“元之遗民有避乱自北而南者，多聚于京师”[⑥]。北京（今河南开封）定为行都后，曾“徙北平城中兵民于开封”[⑦]，也是元遗民的一个集中安置点。将这些人员安置在都城，一方面具有充实京师和行都的因素，另一方面，将他们置于政府的有力监管之下，从而达到巩固政权的目的。

第二个地区是北方沿边地带。这是洪武初年以来形成的一个蒙古归附人安置点。元朝时，这里本是蒙、汉、色目人等的混居地带。元朝残余势力北逃后，这里成为双方政治斗争的交界带。在这一背景下，蒙古、色目等人因各种原因归附者，相继被安置在这里。其安置形式包括：(1)以千百户所形式将一部分蒙古归附人安置于此，使他们接受沿边都司卫所的管辖。

---

① 参见《明太祖实录》卷53—卷93相关记载。

② 《明太祖实录》卷75，洪武五年七月己未，第1384页。

③ 《明太祖实录》卷41，洪武二年四月庚寅，第825页。

④ 《明太祖实录》卷45，洪武二年九月丁酉，第878页。

⑤ 《明太祖实录》卷76，洪武五年九月丁酉，第1401页。

⑥ 《明太祖实录》卷128，洪武十二年十二月丁亥，第2304页。

⑦ 谈迁：《国榷》卷3，中华书局，1958年，第375页。

如设忙忽军民千户所，安置故元参政脱火赤，隶属绥德卫管辖[①]；设官山等处军民千户所，安置故元宗王札木赤及其部属，隶属山西行都司管辖[②]。随后又设立失宝赤千户所一、百户所十一，五花城千户所一、百户所五，干鲁忽奴千户所一、百户所十，燕只千户所一、百户所十，瓮吉剌千户所一、百户所六，安置从东胜滩来归的故元枢密都连帖木儿及其部属[③]。（2）部分率部前来归附的元宗亲、将官或被俘获人员被安插在沿边诸地。如洪武四年（1371），故元詹事院副使南木哥、詹事丞朵儿只自河西率2000余人来降[④]，甘肃行省平章阿寒伯等率所部官民来降，其兵民前者被安置在甘肃沿边，后者则安置在宁夏[⑤]。类似情况在甘肃、宁夏、大同、大宁、辽东等卫不同程度都有分布，此不赘举。洪武三年（1370）中书省臣认为，“西北诸虏归附者不宜处边。盖夷狄之情无常，方其势穷力屈，不得已而来归。及其安养闲暇，不无观望于其间，恐一旦反侧，边镇不能制也。宜迁之内地，庶无后患”。朱元璋以“凡治胡虏当顺其性，……顺而抚之，使其归就边地，择水草孳牧，彼得遂其生，自然安矣”[⑥]为由，否定了中书省臣的提议。说明北方沿边地带确实是当时安置蒙古等部归降人的中心地区。

第三个地区是北平以南、晋陕黄河以东与黄河下游以北部分州卫。具体地点包括山东临清、东昌，北平，河南卫辉、彰德，山西临汾、忻州等地。洪武二年（1369）政府“南徙幽燕之民”，其中“北口子”一带旧元遗民多来归附，其中一部分被用为兵，留在北平，其余被安置在山东临清、东昌地区[⑦]。洪武四年（1371）又迁燕山以北沙漠遗民35800户共197027人于北平，“散处卫府”。其中一部分隶军籍，被分配于诸卫所，其余32860户为民籍，被分散安置于北平府的大兴县、宛平县、良乡县、固安县、通州、三河县、漷州、武清县、蓟州、昌平县、顺义县[⑧]。这些人的民族成分虽然难以确定，但其

① 《明太祖实录》卷54，洪武三年七月丙申，第1061页。
② 《明太祖实录》卷56，洪武三年九月己丑，第1088页。
③ 《明太祖实录》卷60，洪武四年正月癸卯，第1178—1179页。
④ 《明太祖实录》卷67，洪武四年七月戊辰，第1258页。
⑤ 《明太祖实录》卷67，洪武四年七月壬申，第1259页。
⑥ 《明太祖实录》卷59，洪武三年十二月戊午，第1147页。
⑦ 《明太祖实录》卷47，洪武二年十二月丁卯，第935页。
⑧ 《明太祖实录》卷66，洪武四年六月戊申，第1245页。

中有一部分蒙古人[①]是可以肯定的。同年，将“来降达达千户朵的以及军士家属，马驼二万余匹”安置于河南卫辉、彰德二地。虽然因朵的等中途叛逃，没有成功[②]，但这里是安置计划的一部分则是无疑的。山西忻州、临汾或因鞑靼作乱，或因鞑靼入寇而被擒获者，也被就近安置在当地。对这一地区，特别是运河沿线诸州卫的安置，有人曾解释说是为了控制运河一线，这是不大妥当的。因为，明初河北运河并没有定都北京以后那样大的价值，再说，如果运河真的那么重要，以新降附且不时仍有叛逃的蒙古官军驻扎和控制，也有悖于常理。比较合理的解释是，因为这里是明初北伐大军重点经过的地区，也是元遗民（包括蒙古人）出逃最严重的地区，明朝建立后，这里亟待补充人力以恢复经济和社会秩序。济南知府陈修及司农官在上言中说到，“北方郡县近城之地多荒芜”，要求“召乡民无田者”和军人等垦耕[③]，说的就是这一背景。所以，将来降的部分蒙古官军安置于此，主要目的还在于促进当地经济和社会秩序的重建和恢复，不是也不可能是为了控制运河运输线的安排。

以上主要是洪武五年（1372）以前的情况。洪武六年（1373）以后，对蒙古等部归附人的安置发生了一些新的变化，这就是改变以前较为集中的安置为向各地的分散安置。洪武五年后，对北元势力的战争基本结束，政府开始比较系统地构建北方沿边军事防御带。为此，对沿边部分居民（包括蒙古、色目人等）实行内迁，主要内迁情况见表13—1。学界有一种观点，认为此次迁民是因为洪武五年的北征失败。这一因素固然是一个直接的原因，但绝不是原因的全部。事实上，迁徙沿边居民于内地与构建北方沿边军事防御带是一个问题的两个方面，而洪武五年北征失败只是一个直接的诱因。因此，迁民活动总体上也是构建沿边军事防御带的重要内容之一。

---

① 《明太祖实录》卷86，洪武六年十一月“己未，燕山都卫遣人送故元来降刑部侍郎普颜奴、将作佥院善僧等入朝，命赐以衣服等物，令回北平访其家属”（第1536页）。“回北平访其家属”，说明其家属流落当地。

② 《明太祖实录》卷68，洪武四年九月丁未，第1271页。

③ 《明太祖实录》卷53，洪武三年六月丁丑，第1044页。

表 13—1 洪武初年北方沿边边民内迁示例

时间	简况	史料来源
五年(1372)	迁宁夏人于陕西(长安)	弘治《宁夏新志》卷1《建置沿革》、卷2《祥异》
六年(1373)	迁(山西)朔州边民于内地	《明太祖实录》卷84，洪武六年八月辛卯
六年(1373)	罢瑞州(山海关东北60余里)，迁其民于滦州	《明太祖实录》卷86，洪武六年十一月癸卯
六年(1373)	迁(永平府)抚宁县近边之民于内地	《明太祖实录》卷86，洪武六年十一月癸卯
七年(1374)	命太原卫将潜伏"外夷民皆令迁入内地"	《明太祖实录》卷88，洪武七年四月辛酉

自此以后，政府在安置思想上也发生了一些变化，这就是部分地改变以往的做法，将部分蒙古等部归附人安置或迁往内地其它地区，借以实现"用夏变夷"的目的。洪武十一年(1378)凉州卫奏求处置所获故元官25人以及甘肃降人1960人，朱元璋说："人性皆可为善。用夏变夷，古之道也。今所获故元官并降人宜内徙，使之服我中国圣人之教，渐摩礼仪，以革其俗。[①] 于是徙其众于平凉府。"在此背景下，一些原居京师的元宗室诸王、鞑官被"分配"到内地其它地方戍守，一些新归附蒙古将官则被安置于内地卫所。其主要安置事件与安置地见表13—2。

表 13—2 洪武六年以后内地安置蒙古人的主要事件与安置地点

时间	简况	史料来源
六年(1373)	命惠王伯都不花及宗王子蛮蛮赤斤帖木儿等为千百户镇抚，各领故元来降官军1000人，往浙江温州、台州、明州戍守	《明太祖实录》卷78，洪武六年正月癸丑
九年(1376)	自大同来降故元保宁王稚纳失里、宗王汪古图、别里帖木儿等6人，及辽阳行省左丞速哥秃等，被授浙江等卫所镇抚，前往镇守	《明太祖实录》卷110，洪武九年十月壬辰
十年(1377)	以元诸王伯忽为赣州镇抚，俾食俸而不治事	《明太祖实录》卷111，洪武十年正月癸巳

① 《明太祖实录》卷117，洪武十一年正月己未，第1908页。

续表

时间	简况	史料来源
十年(1377)	孛罗歹为荆州卫镇抚,俾食俸而不治事	《明太祖实录》卷 111,洪武十年正月癸巳
十七年(1384)	故元大王搠思监等自云南来降,命居于庐州	《明太祖实录》卷 161,洪武十七年四月甲申
十七年(1384)	命故元梁王司马脱脱不花等七家居通州	《明太祖实录》卷 162,洪武十七年五月甲辰
二十年(1387)	安置哈纳出所部官属于云南、两广、福建等都司卫所①	《明太祖实录》卷 185,洪武二十年九月戊寅
二十一年(1388)	安置指挥失剌把都儿等 13 人并妻子于福建	《明太祖实录》卷 193,洪武二十一年八月丙辰
二十一年(1388)	以鞑鞑酋长孛罗帖木儿为卢州卫指挥佥事,仍领所部鞑官 250 人	《明太祖实录》卷 190,洪武二十一年四月壬申
三十一年(1398)	今以茶陵卫鞑靼官军分隶长沙、宝庆、衡州诸卫,与旧军参伍错居	《明太祖实录》卷 256,洪武三十一年正月乙卯

这些地点,包括浙江温州、台州、明州,江西赣州,湖广荆州、茶陵、长沙、宝庆、衡州,安徽庐州,四川卢州,河北通州,以及云南、两广、福建等省地的部分卫所。二十一年(1388)朝廷“命中军、左军二都督府移文所属都司:凡归附鞑靼官军,皆令入居内地,仍隶各卫所编伍”②。中军都督府和左军都督府管辖的地区涉及北京、南京部分卫所和河南都司、浙江都司、山东都司以及辽东都司③。这些都司所辖的一些卫所此后成为重要的安置地点。到洪武后期,明朝对蒙古等部归附人的安置地基本上覆盖了明本部的各个省份。这是朱元璋“用夏变夷”思想及其安置实践的结果,当然也是对明初较为集中的安置格局的总调整。这样的调整及其实践在相当程度上改变了明初蒙古归附人安置地分布的格局。当然,分散安置于江南等地的一些安置事件虽然有明确的原因,如浙江、福建是对付海盗,湖广、两广、云南等地是针对当地少数民族叛乱,但如此大面积的分散安置,却不是这些具体原因都能够解释的,从根本上讲,这是“用夏变夷”安置思想转变和执行的结果。

① 另据《皇明通纪》,哈纳出所部二十余万“悉驱入山海各城屯驻”,陕西也安置一部分(中华书局,2008 年,第 256 页,第 262 页)。

② 《明太祖实录》卷 188,洪武二十一年二月丁卯,第 2827 页。

③ 《明会典》卷 124《都司卫所》,第 637—641 页。

三、永乐以后安置地的反复与变动

（一）永乐初年的沿边安置及其中后期到宣德朝北京安置中心的确立。

与洪武时期相比，永乐时期的蒙古人安置政策发生了一些新变化。首先，永乐元年（1403），政府发布“自今诸蕃国人愿入中国者听”[①]的政策。该政策对一切属国包括南来归附的蒙古等部人表示了前所未有的积极接纳态度，同时也非常大度地为他们打开了入居明朝本部的大门。其次，永乐七年（1409）九月，在顺应并满足鞑靼虎力罕等来降人等“愿居京师”的请求后，规定：“至是有来归愿居京师者，赐赉准此例。若元之故官，则第高下授之职，食其禄而不任事。”[②]此举实际上开启了归附人“愿居京师”即予以京师安置的制度。前项政策的实际意义在于促进蒙古人的归附及其在明朝本部的移居；后项政策则在“自愿”的前提下，加速了蒙古人移居京师的进程。

从实际安置层面看，永乐朝的蒙古人安置主要在两个方面：一是初年在北方沿边地带的安置；二是以京师为中心的安置。这两种安置方式与洪武中后期安置的总体方向不同，也说明这一时期在安置思想和意向上的转变。就安置地的空间表现看，这两种情况与洪武初年安置地的客观表象上存在着相当程度的相似。如前者，具体地说，在永乐七年以前，北方沿边地带是重要的安置地分布区，与洪武初年基本一致。在安置形态上，对位处明本部以外的归附人，主要是在遵从自愿的基础上就各部所在地设置羁縻卫所，加以就地安置；而对进入明本部的来归达官、军士及其家属，则根据具体情况，安置在沿边地带的一些卫所，或者在此设置专门地点加以安置。前者不属于明朝本部的范围，此处不论。后者的实例主要集中在沿边地带的下列两个区域：一个是西北甘肃、宁夏等沿边卫所，一个是东北辽东地区。

辽东地区，以永乐七年（1409）明政府在辽东开原、辽阳一带设置安乐、

① 《明太宗实录》卷24，永乐元年十月辛亥，第435页。

② 《明太宗实录》卷96，永乐七年九月壬申，第1269页。

自在二州，以安置“内附夷人”[①]为标志，体现了政府将这里作为一个安置地的规划。它主要安置来自蒙古高原东部以及东北蒙古、女真等部族归附之人。这种专辟特定地区以安置“内附夷人”的方法，实际上是继承了洪武时期设置泰宁、朵颜、福余三卫于兀良哈之地“以居降胡”[②]的形式，与以前不同的是，这一时期的安置地已经选择在政府直接控制的辽东本土而已。永乐时期来自东北一带的归附达人、女真人等，有不少就被安置在这里。

甘肃、宁夏等卫主要安置来自蒙古高原西部以及西北诸部蒙古、色目等人。永乐七年以前来归并在此安置的人员较为集中。据《明太宗实录》记载，这一时期宁夏先后安置的有：达官伯帖木儿等及其家属；鞑靼满束儿灰及其众属；达官苦木帖木儿及其家属；铁住；鞑靼雅卜哈等；鞑靼塔安不花等；元国公阿滩卜花朵来及其所部；鞑靼丞相咎卜王亦儿忽秃典住哥、平章都连脱儿赤、司徒秃鲁塔失、国公卜答失里、同知朵儿只速可、同佥阿束等，及其各率所部三万余人，牛羊驼马十余万；鞑靼平章都连等；达官知院秃赤与弟司徒知院伯颜不花及其家属。甘肃先后安置的有：把都帖木儿、伦都儿灰、保住等及其部众；鞑靼满束儿灰及其众属；达丹等；鞑靼头目把罕等；鞑靼卜颜及苦木；把秃伯克帖木儿、哈剌你敦、阿鲁把撒儿、撒儿桃、朵栾帖木儿等[③]。

永乐八年(1410)以后，由于甘肃达官的叛逃或叛乱[④]，以及达官“奏愿居京师”制度出现，西北甘肃、宁夏的安置渐衰，京师南京和后来的京师北京(永乐十九年改称“京师”)成为主要的安置点。据《明太宗实录》的记载，从永乐八年到二十二年(1410—1424)，先后有鞑靼虎力罕及其家属，鞑靼哈剌那孩孙不花等，达官脱罕及其部属，鞑靼脱孙及其家属，鞑靼哈儿哈孙完者帖木儿等，达官哈剌忽剌，鞑靼哈剌帖木儿，鞑靼尚都伯颜台立歹等，鞑靼桷哥必里的阿蓝察儿阿都剌，鞑靼完者不花速哥台赛罕，鞑靼伯颜秃，鞑靼哈乩脱欢爱不干乃马歹等，鞑靼把脱木儿等[⑤]众多达官，

---

① 《皇明九边考》卷2《辽东镇》，第112页。

② 《明太祖实录》卷196，洪武二十二年四月辛卯，第2946页。

③ 据《明太宗实录》整理。

④ 《明太宗实录》卷95，永乐七年八月壬寅条，鞑靼脱脱不花都秃完者不花叛乱(第1256页)。《明太宗实录》卷102永乐八年三月辛未和卷104永乐八年五月丁亥记载，凉州、永昌达官和肃州寄居回回相继叛乱(第1324页，第1352页)。

⑤ 据《明太宗实录》整理。

先后被安置在南京和北京。洪熙帝时(1425)又有瓦剌使者乘奇失里[①]及甘肃所送“虏中归附人家”近70余口等[②]被安置于北京。这期间，诸部使臣以及东北诸羁縻卫所其它种属人来归者，或以“寄居”形式、或以常住形式“愿居京师”者，绝大部分都获得批准。相比之下，内地其它地方的安置则较为少见。

宣德以后，北京作为蒙古等部归附人安置中心的地位已经形成。根据《明宣宗实录》的记载，我们初步统计，宣宗一朝至少有70余批来降达人，因“愿居京自效”被安置在北京。而其它安置地不明确、或被安置在境内其它地方的归附人总共不到10批。另外，和以往相比，这时安置在北京的归附人类型更多。除大部分属于“迤北”达官及其家属外，兀良哈三卫鞑人头目、东北羁縻卫女真人头目、和宁王阿鲁台部属、瓦剌鞑靼部属、吐鲁番回回、罕东卫番人、沙洲卫鞑靼等，都不同程度地加入到这种被安置的人群中。明英宗曾告诉户部尚书刘中敷说：“来降达官艰难，自宣德元年(1426)以后，来者俱令于京仓关粮，以慰其顺化之心。”[③]正统元年(1436)兵部左侍郎柴车等奏说，“远人来朝，朝廷爵之、赉之，愿居京者听”[④]。吏部主事李贤说，“京师达人不下万余，较之畿民三分之一”[⑤]。可见，北京在当时安置了前来归附人的很大部分，成为安置蒙古等部归附人最为集中的地点。

(二)正统时期的有限变革与以后安置中心地点的反复。

由于明初以来，特别是永乐八年(1410)以后，蒙古等部降人不断地向北京安置，以及这些人员后裔的自然增长，宣德末年北京达人数量已逾万数，相当京畿居民的三分之一。而这些人中的相当一部分达官“食俸而不任事”，过着十足的“寄生”生活。这不但在一定程度上造成了北京粮食供应的负担，也给本已相当艰难的漕运带来更大的压力。所以，英宗刚一继位，就下令更定在京鞑官月俸米例，即将原来每月全给“俸米”者“减半”，“半给者减十之三四。新降附者，自指挥而下亦递减之”[⑥]。随后，又裁汰

① 《明仁宗实录》卷6下，洪熙元年正月己亥，第227页。

② 《明仁宗实录》卷9上，洪熙元年四月庚子，第275页。

③ 《明英宗实录》卷35，正统二年十月丙寅，第680页。

④ 《明英宗实录》卷18，正统元年六月乙卯，第362页。

⑤ 《明英宗实录》卷25，正统元年十二月庚寅，第510页。

⑥ 《明英宗实录》卷4，宣德十年四月乙卯，第86页。

锦衣卫带管官校，将京师“四夷降附老弱者”迁往南京就食[①]。英宗又接受直隶寿州卫千户陈镛建议，“今后达人投降者，量加升赏，分送南方卫分安插优养，不可俱留在京，以遗后患”[②]。在这种背景下，吏部主事李贤在对明初以来的“达人”安置政策提出了严正质疑和批评后，建议皇上“敕兵部，将达官渐次调除天下各都司卫所，彼势既分，必能各安其生，不惟省国家万万之费，而又消其未萌之患”[③]。这些建议均被英宗采纳，从而开始了英宗时期的有限变革。

变革的主要内容：(1)除将一部分居住在北京的“四夷降附老弱者”迁往南京外，将今后前来归附的部分蒙古等部人安置于南京。据《明英宗实录》记载，从正统元年到十四年(1436—1449)，先后有30余批来归人员被安置在南京，这些人员包括“迤西回回”、“罕东番人”、“吐鲁番回回”、“撒马儿罕回回”、“河州番僧”、“也先属下回回”、“瓦剌属下回回”和“鞑靼等蒙古官军及其家属。前者约计12批次，占三分之一强，后者约20批，约占三分之二。这些只是具有明确安置去向的记载，无明确安置去向的记载不多，未能计入。(2)向山东、河北等明初传统安置地及其附近分散安置一部分新降附“夷人”。这些地方包括：东平、东昌、平山、东山、并河、德州、大嵩等卫和青平、博平二县和河北保定、河间、定州、通州等地[④]。另有一部分东北来降女真人与达官被安置在辽东。(3)对于一些有问题或在朝廷看来对明政权具有潜在的消极影响的人员，将其迁往江南安置。如：被认为是“被迫”来归，而不是心怀诚意归附的阿鲁台残部归附人员，被安置在江南诸卫[⑤]。陕西“多夷人杂处”，往往泄漏军情，命兵部尚书曹骥将“寄居鞑靼、西番诸人当发遣者，如例徙之江南，以杜其患”[⑥]。又曾迁徙甘州、凉州“寄居回回”436户1749人于江南各卫[⑦]。虽然多次有人建议向江南诸卫安置新附降人，朝廷也不同程度地采纳了这些建议，但具体的安置事件却很少，特别是上述实例均具有一定的特殊性，说明向江南的一般化安置并没有全

① 《明英宗实录》卷21，正统元年八月辛卯，第418页。
② 《明英宗实录》卷108，正统八年九月丁丑，第2194—2195页。
③ 《明英宗实录》卷25，正统元年十二月庚寅，第512—513页。
④ 据《明英宗实录》正统年间史事整理。
⑤ 《明英宗实录》卷23，正统元年十月辛未，第460页。
⑥ 《明英宗实录》卷30，正统二年五月庚寅，第592页。
⑦ 《明英宗实录》卷18，正统元年六月乙卯，第362页。

面实行。除此之外，向北京的安置并没有停止，只是规模比以前有所减少。据《明英宗实录》记载，从正统元年到十四年(1436—1449)，先后有近30批来归人员被安置在北京。这些人员包括“迤北鞑靼”、“海西女真”、“沙洲等卫部属”、“吉河卫女真”、“建州女真”、“撒马儿罕回回”、“瓦剌回回”、“朵颜卫鞑子”等，其中“迤北鞑靼”最多。正统年间的有限变革，改变了前朝时期北京高度集中安置的局面，使洪武初年和永乐时期较为集中的南京安置再度复兴，由此形成南北二京并重的安置格局。

景泰以后的安置又呈现出新的特点，即南北二京的安置分配又起反复。首先，景泰年间继续了正统时期向南京安置的一脉，先后向南京安置至少48批归附人员。这些人员包括瓦剌部属、使臣，“撒马儿罕回回”、“土鲁番回回”、“凉州回回”，各羁縻卫所“女真鞑官”，“迤北鞑靼”，朵颜卫、福余卫鞑子鞑官和“迤北使臣”等①。其中东北女真人、达官所占比重较大。而向北京安置仅见数例，说明北京安置基本停止。其次，辽东地区先后迎来了至少33批来归的女真诸部鞑官及其家属。安置地主要分布在广宁卫、广宁中卫、广宁左卫、定辽卫、海州卫、盖州卫、金山卫、金州卫、复州卫、海州卫、辽阳卫等。辽东的自在、安乐二州依然是重要的集中安置点②。景泰时期以南京和辽东为中心的集中安置，是继正统时期旨在改变北京高度集中安置局面的力度最大的行动。成化十七年(1481)兵部尚书陈钺说，“制驭夷狄，有经有权，正统、景泰间，来降者悉处之辽东，所以诱其归附”③。这里将辽东安置的原因解释为“诱其归附”，虽然不错，但不够准确。核实而论，除辽东安置外，在“自愿”原则之下的两京安置又何尝不是“诱其归附”呢？因此，解释为旨在改变北京集中安置的行为更为准确。复次，天顺时期再度恢复到南北二京并重的格局。英宗上台不久，就“命兵部：凡来降达子、回回俱留在京安插”④。到天顺二年(1458)，至少有14批人被安置在北京。至天顺八年(1464)，南京也已安置至少14批来归人员⑤。这又回到了正统时期的二京并重格局。与南北二京安置相应，山东

---

① 据《明英宗实录》之《废帝郕戾王附录》统计整理。

② 据《明英宗实录》之《废帝郕戾王附录》统计整理。

③ 《明宪宗实录》卷220，成化十七年十月甲子，第3810页。

④ 《明英宗实录》卷275，天顺元年二月甲寅，第5853页。

⑤ 据《明英宗实录》天顺年间史事统计整理。

登州、莱州、青州、东昌、平山，以及直隶河间卫、沈阳中屯卫等，也迎来了新一轮的安置“升温”。天顺二年以前，这里先后安置了七八批“迤北鞑子”(包括沙洲卫头目)[①]。以后在这些地点又有一些安置。至于向江南地区的安置，虽然屡屡有人提出，但除了一些带有惩罚性质的安置外，似乎没有明显的进展。

长期以来比较集中的安置政策，引起了一些朝臣的不满，此前的李贤批评自不必说，景泰元年(1450)又有人出来对这一政策大加抨击，甚至认为，明初以来“使夷虏与中国杂处”的安置政策是有问题的，进而提出“夷夏有辨”，“夷人不可留居中国”的反安置建议。这些建议曾得到代宗的赞同，并要求兵部执行[②]。但实际情况要复杂得多，所以安置的总体状况在当时并没有任何改变，甚至还是按照原有的轨迹进行着。以上论述可见，永乐以来对于蒙古等部来归人的优待和保护，深刻地影响着以后诸朝的安置取向，其精神在明英宗、景帝执政时代的安置实践中得到高度的体现。虽然，永乐到天顺年间，对于蒙古等部归附人的安置取向几经反复，但其重心依然在两京之间摆动，南北二京的两个安置中心彼消此长，交替变动，成为当时安置的基本形态。

(三)成化以后的江南安置取向。

成化以后，蒙古诸部势力日益兴起，频繁侵扰北疆地带，蒙古等部归附人数量迅速锐减。出于安全考虑，新附降人多被安置在江南地区一些卫所，其中以两广和浙江等省最为集中。成化十七年(1481)兵部尚书陈钺说，“正统、景泰间，来降者悉处之辽东，所以诱其归附。其后降者颇多分送两广，所以离其党与。此诚抚驭之良法，防微之深意”[③]。又据《明实录》记载，从成化到嘉靖的100年(1465—1566)间，浙江温州卫安置有“降虏奴他台”，金乡卫安置有乩加思兰部下的兀沉塔罕；广州安置有“虏人罕海”、“北虏孛罗”、“迤北满都鲁太子平章哈失帖木儿”、“海西夷人引速哈”、“降夷舍打古珍”部属、哈密人沙黑麻及其家属，以及夷人伯牙思忽等；广西桂林左卫、桂林中卫等分别安置有“迤西降夷”、“迤北脱罗干”部，“忽鲁爱卫都指

① 据《明英宗实录》卷280—卷292，天顺元年七月至天顺二年六月部分整理。

② 《明英宗实录》卷193《废帝郕戾王附录第十一》，景泰元年六月庚子，第4066页。

③ 《明宪宗实录》卷220，成化十七年十月甲子，第3810页。

挥佥事苦出纳”等。另有毛怜卫指挥使乃哈等、海西建州女真等，先后被安置在“两广”诸卫地[①]。相比之下，明本部其它地方的安置却比较少见。这种情况与兵部尚书陈钺的说法基本一致，反映了成化以后安置地选择的总体趋势。由于这一期间蒙古诸部的侵扰日益频繁，而明朝政府总体上采取的是较为保守的防御政策，所以来归人数日益减少。这些人主要被安置在江南地区，但其规模和影响都是很有限的。

四、总结

明朝前期100年间，蒙古等部人的大量归附和向明朝本部移居，是明朝历史上重要的民族内移现象。这样的移居虽然是在明朝政府积极的安置政策指导下进行的，但一开始却没有一个完整的安置计划，由此也就形成了安置地选择伴随着历史发展而不断转变的变迁过程。洪武初年降附和归附人员数量庞大，主要安置地区分为三类：第一类是三京（南京、开封、临濠）之地；第二类是北方沿边地区；第三类是北平以南、晋陕黄河以东与黄河下游以北部分州卫。洪武五年（1372）北征失败以后，从第二年开始积极向内地分散安置，总体精神是执行“用夏变夷”方略。一些原居京师的元宗室诸王、达官被“分配”到内地其它地方戍守，一些新归附的蒙古将官则被安置于内地卫所。到洪武后期，明朝对蒙古等部归附人的安置地基本上覆盖了明本部的各个省份。

永乐以后的安置地选择屡有反复。永乐初年主要安置在东北和西北沿边地带，后因实行“自愿居京师”政策，开启了京师大量安置的先河，至宣德以后，北京安置中心的地位已经形成。正统时期，鉴于北京“达人”数量庞大，将新归附人员、原居北京的一些老弱人员安置于南京，由此形成南北二京并重的安置格局。另有一部分则被安置在山东，而将政府认为心怀不诚的蒙古人等安置于江南地区。后二者数量总体上比较少。景泰、天顺年间先南京，后北京，安置分配在二者之间反复变动，但变动的轨迹基本上延续了南北二京并重的安置格局。直到成化时期，由于蒙古人的不断侵扰，归附人员大量减少，安置地基本上都选择在江南地区，尤其以两广和浙江

① 据《明宪宗实录》、《明世宗实录》等整理。

为主。但这已属强弩之末,影响不大了。总体而言,永乐朝对于蒙古等部归附人的安置及其体现的保护和优待精神对以后诸朝产生了重要的影响,它不但形成了鲜明的南北二京安置模式,而且深刻地反映了明朝前期安置蒙古等部归附人的主体精神。

附录二：

明代陕西驿站考补正

《明代驿站考》(增订本),杨正泰撰,上海古籍出版社 2006 年 11 月出版。该著是迄今为止全面研究明代驿站的重要成果。不过,由于其撰写的动意在于为编撰地图做基础性的工作,而不是专门性的驿站考述之作,所以在驿站的建置年代、驿站的沿革等相关内容的考述方面比较简略,甚至不少驿站都没有涉及这些内容。就陕西省部分而言,除《明会典》已革驿站部分外,该书共考出 165 个驿站,其中 43 个驿站具有建置时间,其余 122 个驿站没有建置时间,后者约占驿站总数的 74%。而具有建置时间的 43 个驿站中,有 8 个驿站的建置年代定为"明置",这也几乎等于没有考定。另外,还有一些驿站的设置时间、地点尚存在不同程度的错误,有一些驿站存在漏考现象。对此,下文拟就该著所考陕西部分的驿站加以补正,以期推进明代陕西驿站的进一步研究。

一、驿站补正

1.长宁驿。《明代驿站考》(以下简称《考》)无建置时间、无沿革变迁,表述上也存在有错误之处。长宁驿的建置时间,文献未见明确记述。该驿最早见载于《寰宇通志》(以下简称《寰宇志》)①。《寰宇志》明成祖时开始编辑,景泰七年(1456)修成并进呈朝廷,按此,长宁驿在景泰以前已经存在,建置时间应定在明初。

又,《考》说:"长宁驿:属西安府乾州武功县。俗曰东扶风站,军站也。在今陕西陇县西。成化中,移于今武功县东北长宁镇。"按:这一表述及其含义都有错误。首先,说武功县之长宁驿在今陕西陇县西,于理不通;其次,若理解为长宁驿本在今陕西陇县西,成化中移于今武功县东北长宁镇,

① 《寰宇通志》卷 94《凤翔府 · 馆驿》,《玄览堂丛书续集》第 72 册。

又不符合事实。实际情况是：(1)长宁驿于明初设立，驿址在西安府乾州武功县长宁镇。《寰宇志》以之属凤翔府，不知何据，但以道里计，说“在府城东二百里”[①]，大约就在武功县今长宁镇。顾祖禹说，驿在武功县东三十五里，“俗曰东扶风镇，军站也。成化中移置于县东北”[②]。所谓“东扶风镇”就是后来的长宁镇。隆庆间人黄汴辑《一统路程图记》记载，长宁驿属武功县，西距武功县城的郃城驿四十里[③]。此距离虽然与《纪要》所说“在武功县东三十五里”略差五里，但古人记述路程往往取其约数，二者所记基本一致。据此，明代初年的长宁驿在武功县境内是没有疑问的。(2)所谓“在今陕西陇县西”，实指后来将武功县之“长宁驿”移置于当时陇州以西的“长宁驿”。其迁移情况，明陕西右副都御史马文升等说：“陕西大路有二，无事之时多由北路，一遇声息俱由南路，而凤翔迤西别无驿站。自陇州至清水县二百五十里，公使人等多在石觜权宿，其地多盗，乞以西安府长宁驿及咸义巡检司移置石觜为便。”[④]由此知，成化九年(1473)初以前，陕西凤翔府以西到甘肃秦州清水县之间是没有驿站设置的。在没有驿站的情况下，朝廷公使、商旅行人多在一个叫“石觜”的地方住宿停歇。“石觜”，《纪要》作陇州石嘴关，说是在陇州西80里，并引成化九年二月马文升上书语，说长宁驿是经马文升提议，从西安府武功县迁入此地的[⑤]。这与《明宪宗实录》记载吻合。因此，《考》所谓“在今陕西陇县西”，指的就是此次迁置的长宁驿，驿址在今甘肃省张家川县城东45公里处的马鹿乡长宁村[⑥]。(3)武功县长宁驿迁置于陇州以西石嘴关后，武功县不得再有长宁驿。正德县志记载：“长宁驿，在县东四十五里，俗曰东扶风镇，军站也。成化中移置清水石嘴。”[⑦]“清水石嘴”，即清水县石嘴关；又“长宁分司，即古长宁驿也”[⑧]。说“古长宁驿”，表明长宁驿确实迁出。雍正县志记载：“长宁驿：前志时已移陇州清水石嘴，官及夫俱徙之而西。所遗站军地，驿左右居民向种出租，每

---

① 《寰宇通志》卷94《凤翔府·馆驿》，《玄览堂丛书续集》第72册。

② 《读史方舆纪要》卷54，第2623页。

③ 黄汴：《一统路程图记》，附杨正泰《明代驿站考》，第210页。

④ 《明宪宗实录》卷113，成化九年二月庚午，第2189页。

⑤ 《读史方舆纪要》卷55，第2657页。

⑥ 《古道驿站长宁驿》，2009年3月25日，www.741500.com“张家川在线”。

⑦ 康海纂、孙景烈评注：正德《武功县志》卷1《建置志第二》，《中国地方志集成·陕西府县志辑(36)》，第13页。

⑧ 正德《武功县志》卷1《建置志第二》，《中国地方志集成·陕西府县志辑(36)》，第14页。

岁彼处拨官收取，岁久滋弊。今方详请会勘更定。"[①]也说明长宁驿"官及夫俱徙之而西"。因此，武功县长宁驿自成化九年(1473)迁往"清水石嘴"后，县境内不再有长宁驿了。《纪要》所说"成化中移置于(武功)县东北"，显然是错误的。《考》据此以为"成化中移置于(武功)县东北"，自然也是错误的。

需要说明的是，成书于明代中后期[②]的《一统路程图记》和《士商类要》记载有两个长宁驿。前者于"西安府西由各府至河州卫路"说："京兆驿。五十里渭水驿。咸阳县。五十里白渠驿。兴平县。四十里长宁驿。四十里郃城驿。武功县。"[③]后者于"陕西由凤翔府至临洮府路"说："咸阳县。渭水驿。……三十里至马跑泉。二十里兴平县。白渠驿。三十里马位(马嵬)。住。十五里东扶风。长宁驿。四十五里至武功县。……陇州。住。四十里关山。巡司。住。……七十里长宁驿。住。"[④]这三处关于"长宁驿"的记述，前两处均指地名，尤以对"东扶风"所作注释为典型，最后一处，即陇州西长宁驿是实体建置驿，二者不能相混。

2.清桥驿。亦作青桥驿。《考》无建置时间。洪武二十八年(1395)四月，锦衣卫指挥宋忠从四川回到朝廷，"言连云栈、松林、马道驿各九十里，险远不便，诏增置武关、清桥二驿"[⑤]。这是朝廷下诏设置清桥驿之始。又，史载：洪武三十五年(1402)七月，"设陕西汉中等府黄沙、草凉楼、梁山、三岔、白水、嘉林、硖口、清桥、武冈、开山、东河十一驿"[⑥]。洪武三十五年即建文四年，时距诏设清桥驿已有七年时间。在这七年间如果没有如诏建成清桥驿，一般会有文字说明的，另外，一个驿站要经过六七年的时间建设，也不大可能。据此分析，此次清桥等十一驿之设，大概只是表明宝鸡至汉中府这一驿路上的十一个驿站已经全面设立而已，不能据此理解为再次或重新设立清桥驿。所以，清桥驿建置于洪武二十八年(1395)，地点在褒

① 沈华修、崔昭等纂：雍正《武功县志》卷1《建置》，《中国地方志集成·陕西府县志辑(36)》，第76页。

② 《明代驿站考·增订本前言》，第6页。

③ 黄汴：《一统路程图记》卷3，附《明代驿站考》，第225页。

④ 程春宇：《士商类要》卷2，附《明代驿站考》，第349页。

⑤ 《明太祖实录》卷238，洪武二十八年四月戊午，第3474页。

⑥ 《明太宗实录》卷10下，洪武三十五年七月己酉，第173页。

城县北四十五里[①]，今留坝县南青桥乡青桥铺。

3.青阳驿。《考》无建置时间。史载，洪武二十九年(1396)三月，“置汉中府沔县柏林驿、青阳驿”[②]。则该驿建置于洪武二十九年。《考》说：“青阳驿，在今陕西勉县西南大安。”按：此说错误。(1)大安，即大安驿，明代属沔县，今属陕西宁强县，不属今勉县。(2)青阳驿不在今大安，而在今勉县青羊驿镇。洪武二十九年三月设置青阳驿时，同时“改大安驿为金牛驿”[③]。《大清一统志》(以下简称《清统志》)说：“大安驿，在沔县西南九十里。本名金牛驿。明初置。”[④]此说本末倒置，实际应该是：金牛驿，本名大安驿，洪武二十九年改为金牛驿。因清代有大安驿，所以《清统志》误认为大安驿本名金牛驿。青阳驿，《一统路程图记》说在沔县顺政驿西六十里，再西四十五里到金牛驿[⑤]。顺政驿在沔县城，则青阳驿在顺政驿和金牛驿之间，而金牛驿既因大安驿而来，那么青阳驿也西距大安驿四十五里，怎么能说青阳驿在大安所在呢？又，《清统志》说：青羊驿在沔县西六十里[⑥]。清乾隆三十八年(1773)三月，陕西巡抚毕沅奏，请将距沔县以西九十里的大安驿移至六十里处的青羊峡，为青羊驿[⑦]。同年九月得以批准[⑧]。此青羊驿，应该就是明代的青阳驿，在今勉县城西27公里处青羊驿镇。

3.柏林驿。《考》无建置时间。史载：洪武二十九年三月置汉中府沔县柏林驿[⑨]。则该驿建于洪武二十九年。《考》说，该驿所在“确地待考”。按：明人记述，“柏林驿(南)十里宁羌州”[⑩]。《清统志》记述与此相合[⑪]。据此，柏林驿在宁羌州治北约十里处。宁羌州，即今宁强县，县城北有柏林驿村，村南有柏林驿，此柏林驿就是明代驿站所在。

---

① 《寰宇通志》卷99《汉中府·驿馆》，《玄览堂丛书续集》第74册。

② 《明太祖实录》卷245，洪武二十九年三月己亥，第3560页。

③ 《明太祖实录》卷245，洪武二十九年三月己亥，第3560页。

④ 穆彰阿、潘锡恩等纂修：《大清一统志》(五)卷238，上海古籍出版社，2008年，第785页。

⑤ 《一统路程图记》，附《明代驿站考》，第210页。

⑥ 《大清一统志》(五)卷238，第786页。

⑦ 《清高宗实录》卷928，乾隆三十八年三月庚寅，《清实录》(第20册)，中华书局影印出版，1986年，第476页。

⑧ 《清高宗实录》卷943，乾隆三十八年九月辛巳，《清实录》(第20册)，第767页。

⑨ 《明太祖实录》卷245，洪武二十九年三月己亥，第3560页。

⑩ 《一统路程图记》，附《明代驿站考》，第210页。

⑪ 《大清一统志》(五)卷238，第785页。

4.**金牛驿**。《考》云“明初置”。史载:洪武二十九年三月,改大安驿为金牛驿[①]。则金牛驿建于洪武二十九年。不过,它不是创建,而是由以前旧驿站——大安驿——改名而来。《考》云:“金牛驿后改名大安驿。”这是错误的。错误的原因在于全盘继承了《清统志》本末倒置的错误记述,上文已述,此不赘述。金牛驿在今宁强县大安镇。

5.**清平驿**。《考》无建置时间。永乐元年(1403)二月,宁夏总兵官左都督何福言:“宁夏至庆阳诸驿,其先每驿佥民马四匹,茶马司拨马十匹,相兼递送。厥后布政司摘去民马,今各驿止有马八匹或九匹者,宜自宁夏抵邠州驿皆依旧设置。”[②]正统九年(1444)三月,“初宁夏左参将都督佥事丁信奏,石沟至清平五驿铺所,地临边境,军夫众多,而寨堡不固,兵器不足,恐无以备寇。上命右佥都御史卢睿同总兵等官处分。至是,睿等奏,各寨堡可修者即令修之”[③]。《寰宇志》载,清平驿在环县北九十里[④]。据此,清平驿创设于正统九年以前。其具体位置,《纪要》说“今有清平驿,在(环)县西北六十五里”[⑤]。《清统志》说“清平关,在环县北六十五里。……明置清平堡”[⑥]。弘治十二年(1499)五月,“改陕西庆阳府清平驿、递运所于红德城北”[⑦],则清平驿的具体位置前后有过变化,此次改移的“红德城北”,即今甘肃环县西北洪德乡政府所在,南距环县县城约24公里。

6.**山城驿**。《考》无建置时间。正统九年三月,右佥都御史卢睿等上奏,请求修葺各驿城,其中说:“惟山城驿、山城递运所、巴门摆铺百户所军夫散居西北二沟,寇至无所凭依,且沟水泛溢,时时溺死人畜。驿旁近有古城,高爽宽平,可尽迁驿铺所于其中。令都指挥佥事杨信督修军器,则俟秋成,请给于京库。”[⑧]据此,该驿应创设于正统九年以前。初创时,驿站无城堡,应役军夫住在驿站附近“西北二沟”的窑洞中。正统九年秋后,修葺驿近旁古城,遂“尽迁驿铺所于其中”。《纪要》引《舆程记》说:“(环)县北六十

① 《明太祖实录》卷245,洪武二十九年三月己亥,第3560页。
② 《明太宗实录》卷17,永乐元年二月乙亥,第314—315页。
③ 《明英宗实录》卷114,正统九年三月乙亥,第2309页。
④ 《寰宇通志》卷96《庆阳府·馆驿》,《玄览堂丛书续集》第73册。
⑤ 《读史方舆纪要》卷57,第2767页。
⑥ 《大清一统志》(六)卷262,第388页。
⑦ 《明孝宗实录》卷150,弘治十二年五月庚午,第2644页。
⑧ 《明英宗实录》卷114,正统九年三月乙亥,第2309页。

里清平驿，又北六十里为山城驿，驿皆有仓。”[①]驿址在今环县西北山城乡政府所在地，南距清平驿所在洪德乡24公里。

7.**萌城驿**。《考》无建置时间。《寰宇志》载，驿在宁夏卫城南四百二十里[②]，则景泰以前就有了萌城驿。成化九年(1473)巡抚陕西左副都御史马文升奏称，“陕西庆阳卫所管清平、山城驿递，并宁夏卫带管萌城驿递运，甲军岁久富庶，应役之外，止令承种空间地五十亩，于本处上纳子粒三石”[③]。弘治时期，萌城有“驿馆一所，仓房二十间，递运所一所”[④]。《纪要》引《舆程记》述它与相关诸驿的关系：(宁夏灵州守御千户)“所南四十里大沙井堡，亦曰大沙井驿，又东南四十里曰石沟驿，又六十里曰小盐池，亦曰盐池驿，又东南四十里曰隰宁堡，又四十里曰萌城堡，亦曰萌城驿，与庆阳府环县接境，皆出入噤喉，守御要地也。”[⑤]关于其位置，《考》说“在今宁夏同心县西北”，这是错误的。今宁夏同心县城在清水河东岸，而萌城堡在苦水河上源，南接环江上源西川河，与庆阳府环县驿路相通，因此不可能在今同心县西北。今盐池县萌城村南三公里处有明代萌城堡旧址，就是当年的萌城驿所在。

8.**高桥儿驿**。《考》无建置时间。《寰宇志》载，在宁夏卫城南一百二十里[⑥]，则景泰以前已存在。《考》言该驿属宁夏卫，不完全正确。正德六年(1511)秋七月，吏部尚书杨一清上言，“灵州千户所为宁夏喉襟，内有山后归附土民、土达，上下交征，无所控诉，宜令环庆兵备兼管。灵州即州治为衙门，令其练兵理狱抚安土人”[⑦]。此策后被采纳。则环庆兵备使曾兼管灵州守御千户所，此驿就不独属于宁夏卫管辖了。高桥儿驿的位置，在灵州城定朔门内大街东[⑧]，《考》言在今灵武西北，大致上是正确的。

9.**石沟儿驿**。《考》无建置时间。《寰宇志》载，驿在卫城东南二百五十

---

① 《读史方舆纪要》卷57，第2767页。

② 《寰宇通志》卷100《宁夏·馆驿》，《玄览堂丛书续集》第74册。

③ 《明宪宗实录》卷122，成化九年十一月甲辰，第2353页。

④ 弘治《宁夏新志》卷3《萌城》，第356页。

⑤ 《读史方舆纪要》卷62，第2952—2953页。

⑥ 《寰宇通志》卷100《宁夏·馆驿》，《玄览堂丛书续集》第74册。

⑦ 《明武宗实录》卷77，正德六年七月丙辰，第1687页。

⑧ 弘治《宁夏新志》卷3《公署》，第328页。

里[①],则景泰以前已存在。又,正统九年(1444)因卢睿等奏请,政府曾对该驿堡加以修葺[②]。则正统年间驿已存在。像萌城驿一样,该驿既属宁夏卫灵州守御千户所,也曾受环庆兵备使兼管。景泰元年(1450)六月,宁夏总兵官都督同知张泰说,驿所在"地多沙鹻不便耕收",建议将石沟驿迁移至一个叫"阿剌麻"的地方,后得到批准,并决定第二年春天兴工[③]。方孔炤《神势图》标有"新石沟驲"[④],说明石沟驿确曾迁移。不过,从弘治《宁夏新志》记载看,石沟驿仍在石沟城中,有馆驿一所,仓房十二间,递运所一所[⑤]。则迁移以后的石沟驿可能又迁回石沟城中。驿址在今灵武市白土岗乡石沟驿村石沟城故址。

10.**塞门马驿**。史载,成化十四年(1478)五月"增设陕西宁夏韦州城马驿、保安县园林马驿、安塞县塞门马驿"[⑥]。《考》据此定塞门马驿为成化十四年五月建置,这是对的。不过所引《明宪宗实录》卷18,当是卷178之讹。又《考》无建置情况,驿址位置也属错误。塞门马驿最初由巡抚延绥都御史张鹏、丁川等于成化十三年(1477)建议"添设",同年五月户部尚书杨鼎等会吏部尚书尹旻等讨论,同意其建议[⑦],遂于第二年五月实现增设。

《考》说塞门马驿在今陕西安塞县南沿河湾镇,这是错误的。塞门,又称塞门砦,在安塞县北一百五十里,又"芦关在延州塞门砦北十五里"[⑧]。则塞门距离安塞县北一百七十里的芦关相去不远,约在其南十五里。洪武十二年(1379),这里建有"塞门守御百户所"[⑨],设有堡寨,是地方重要的防御据点。曾任分守延绥西路左参将都指挥同知房能说:"臣所守迤东地,原设塞门堡、白洛城,二处俱在偏南,以里去边墩相远,道路迂曲,声势不闻,遇有警急,缓不及事,况其军民反在堡外耕牧。看得白洛城北地名砖营,塞门堡北地名榆林,依据险阻,水草便利,又与大兔鹘、龙州边堡接径端直,营

① 《寰宇通志》卷100《宁夏·馆驿》,《玄览堂丛书续集》第74册。

② 《明英宗实录》卷114,正统九年三月乙亥,第2309页。

③ 《明英宗实录》卷193《废帝郕戾王附录第十一》,景泰元年六月壬午,第4038页。

④ 方孔炤:《全边略记》卷12《神势图》,《历代边事资料辑刊》③,北京图书馆出版社,2005年,第164页。

⑤ 弘治《宁夏新志》卷3《石沟城》,第352页。

⑥ 《明宪宗实录》卷178,成化十四年五月壬戌,第3203页。

⑦ 《明宪宗实录》卷166,成化十三年五月庚午,第3000页。

⑧ 《读史方舆纪要》卷57,第2724页。

⑨ 《大明一统志》(上),卷36《延安府》,第637页。

堡联络，易为应援，可将安定县守城官军一百员名，并入白洛城数内操守为宜。”[①]综合而论，塞门堡当在旧芦关以南十五里，白洛城西南，龙州边堡西南，安塞县城以北一百五十里处。成化十三年(1477)，巡抚延绥都御史丁川等说：“延安府安塞县至保安县园林铺及保县皆九十里；安塞县至塞门一百五十里，至安定县一百六十里。西通宁夏，东接山西，传报声息，每致稽迟，宜添设园林、塞门二马驿。”[②]此塞门马驿就是成化十四年(1478)设在塞门堡的驿站，它南距安塞县一百五十里。《考》所谓“在今陕西安塞县南沿河湾镇”是错误的。此驿弘治十年(1497)十月被裁革[③]，以后不复存在。

11.西城驿。《考》据《纪要》误定西城驿为明代驿站。考《纪要》载：“西城驿在镇西四十里，又西四十里即沙河堡，又西四十里即抚夷驿，又西四十里则高台千户所也。”[④]又，嘉靖时期张雨“三边四镇总图”中也标有“西城驲”[⑤]，且属甘肃镇城西去第一驿。据此，似乎可以确认明代甘肃镇有西城驿的设立，但事实并不是这样，明代甘肃镇并没有设置西城驿。理由：(1)记载明前期驿馆设置最为详尽的《寰宇志》没有西城驿；(2)《边政考》“总图”固然标有“西城驲”，但甘州分图上却没有标注它，而标注的是“沙井儿站”[⑥]；(3)郑文彬《九边图》只有“沙井站”，没有“西城驿”[⑦]；(4)乾隆《甘州府志》“巩笔驿”条：“《唐书》张掖有巩笔驿，其地未详。今黑水西岸有古遗址，俗曰西城驿者，或云即巩笔驿，或云元西城驿，或云明小沙河驿，盖不可知云。”[⑧]这里指出，西城驿为元代驿名，那么，《纪要》所说的西城驿，当是为了说明历史沿革而沿用旧驿的名称，而不是明代建置有西城驿。《边政考》“总图”所标“西城驲”也当作如是看。因此，明代实际上不存在西城驿，其位置所在应该是沙井儿站或小沙河驿[⑨]。《考》据《纪要》以西城驿为明代驿站，是错误的。

---

① 《明宪宗实录》卷12，天顺八年十二月丁亥，第257页。

② 《明宪宗实录》卷166，成化十三年五月庚午，第3000页。

③ 《明孝宗实录》卷130，弘治十年十月丙子，第2300页。

④ 《读史方舆纪要》卷63，第2980页。

⑤ 《边政考》卷1《边图》，第316页。

⑥ 《边政考》卷1《边图》，第316页；卷4《甘州山丹图》，第398页。

⑦ 郑文彬：《抄本筹边纂议》(上)，中华全国图书馆文献缩微复制中心，1999年，第22页。

⑧ 乾隆《甘州府志》卷4《古迹》，第439页。

⑨ 《寰宇通志》卷101《陕西行都指挥使司·馆驿》，《玄览堂丛书续集》第74册。

12.抚彝驿。明代地志文献均作“抚夷驿”，《考》所谓“抚彝驿”，实是清人统一以后的改称，明代没有这样的名号，因此应据以改正。又，《考》无建置时间。《寰宇志》载：抚夷驿，在都司西一百五里[1]。则景泰以前驿已存在。关于其位置，诸文献记载虽有出入，但差别不大。《边政考》说：“本卫（甘州）……西至抚夷驿一百五里。”[2]《纪要》载：“西城驿在镇西四十里，又西四十里即沙河堡，又西四十里即抚夷驿，又西四十里则高台千户所也。”[3]驿路合计，抚夷驿当在张掖城西北一百二十里左右。《清统志》：“抚彝厅，在府治西一百五十里。本肃州高台县地。明时置驿隶甘州后卫。东至沙河驿四十里。”[4]因抚夷驿与沙河驿的距离和抚彝厅与沙河驿距离一致，则清抚彝厅所在，就是明代抚夷驿位置所在，即今临泽县西北四十里处。

《考》疑其位置“在平川”，这是错误的。平川即平川堡的简称，张雨所记甘州卫“五十六堡”，平川堡和抚夷堡并列其中。又从《甘州山丹图》知，平川堡在黑河以北，抚夷驿堡在黑河以南，二者不但分在黑河南北，且中间还隔有一个宁息堡[5]。还有，《清统志》记载有这两个堡，也是将二者分开，不作为一处。因此，明代的抚夷驿不可能在“平川”这一地方。谭其骧《中国历史地图集》“陕西行都司”图，将其标会于平远堡西南张掖河以南的古寨堡与双泉堡之间，应该是正确的。

13.小沙河驿。《考》无建置时间。《寰宇志》载，驿“在都司西三十里”[6]，则明代初年驿已存在，并且是张掖城西出西北驿道上的第一驿。元代这里曾设西城驿，明初改为小沙河驿，后人沿袭旧名亦称西城驿。《考》引《皇明九边考》有“小沙河驿”，查嘉靖刻本影印本没有此驿[7]，《考》引错误。致误的原因，可能是误将沙河驿当作小沙河驿了，其实二者根本不是一回事。小沙河驿的位置，《考》说在“今甘肃张掖县西南沿河墩附近”，这是不正确的。它是出张掖城西北向驿路上的第一驿，不会跑到“今张掖县

① 《寰宇通志》卷101《陕西行都指挥使司·馆驿》，《玄览堂丛书续集》第74册。
② 《边政考》卷4《甘州山丹图》，第399页。
③ 《读史方舆纪要》卷63，第2980页。
④ 《大清一统志》（六）卷266，上海古籍出版社，2008年，第441页。
⑤ 《边政考》卷4《甘州山丹图》，第398页。
⑥ 《寰宇通志》卷101《陕西行都指挥使司·馆驿》，《玄览堂丛书续集》第74册。
⑦ 《皇明九边考》卷9《甘肃镇》，第356—357页。

西南沿河墩附近"，而是在今张掖市区西北15公里处。

14.**水磨川驿**。《考》无建置时间。《寰宇志》载，在永昌卫西二十里[①]，则驿建于明初，属永昌卫。宣德七年(1432)甘肃总兵官都督刘广奏，"近虏寇……入永昌卫，劫掠水泉儿、水磨川二驿人畜"[②]。第二年因巡抚罗汝敬建议，并经总兵官刘广审堪上奏革除[③]。史载，宣德十年五月，"革陕西行都司庄浪卫大通山口、镇羌及永昌卫水磨川三驿"[④]，则水磨川驿直到此时才最终革除。水磨川驿在嘉靖十一年(1532)恢复建置。史载，当年四月"复置陕西水么川驿"[⑤]。"么"通"磨"，水么川驿即水磨川驿。正因为有此恢复，嘉靖中期的《皇明九边考》和《边政考》都记载或标绘有"水磨川驿"[⑥]。

这里有一个问题，既然宣德后期水磨川驿被革除，嘉靖十一年(1532)才得以恢复建置，为什么《寰宇志》还要记载它呢？不错，《寰宇志》成书于景泰七年(1456)，且确实记载，"水磨川驿在永昌卫西二十里"[⑦]。这种情况应该不是当时运行驿站的反映，而是历史资料的保留，从而将二者混为一体所致。景帝御制《寰宇通志序》说："朕皇曾祖考太宗文皇帝，尝思广如神之智，贻谋子孙以及天下后世，遣使分行四方，旁求故实之凡有关于舆者，来录以进，付诸编辑。事方伊始，而龙驭上宾，因循至今，而先至未毕，则所以成夫继述之美者，朕焉得而缓乎？……此朕之于是编所为惓惓而不敢少缓也。间与二三儒臣商之，使或先后有一未备，不足以全其美，乃复遣人采足其继，俾辑成编。为卷凡百一十有九，名曰《寰宇通志》。"[⑧]按此，该书是继太宗未成之志而加以续编而成的，其主体资料来源于太宗时期。在编辑过程中，对于资料不足的部分，"乃复遣人采足其继"，然后编辑成书。因此，其中所记"水磨川驿"应当是太宗时期的驿站，而不是景泰年间的实情。

神宗万历十一年(1583)，水磨川驿和真景驿合并，改为怀远驿，迁移至

① 《寰宇通志》卷101《陕西行都指挥使司·馆驿》，《玄览堂丛书续集》第74册。
② 《明宣宗实录》卷95，宣德七年九月辛未，第2154页。
③ 《明宣宗实录》卷100，宣德八年三月甲子，第2242页
④ 《明英宗实录》卷5，宣德十年五月庚寅，第109页。
⑤ 《明世宗实录》卷137，嘉靖十一年四月癸卯，第3231页。
⑥ 《皇明九边考》卷9《甘肃镇》，第357页；《边政考》卷4《凉镇永图》，第389页。
⑦ 《寰宇通志》卷101《陕西行都指挥使司·馆驿》，《玄览堂丛书续集》第74册。
⑧ 《明英宗实录》卷266《废帝郕戾王附录》第84，景泰七年五月乙亥，第5644—5645页。

永昌卫城内[①],水磨川驿从此不复存在。

水磨川驿的位置,在今甘肃永昌县西二十里处的焦家庄,《皇明九边考》说"水磨川驿五十里至永昌卫"[②],是不正确的。

15.**文安驿**。《考》说"正统中置",错误。文安驿本在延川县城,正统以前当已置驿。史载:正统三年(1438)十月,"镇守陕西右副都御史陈镒奏:延川县文安驿去奢延驿近,路且平坦,去干谷驿远,路复崎岖,遇有边报,马多走伤,请移文安驿于县西三十里外,则路均民便。上命陕西布政司如镒言徙之"[③]。就是说,正统三年(1438)以前,文安驿就已经存在,正统三年(1438)十月以后迁徙至县西三十里处。《寰宇志》载"文安驿在延川县西三十里"[④],是迁徙以后的文安驿所在。《考》取《寰宇志》所记,仅述"在延川县西三十里",不能完全反映明代延川县的文安驿的情况。

16.**银川马驿**。属延安府绥德州米脂县。《考》说"洪武初置",错误。史载,正统九年(1444)正月,"设陕西米脂县银川马驿,置驿丞一员,从镇守延绥都督佥事王祯奏请也"[⑤]。则银川马驿设置于正统九年,而不是"洪武初置"。又,《寰宇志》作"银川驿","在米脂县治东"[⑥]。

17.**鱼河驿**。《考》"属延安府",不确;又《考》无建置时间。史载,天顺八年(1464)十二月,"移陕西绥德卫鱼儿河堡于迤东山头,并添设鱼河驿,不设官吏,专委百户一员,拨军走递"[⑦]。据此,鱼河驿为天顺八年(1464)十二月添设,属绥德卫管辖。

18.**大沙井驿**。《考》无建置时间。史载,正统三年(1438)正月,"设陕西宁夏卫大沙井、白塔儿二驿,及二递运所"[⑧]。则大沙井驿是正统三年正月设置的。后大沙井驿曾与白塔儿驿合并,移于红寨子。"小盐池、石沟二驿及大沙井、白塔二站,俱地多沙鹻,不便耕收,欲移小盐池驿于赤马房,驿(移)石沟于阿剌麻,并大沙井、白塔二站为一驿,移于红寨子。""兵部核实,

① 《明神宗实录》卷134,万历十一年闰二月丁丑,第2506页。
② 《皇明九边考》卷9《甘肃镇》,第357页。
③ 《明英宗实录》卷47,正统三年十月癸丑,第906页。
④ 《寰宇通志》卷98《延安府·馆驿》,《玄览堂丛书续集》第73册。
⑤ 《明英宗实录》卷112,正统九年正月戊午,第2248—2249页。
⑥ 《寰宇通志》卷98《延安府·馆驿》,《玄览堂丛书续集》第73册。
⑦ 《明宪宗实录》卷12,天顺八年十二月癸卯,第269页。
⑧ 《明英宗实录》卷38,正统三年正月己丑,第732页。

如泰所请便。至是,泰以岁凶艰食,又防秋伊迩,请俟来春兴役,从之。”①成化元年(1465)十二月,“复革宁夏卫大沙井驿”②,四年(1468)四月,“复置宁夏卫大沙井驿”③。其位置在今宁夏灵武市南大沙井堡。

19.驿马关驿。《考》无建置时间,所引《寰宇志》为驿站依据,也属错误。按:检核《寰宇志》“馆驿”部分不载此驿,但“关隘”部分有“驿马关”记载,说明明代初年驿马关驿尚没有设立。《明实录》记载,成化十六年(1480)当地官员两次上书请求设置此驿站。第一次在八月份,说:“庆阳府安化县至平凉府镇原县相距二百余里,而驿马关地介其中路,通固原开城、环县诸处,皆虏寇出没、警报往来之所,宜就关设驿,附属巡司以便传报。”④九月份又说:“庆阳府安化县至平凉府镇原县相去二百余里,其中地曰驿马关,宜增置城堡,设立馆驿,属驿马关巡检司带管,以便往来传报声息。”⑤可见,成化十六年(1480)九月以前驿马关驿尚未建置。弘治十六年(1503)十月,有一条史料说:“添设陕西安化县驿马关驿驿丞一员。”⑥则驿马关驿在此以前已经设立。因此,估计驿马关驿建于成化十六年(1480)以后不久。驿址在今甘肃庆城县驿马镇。

20.永宁马驿。《考》无建置时间。史载,成化五年(1469)八月,“增设固原马驿”⑦。又,“升陕西固原千户所为卫,设经历一员。增置……永宁马驿,隶平凉府开城县”⑧。地志说,“永宁驿在城内西南。成化七年(1471)兵备佥事杨勉建”⑨。据此,永宁马驿就是成化五年八月增设的“固原马驿”,建成时间在成化七年。驿址今在固原城西南隅。

21.河西驿。《考》说“正统中置”,不确。史载:正统三年(1438)正月,“设陕西绥德州义合驿,吴堡县河西驿,鄜州张村、隆益镇二驿,合水县邵

① 《明英宗实录》卷193《废帝郕戾王附录第十一》,景泰元年六月壬午,第4038页。

② 《明宪宗实录》卷24,成化元年十二月癸卯,第479页。

③ 《明宪宗实录》卷53,成化四年四月戊午,第1087页。

④ 《明宪宗实录》卷206,成化十六年八月丁卯,第3599页。

⑤ 《明宪宗实录》卷207,成化十六年九月戊戌,第3616页。

⑥ 《明孝宗实录》卷204,弘治十六年十月丁未,第3794页。

⑦ 《明宪宗实录》卷70,成化五年八月癸酉,第1382页。

⑧ 《明宪宗实录》卷72,成化五年十月丙子,第1405页。

⑨ 嘉靖《固原州志》卷1《文武衙门》,固原市地方志办公室编《明清固原州志》,李作斌校注,宁夏回族自治区内部资料出版物准印[2003]第411号,2003年,第6页。

庄、宋庄二驿,……从镇守右副都御史陈镒表请也”[①]。可见,河西驿设置于正统三年(1438)正月。《清统志》说“明正统初置”,与实际建置时间比较一致。

该驿位置,《寰宇志》说在“吴堡县治南十里”[②],《纪要》同[③],《清统志》说“在吴堡县南二十五里”[④],《考》说“在今陕西吴堡县城内”。按:今吴堡县城在宋家川镇,是1936年由旧址迁来的。明代县城在今县城东北吴堡城旧址,距今县城十几里路程。宋家川过去相传叫河西驿[⑤],则明代河西驿似在宋家川,即今吴堡县城。不过,河西驿在以后有所迁移。史载,弘治元年(1488)八月“迁陕西河西驿于瓦舍峪”[⑥]。又,正德五年(1510)七月“迁陕西吴堡县河西驿仍于瓦舍峪”[⑦]。则河西驿在这期间曾有过反复迁徙,最后再次落脚“瓦舍峪”。清地志记载:“河西驿,旧在城南拾里官菜园,明正统初设。宏(弘)治间移于绥德州瓦舍峪。崇正(祯)六年巡抚张伯鲸提请改设城南贰拾伍里杨家店,今仍之。”[⑧]按此,河西驿就不只是在今吴堡县城,还在绥德的瓦舍峪,以及明晚期的杨家店。据此,《考》所说河西驿“在今陕西吴堡县城内”,就是不完全正确的。

22.东河(桥)驿。《考》云“万历十年(1582)由递运所改置”,错误。史载,洪武三十五年(1402)七月,“设陕西汉中等府黄沙、草凉楼、梁山、三岔、白水、嘉林、硖口、清桥、武冈、开山、东河十一驿”[⑨]。其“东河”,即东河桥驿。据此,东河桥驿设置于建文四年(1402)七月。其具体位置,《寰宇志》说“在府城(凤翔)西南百四十里”[⑩],《清统志》说“在宝鸡县西南八十里”[⑪],实际上就是今陕西凤县黄牛铺镇东河桥村。

---

① 《明英宗实录》卷38,正统三年正月己丑,第732页。

② 《寰宇通志》卷98《延安府·馆驿》,《玄览堂丛书续集》第73册。

③ 《读史方舆纪要》卷57,第2750页。

④ 《大清一统志》(六)卷250,第211页。

⑤ 《陕西省》编纂委员会编:《中华人民共和国地名词典·陕西省》,商务印书馆,1994年,第413页。

⑥ 《明孝宗实录》卷17,弘治元年八月辛亥,第420页。

⑦ 《明武宗实录》卷65,正德五年七月丁丑,第1428页。

⑧ 谭瑀纂修:道光《吴堡县志》卷2《驿铺》,(台北)成文出版社有限公司,1970年,第87页。

⑨ 《明太宗实录》卷10下,洪武三十五年七月己酉,第173页。

⑩ 《寰宇通志》卷94《凤翔府·馆驿》,《玄览堂丛书续集》第72册。

⑪ 《大清一统志》(五),卷236,第737页。

23.**定远驿**。《考》无建置时间。《寰宇志》说,在金县西北四十里[①],所以景泰以前已经存在。明天启三年(1623)八月“裁革陕西金县定远驿”[②]。驿址在今甘肃兰州市榆中县定远镇。

24.**草凉楼驿、梁山驿、三岔驿、黄沙驿**。《考》无建置时间。史载,洪武三十五年(1402)七月,“设陕西汉中等府黄沙、草凉楼、梁山、三岔、白水、嘉林、硖口、清桥、武冈、开山、东河十一驿”[③]。则这四驿初建于建文四年(1402)。万历十年(1582)十二月,“陕西总督兵部侍郎高文荐题,勘议得东河桥递运所大使应裁,管驿不用百户,止设驿丞,草凉、梁山、三岔、安山、武关、青桥、开山、黄沙、青阳、柏林十驿,仍用军职管理,再选汉宁二卫指挥一员,驻扎凤县,统率军壮,往来防御,五年一换。开山、黄沙、顺政、青阳、金牛、柏林、黄坝七驿隘口军壮,责令宁沔褒汉州县各巡捕官兼管。东河桥隘口军壮,责令管驿百户与益门镇巡简分岭防御,汉中守备不时查验。兵部覆如议”[④]。则草凉楼驿、梁山驿、三岔驿、黄沙驿等在万历十年(1582)时依然见在。《明会典》成书于万历十三年(1585),革除应是万历十至十三年之间(1582—1585)的事。草凉楼驿在今凤县北37公里红花铺镇草凉驿村,三岔驿在今凤县东南五十里三岔镇,黄沙驿在今勉县东四十里黄沙镇,梁山驿在今凤县凤州镇(旧凤县县治东南)。

二、漏考驿站补考

以下诸驿是明朝曾经设立于陕西地方的驿站,《考》各部分均未载及,故补于此。

1.**新年驿**。史载,永乐六年(1408)十一月,“复陕西布政司右参政周琮官。初琮坐事,谪充西安府新年驿夫,举奏舍人李贤至驿不法事,遂命复职”[⑤]。周琮于永乐三年(1405)四月由浙江布政司左参政改为陕西布政司左参政[⑥],六年复职,期间犯事“谪充西安府新年驿夫”,应当在永乐三至六

① 《寰宇通志》卷98《临洮府・馆驿》,《玄览堂丛书续集》第73册。

② 《明熹宗实录》卷37,天启三年八月壬午,第1923页。

③ 《明太宗实录》卷10下,洪武三十五年七月己酉,第173页。

④ 《明神宗实录》卷131,万历十年十二月丙戌,第2431—2432页。

⑤ 《明太宗实录》卷85,永乐六年十一月乙丑,第1132页。

⑥ 《明太宗实录》卷41,永乐三年四月壬辰,第673页。

年间。"新年驿",其它文献不见著录,从文意理解,应该是西安府城内一驿站。因属孤证,姑列于此,以备参考。

2.**宁谧驿、柳林驿、平乐驿、泉山驿、水通驿**。史载,永乐六年(1408)"设陕西威虏、镇番二卫及镇夷守御千户所宁边、黑山、三岔、宁谧、柳林、镇远、平乐、泉山、水通九驿"[①]。《考》录有宁边、黑山、三岔、镇远四驿,其余五驿不载。按,此五驿当时确已建置,只是以后不久就被废除了,所以《寰宇志》不载。因为属曾设驿站,故补于此。

3.**泉水驿、通源驿**。史载,永乐三年(1405)九月,"设陕西宁边、黑山、三岔三驿,隶镇番卫;镇远、平乐、泉水、通源四驿,隶镇夷守御千户所"[②]。又,六年(1408)十一月,"徙置陕西甘、肃二州黑泉、深沟、盐池、河临、清水驿五,革河北通源等四驿"[③]。则通源等四驿后被革除。按此二驿地点属镇夷守御千户所,存在约三年时间。

4.**延来驿**。史载,洪武二十五年(1392)九月,自巩昌、凉州达于甘肃,增置延来等二十九驿[④]。按:此次增置的二十九驿虽然未能确知,但延来驿为其中之一,毫无疑议。

5.**武关驿**。史载,洪武二十八年(1395)四月,诏增置武关、清桥二驿[⑤]。《寰宇志》载,在凤县东南二百二十里[⑥]。今在留坝县南武关驿镇。

6.**中梁驿、黄堤驿(由罗村驿改)、嘉林驿、武冈驿**。史载:洪武二十九年(1396)三月,改沔县罗村驿为黄堤驿,大安驿为金牛驿,复徙南郑县中梁驿于沔县为黄沙驿[⑦]。又建文四年(1402)七月,设陕西汉中等府十一驿中,有嘉林驿、武冈驿[⑧]。按:此四驿属明代初年建置或徙置驿站。中梁驿,在今勉县褒城镇南约三十里今属南郑县的中梁山侧;黄堤驿在今勉县境内;嘉林驿,地址不详;武冈驿在今留坝县境石沟水与褒河交汇处[⑨]。

7.**高凉驿**。史载,"先是以陕西平凉县为韩府、通渭王府,改杂造局为

---

① 《明太宗实录》卷85,永乐六年十一月丁未,第1127页。

② 《明太宗实录》卷46,永乐三年九月甲午,第709页。

③ 《明太宗实录》卷85,永乐六年十一月丙辰,第1130页。

④ 《明太祖实录》卷221,洪武二十五年九月壬午,第3231页。

⑤ 《明太祖实录》卷238,洪武二十八年四月戊午,第3474页。

⑥ 《寰宇通志》卷99《汉中府·馆驿》,《玄览堂丛书续集》第74册。

⑦ 《明太祖实录》卷245,洪武二十九年三月己亥,第3560页。

⑧ 《明太宗实录》卷10下,洪武三十五年七月己酉,第173页。

⑨ 《读史方舆纪要》卷56,第2678页。

县。至是，襄陵王复乞以局为子女府第。上从之，命改高凉驿为平凉县，徙驿于城北门外”[①]。此事发生在正统八年(1443)十二月，就是说，在此之前高凉驿实已存在，在此期间一度由驿而改为平凉县治，但很快又被迁至县城北门外。明初《寰宇志》记载有高平驿，在平凉县城[②]。则此驿应当是由高凉驿改名而来，今址在甘肃平凉县城。

8.**碎金驿**。属延绥镇。隆庆四年(1570)七月，总督陕西三边军务侍郎王之诰说：“延绥镇自清平至常乐、双山，地最孤悬，独以米脂一线之路转运刍饷，而中隔鱼河、归德二堡，为虏极冲，鱼河之南，米脂之北，背干川碎金驿，为运道咽喉，宜增设重兵防守。”[③]又，方孔炤《神势图》标有“碎金驲”[④]，在鱼河之南、米脂之北。则碎金驿属明代驿站无疑。其地今在榆林市榆阳区南镇川镇北十五里碎金驿。

9.**柴村驿、凌塔驿、金枢驿、靖定驿、山水沟驿、右挂驿、寺河驿、中藏驿、洁清驿**。以上九驿见载于方孔炤《神势图》[⑤]，均作“驲”，说明都是马驿。它们分别属于延安府、庆阳府、甘肃镇等，今地不详。

10.**白塔儿驿**。史载，正统三年(1438)正月，设陕西宁夏卫大沙井、白塔儿二驿[⑥]。景泰元年(1450)宁夏总兵官张泰上奏：“小盐池、石沟二驿及大沙井、白塔二站，俱地多沙鹻，不便耕收，欲移小盐池驿于赤马房，移石沟于阿剌麻，并大沙井、白塔二站为一驿，移于红寨子。兵部核实，如泰所请便。至是，泰以岁凶艰食，又防秋伊迩，请俟来春兴役，从之。”[⑦]则白塔儿驿正统三年设置，景泰二年后与大沙井驿合并，移于红寨子。遗址在今灵武市南大沙井堡。

三、其它诸驿设置时间补考

《考》录165驿，有建置时间者仅43驿，除去前文所考订诸驿外，尚有

① 《明英宗实录》卷111，正统八年十二月癸卯，第2241页。
② 《寰宇通志》卷99《平凉府·馆驿》，《玄览堂丛书续集》第74册。
③ 《明穆宗实录》卷47，隆庆四年七月戊子，第1189—1190页。
④ 《全边略记》卷12《神势图》，《历代边事资料辑刊》③，第162页。
⑤ 《全边略记》卷12《神势图》，《历代边事资料辑刊》③，第162—170页。
⑥ 《明英宗实录》卷38，正统三年正月己丑，第732页。
⑦ 《明英宗实录》卷193《废帝郕戾王附录第十一》，景泰元年六月壬午，第4038页。

大量驿站没有建置时间。下面就能考见者补述如下,其余有待进一步考索。

1.底张马驿。史载,正统九年(1444)四月,设陕西兴平县底张马驿[①]。《考》云“明置”,不确切。又《考》引《寰宇志》卷92记载此驿,查《寰宇志》实不载此驿,《考》误。

2.顺义驿。嘉靖《耀州志》载:“顺义驿,在州治南,旧名泥阳驿,洪武二年(1369)改为顺义驿。”[②]别本志载:“顺义驿,在府署南,旧名鉴山驿,后更今名,永乐二年碑犹称鉴山。”[③]则此驿明代初年已经存在,洪武二年已经称为顺义驿。以后其名称可能还有变革,故有永乐初年前称鉴山驿的说法,详情待考。

3.在城驿、大通河驿。史载,洪武十四年(1381)十一月,置庄浪卫马驿二:曰在城,曰大通河[④]。则该二驿建于洪武十四年十一月。

4.在城驿、老鸦城驿。史载,洪武十四年(1381)十一月,置西宁卫马驿二:曰在城,曰老鸦城[⑤]。则该二驿建于洪武十四年十一月。

5.大通山口驿、镇羌驿。史载,宣德十年(1435)五月“革陕西行都司庄浪卫大通山口、镇羌”二驿[⑥]。又,正统元年(1436)四月,“复设陕西凉州等卫镇羌、大通山口二驿”[⑦]。则大通山口、镇羌二驿宣德十年(1435)前曾存在,应建于明初无疑。宣德十年(1435)二驿被革除,旋于第二年四月又恢复建置。《寰宇志》载,大通山口驿在庄浪卫南三十里,镇羌驿在庄浪卫北一百三十里[⑧]。实是恢复建置后的二驿。

6.义合驿、河西驿、张村驿、隆益镇驿、邵庄驿、宋庄驿。史载,正统三年(1438)正月,“设陕西绥德州义合驿,吴堡县河西驿,鄜州张村、隆益镇二驿,合水县邵庄、宋庄二驿,宁夏卫大沙井、白塔儿二驿,及二递运所。从镇

---

① 《明英宗实录》卷115,正统九年四月戊戌,第2327页。

② 嘉靖《耀州志》卷2《建置志》,天一阁明代方志选刊续编(72),上海书店,1990年,第45页。

③ 李廷宝修,乔世宁纂:嘉靖《耀州志》卷3《建置》,(台北)成文出版社有限公司,1976年,第92页。

④ 《明太祖实录》卷140,洪武十四年十一月乙卯,第2209页。

⑤ 《明太祖实录》卷140,洪武十四年十一月乙卯,第2209页。

⑥ 《明英宗实录》卷5,宣德十年五月庚寅,第109页。

⑦ 《明英宗实录》卷16,正统元年四月甲子,第322页。

⑧ 《寰宇通志》卷101《陕西行都指挥使司·馆驿》,《玄览堂丛书续集》第74册。

守右副都御史陈镒表请也”[①]。义合驿、河西驿的建置时间,《考》说“正统中置”,不确切。这六处驿站都是正统三年(1438)正月设置的。

8.**华池驿**。史载,正统五年(1440)八月,“陕西右参议郝敬有罪谪戍大同。敬以督属府公务乘传过华池驿,呼驿丞张耕野不至,命从隶即其家执之,杖死”[②]。据此,其建置当在正统五年以前。

9.**青阳驿**。正统五年三月,镇守陕西及提督延绥等处右副都御史陈镒上奏,其中有“延安等府青阳等驿俱系要冲”[③]等语。由此知,正统五年三月以前青阳驿已经存在,设立当在明初。

10.**苦水湾驿**。正统六年(1441)正月,甘肃总兵官蒋贵和陕西行都司都指挥使任启等上奏,其中有“庄浪卫苦水湾驿去岁十月三十日地数震”[④]等语。由此知,正统六年正月前苦水湾驿已经存在,设立当在明初。

11.**平落马驿**。史载,成化六年(1470)九月“增置陕(西)阶州平落马驿”[⑤]。又,成化七年(1471)九月,“开设陕西巩昌府阶州平落驿”[⑥]。则平落驿设于成化六年九月至七年九月间。

12.**汉阳驿**。史载,成化十六年(1480)十二月,“开设陕西南郑县汉阳驿”[⑦]。则汉阳驿设置于成化十六年十二月。

13.**开山驿**。史载,建文四年(1402)“设陕西汉中等府黄沙、草凉楼、梁山、三岔、白水、嘉林、硖口、清桥、武冈、开山、东河十一驿”[⑧]。则开山驿建于建文四年七月。

14.**安山驿**。史载,宣德九年(1434)十月,置“陕西汉中府褒城县开山驿、青桥驿,凤县安山驿、武关驿,驿丞各一员。四驿,洪武中设,永乐初给印记,而吏部未置官,尝委乡老署驿事,至是以通判陈善言始铨注官吏”[⑨]。又,《寰宇志》载,在凤县东南一百八十里[⑩]。则安山驿建于洪武年间。

---

① 《明英宗实录》卷38,正统三年正月己丑,第732页。

② 《明英宗实录》卷70,正统五年八月庚午,第1349—1350页。

③ 《明英宗实录》卷65,正统五年三月丁未,第1240页。

④ 《明英宗实录》卷75,正统六年正月丁未,第1455页。

⑤ 《明宪宗实录》卷83,成化六年九月甲午,第1622页。

⑥ 《明宪宗实录》卷95,成化七年九月辛巳,第1819页。

⑦ 《明宪宗实录》卷210,成化十六年十二月己未,第3660页。

⑧ 《明太宗实录》卷10下,洪武三十五年七月己酉,第173页。

⑨ 《明宣宗实录》卷113,宣德九年十月辛酉,第2553页。

⑩ 《寰宇通志》卷99《汉中府·馆驿》,《玄览堂丛书续集》第74册。

15.**安远驿**。驿在今甘肃天祝县。史载,嘉靖四十一年(1562)十月,“改甘肃安远堡为安远驿”①。则安远驿建于嘉靖四十一年十月。

16.**黑泉驿、深沟驿、临水驿、河清驿、盐池驿**。史载,永乐六年(1408)十一月,“徙置陕西甘、肃二州黑泉、深沟、盐池、河临、清水驿五,革河北通源等四驿”②。又:同年十二月“置甘、肃二州黑泉、深沟、盐池、河清、临水五递运所”③;景泰元年(1450)五月“徙陕西肃州卫临水、河清二驿并递运所走递官军于永定、永清堡”④。则“河临、清水”二驿,当是“河清、临水”二驿之讹。据此,这几处驿站均建于永乐六年以前。

17.**通远驿**。史载,永乐元年(1403)六月,“增设庄浪卫通远驿并通远递运所”⑤。《寰宇志》载,驿“在庄浪卫西五十里”⑥。则通远驿是永乐元年六月增设之驿站。

18.**嘉陵驿**。驿在当时略阳城内西隅。《考》引嘉靖《略阳县志》说“洪武八年建”。按:史载,洪武十二年(1397)八月,“置汉中府嘉陵等七驿”⑦。则嘉陵驿建置时间就不只是“洪武八年”,还有洪武十二年八月一说。究竟孰是,尚待进一步考论。

19.**宁边驿、黑山驿、三岔驿**。史载,永乐三年(1405)九月,“设陕西宁边、黑山、三岔三驿,隶镇番卫;镇远、平乐、泉水、通源四驿,隶镇夷守御千户所”⑧。永乐六年(1408)十一月,“设陕西威虏、镇番二卫及镇夷守御千户所宁边、黑山、三岔、宁谧、柳林、镇远、平乐、泉山、水通九驿”⑨。则三驿建于永乐三年九月或永乐六年十一月。

20.三岔驿。史载,洪武十二年(1379)十二月,置巩昌府三岔驿⑩。则三岔驿建于洪武十二年十二月。

---

① 《明世宗实录》卷514,嘉靖四十一年十月丁巳,第8438页。

② 《明太宗实录》卷85,永乐六年十一月丙辰,第1130页。

③ 《明太宗实录》卷86,永乐六年十二月乙未,第1143—1144页。

④ 《明英宗实录》卷192《废帝郕戾王附录第十》,景泰元年五月丁卯,第4019页。

⑤ 《明太宗实录》卷21,永乐元年六月庚申,第386页。

⑥ 《寰宇通志》卷101《陕西行都指挥使司·馆驿》,《玄览堂丛书续集》第74册。

⑦ 《明太祖实录》卷126,洪武十二年八月丁丑,第2010页。

⑧ 《明太宗实录》卷46,永乐三年九月甲午,第709页。

⑨ 《明太宗实录》卷85,永乐六年十一月丁未,第1127页。

⑩ 《明太祖实录》卷128,洪武十二年十二月癸亥,第2031页。

四、余论

以上对于明代陕西驿站的考证、补充和正误，在一定程度上补充和完善了明代陕西驿站方面的一些缺漏和不足，但很多问题依然没有解决，如一些驿站革除的原因，文献几乎没有相关记载；有的驿站建置的时间有明显的冲突；还有一些驿站的阶段性存在的时间及其背景、价值，以及不少驿站的驿夫、军士、管理等等都还不清楚。在这一情况下，要正确、全面、深刻地认识明代陕西驿站在地方社会运行中的作用和意义就比较困难。因此，关于明代陕西驿站的时空存在仅仅是一个开始，还有很多问题有待于多方面地开展工作才能够逐步解决。

附录三：

一、明代陕西四镇战争统计

表1 明代延绥镇战争统计表

公元	王朝纪年	战争概况	资料来源	战次	备注
1369	洪武二年五月丁酉	指挥朱明克延安，遂以明守之	《明太祖实录》卷42	1	
1373	洪武六年二月壬寅	元脱脱木儿犯保安等处，延安卫发兵击走	《明太祖实录》卷79	1	
1437	正统二年十一月癸丑	镇守延安、绥德都指挥同知王祯等奏：达贼五百余骑掠金刚沟南，官军追击，败之，生擒五人，斩首二级，获马三十五匹，并追还被掠人畜	《明英宗实录》卷36	1	
1439	正统四年十一月辛未	镇守延安、绥德都指挥同知王祯邀击胡寇于响水寨，败之。生擒五人，斩首三级，获马四十匹，并得衣甲、器械及掠去马骡牛羊	《明英宗实录》卷61	1	
1443	正统八年	虏犯延绥境，守备都指挥尹祯率众追击，于单窑儿梁接战失败	《明英宗实录》卷120	1	
1444	正统九年正月丁丑	升大同左参将都指挥使石亨为后军都督佥事，内官韦力转为都知监右监丞。先是，达贼寇延安，亨等率兵追至金山，与贼交战，败之，生擒六人，斩首七级，获马二十五匹，弓矢、铠甲等物称是	《明英宗实录》卷112	1	延安甘肃各计1次
1458	天顺二年二月己亥	镇守延绥等处右监丞王春奏："青阳沟等处鞑贼拥众入境，抢掠当同，都督杨信率领官军截杀，斩获衣红贼首一人，生擒贼徒，获其驼马、盔甲、器械等物及夺回牛羊驴骡等畜。"上命兵部移文巡按御史查，有功官员升赏之	《明英宗实录》卷287	1	

续表

公元	王朝纪年	战争概况	资料来源	战次	备注
1458	天顺二年闰二月丁亥	达贼七千余骑犯高家堡,延绥总兵官杨信率兵击败之。擒贼五人,斩首七十二级,获驼马器械无算。遣人献俘馘至京师	《明英宗实录》卷288	1	
1458	天顺二年四月戊辰	延绥总兵官彰武伯杨信、游击将军定远伯石彪会兵黄河,搜剿达贼,擒四人,斩首三级,获马二十匹	《明英宗实录》卷290	1	
1459	天顺三年正月甲辰	总兵官定远伯石彪奏:比者,达贼二万余入安边营抢掠。臣与彰武伯杨信、右佥都御史徐瑄、都督佥事周贤、都指挥李鉴等统领军马往剿之。遇贼连战,掣夺旗号、喇叭,斩获贼酋鬼力赤平章首级,余贼奔溃。追至昌平墩出境,贼仍聚众,复回对敌,转战六十余里,交锋数十余合,至野马涧半坡墩,贼众大败,生擒四十七人,斩首五百一十三级,夺驼六十七只,马五百一十匹,被掠男妇一十八人,驴骡牛羊二万余。都督佥事周贤被贼射死。又有鞑贼入南地名把都河,把总、指挥柏贤等与战,败之,斩贼首一人,收兵间,贼复众四面攻围,官军奋勇杀出,都指挥李鉴亦陷没	《明英宗实录》卷299	4	
1460	天顺四年正月丁丑	达子二万骑寇榆林城,总兵官彰武伯杨信率官军敌却之。贼复入劫掠,信选轻骑分五路追至金鸡峪,遇贼,擒十二人,斩首二十三级,获马百匹、军器三百余事。复所虏人口及牛羊骡驴万余	《明英宗实录》卷311	2	
1465	成化元年正月庚午	巡抚延绥右佥都御史徐廷章奏:虏寇屡入府谷堡处劫掠,良由总兵署都指挥佥事张杰无故出境启衅致寇。及调白落城迤东五寨军马,不分昼夜布列榆林城上,或闭门不开,旋开即闭,毁桥疏堑,民甚惊惶。复调定边营军马俱顿龙州,致迤西诸营空虚无备。及备御府谷堡指挥刘胜遇寇入境,敛兵不出,俱宜究治	《明宪宗实录》卷13	1	

续表

公元	王朝纪年	战争概况	资料来源	战次	备注
1465	成化元年二月壬寅	陕西府谷县知县王璟奏:虏数入县境寇掠,守堡指挥刘胜拥兵坐视,百户曹英淫乐自如,百姓窜伏,无与保障,乞调偏头关官军剿杀。兵部言:军不必调延绥,诸将各统重兵,宜责令悉心御寇……	《明宪宗实录》卷14	1	以1次计
1465	成化元年八月庚寅	延绥总兵官都指挥同知房能等奏:北虏久潜河套,自西梁墩空突入犯边,官军会合追剿,至贼巢地名席把都川约七百余里,斩获贼首一十二级,马牛羊、器仗、衣帐等各以百计。上命枭贼首于边,分给马牛羊、器仗、衣帐等于将士,各赐敕奖劳能等	《明宪宗实录》卷20	1	
1465	成化元年十一月癸丑	分守延绥东路右参将都指挥同知郑时奏:谍报,虏贼拥众入柴关墩境内,自一更行至三更方尽。又有在黄河西岸及黄甫川等处抢掠,并突入中山墩下者。且称虏众甚盛,有毛里孩部下人马俱在四柳树、木瓜园等处安营。上命兵部移文总兵官杜宇史整搠军马,相机战守。内推一员统领精锐军马,星驰策应,毋或拥兵纵寇,重贻边患	《明宪宗实录》卷23	1	
1465	成化元年十二月己卯	虏贼寇延绥,命大同总兵官彰武伯杨信统大同马队官军一万,宁夏总兵官都督佥事李杲统宁夏官军五千,都督佥事王瑛同宁远伯任寿、右副都御史项忠统见调陕西属卫官军一万,驰诣延绥御之。仍命信总制诸军	《明宪宗实录》卷24	1	
1465	成化元年十二月戊子	延绥总兵官都指挥房能奏:臣领官军千余驻扎高家堡,虏贼由堡东西路入腹里,其势甚众。臣按兵不出,掠无所得,遂由西路出境。明日,贼复以五百人从马川入掠,臣等据险分布截杀,贼众突至,当官军俱下马拒战,相持久之,官军并力奋前,贼少却,生擒三人,被伤者众,弃盔甲溃走。兵部覆奏:以虏虽少却,尚拥众近边屯驻,宜趣先调总兵官杨信等速赴能所,并力剿杀,仍请敕附延缓(绥)、宁夏、甘肃、靖虏、同(固)原诸总兵严为备御	《明宪宗实录》卷24	2	

续表

公元	王朝纪年	战争概况	资料来源	战次	备注
1465	成化元年十二月丁酉	守备偏头关都指挥佥事钱能奏:虏贼拥众渡河,大掠河曲县境,指挥杨哲御之,失利,驰入黄甫川堡,被围三日。躬率官军往援之,力战不克,杀伤军马,因以自劾	《明宪宗实录》卷24	1	
1466	成化二年二月甲戌	大同镇守、巡抚、总兵等官奏:虏入神木堡西及掠水磨川,都指挥吕源等率兵击走之。斩首一级,追至厓窑川而还。明日,又遇于大恶岭,追至刘家沟,射死三人,彼始遁去。其党复掠东村堡,都指挥施清击之于班家岭,生擒六人,斩首二级。兵部以为贼虽败,未审出境与否,宜移文各官,若贼未出境,即会兵剿杀,否即遣人奏报,从之	《明宪宗实录》卷26	1	以1次计,位置待考
1466	成化二年二月丙子	兵部言:比者,大同总兵官杨信等奏,官军遇虏于烂泥沟、铁铸泉等处,屡有斩获小捷。然此虏抄掠延绥境内已久,恐其拥众潜图报复,宜行信等及宁夏、延绥等处镇守总兵等官益严防备。从之	《明宪宗实录》卷26	2	
1466	成化二年五月丙申	镇守延绥、庆阳都指挥同知房能等奏:五月初十日,虏众自榆林城红山儿墩入境,臣等分布官军,设伏邀击,凡生擒三人,斩首一级,夺获贼马骡一十九匹,追回男女四十五人,牛羊千七百七十有奇。又,所擒达子木台云:毛里孩、小王子、阿罗出三酋部落共八九万骑,而毛里孩欲候麦熟之际复来剽掠。事下兵部,谓虏众突入虽为我军所追,然其锋未至大挫,请移文驰谕能等,公同计议,勿谓虏已出境可少安,当益督左右参将饬兵防御,并于要害处增兵设伏,仍行游击将军赵英即统兵赴延绥会合剿贼,行陕西、宁夏及偏头关镇守等官督属堤备。从之	《明宪宗实录》卷30	1	

续表

公元	王朝纪年	战争概况	资料来源	战次	备注
1466	成化二年六月壬子	制谕:彰武伯杨信佩平虏将军印充总兵官统京营兵往延绥讨虏寇。先是,延庆守臣奏报:五月初十日,虏众可二万,分为五路,长十余里入境内。兵部尚书王复等因请敕驰谕陕西、延绥、宁夏镇守巡抚等官并力饬兵防御,仍请会官推举武职重臣,令调京军往剿之	《明宪宗实录》卷 31	1	
1466	成化二年七月庚寅	谪山东都指挥佥事钱能戍辽东边卫。能守备偏头关,虏入黄甫川,杀死官十三员,军一百三十四人,掠去马五百三十七匹	《明宪宗实录》卷 32	1	
1466	成化二年九月乙未	升游击将军都指挥同知秦杰为都指挥使。时虏寇入延绥境,杰会兵至小龙州涧等处,与贼交锋,贼众溃散,遁出境外。共擒斩二十六人,获马骡二十八匹,兵器盔甲弓箭共六百八十余,夺回被虏男妇三十四人,马骡驴牛羊五千三百余。巡抚陕西都御史项忠等上其功状。上命兵部详议以闻。侍郎程信言杰功为最,特升之	《明宪宗实录》卷 34	1	
1466	成化二年十月庚子	虏入延绥东路,右参将署都指挥汤胤绩率兵御之,为所杀。时达贼自惠村堡野萎沟入境,胤绩闻报即率指挥赵昱领兵追杀,贼设伏桑家寺沟涧中以待,胤绩至其地,伏发,为所害,昱等奔还。贼驱牛羊人口而去。兵部劾奏:参将湛清分守东路,不发兵策应,监督太监裴当、总兵官杨信、巡抚都御史项忠领兵在彼,又不为堤备,俱宜究治。胤绩没于王事,宜量加赠祭,以励其余	《明宪宗实录》卷 35	1	
1466	成化二年十月癸卯	平虏将军总兵官彰武伯杨信奏:迤东红山儿墩炮火不绝,暖泉山墩虏寇千余入境,俱往迤南三眼泉等处抢掠。臣与太监裴当、都御史项忠、总兵官房能会兵分讨,其贼突至,遂并力大战,良久,贼众奔溃。生擒五人,斩首五级,夺获马匹衣甲器械以百计。上降敕奖谕之	《明宪宗实录》卷 35	1	

续表

公元	王朝纪年	战争概况	资料来源	战次	备注
1466	成化二年十一月乙未	平虏将军总兵官彰武伯杨信等奏：游击将军秦杰、许宁，都指挥江山、柯忠，指挥神英、郝升、傅英等小龙州涧与达贼对敌，擒贼首伪右丞把秃等十一人，斩首二十八级，遣指挥侯忠来献俘。上命戮之	《明宪宗实录》卷36	1	
1468	成化四年十一月己酉	虏贼二千余寇延绥，游击将军署都指挥佥事许宁击败之	《明宪宗实录》卷61	1	
1469	成化五年二月癸巳	延绥总兵官都督佥事房能等奏：正月，虏众三千余抄掠巡西泥涧滩等处，分守西路左参将胡凯率军与战，于孤山川斩首一级，获虏骑二十并被虏男妇十一口，马牛等畜二百六十余。十五日复有虏众三千，与游击将军许宁战于巡东沙河墩，能引兵援之，虏势益众，我军结营御之，遂引去。获其马七匹，箭千枝，官军阵亡者十五人。时巡抚都御史王锐亦奏：是夜，有虏数千入焦家川，杀掠男妇并牛羊数百以去。瞭望军士畏避失报，事由坐堡指挥戴真提督不谨。章俱下兵部言：能等虽屡称虏众失利引去，然实出没边境剽掠自如。宜责令勿事虚声，益修兵备。戴真罪宜究治，姑俟寇宁之日施行	《明宪宗实录》卷63	3	
1469	成化五年闰二月癸亥	延绥游击将军署都指挥佥事许宁奏：虏寇掠康家岔等处，躬率官军追出境外一百五十里，虏势益众，力战拒之。守备高家堡指挥隋能引兵来援，夺获虏马共二十，牛羊千余，及其弓矢等物。兵部言：虏既失利而去，必图报复，宜移文宁等益加严提备。从之	《明宪宗实录》卷64	1	
1469	成化五年十一月庚子	巡抚延绥都御史王锐奏：虏寇榆林巡南，臣等遣都指挥陈辉、指挥佥事刘宠与战于焦家川，既又令总兵房能等于骗马川伏兵扼其归路，腹背夹攻，生擒七人，斩首六颗，夺还人马衣甲	《明宪宗实录》卷73	1	

续表

公元	王朝纪年	战争概况	资料来源	战次	备注
1470	成化六年正月壬午	延绥总兵官署都督佥事房能等奏：去冬以来，虏寇入寨，剽掠边民，守平夷堡指挥刘胜等遇之于鹰窝梁，千户瞿清、百户曹义战没。胜等既不遵约束移民入堡避寇，及临敌失于应援，致损官军，法宜究问。兵部言：胜等宜责令御虏寇为急，其罪俟寇宁之日处分。从之	《明宪宗实录》卷75	1	
1470	成化六年正月乙酉	巡抚陕西左副都御史马文升等奏：比闻，去冬虏寇入延绥保安、安塞二县，分道剽掠，焚营堡，杀军士、居民男女，钱谷、牛羊扫境一空，良可悯念。其宁塞、安边二营巡哨守备都指挥陈英等，俱闭门坐视，宜加惩治。巡抚延绥右副都御史王锐等亦奏：自去冬以来，虏屡入保安等县、宁塞等营及葭州等处，杀掠男妇共三百余人，牛羊畜牧四万余，钱谷器用无算。知州等官孟泰等不先如约移民入堡，守堡指挥盛铭、隋能等捍御无策，复隐匿不言，俱当有罪	《明宪宗实录》卷75	2	以2次计
1470	成化六年正月壬寅	巡抚大同右副都御史王钺等奏：延绥三路俱系虏寇出没之所，比令许宁军出西路龙州、镇靖等堡，范瑾军出东路神木、镇羌等堡，越(钺)与太监秦刚军据中路榆林城，以为两路应援。瑾遇寇于厓窑川，力战败之，追奔至沙峰子等处。宁军御之于梨家涧，转战三十余合，皆捷。而右参将神英亦败之于镇羌境内。前后共斩首四十余级，夺获战马七十余匹，弓矢甲仗五百余。事[后]追回被虏羊牛畜牧四百八十有余，虏遁去	《明宪宗实录》卷75	3	
1470	成化六年二月庚申	分守延绥左参将都指挥同知钱亮奏：虏寇犯边，于马莲岘力战败之，并遣指挥柏隆等分兵累袭其营，共擒斩四十余级，夺获战马五十余匹，被虏羊牛畜牧八百余以还	《明宪宗实录》卷76	1	

续表

公元	王朝纪年	战争概况	资料来源	战次	备注
1470	成化六年三月辛卯	虏贼万余骑分为五路南入延绥地方抢掠，杀死男妇四十二人，掳去者数亦如之。巡抚都御史王锐、王钺等令游击将军许宁、都指挥陈辉等率兵追之，前后生擒十一人，斩首三十二颗，获其马骡驴六百五十余匹，旗号、刀弓等物七百六十有奇	《明宪宗实录》卷77	1	
1470	成化六年三月庚子	巡抚延绥左副都御史王锐奏：三月初，虏贼入寇，攻围沙海子墩，不克，遂至沙河山等墩，往来窥伺。臣同总兵官房能督领官军哨至黑木头沟，遇贼交战，既破走之。翼日，又与战于土门川，贼溃而去。前后生擒九人，斩首四十八级，获马一百一十有七，弓刀等物三百有奇	《明宪宗实录》卷77	3	
1470	成化六年四月丙寅	镇守延绥等处总兵官房能奏：虏入境抄掠安边等营堡，官军御之，生擒毛那孩等二十人，及羽林城等堡官军截杀，又生擒可可帖木儿等九人。上命以所擒贼械送都察院鞫问之	《明宪宗实录》卷78	2	
1470	成化六年六月庚戌	陕西参赞军务右副都御史王越等奏：河套虏寇五月十九日围墩索米，西路左都督刘玉率众御之；二十日入境剽掠，东路右都督刘聚与战，败之	《明宪宗实录》卷80	2	
1470	成化六年七月甲辰	延绥总兵官署都督佥事房能等奏：虏寇拥众入境，官军于开荒川等处据险截杀，追至三角城等处，转战三十余合，擒斩贼级一百有余，并获其战马、兵器	《明宪宗实录》卷81	2	
1470	成化六年七月甲辰	平虏将军总兵官抚宁侯朱永奏：虏贼万余自双山堡分为五路往南深入，臣等会议，太监傅恭居中调度，都御史王锐固守城池，永与太监顾恒、都御史王钺，督同太监秦刚、署都督房能，率京营、大同、宣府官军出城。增调都指挥康永等兵往截贼之西路。通调游击将军都督范瑾、参将都指挥神英与副总兵都督刘聚等兵往据贼之东路。又调把总都指挥等官各据			

续表

公元	王朝纪年	战争概况	资料来源	战次	备注
		分地,驻兵听用。是日晡时,会双山堡。翼日把总指挥孙钺等至开荒铺,遇贼迎战,先仅二千余骑,后乃倍之。官军见其势众,下马列阵。既而右哨指挥蔡瑄等兵继至,俱严阵以待间,一虏酋耀甲策马拥众来突,官军并力对敌,战十余合,前哨指挥杨琳等兵自东山黑屹峪,左哨都指挥柯忠等兵自西白马庙与臣等兵并至,鏖战二十余合,贼少却。官军乘胜驰之,杀伤甚众,贼遂溃。追至四口川,贼复登山聚敌,官军直捣其前,败之。遗弃糗粮、服器及所掠牛羊等畜蔽沟川野。又追至牛家寨,正遇都指挥吴瓒等兵,贼见我兵少,分三面攻围。都指挥马仪等兵自张家山、指挥李镐等兵自麻庄山至,并力进战十余合,指挥滕瑾等兵亦至,战又数合。刘聚、范瑾、神英等兵分据南山夹攻,杀伤甚众,就阵夺旗号、拐子喇叭,贼遂奔遁,从新寺沟等处寻路出境。刘聚等自烂泥河、臣等自张家川分道追出境外,日暮收兵。前后生擒贼三名,斩首一百六,获贼马一千六十二,射死贼马二百八十一,骡七十六,铠甲、弓矢、器械等物七千二百六十四……	《明宪宗实录》卷81	3	
1470	成化六年十月己酉	巡抚延绥左副都御史王锐等奏:九月十三日,抚宁侯朱永等调遣总兵官署都督佥事许宁、游击将军孙钺等,领兵往平夷、波罗等堡按伏截杀,遇贼迎敌,转战二十余合,官军被围,永等随调本城并东西营堡兵往援之,贼遁出境	《明宪宗实录》卷84	1	
1470	成化六年十二月乙丑	陕西纪功郎中范文等奏:五月二十一日虏寇康家岔,都督刘聚率兵追至黄草梁境外,虏伏兵四起,我一军据阜乘高击贼,多所杀伤;一军为虏所冲,死者四十六人,聚被伤下颏,犹召他兵来援,虏乃败退。六月初十日,又寇双山堡,都指挥康永率兵六百趋之,彼众我寡,永拒敌力战,指挥盛铭战尤力,伤甚重,适指挥李铭将兵来援,贼遂溃。寻又寇青草沟,聚令都督范瑾等分路进兵与战,斩虏,全胜而还。七月初六日,虏数万自双山堡分	《明宪宗实录》卷86	8	

续表

公元	王朝纪年	战争概况	资料来源	战次	备注
		五道入寇，总兵官朱永、太监顾恒、都御史王钺调诸路兵分哨，刻期并进。都指挥孙钺西至开荒川，遇虏数千，钺令军下马布阵以待。会永率大军继至，贼冲阵，合战数十，乃稍退。官军乘之，杀伤甚多，余贼弃甲马而遁。聚、瑾东至寺子川，指挥郭胜迎敌，战死。都指挥马仪等率众继之，并力鏖战，贼败去。七月二十四日，都指挥王玺等败贼于孤山堡。八月二十九日，把总指挥陈云又败贼于酸剌海子。此皆臣等所亲验，虽擒止四人，斩首仅百余级，然永等奋勇，屡战皆捷，边方以为近年所未有也。继得永报，九月十三日，都指挥孙钺率师至波罗堡，遇虏数百，与战未决，而虏众大至，四围之，钺几不得脱，幸都指挥许宁率师救之，虏分众御宁，钺得间遂率众提刀跃马突围而出。矢伤其喉，且多所丧亡，然竟脱归。而宁犹未至堡，被虏遮阻，乃据高阜，立营相持，阅三昼夜。指挥刘江来援，至可可墩，虏亦围之。永又调指挥周贤援江，道遇虏，擒斩各一人，遂解江围			
1471	成化七年三月丙戌	参赞军务右都御史王越等奏：北虏万骑分寇怀远等堡，臣与平虏将军朱永调游击将军孙钺率兵与战，斩首九级，钺身先士卒，又斩首十二，而贼乃住境外。臣等分兵为五，令钺等各率兵二千余设伏，期闻炮声而起。已而，虏寇威武等堡，炮声忽起，官军四合，虏奔北。都指挥祝雄截其归路，虏冲之，不动，即奔窜，雄等乘之。道狭争先，自相蹂躏，追至山口，贼集众来冲，又斩首十八级，追至滉忽都河，又斩首四十二，贼乘马浮河而遁。是日，孙钺遇虏于蚰蜒背，相持久之，贼闻迤东炮声，且行且战，追败之。游击将军蔡瑄又败之于鹿窖山	《明宪宗实录》卷89	8	

续表

公元	王朝纪年	战争概况	资料来源	战次	备注
1471	成化七年十月壬寅	巡抚延绥右副都御史余子俊奏:十月十五日,虏骑千余入木瓜山等墩,都指挥同知钱亮、都指挥使白玉败之……十六日,虏骑五十余潜入民家剽掠,按伏百户张名等御之。又三十余骑白村剽掠,按伏旗军钱福等御之……十七日,虏百余入兔木河,署都督佥事神英败之	《明宪宗实录》卷98	4	
1471	成化七年十一月乙亥	巡抚延绥右副都御史余子俊等奏:十月以来,虏众入孤山等堡,臣与总兵官抚宁侯朱永、参赞军务右都御史王越等分路进剿,累败之	《明宪宗实录》卷99	1	
1472	成化八年正月丙午	总兵官抚宁侯朱永等奏:去冬虏从花马池、定边营入寇,参将都指挥钱亮约宁夏东路参将罗敬、游击将军张翊至三山儿、长流水等处会击之,亮领官军千余与虏接战,自申至戌,虏乃败走,我兵死者十有四人。敬、翊次日始至。又,虏自花马池柳杨等墩往寇宁夏萌城,宁夏镇守太监王清、总兵官修武伯沈煜等拥兵坐视,不听调遣,越数日,延绥总兵官许宁率兵至,虏始遁去。敬等俱宜究治	《明宪宗实录》卷100	1	以1次计
1472	成化八年二月乙亥	延绥西路左参将都指挥钱亮奏:正月初,虏众数万自安边营入境,即引兵追之,至师婆涧被围,与战五日,昼夜不息。都指挥蔡瑄等拥兵不救,粮饷俱绝,我军死者十三四,都指挥柏隆、陈英俱中流矢死,止收余卒一百五十人而还	《明宪宗实录》卷101	1	
1472	成化八年二月庚寅	总督军务右都御史王越等奏:虏骑十余从定边营入境,把总都指挥廖斌领兵追之,生擒一人,斩首二级,夺获驼一马五,兵器等物四十余。又有虏骑二千五百从宁塞营入境,分为三路,南行剽掠,总兵官许宁亦分布官军御之,令都指挥李英等率兵二千人于西南古峰子设伏,都指挥周贤等率兵二千人于小蒜涧归路设伏,都指挥刘宠等率兵五百人于侯家寨设伏,约至期并力合击。虏未至小蒜涧五里,知我军已集,仍聚众分路而还。其东行者至小蒜涧遇周贤兵,遂前向冲敌,	《明宪宗实录》卷101	4	

续表

公元	王朝纪年	战争概况	资料来源	战次	备注
		官军下马走战十余合，斩首二级，虏犹冲战不已，刘宠领兵来援，虏欲退登山，贤等督兵骑追之，虏遂溃。追至境外榆树沟等处，生擒四人，斩首一十五级，夺获马三十七，兵器等物二百余，其西行者至古峰子，李英等伏兵忽起，据险夹击，虏复溃，斩首十级，夺获马二十六，兵器等物以百数			
1473	成化九年三月乙未	平虏将军总兵官宁晋伯刘聚等奏：二月以来，游击将军都指挥王玺等于孤山、清水、神木并老虎沟等处御虏，斩首共九颗，获马十四匹及盔甲等物	《明宪宗实录》卷114	1	以1次计
1473	成化九年五月甲辰	巡按陕西监察御史苏盛奏：虏寇从孤山堡永镇墩入境，至桑林平，杀掠人畜。上谕兵部臣曰：边寇入境，官军全不知觉，镇守总兵等官设之何为，其移文总兵官刘聚、都御史王越、延绥镇守总兵等官张遐等督属严备，仍令巡按御史核其失机、隐匿情状以闻，究治之	《明宪宗实录》卷116	1	
1473	成化九年七月甲寅	平虏将军总兵官刘聚、参赞军务右都御史王越等奏：七月初三日，虏寇榆林涧，右副都御史余子俊、署都督佥事许宁等督兵与战二十余合，已而我兵闻援兵将至，鼓勇而前，贼遂败北，生擒十人，斩首二十九颗，夺获马六十匹，盔甲兵仗三百三十七件	《明宪宗实录》卷118	1	
1473	成化九年十月壬申	陕西参赞军务左都御史王越袭破虏营于红盐池。奏云：九月十二日，满都鲁、孛罗忽、乩加思兰三酋自河套出，分寇西路。臣以为遣兵往追，道远兵疲，必难取胜，宜率轻兵捣其巢穴。乃与总兵官许宁、游击将军周玉各率兵四千六百从榆林红山儿出境，昼夜兼行百八十里，夕营于白咸滩北，又行一百五十里，探知虏贼老弱俱在红碱池，连营五十余里，乃取弱马分布阵后，以张形势，精骑令许宁为左哨，周玉为右哨，又分兵千余伏于他所，进距虏营二十余里。虏集众来拒，臣督诸将方战，伏兵忽从后呼噪进击。虏见腹背受敌，遂惊溃。擒斩共三百五十五，获其驼马牛羊器械不可胜计，烧其庐帐而还	《明宪宗实录》卷121	1	

续表

公元	王朝纪年	战争概况	资料来源	战次	备注
1480	成化十六年二月庚申	巡抚延绥右副都御史杨浩奏:比者,虏贼拥众屡入府谷县境杀掠人畜,清水营把总署都指挥佥事李杲弛备纵寇,虽尝斩获贼级三颗,罪重功微,宜行究治。事下兵部,言方调京兵讨贼,用人之际,宜姑令杲戴罪立功以赎。从之	《明宪宗实录》卷200	1	
1480	成化十六年六月壬寅	虏寇入延绥河西清水营等处,监督军务太监汪直、总兵官威宁伯王越调兵分御之。宣府游击将军都指挥使刘宁败之于塔儿山,生擒四人,斩首百六级;参将都指挥同知支玉、右副都御史何乔新等败之于天窊梁中嵴,斩首七十七级;千户白道山等败之于木瓜园,斩首十五级;延绥总兵官署都督同知许宁等败之于三里塔等处,生擒二人,斩首百一十九级;大同参将周玺、游击将军董升、镇守太监陈政、巡抚右佥都御史郭镗、总兵都督朱鉴等败之于黑石崖等处,斩首三十级	《明宪宗实录》卷228	6	
1483	成化十九年二月丙子	分守延绥东路右参将都指挥郭镛先以虏寇三入境内杀掠人畜,戴罪杀贼。后镛率军三千追虏至三里塔,生擒一人,斩首七十九级,获马三百五十三,弓箭盔甲七百九十一。奏捷于朝,兵部以为可赎前罪。得旨,镛功颇优,其升署职一级。方镛战三里塔时,别有虏犯其境大柏油川,镇守、巡抚等官复请罪镛,于是镛上奏自辩。都察院覆奏。上曰:三里塔、柏油川皆郭镛分守地方,顾此失彼,其势不能两全,况既出战,与他闭门畏缩者不同,设更罪之,不已甚乎。姑从宽宥,俾知感激,庶可励其异日立功之志	《明宪宗实录》卷237	5	
1484	成化二十年十二月壬午	延绥总兵官署都督佥事岳嵩等领兵出境烧荒,怠不设备,且私以余舍负盐。时虏已入套,遂杀诸营堡军士一百九人,伤七十九人,驱散二十六人,杀官马二百七十余匹。巡抚右佥都御史吕雯覆实以闻,因劾嵩纪律不严,分守西路左参将陈云及宁塞等营堡把总都指挥佥事等官郭鍧等俱防御不严,宜逮问如律。章上,命付兵部知之	《明宪宗实录》卷259	1	

续表

公元	王朝纪年	战争概况	资料来源	战次	备注
1485	成化二十一年二月癸丑	延绥总兵官署都督佥事岳嵩等奏：正月上旬，虏贼三千余骑入境，游击将军董升、把总指挥郑骥等兵追至恓惶梁康家岔败之。十三日，虏贼五千余骑入境，把总都指挥佥事朱祥等兵追至姚家山败之。十四日，又于单塔儿败之。前后通计斩首三十四级，夺取虏马六十匹，兵仗器械七百一十	《明宪宗实录》卷262	3	
1495	弘治八年八月癸丑	虏入延绥神木堡，掠去牧马三百六十余匹，命把总指挥刘缙等六人并分守右参将张杰俱下巡按御史逮问	《明孝宗实录》卷103	1	
1496	弘治九年七月壬子	先是，虏入延绥东路，军士被杀者四人，伤者一人，虏者一人，马被掠者三百余匹。下巡按御史逮问狱。上命参将张杰等六人俱边远充军，总兵官都督陈辉、副总兵都指挥朱瑾、巡抚都御史熊绣等俱宥之	《明孝宗实录》卷115	1	
1501	弘治十四年三月己酉	先是，虏大入延绥神木堡，乘胜掠紫陌沟等处。总兵官陈瑛、副总兵朱瑾、镇守太监曾敏、巡抚都御史王嵩奏报不实，下巡按监察御史验问	《明孝宗实录》卷172	1	
1501	弘治十四年五月壬戌	延绥游击将军张雄等分御虏寇于乔家涧等处，共斩首五十级，俘一人，获马一百七匹。镇守总兵、巡抚等官刘政等以捷闻，命降敕奖励	《明孝宗实录》卷174	1	
1501	弘治十四年六月己丑	分守延绥西路左参将曹雄等御虏于石涝池堡等处，斩首二十五颗，获马一百五十余匹，器械二千四百余事。提督都御史史琳等以闻，命赏琳及雄并镇守太监刘政、总兵官张安、巡抚都御史陈寿银币有差	《明孝宗实录》卷175	1	
1501	弘治十四年六月戊戌	虏寇延绥清水堡，分守右参将乌铭闭门自守，部下累趣其行，仍逼(逗)遛从他道出，以避贼锋，居民多被杀掠。巡按监察御史燕忠劾其罪	《明孝宗实录》卷175	1	
1501	弘治十四年十月己酉	虏入延绥柏林堡等处，官军死伤者八十人，掠去马二百匹。监督太监苗逵等以闻。兵部请逮治分等(管)官大同副总兵黄镇、山西副总兵李玙、延绥参将时源并指挥李瀛等罪	《明孝宗实录》卷180	1	

续表

公元	王朝纪年	战争概况	资料来源	战次	备注
1502	弘治十五年正月辛卯	监察御史林世远等劾奏保国公朱晖、都御史史林、监督军务苗逵:兵抵延绥,拥兵自守,还边警急,若罔闻知,虽乘虚过河一捣虏巢,然所获虏首止于三级,报功之人滥及万余。其后虏深入宁夏、固原、花马池、盐池、安定、会宁等处,晖等俱逗遛不援,坐失事机,致地方大被残虐,杀掠无算	《明孝宗实录》卷183	1	以1次计
1503	弘治十六年四月乙丑	先是,十三年冬,北虏小王子率众入河套住牧。明年春,侵入榆林、波罗堡等处,放兵四掠,巡抚都御史周季麟同镇守太监刘云、总兵官恭顺侯吴鉴议留西安等卫原在还庆、固原等处备冬官军分守要害,以都指挥佥事杨琳统之……是时,北虏深入西安州,杀伤官军一百二十余人,掠去衣甲弓矢等物数百事,季麟具报以闻,而所报犹有遗者。及孔坝沟之败,将士死者几七百人,季麟发兵救之,无及	《明孝宗实录》卷198	1	以1次计
1504	弘治十七年六月甲申	虏入延绥黄甫川堡,杀掠人畜。都指挥把总王勋等失于防御,下巡按监察御史逮问,坐勋充军	《明孝宗实录》卷213	1	
1505	弘治十八年二月癸亥	虏五百余骑寇延绥高家堡,指挥蓝海等与战未决,总兵张安等率兵自外夹击,走之。巡抚都御史文贵上其效,命降敕奖励镇、巡等官	《明孝宗实录》卷221	1	
1509	正德四年三月丁巳	兵部覆延绥守臣奏:达虏累入,攻烧墩台,杀伤守僚官军。盖由其纪律不严以致之。虽经奏报,犹恐别有隐情,宜行查勘	《明武宗实录》卷48	1	
1509	正德四年五月丁酉	总镇延绥等处官奏:东、中、西三路虏众猖獗,粮草缺乏	《明武宗实录》卷50	1	以1次计
1509	正德四年五月癸丑	镇守延绥太监刘保言:左参将王勋等御虏于桃林沟,斩首二十九级	《明武宗实录》卷50	1	

续表

公元	王朝纪年	战争概况	资料来源	战次	备注
1509	正德四年闰九月甲申	是月初,虏伏大众于延绥边外,遣轻骑入攻新兴堡。副总兵侯勋出兵御之,至单窑儿,伏起被围。参将周诚、指挥岳濂闻警往援,至师婆涧亦被围困,纵马出营,虏争掠之。乃乘乱步战至宁边墩,得与勋遇,而围始解。虽前后斩获九十余级,我军死者亦略相当,所丧马至二千七百余匹。是后,贼遂入境散掠,复围困总兵官吴江于龙州城,会参将王勋亦统兵至,与江夹攻,贼乃退	《明武宗实录》卷55	3	以3次计
1509	正德四年十二月壬寅	虏酋亦孛来部众入套驻牧,乘隙屡寇边境。总兵官马昂统领官军与战于木瓜山等处,共斩获贼首三百五十六颗,生擒男女九人,夺获战马二百一十一匹,骆驼二十四只,牛羊四百一十五只,夷器、弓箭二千九百二十六件,番文三本。昂与镇守太监刘保、巡抚都御史黄珂各以捷闻	《明武宗实录》卷58	1	
1511	正德六年三月庚午	虏入河套,寇沿边诸堡。巡抚延绥都御史黄珂、镇守太监王兢、总兵侯勋,议令副总兵王勋军怀远等堡,参将张杰军高家等堡,周诚军新安边等堡,魏镇军神木等堡,游击将军时源军宁寨等堡,蓝海军镇靖等堡,大同游击朱振军清水等堡,虏入辄夹击之。前后斩首六十四级,获马九十三匹	《明武宗实录》卷73	1	以1次计
1511	正德六年六月辛巳	虏寇延绥定边营,游击将军时源袭败之,斩首三十四级	《明武宗实录》卷76	1	
1515	正德十年二月乙卯	虏入延绥、宁夏地方,陕西镇巡以闻。兵部议:甘肃渐宁,宜令总督都御史彭泽将原调延、宁、固原人马,发回本处防御。从之	《明武宗实录》卷121	1	以1次计
1515	正德十年闰四月辛未	虏自守口等墩寇延绥,总兵官王勋、副总兵戴钦、参将冯大经等率兵御之于伍谷城,擒斩五十九人	《明武宗实录》卷124	1	以1次计
1515	正德十年七月丁酉	巡抚延绥都御史陈璘奏:虏万骑拥入新兴堡,立帐驻牧,焚圪塔等墩。指挥龚勋等失于防御,宜治罪	《明武宗实录》卷127	1	

续表

公元	王朝纪年	战争概况	资料来源	战次	备注
1515	正德十年十月辛酉	六科都给事中安金、十三道御史张羽等奏:陕西榆林达贼入寇至绥德、清涧;宁夏达贼入寇至固原、平、凤。参将阎勋,都指挥彭槭、许国,总兵官潘浩、王勋,都御史陈璘,太监张昭、王竞,俱谋勇无闻,总制都御史邓璋则又调二镇精兵驻于固原山萌腹里之地,以致边防疏阔。乞将勋等逮治,宪等罢黜,璋虽在告,仍褫其职,以示惩戒	《明武宗实录》卷130	1	以1次计
1521	正德十六年二月辛卯	虏入陕西波罗、响水等堡地方,射死旗军人等。兵部参称把总都指挥刘坤,千户孙杰、李杰,百户马暹、刘栋,各防备欠严,宜下巡按御史逮治	《明武宗实录》卷196	1	以1次计
1522	嘉靖元年二月庚子	虏犯延绥、榆林等卫地方。守臣以闻	《明世宗实录》卷11	1	
1522	嘉靖元年八月乙丑	套虏入犯邠州等处,杀略甚众	《明世宗实录》卷17	1	
1524	嘉靖三年十一月丙子	虏入延绥永康诸堡。诏夺分守西路左参将赵瑛俸两月,赤水梁分守都指挥同知刘春等以失事逮问	《明世宗实录》卷45	1	
1534	嘉靖十三年三月乙酉	套虏犯响水、波罗堡,参将任杰设伏,大破之。总制尚书唐龙等以捷闻	《明世宗实录》卷161	1	以1次计
1534	嘉靖十三年六月戊戌	总制陕西三边尚书唐龙奏:二月间,虏酋吉囊、俺答入犯延绥,副总兵梁震等帅师败之于偏头关,斩首五十三级,夺获甚众	《明世宗实录》卷164	1	
1536	嘉靖十五年正月丙子	总制陕西三边尚书唐能言:先年,虏酋吉囊等拥众十万突犯榆林,臣调兵分部御之,虏屡遭挫衄,度不能入,乃别遣五万骑由野马川渡河,径入西海,襄破亦不剌营,收其部落大半,惟卜儿孩所余领众脱走。此以夷攻夷,诚中国之利也。故经今岁余,虏警稍息。边人云,虏举余众西掠四川松潘等处,窃恐得利而归,势将复炽。况属番帖本哥、革课等或为其积威所劫,与之连合,勾引套虏驻牧,则酒泉、张掖之间未可安枕	《明世宗实录》卷183	1	以1次计

续表

公元	王朝纪年	战争概况	资料来源	战次	备注
1536	嘉靖十五年闰十二月庚午	是秋，虏入延绥黑河墩、蒺藜川等处，官兵四战皆败之，斩首百余级。及入宁夏打硙等口，又败之，斩首六十余级，虏狼狈遁去	《明世宗实录》卷195	4	以4次计
1539	嘉靖十八年十一月己酉	是年八月，虏犯榆林红山墩等处，我军力战败之，斩获颇多	《明世宗实录》卷231	1	
1540	嘉靖十九年三月壬寅	兵部覆延绥抚镇奏，虏酋吉囊寇延绥清平堡，总兵周尚文迂道会援，副总兵杨信称病不出，虏大掠而去。官军创者甚众	《明世宗实录》卷235	1	
1543	嘉靖二十二年六月丁丑	虏自正月至四月屡犯延绥红崖沟、大沙梁、草滩墩、长海子等处，我师迎敌追剿，前后斩虏首七十级	《明世宗实录》卷275	1	以1次计
1543	嘉靖二十二年九月甲寅	延绥巡抚张惠报：虏三万余骑从响水堡毁墙入寇，前奉旨准调游兵未回，请敕翟鹏等亟策兵西援。上令翟鹏审度虏势，先发后闻。敕杨守礼、张惠等各严备以俟	《明世宗实录》卷278	1	
1543	嘉靖二十二年十月乙卯	是岁八月末，虏三万骑犯延绥，自波罗、响水堡进边，深入及绥德州。延绥游击张鹏力战御之，虏乃引众去。总兵宫瑛、副总兵蒋存礼选锐蹑之，及于塞外宁条梁，麾众急击，弩锐俱发。适东路参将周文兵亦至，两军夹击，贼众大溃，斩首虏百余级而还	《明世宗实录》卷279	2	以2次计
1546	嘉靖二十五年正月壬午	去年十一月，虏以轻骑犯榆林永靖墩，官军御之，追至寨外臭柏口、獾窝涧等处，斩首七十八级	《明世宗实录》卷307	2	以2次计
1546	嘉靖二十五年四月庚寅	总督陕西三边侍郎张珩、巡抚陕西都御史柯相各疏言：虏酋吉囊遗孽狼台吉等凡五部纠众二万，九月间侵犯定边卫，为我军邀击而去，连营不解。臣等窃料黠虏变诈，且将俟冰合西犯兰、靖，乃檄镇守都督王缙、游击吴鼎简锐预防之。至十二月，前虏果出套，由傅家滩踏冰西犯。则我兵先已分布南岸，旌旗相望，与之相持竟日，矢石炮火连延相继，虏竟不能登岸而遁。兰、金、安、会诸邑免于蹂躏	《明世宗实录》卷310	1	以1次计

续表

公元	王朝纪年	战争概况	资料来源	战次	备注
1546	嘉靖二十五年十月戊子	七月中，虏十万余骑由宁塞营入犯保、定，西掠庆阳、环县等处	《明世宗实录》卷316	1	以1次计
1546	嘉靖二十五年十二月庚戌	总督侍郎曾铣奏：九月十九日，虏七千骑入于梁家墩，掠人畜六百余，官军夺还三分之二，逐出境。十月初三日，又犯清平堡，游击高极追之，陷伏中死，亡其卒十五人，创二十二人，虏亦去	《明世宗实录》卷318	2	
1549	嘉靖二十八年九月丁卯	虏三千余骑寇榆林，参将刘继先等战，却之	《明世宗实录》卷352	1	
1553	嘉靖三十二年闰二月壬戌	三月初五日，虏犯延绥，攻围墩台。总副兵李梅出兵御之，战没。游击李珍被重创，官军死者四十八人，伤者百二十九人	《明世宗实录》卷396	1	
1553	嘉靖三十二年七月乙丑	套虏数万骑寇延绥，由米脂川入，南犯鄜州、甘泉等处	《明世宗实录》卷400	1	以1次计
1556	嘉靖三十五年十二月丙申	总督陕西侍郎贾应春奏：八月中虏千余骑由窑儿涧墩入，历神木等县，杀掳人畜	《明世宗实录》卷442	1	
1557	嘉靖三十六年五月戊寅	先是三月，虏以数百骑由延绥镇远毁入寇常乐堡。副总兵陈凤率其次子守义督兵逆之。虏众，我军不敌，凤死，守义亦被创	《明世宗实录》卷447	2	以2次计
1563	嘉靖四十二年正月丁未	去岁十一月间，延绥总兵赵岢分部锐卒，令管标兵原任游击李希靖由东路神木堡出塞捣虏帐于半坡山；管前锋总旗吴花、中哨指挥徐执中等由西路定边营出塞，击虏骑于莜麦湖，共斩首一百十九级，获马畜、器械以千计	《明世宗实录》卷517	2	
1565	嘉靖四十四年四月己丑	陕西三边总督郭干、宁夏巡抚王崇古等奏报延、宁二镇官军捣巢功：正月十六日，宁夏军自清水营等处出边，斩获七十人。二月初八日，延绥军自白崖墩出边，斩获虏酋哼罗台吉及从贼一百二十四人，各夺获头畜、器械无算	《明世宗实录》卷545	1	以1次计

续表

公元	王朝纪年	战争概况	资料来源	战次	备注
1565	嘉靖四十四年五月辛酉	虏数千骑突入延绥黄甫川关城，焚劫城内外凡四日，攻堡不克而去。虏之初至也，以数骑汉服扣关，诈称为大同镇奉公役至者，阍人启扉，千众奄至，把总高尚钧中流矢死	《明世宗实录》卷 546	1	
1565	嘉靖四十四年九月戊戌	虏犯延绥镇靖堡，中路参将鲁聪率指挥权世爵、千户李朝鸾等引兵御之，俱败死。虏乃纵骑围总兵郭江于鱼山岁、赵岢于黄家梁，凡四日。会副总兵李印、参将谢朝恩等以各路兵至，虏乃解去	《明世宗实录》卷 550	3	以 3 次计
1566	嘉靖四十五年七月丙辰	虏万余骑由延绥平山墩入寇，总兵郭琥屯兵清平堡，以虏众不敢进。虏分其众为二，一奔保安、安定、安塞等县；一径抵延安府关外，与固原总兵郭江、副总兵时銮等兵遇，江坚壁不战，巡抚陈其学度虏已深入，遣都司冯时泰等出边捣其巢，陷没，虏大掠数日而出	《明世宗实录》卷 560	3	以 3 次计
1566	嘉靖四十五年八月乙酉	虏众由平山墩入寇延安	《明世宗实录》卷 561	1	
1566	嘉靖四十五年十月丁卯	套虏拥众由定边营砖井堡入寇，固原总兵郭江帅千总李大本等兵御之，遇虏于暗门，兵败俱死。陕西副总兵时銮引兵至瓦揸梁，为虏所执，失亡士马几尽	《明世宗实录》卷 563	2	以 2 次计
1567	隆庆元年二月己亥	先是，虏犯延绥小芹河，副总兵黄演死之。至是，科臣请恤录(?)演。因言：虏众去边未远，乞敕边臣严加防御	《明穆宗实录》卷 4	1	
1567	隆庆元年六月庚寅	先是，套虏六百余骑入犯威武堡榆科涧墩，游击将军高大吉引兵御之，指挥陈锐、千户党世恩等各出战，共斩首二十余级，俘获达马四百余匹	《明穆宗实录》卷 9	2	以 2 次计
1567	隆庆元年九月壬戌	鞑虏入犯镇边头墩，原任总兵为事官胡镇、参游补于汉等败之于靖虏堡，虏遁去	《明穆宗实录》卷 12	1	
1567	隆庆元年九月癸酉	虏入陕西威武、常乐等处，官军拒敌出寨(塞)，斩首三十级，夺马五十匹	《明穆宗实录》卷 12	1	

续表

公元	王朝纪年	战争概况	资料来源	战次	备注
1568	隆庆二年三月乙丑	先是，嘉靖四十四年四月，虏袭陷黄甫川堡，杀二百八十余人，仓官一人；九月，犯镇静堡，参将鲁聪战死，亡将士二百余人；四十五年六月，陷笔架城，所掳掠甚众，官军逐之去；七月，薄安塞县城，分骑掠延安府北关及东西两川；八月，入甜水墩等塞，杀三十六人，总兵郭江等战死，又亡六百余人；隆庆元年正月，虏寇小芹河墩，半入，总兵郭琥与战，却之，追出边，遇伏，失亡相当；二月，攻清平堡，游击郭钧等固守不下，虏乃引去；三月，虏攻康家寨，守备王铎等逐之，有斩获功，铎中矢死；又入榆科涧，游击高天吉与战，胜之；八月，虏五千骑自芦沟山入，总兵赵岢及天吉等败之；又入常乐堡，又败之	《明穆宗实录》卷18	6	以6次计，前5次已统计
1569	隆庆三年三月丁未	延绥官军出边捣巢，先后斩虏首一百二十七级，获马驼四百，夷器千计	《明穆宗实录》卷30	1	
1589	万历十七年正月甲子	延绥东虏乘小市之期犯镇羌，又犯神木，神木侦得之，设伏兵擒哱罗等六名。虏获永兴操守鲁槐以归。边臣久之始报	《明神宗实录》卷207	3	以3次计
1591	万历十九年十一月甲寅	大学士王家屏奏：接得延绥总兵杜桐塘报，达虏明安、土昧等酋分犯榆林、保宁、向水、波罗等堡，本官率将分兵出击，斩获首级四百五十余颗，生擒贼夷二十六名口，并塘报封奏	《明神宗实录》卷243	4	以4次计
1592	万历二十年五月乙酉	兵部言：延绥巡抚贾仁元奏称：达贼聚众犯榆林，官军奋勇斩级二十七颗，夺获器、畜称是。总兵董一元坐营，石尚文制胜有功，并该镇昨冬擒斩安明等首级四百八十二名颗，俱宜勘叙	《明神宗实录》卷248	1	
1594	万历二十二年九月乙酉	兵部覆：陕西总督叶梦熊、延绥巡抚李春光所奏套酋卜失兔纠合虏众于七月二十日后屡犯定边张春井诸处，总兵麻贵等捣剿、邀击，各有斩获	《明神宗实录》卷277	1	

续表

公元	王朝纪年	战争概况	资料来源	战次	备注
1594	万历二十二年十月壬申	前卜失兔犯张春井等处，各路将领以斩获报功，既而众虏充斥内地，转掠一月始出边。游击李经、史见，参将李鲲，守备杜松等，以二千六百余骑击虏于马莲井，先有斩获，后误入伏中，史见、张禄遂战殁，而李经、杜松等各重伤，所损失士马亦众。惟总兵麻贵战于下马关，斩首百余颗，虏始却行，诸将徘徊尾虏，听其自去	《明神宗实录》卷278	3	以3次计
1595	万历二十三年九月乙酉	套虏入犯延绥，宁塞、靖安诸将王国栋等拒战不力，把都河操守许相义不以报，下巡按罪之	《明神宗实录》卷289	1	
1596	万历二十四年三月乙丑	兵科左给事中徐成楚题延镇捷音：在二月中，兵分三路，各出边五六十里，直抵鞑贼巢穴。中、东、西三路通共擒斩四百九名颗，内有二名头目，夺获驼马牛一千五百四十九匹，盔甲夷器三千六百八十二项等	《明神宗实录》卷294	1	
1606	万历三十四年五月癸酉	套虏火落赤以去年追罚蓄愤，纠众分犯中、西二路，官兵击走之，馘斩二百有奇	《明神宗实录》卷421	2	
1609	万历三十七年九月乙巳	套虏沙计纠酋首歹宾部落犯神木蔡家沟，参将杜文焕设兵诱之，生缚三十七人，虏遁	《明神宗实录》卷462	1	
1610	万历三十八年闰三月丙午	陕西巡按御史杨一桂疏叙斩获河套功。初，虏河套一类枝部繁多，雄长不下，如沙计嫌赏微薄，猛克什力等从无额赏，各恃强分外要挟。往岁纠众劫掠，道路为梗，官军与战，斩获二百五十余级	《明神宗实录》卷469	1	
1611	万历三十九年正月丁巳	巡抚延绥右副都御史涂宗浚奏称：沙酋闯边，始则求款要挟，继乃拥众大举。臣等与总兵、道将会议，发各营兵将东援，贼突遇大兵迎敌，长驱席卷，斩虏首一百二十七级，酋始气夺，不敢近边	《明神宗实录》卷479	1	

续表

公元	王朝纪年	战争概况	资料来源	战次	备注
1612	万历四十年正月丁未	兵部题:沙计、猛克二酋为患延东,银、歹诸丑窥窃甘、凉非一朝夕,幸督、抚号令惟严,道将哨探惟谨,不待虏酋内入,两镇官兵四起堵剿,在延绥一次斩首一百八十有奇,甘肃三次斩首四百有奇	《明神宗实录》卷491	1	
1612	万历四十年八月壬戌	套虏犯延绥保宁边,总兵官秉忠、参将杜文焕等败之于白土涧,一日再捷,共斩获首虏二百五十四级,马二百二十八匹,斩其头目哑班哈等十二人。督、抚俱以捷闻	《明神宗实录》卷498	2	以2次计
1612	万历四十年闰十一月己巳	革游击刘国镇、周一夔各操守任,回卫。夺佥书李国勋俸半年。升清水营守备张斌为都司佥书,管分守延绥高家堡参将事,延安卫指挥周一亨为延绥清水营守备。九月初四日,虏骑犯高家堡,不过二三百骑,该营游击刘国镇辄报千余,建安堡操守周一夔报三千余骑,惶惑军心,遂任虏骑纵横,掏墙攻墩,抢掠军火器械,杀死军丁。左营佥书李国勋借口东援,致殒营丁李应祥	《明神宗实录》卷502	1	
1613	万历四十一年九月庚午	虏酋旗牌撒勒台吉等犯榆林,总兵官官秉忠胜之	《明神宗实录》卷512	1	
1614	万历四十二年十月癸卯	巡抚延绥兵部左侍郎兼右佥都御史刘敏宽题称:猛克什力等酋恃众挟赏,一寇怀远,再寇保宁。官军奋勇,随寇随剿,共计前后斩获首级二百二十二颗,夺获连马一百八十二匹	《明神宗实录》卷525	2	
1615	万历四十三年三月己酉	兵部题覆延绥、甘肃战功言:先是,虏酋猛克什力与银、歹、海、火诸酋纠众入犯,官军闻警,介马先驰,虏众大溃,延镇斩首一百二十有奇,甘肃斩首二百七十有奇,所获夷器、马驼无算	《明神宗实录》卷530	1	以1次计

续表

公元	王朝纪年	战争概况	资料来源	战次	备注
1615	万历四十三年九月己丑	延绥边外套虏吉能以挟赏不遂，纠众于闰八月二十三日以后，连日分数万骑，大举入犯西路砖井、宁塞，中路波罗。阵亡把总二员，军兵六十名；东路大柏油、柏林、高家、神木一带地方，杀伤尤甚。孤山副将孙弘谟、神木游击万化孚，闻警驰赴，万化孚仅以身免，孙弘谟不谙地利，为虏诱致绝地，四面攻围，力不能支，被虏获去。时三路兵马五月无粮，所在城堡刍饷悉空。抚臣报闻	《明神宗实录》卷537	3	以3次计
1616	万历四十四年二月戊申	总督陕西三边军务刘敏宽奏：沙计诸酋议从双山、建安入犯，有降夷泄也，总兵官秉忠等设伏，相机随处追剿，斩首二百二十余颗	《明神宗实录》卷542	2	以2次计
1616	万历四十四年七月己未	套虏入犯东路，参将王国兴死之。虏之入犯也，先以数骑泊高家堡，杀围丁以诱我。国兴以营兵未集，独率六骑邀之。伏发，尽歼	《明神宗实录》卷547	2	以2次计
1616	万历四十四年十月辛丑	套虏猛克什力复犯波罗堡，总兵杜文焕破之。先是，高家堡损折裨将，虏气益骄，中东各酋群赴神水滩听吉能等假款会事，意在乘机要挟。而猛、沙二酋自恃狡黠不赴会，初犯双山，防兵堵回。复犯波罗，冀图内讧，不意降夷先泄其机，彼方穿塞，我兵四集，杜文焕亲督战，追杀二十余里，斩首四十一级	《明神宗实录》卷550	2	
1617	万历四十五年正月庚寅	兵部奏套虏乞款事宜。先是，酋首吉能因封宣大王遽补五年市赏，遂生觊觎，欲求王封金印，并龙虎将军监市名色，及欠八年市赏、连年投降人口等十事，屡讨不遂，乃假铁雷出疮病故，借口砖井堡领食宴赏毒死，遂纠阖套部落分道入犯东路大柏油、西路定边等处，掳去副将孙弘谟等一百六十六员名，马骡六百余。于是，延绥总兵官秉忠、宁夏总兵杜文焕分兵堵截，原任辽东总兵杜松直捣火酋营帐，秉忠斩获虏首七十余颗，文焕斩获二百余颗，杜松斩获二百一十余颗，各酋遁去，然尚临边住牧，乘便窃掠。四十四年二月内，杜文焕调任延绥，正值各酋入犯，一战于安边墙下，再捣于保宁、长乐，	《明神宗实录》卷553	13	

续表

公元	王朝纪年	战争概况	资料来源	战次	备注
		共斩获虏首三百余颗，于是西路酋首火落赤、卜言太、台吉等惧，相率乞款。惟吉能及东路沙计、明爱等犹恃地险虏强，于四月内哨聚高家、柏林边外，仍挟讨王印等十事。杜文焕复集大兵捣其营，斩获虏首二百五十余颗，各酋披靡，而西路乞盟益急。随令游击孙启祥、王学诗等宣布恩威，再三讲折，各酋输成献罚九九，钻刀歃血说誓。九九者，驼马牛羊之数也。既而沙计等酋复于七月内夜犯高家等堡，诱杀都司王国安等，又犯波罗，被社文焕堵截，斩获虏首四十余颗，于是吉能等惧。又知西酋已和，其势益孤，乃相戒窃掠，先令东酋明爱、台吉、歹宾娘子等具禀乞和，且送还原掠汉人，道将李栖凤、孙栋及游击高从龙等往与讲折，各酋亦献罚九九者二			
1618	万历四十六年三月庚辰	陕西巡按李养志奏：去年九月，达虏自高家堡高建墩口入犯葭州、神木等处，直至黄河，乱抢郭家寨、阎家寨、崖窑，熏死人无数，烟火传到榆林，总兵杜文焕带领正兵中军王永祯至地名柳树皮堵御，赶散一股，至乔家垒，相敌得功十颗，尚重伤人马二十余，而神木道李栖凤反差人报捷，查访其所报，多失实	《明神宗实录》卷567	3	
1619	万历四十七年八月乙卯	达贼满旦聚众万余攻围高家堡、白马关、冯家堡等处，游击朱万良、守备刘登瀛率官军驰救，以兵寡被围	《明神宗实录》卷585	1	
1620	泰昌元年八月丙午	虏犯石塘路。巡按御史王象恒奏：八月初一日，石塘路达贼万余从各口冲入，先攻白马关，又攻高家堡、冯家堡	《明光宗实录》卷3	4	以4次计
1621	天启元年九月辛亥	延绥巡抚右佥都御史张之厚揭报套虏吉能入犯，官军拒堵，斩获九十四级。因疏言延镇空虚，乞将户部积欠主、客兵年例八十万二千七百余两，先那(挪)发二三十万以救燃眉；原调援兵一万，已发六千四百名，尚未发兵三千五百余名，乞留战守；仍急调邻镇兵马应援，部覆从之	《明熹宗实录》卷14	1	

续表

公元	王朝纪年	战争概况	资料来源	战次	备注
1621	天启元年十二月庚午	左都御史张问达等疏言：延安为全陕咽喉，顷虏以六、七万奄抵郡城，攻围五日夜，徼幸完保，而所过县驿村社，掳掠甚惨。	《明熹宗实录》卷 17	1	
1622	天启二年正月乙丑	延绥套虏入犯，焚掠延安、黄花峪等处，深入六百里，杀掳数万人。巡抚张之厚、总兵杜文焕匿不以闻。御史高推劾奏之	《明熹宗实录》卷 18	2	以 2 次计
1624	天启四年五月丁卯	甘肃松山银定台吉纠海西古六台吉犯甘肃、榆林，兵备宋盘、游击周世显以报，巡抚李若星预备之，总兵董继舒击斩二百七十七级，大创去	《明熹宗实录》（梁本）卷 42	1	以 1 次计
1627	天启七年七月庚辰	巡抚延绥朱童蒙奏，干儿骂素性狡猾，尝轻内地，自今岁入犯稍稍挫折，今裹疮邻(临)死，犹敢聚兵犯边。总镇孙显祖提兵应援，分布设防，虏分三股而三处迎敌，斩馘虽止七级，然堵回五、六千骑，使内地安堵，兵马无损，厥功茂矣	《明熹宗实录》卷 86	1	

表 2 明代宁夏镇战争统计表

公元	王朝纪年	战争概况	资料来源	战次	备注
1376	洪武九年五月壬午	故元国公九住寇陕西塔滩之地，陕西都指挥司发兵击之，追及于三不剌，获九住及平章不答失里等四十余人，余众遁去	《明太祖实录》卷 106	1	
1409	永乐七年十一月己巳	镇守宁夏宁阳伯陈懋言：鞑靼平章都连等叛去，懋率将士追至黑山擒都连等，尽收所部人口及驼马牛羊四万余。敕懋：都连及驼马赴京	《明太宗实录》卷 98	1	
1411	永乐九年七月丁亥	宁夏总兵官安远侯柳升奏：灵州都指挥冯答兰帖木儿等逃叛，陕西都指挥孙霖、王仪等领军捕之。指挥王辅、仇智至大坝破石山，遇叛贼百户孛罗等四百余人，官军进剿，贼败走，溺死者三百余人，余悉奔溃，获马驼牛二百一十五。指挥高亮追至河北，斩贼首二十五级，获男妇九十一，马三十	《明太宗实录》卷 117	1	

续表

公元	王朝纪年	战争概况	资料来源	战次	备注
1412	永乐十年七月丙子	宁夏总兵官安远侯柳升械送叛贼察罕歹等至京师，诛之。察罕歹，本鞑靼人，初为宁夏中护卫小旗。同都指挥毛哈剌等逃居塔山。至是率贼党至红山站及察罕脑儿之地杀掠居民。官军追至，生擒察罕歹等七人，杀锁只耳灰等十九人，尽获其马骡辎重，余皆散之	《明太宗实录》卷124	1	
1436	正统元年四月乙巳	宁夏总兵官都督同知史昭等奏：来降达子脱罕沙言，达贼卜剌赤等千余人欲来宁夏虏掠，臣与左少监来福率官军出口哨捕，领军指挥使熊震等于伯力沙子、赤山儿、双山等处遇贼对敌，杀败贼众，斩获首级，生擒男妇五十余口，获到驼马骡牛等物，人口解送京师	《明英宗实录》卷16	1	以1次计
1436	正统元年五月戊子	宁夏总兵官都督同知史昭奏：虏寇数骑犯石空寺堡，杀旗军四人，掠其牛畜，百户张弘追及之，战死	《明英宗实录》卷17	1	
1436	正统元年闰六月丙戌	镇守陕西都督同知郑铭等奏：胡寇六千余骑犯肃州，杀虏二百余人，掠马畜一万四千有奇。又犯石关及永兴墩。又犯盐池，尽掠其驿马	《明英宗实录》卷19	1	以1次计
1436	正统元年闰六月己卯	宁夏总兵官都督同知史昭、监察御史顾理奏：胡寇犯宁夏屯营，掠耕牛七十头，官马百余匹，都指挥陈忠率兵追之，惟获牛以还。忠与指挥丁昱、林英等俱依置于法，并追马以偿	《明英宗实录》卷19	1	
1437	正统二年三月乙卯	右都督蒋贵等奏：先因达贼阿台朵儿只伯等在宁夏山后潜住，上命臣等探其情实，与宁夏会兵剿杀。臣等累遣夜不收分途出境，直至宁夏贺兰山后，探知贼营移往东北。宁夏总兵官都督史昭遣夜不收谷聪言：生擒达贼阿台部下同知马哈木审知，阿台等欲往亦集乃去，臣等议欲整搠军马，遇有声息，不分界地，即往相机剿杀，互相策应	《明英宗实录》卷28	1	

续表

公元	王朝纪年	战争概况	资料来源	战次	备注
1437	正统二年六月甲子	宁夏总兵官右都督史昭等奏：五月十六日，胡寇五千余骑犯唐来渠，退驻三塔墩，剽掠马牛三千有奇。署都指挥施云，指挥刘理、戴全，领兵哨备，玩寇不追，请治其罪	《明英宗实录》卷31	1	
1438	正统三年五月壬寅	宁夏总兵官都督史昭奏：败虏于木纳、谎泥等地，获其男妇把伯等十三口，械送京师	《明英宗实录》卷42	1	
1443	正统八年十二月丁酉	宁夏参将都督佥事丁信等奏：十一月，达贼千骑入境剽掠，随率官军追及于打狼山，击败之，获马匹、器械并被掠人畜	《明英宗实录》卷111	1	
1444	正统九年三月庚午	宁夏总兵官都督同知黄真奏：同都指挥陈友率领官军于阿良哈等处追杀达贼，获到人口四百余，驼马牛羊一万七百有奇。上敕真等人驼送京，马给官军骑操，牛给屯军耕种，羊给与有功官军	《明英宗实录》卷114	1	
1450	景泰元年闰正月甲寅	镇守陕西兴安侯徐亨奏：达贼入宁夏境，抢掠人口及中护等卫军屯、驿递、王府、苑马寺马牛羊不计其数。其宁夏总兵官都督同知张泰、协同守备都指挥使熊震、西路右参将都督佥事丁信、东路右参将都指挥使王荣，贼来既不敌，贼去又不追袭，守备庆阳都督佥事王斌等抛弃甲马，擅离信地，俱宜执问	《明英宗实录》卷188	1	
1450	景泰元年三月癸丑	镇守陕西兴安侯徐亨奏：达贼犯宁夏、庆阳等处，杀千余人，掳六千六百人，马驼牛羊二十七万	《明英宗实录》卷190	1	以1次计
1450	景泰元年十一月己未	宁夏左参将都督佥事丁信奏：鞑贼千余骑猝至西门，纵兵杀掠，随调官军与战。移时，斩贼一人，中神铳堕马者甚众，皆曳之而去，获马十七匹，并盔甲器械。官军死伤者七十余人，掠去男妇二百五十余，马牛一千有奇	《明英宗实录》卷198	1	

续表

公元	王朝纪年	战争概况	资料来源	战次	备注
1453	景泰四年十一月癸酉	有鞑贼十余骑突入宁夏哈麻木井，射伤军人。又于黑山觜执去夜不收一人。巡按监察御史王越劾奏总兵官都督同知张泰、左参将都指挥使熊震等玩寇失机之罪	《明英宗实录》卷235	2	以2次计
1457	天顺元年五月壬午	宁夏总兵官都督同知张泰奏：鞑子犯洛阳川营，于羚羊角屯欲过河，官军拒之，不能渡，乃循旧路而回，伏兵于墩空，或前或却，以诱我。西路参将种兴即率官军千余人追袭之，至洛阳川，贼挥众回击，伏兵亦起，官军腹背受敌，遂溃，兴被杀。缘本处城池极悬河外，乞选智勇都指挥二员守备。事下兵部，尚书王骥等言：往者，奏令永清右卫指挥王安协同种兴守备，至今推托不去，宜下法司治罪。今选得管操都指挥使朱荣、都指挥同知朱杰俱有智谋，宜令荣充左参将、杰协同守备，以补种兴所守边城。从之	《明英宗实录》卷278	2	
1458	天顺二年十二月癸亥	巡按宁夏右副都御史陈翌等奏：鞑贼犯归德口、暖泉儿诸墩，官军射却之，杀其一人，众贼散去。事下兵部，请令镇守陕西保定侯梁瑶等尽心区画，严督各城堡、墩隘，以防入寇。从之	《明英宗实录》卷298	1	
1460	天顺四年八月甲辰	镇守宁夏太监王清等奏：达贼数人入境，射死旗军，虏去马畜，此固守墩官之无备，亦臣等失严之所致	《明英宗实录》卷318	1	
1460	天顺四年十一月甲戌	延绥总兵官彰武伯杨信等奏：达贼三百余骑入花马池剽掠，率众追之，获马二十七匹而还	《明英宗实录》卷321	1	
1460	天顺四年十二月癸未	达贼十余骑寇宁夏东路，既而由花马池兴武营出境，参将署都指挥佥事王安协同守备都指挥佥事何琳、署都指挥佥事蒋泰以兵追之，仅获其所弃牛马而还。兵部劾安等纵寇失机，请法其罪。上命姑勿治，第令具实自陈	《明英宗实录》卷323	1	

续表

公元	王朝纪年	战争概况	资料来源	战次	备注
1461	天顺五年正月戊午	达贼二骑入平虏城境,盗耕牛,守备指挥孙广、许颙等率兵追五十里与战,败之。贼伏兵四起,颙及官军战死者五十余人,虏去马一百四十匹。兵部臣劾都督同知翁信、都指挥仇廉、总兵失律,太监王清、副都御史陈翌、镇守巡抚不能协谋济理,请俱治罪。上曰:信等且不问,令从实自陈	《明英宗实录》卷324	2	
1461	天顺五年夏四月辛卯	兵部奏:顷者,宁夏贼犯平虏城,总兵官翁信等不能躬率官军剿杀,止遣偏裨追袭,以致失亡官军数多。臣等已尝奏请执问信等。圣明宽宥,令其自陈。又不服罪,而乃虚文掩饰。乞以信等属吏究治,庶俾边将者知所警惧。上曰:信等论法固不可容,今且贷之,若再误事,必罪不宥	《明英宗实录》卷327	1	
1466	成化二年二月丁丑	虏入宁夏韦州界,掠陕西苑马寺八营牧放马三百余匹	《明宪宗实录》卷26	1	
1466	成化二年二月乙未	宁夏总兵官都督佥事李杲奏:虏入花马池,四散剽掠,臣与左参将等官分路追击,自正月初三日连战至初九日,各路擒贼十七人,斩首十三级,获牛马、器械等物颇众。命降敕奖谕之	《明宪宗实录》卷26	1	
1466	成化二年三月乙卯	宁夏总兵官李杲奏:达贼入花马池柳杨墩剽掠人畜,我兵设伏追击,斩首十三级,生擒十八人,获贼马及追还所掠马三百二十四匹	《明宪宗实录》卷27	1	
1466	成化二年七月庚寅	宁夏东路花马池、伏羌等墩寇入境报至。敕总兵官杨信驰赴宁夏调兵应援	《明宪宗实录》卷32	1	
1466	成化二年九月癸酉	镇守宁夏太监王清等奏:七月三十日,虏众过沟入境,抢掠官马。总兵官李杲统指挥苏谅等官军三百余往与交锋,斩获贼首。又调指挥顾缘等官军二百余并力剿杀,贼奔溃,得其辎重。报至,兵部议:以此贼深入腹里,虽曾剿杀,未足以摧其锋,宜移文沿边内外大臣严饬武备,相机战守,以图成功。从之	《明宪宗实录》卷34	1	

续表

公元	王朝纪年	战争概况	资料来源	战次	备注
1466	成化二年十二月乙丑	整饬边备兵部尚书王复奏：七月，虏贼由花马池散入平凉诸处劫掠，越二十日，参将韩斌、王安、游击将军赵英等合兵截其归路，众寡不敌，贼遂入兴武营，副总兵张荣畏其势众，不敢进兵。贼寻入灵州，总兵官李杲畏怯不出，使都指挥焦政出战，被杀死。八月，贼入固原州，都指挥林盛军屯甘州群牧所城外，遣指挥董晋等截杀，获一人，斩首二级。寻复遇贼，战于西山长城，大众突至，官军为贼杀死者二十二人，贼遂拥众至群牧所札营，官军坚壁不出，贼分众攻陷开城县，杀知县于达、教谕汤敏、大使汪士让，虏其妻子二十余口，居民一十六户，遂长驱深入静宁、隆德等六州县大掠。蒙旨令臣覆实，谨具以闻，具言林盛等畏缩失机，宜置于重法，都御史项忠虽往延绥会议边务，闻贼入境宜兼程回平凉调度军士应援，今乃在途延绥，日久致误军机，亦宜逮之。上曰：项忠、林盛、赵英、王安、韩斌，俟边警宁息，奏闻处分	《明宪宗实录》卷37	3	以3次计
1471	成化七年三月庚辰	游击将军都指挥佥事张翊奏：北虏千余骑寇红山墩，臣与参将王安率兵于铁柱泉邀之，虏弃其所获而奔。追至西乱井，虏迎战，败之，夺其牛马器械而还。都指挥郑英在后，见奔虏二人，率其下十二人追之，遇伏被杀，还者仅三人	《明宪宗实录》卷89	3	
1471	成化七年十月辛巳	参赞军务右都御史王越奏：今年闰九月以来，达贼二万余骑入黑土圪塔侵掠，臣等议同总兵官朱永、许宁，镇守少监张遐，右副都御史余子俊，游击将军孙钺等统率官军分投追剿。入高坡，生擒一人，斩首十三颗；追至中山，又斩首九颗，获达马七十八匹，弓箭、盔甲等物共六百余	《明宪宗实录》卷97	2	

续表

公元	王朝纪年	战争概况	资料来源	战次	备注
1471	成化七年十二月乙未	兵部奏:近宁夏报,花马池、兴武、灵州、鸣沙州及贺兰山诸处,俱有虏众寇钞,烟尘不绝,而山后又有虏潜伏窥伺。又,陕西报虏众分为二路:一从西安州入安、会境,一从固原入隆、静境。意者,虏酋乩加思兰欲乘冰北遁,故分遣部落窃掠而去。宜移文总督军务右都御史王越会延绥镇守少监张遐、总兵官许宁议之。若虏复入寇,即督所部兵及增调陕西、宁夏兵,或分或合,多方邀击。仍令越究虏所从入及各守边官失机与否以闻。从之	《明宪宗实录》卷99	5	以5次计
1472	成化八年正月癸卯	巡抚陕西左副都御史马文升奏:虏酋乩加思兰纠合阿罗出部落渡河犯边,已及岁余,今虽互相仇杀,分为二路,而乩加思兰方驻花马池、定边营外,分遣部落入钞固原、宁夏,迄今未出。缘边方人畜俱收入堡洞,彼无所得。使窥知固原迤北及巩昌所属孳畜繁衍,必举众深入。往者,毛里孩侵犯固原,调兵至五万余,仅保无虞。今固原精兵仅三千人,战马仅二千匹,力必不支,有可虑者。乞预行总兵官朱永等备之,寇至固原,宜即遣裨将领大同、宣府兵,取道策应,或益以甘凉兵三四千,庶无后患	《明宪宗实录》卷100	2	以2次计
1472	成化八年正月丙午	总兵官抚宁侯朱永等奏:去冬虏从花马池、定边营入寇,参将都指挥钱亮约宁夏东路参将罗敬、游击将军张翊至三山儿、长流水等处会击之。亮领官军千余与虏接战,自申至戌,虏乃败走,我兵死者十有四人。敬、翊次日始至。又,虏自花马池柳杨等墩往寇宁夏萌城,宁夏镇守太监王清、总兵官修武伯沈煜等拥兵坐视,不听调遣,越数日,延绥总兵官许宁率兵至,虏始遁去。敬等俱宜究治	《明宪宗实录》卷100	2	
1472	成化八年二月乙亥	宁夏总兵官修武伯沈煜等复奏:虏众数犯边,且以粪土湮塞各墩井泉,渴我士马,不可不虑	《明宪宗实录》卷101	1	
1472	成化八年二月戊寅	宁夏副总兵都督佥事林盛奏:正月以来,虏众累驱所掠畜产从海马儿口东行出境。臣督游击将军张翊、都指挥韩英累败之	《明宪宗实录》卷101	1	

续表

公元	王朝纪年	战争概况	资料来源	战次	备注
1472	成化八年九月甲辰	巡抚陕西左副都御史马文升奏：虏寇自夏及秋深入环庆、固原境内，四散抄掠，势日滋蔓，署右都督白玉、凉州右副总兵都督同知赵英各分兵邀击之，前后擒斩六级，追获被虏牛羊二十余。时总兵官武靖侯赵辅亦奏：延绥西路指挥孙鉴、阎威各率军御之，于半个城、红寺儿等处，追还牛羊千余。延绥总兵官许宁军夜袭其营于境外鸭子湖，杀伤甚众，夺获其马百匹以还。章俱下兵部，言虏众犯边首尾三月，赵辅、王越师行已久，今唯闻白玉、赵英及阎威等略有捍御擒斩之功，其余俱拥兵袖手，欲从举劾。但已遣给事中郭镗察访，未报。今且宜督责辅等力图后效，其赵英、白玉等曩缘失机立功赎罪，今宜宥之，使益加奋励。从之	《明宪宗实录》卷108	3	
1472	成化八年十月丙寅	巡抚宁夏右佥都御史徐廷章等奏：八月以来，东路兴武、花马池虏众出没，屡入灵州永隆墩境内杀掠。守备署都指挥同知卢茂于欢喜岭追袭，败之	《明宪宗实录》卷109	1	
1473	成化九年正月丙申	宁夏总兵官都督同知范瑾等奏：成化八年十二月虏入兴武营等处，随调官军截杀，至沙井儿与虏交战，而都御史徐廷章所调官军亦前后夹攻，虏众方退。追至沙窝，遇虏伏兵并力来战，彼众我寡，臣等督励官军下马步斗，自辰至申，凡十余合，虏大败而遁。生擒二人，斩首八颗，获马一百三匹，兵器什物八百九十，并追还被掠牛羊驴骡一千一十有奇。奏至，上以宁夏近年以来止有此捷，然警尚至可见，虏患未息，敕诸将慎为堤备，以收全功	《明宪宗实录》卷112	2	
1473	成化九年二月壬申	平虏将军总兵官宁晋伯刘聚等奏：成化八年十二月，虏入兴武营等处，臣会参赞军务都御史王越等议调军剿之。九年正月初四日，遇虏于花马池，斩首二，夺马五。八年十二月二十六日至正月十二日，游击将军王玺、参将神英等，累遇虏于漫天岭等处，斩首二十，夺马四十，皂旗一，弓箭等器八百二十九，牛羊等畜六千二百二。副总			

续表

公元	王朝纪年	战争概况	资料来源	战次	备注
		兵孙钺亦获虏马三百三十，牛羊七百余。正月二十一日，臣等还至双山、高家堡，又报虏众深入，至半坡峰遇之，奋战五十余合，自辰至申，虏败走，追至漫山岭，伏兵夹击，又败之，生擒四，斩首一百三十七，夺获弓刀等器一千五百九十四，马牛等畜一千七百一十九。是月十九日，孙越、王玺、神英等亦于刘家墕遇虏交战，斩首五十，夺获马五十四，盔甲弓矢等项一千六百二十三，追至漫塔，日已晚，对垒而宿。二十日，追至井油山，虏据险拒战三日夜，至二十二日，复败走，又追至水磨川，斩首一十九，夺获马二十二，驼二，盔甲弓矢等器四百五十一，又夺还被掠牛羊等畜二万余	《明宪宗实录》卷113	10	
1473	成化九年十一月甲午	陕西参赞军务左都御史王越奏韦州之捷：十月十一日，孛罗忽、满都鲁、乩加思兰入寇韦州，臣方自境外破虏老营而还，宁夏、大同、宣府、延绥总兵等官范瑾、周贤、岳嵩俱率兵至韦州，适协守环庆佥事左钰等兵来会，至红城儿，有二虏衣红，突攻右哨，游击将军缑谦、祝雄击退之。已而，复攻左哨，副总兵王玺及周贤就阵斩之。虏众夺气，众军乘之，呼声振地，虏散复聚，战十余合，大败而奔，弃辎重，军器满野。至十四日，总兵官刘聚又邀败之于三岔，共斩首一百四十九，夺还男女一千九百三十四，马骡牛羊十二万九千八百，皮袄、盔甲、弓箭等物一千六百一十	《明宪宗实录》卷122	5	以5次计
1492	弘治五年十一月甲戌	虏入宁夏威镇堡等处，军士被杀者五人，伤者一人，牧马被掠者八十一匹。命逮问哨守指挥刘琦等五人，罚总兵李俊、副总兵罗钦俸各两月，镇守太监张睿、巡抚都御史韩文姑贷之	《明孝宗实录》卷69	1	

续表

公元	王朝纪年	战争概况	资料来源	战次	备注
1493	弘治六年五月丙寅	虏入宁夏之庙山墩,镇巡等官命指挥王良、赵玺领兵三百拒之。接战未久,虏伏兵七八百骑突起,冲官军为三。良等并力御之,不克,赵玺并其下十四人皆为虏所杀,射伤者三十四人。玉泉营备御都指挥王杰率兵来援,亦为虏所围。会总兵官李俊等兵至,虏乃解去。镇、巡官以闻,并自劾失律之罪。兵部言:宁夏已屡失利,朝廷皆贷之,守臣漫不知警,复有此败,不一惩之,无以戒后。上是之,命停巡抚都御史韩文、总兵官李俊俸,并镇守太监张睿,俱令戴罪杀贼,王良等三人下巡按御史逮问	《明孝宗实录》卷73	1	
1495	弘治八年十二月乙亥	先是,虏入宁夏庙山墩境,指挥王良率所部与敌,不胜。官军为所杀者十六人,伤者三十六人,操备都指挥王杰领军策应,贼始退。事闻,下巡按御史逮问,拟良、杰俱守备不设,应边远充军,且谓良奋力交战,杰并力救援,宜从末减	《明孝宗实录》卷107	1	
1496	弘治九年十一月丁卯	虏入宁夏广武营界,杀掠人畜。命罚守备都指挥孙鉴俸一月,其把总千户刘冕等俟春暖时逮治之	《明孝宗实录》卷119	1	
1498	弘治十一年七月己酉	总制边务太子太保左都御史王越率师袭贺兰山后虏贼。先是,敕谕总制越云:贺兰山后乃虏贼巢穴,累次寇边,皆自彼而入。使其住居年久,熟知地方,或诱引北虏大众,或招来野乜克力等夷,为患不小,尔须运谋追剿,毋令滋蔓。越自宁夏遣将分路发兵,延绥副总兵都指挥同知朱瑾领兵二千出南路;宁夏镇守太监张僩、总兵官都督同知李俊领兵二千出中路;副总兵都指挥使张安、监枪右监丞郝善领兵二千出北路;越居中制之。张安、郝善分为二哨,北哨行五十余里至花果园遇贼,击之,斩十三级;南哨至蒲草沟,贼望见,畜产遍野弃不顾,急从沙窝遁去,七人不及走,斩之,其一人衣甲居幞甚整,意其酋也。合兵追至大把都,贼集其众,分为三面,并力驰突,我军下马,用	《明孝宗实录》卷139	5	

续表

公元	王朝纪年	战争概况	资料来源	战次	备注
		枪、铳御之，贼稍却，骑乘势急击之，斩十级。日晡，张安收兵回，伏兵道傍，贼来袭，遇伏走，郝善领兵截其去路，复追斩八级。又追至柳沟儿，斩三级，贼西遁，乃还宁夏城。凡得贼首四十二，骆驼十九，马百二十二，牛羊器仗千数			
1499	弘治十二年九月戊午	虏入宁夏蒋鼎等堡，杀掠人畜。协守西路署都指挥佥事孙鉴及操备指挥同知盛聪等下巡按御史逮问，拟充军	《明孝宗实录》卷154	1	
1499	弘治十二年十一月乙丑	虏入宁夏境，杀百户一人，旗军二十四人，伤四十八人，掠马八十匹。兵部请行巡按监察御史将都指挥以下停俸，俟防冬毕，按罪闻奏，镇、巡等官亦请量示罚治。上从之，命太监张僩、总兵官郭鋐、都御史王珣及监枪监丞郝善俱戴罪杀贼，鋐、珣仍各罚俸一月	《明孝宗实录》卷156	1	
1500	弘治十三年二月己亥	虏入陕西红山儿等处，守臣御之，斩首十级。有功军官二百四人俱升赏有差	《明孝宗实录》卷159	1	
1501	弘治十四年六月丙申	陕西环庆守备指挥刘雄、兵备副使于茂、都指挥杨敬等领军御虏于清平、萌城等处，斩首十一级。命镇、巡官劳之，其有功官军，令御史核实以闻	《明孝宗实录》卷175	2	以2次计
1501	弘治十四年七月己巳	兵部议谓：宁夏自春夏以来，节有虏寇，或数千或万余，俱经花马池、盐池、石沟、萌城直抵韦州、鸣沙州等处，丧亡人畜不可胜计，请下巡按、监察御史按问诸失机误事者	《明孝宗实录》卷176	1	
1501	弘治十四年闰七月乙酉	宁夏总兵官郭鋐、副总兵傅钊、右参将马隆、左参将左方，分兵御虏于盐池等处，先后斩首二十级，擒二十八人，获战马五十九，追回所掠人口一十二，驼马牛羊一千九百余	《明孝宗实录》卷177	1	
1501	弘治十四年八月辛亥	陕西韦州、石沟、环县、萌城、灵州、花马池等处官军先后截杀虏贼，斩首十二级，获孳畜几四千，器械千五百余，追回被掳人口百九十五，总兵官朱晖、提督军务都御史史琳等以捷闻	《明孝宗实录》卷178	1	以1次计

续表

公元	王朝纪年	战争概况	资料来源	战次	备注
1501	弘治十四年八月己巳	虏二万骑入掠宁夏东路，万骑入韦州，兵部请申敕总兵等官保国公朱晖、都御史史琳等用心筹画防御，并令侍郎李鐩设法赁攒军储。从之	《明孝宗实录》卷178	2	
1501	弘治十四年八月乙亥	兵科都给事中屈伸等奏：监督太监苗达(逵)、保国公朱晖、都御史史琳等奏，谍报得虏毡帐器物，知天兵一振，丑虏潜伏。据奏则似边警稍宁，便可论功行赏矣。及据八月二十陕西奏报，虏酋小王子等七八万骑，从宁夏花马池深入固原迄南，分路抢掠，火光营盘数十余里。又且埋伏阻路，势甚猖獗。由此观之，则边疆失守，地方伤残，关陕动摇之势朝不保夕。传至都下，人人为之惊疑，而达(逵)等实专制三边，声势联络，少有动息，岂得不知？又况各于八月初六日奏称：达贼大势俱往内地抢掠，调度行事难以遥制，佥议朱晖领都督马仪并京营头目及游击张雄、李祥统兵，即于初六日启行，节制各该将官。兵部于八月二十二日覆奏贼情，已拟朱晖等俱会韦州，必能申严号令，并力剿贼，捷音可期。岂期朱晖于八月十一日仍与苗逵等会奏，则是未尝赴韦州也	《明孝宗实录》卷178	2	以2次计
1501	弘治十四年九月甲申	北虏小王子卒。自去冬入河套至今年四月入境，大肆掳掠。时监督、提督、总兵诸臣方在宁夏，自五月初至闰七月，奏报才三至。兵部策边事急急请遣便核其事。于是令锦衣卫千户牟斌往。斌还上疏，先具列会镇巡官访察者，谓虏聚营花马池，三月中时拆墙攻墩，至四月大举自盐池直抵韦州、固原掳掠。总兵官郭鞠、傅钊，延绥副总兵吴江、参将左方、马隆等各统兵分御之，但粮草已乏，虽各行转运及招商上纳，至韦州等处数为贼杀掠以去，急宜设法防护之。及疏诸将出兵之期，所统军马之数，并密访数事以闻。一谓盐池、萌城正当贼冲，诸将不久驻于此，有警，乃于百里驰赴，所以人马供困。如七月都指挥杨琳遇贼于固原黑城，兵千余人皆没。八月初，虏过盐池，杨玉、神英、郭鞠、傅钊、吴江率众追击，战复不利，京营都指挥金玉又为所杀，盐池驲至花马池道路为之不通	《明孝宗实录》卷179	3	

续表

公元	王朝纪年	战争概况	资料来源	战次	备注
1501	弘治十四年十月戊申	监督等官太监苗逵等奏:近因虏贼入寇,已调都指挥杨玉、神英,总兵郭鞫,副总兵吴江、傅钊,参将左方,都指挥阎纲,各领兵邀击于盐池等处。又遣都指挥李俊,参将马隆、王战、曹椎,指挥李英,邀击于花马池等处。今虏已出境,而玉等无寸功可纪,并乞逮治其罪,别选以充其任,或降敕切责,令立功赎罪	《明孝宗实录》卷180	1	
1502	弘治十五年正月辛卯	监察御史林世远等劾奏:保国公朱晖、都御史史林、监督军务苗逵兵抵延绥,拥兵自守,还边警急,若罔闻知,虽乘虚过河一捣虏巢,然所获虏首止于三级,报功之人滥及万余。其后虏深入宁夏、固原、花马池、盐池、安定、会宁等处,晖等俱逗遛不援,坐失事机,致地方大被残虐,杀掠无算	《明孝宗实录》卷183	3	以3次计
1503	弘治十六年十二月戊戌	虏入宁夏大关口杀掠人畜。巡按御史劾总兵官郭鋐节制不严,请治其罪。上宥之,令戴罪杀贼	《明孝宗实录》卷206	1	
1504	弘治十七年十一月戊子	先是,虏入宁夏宁朔境,杀伤军士六人。下巡按监察御史勘其事。奏上得旨,分守参将许聪、按伏都指挥佥事马兴俱宥之,仍各罚俸一月,提调指挥白俊等俟边情宁日逮问	《明孝宗实录》卷218	1	
1504	弘治十七年十二月壬申	时虏犯甘、凉及宁夏花马池界,两镇守臣各请兵应援。命兵部移文各镇守巡官戮力防御,遇警互相策应,毋得推托误事	《明孝宗实录》卷219	1	
1504	弘治十七年十二月己卯	宁夏守臣奏:近虏数万围灵州,都指挥焦洪等力战却之。然犹虑其深入,请调京营军马六万分驻各境,俟警会剿。兵部议谓:沿边一路已调有兵马,自足破贼。但陕西内地东西相去千有余里,闻警调发,诚有缓不及事者,宜敕平凉等处督理马政都御史杨一清兼经略调度,事宁仍还故镇。其宁夏镇巡官员不能先事预备,致虏猖獗,乃设此动摇之策,以为他日宥过之地,请先降敕责之,俟事宁日究治其罪。上从其议。命杨一清不妨马政,兼巡抚陕西,悉心御贼。巡抚都御史孙需取回别用。仍降敕切责宁夏镇巡官,明知虏贼在套,不能设策防御,以致攻破营堡,废弛边备之罪。并令兵部遣人驰访贼情缓急以闻	《明孝宗实录》卷219	1	

续表

公元	王朝纪年	战争概况	资料来源	战次	备注
1505	弘治十八年正月己丑	虏三万骑围灵州，其别骑复入自花马池，掠韦州及环县等处。陕西镇巡官请调宣府、大同、延绥、甘、凉兵助本处官军防御	《明孝宗实录》卷220	2	
1505	弘治十八年正月甲辰	虏陷宁夏清水营，焚抄粮料二千九百余石，草十二万余束。镇巡官劾奏其事。下兵部覆议，宜下巡按御史，俟贼情稍宁，亲诣勘处，如有事干镇巡守备等官，一体参奏。且贼既得志必将复来，宜行镇、巡等官于凡积有粮草营堡，俱令加意防备，有警互相应援，毋徒婴城自守。上曰：清水营堡要害之地，所储刍粮不少，如何全不设备，致贼直入焚抄，边防废弛甚矣。其令巡按御史阅实以闻	《明孝宗实录》卷220	1	
1505	弘治十八年二月癸酉	虏围灵州久不克，因解去，散入内地四掠。指挥仇钺设伏，要其归路。总兵官李祥复督诸军驰援，战走之。斩首三十二级，获战马六十四匹，追回被虏男女十一人，驼马驴骡牛羊三千六百九十四	《明孝宗实录》卷221	2	
1505	弘治十八年三月丙戌	虏寇宁夏兴武等营，延绥游击将军姜汉率所部分路援之，遇于中沙等墩，斩首十二级，获马十六匹，夷器四百四十七事	《明孝宗实录》卷222	2	
1505	弘治十八年十月丙辰	虏入镇夷守御千户所境，杀掠官军，都指挥刘经以援兵不至，督战死之。指挥韩杰、亦麟、陈缙失机，当坐死	《明武宗实录》卷6	1	
1506	正德元年三月乙酉	锦衣卫千户屠璋自陕西勘事还报：虏众约五六万，以去年十二月十七日自花马池毁垣而入，直抵隆德、静宁、会宁等处，至今年正月初四日，始从旧路遁去。镇巡等官先调各卫官军、土达，召募民壮九千七百余人，委备冬把总指挥任玺等，分布沿边防守。都御史杨一清又调延、宁、庄浪兵马邀击追剿。然或传报不豫，或备虏不谨，或应接不及，或心力不齐，以是失误事机，竟无成功。其初入花马池，参将霍忠等兵溃，遂转侵固原，围豫旺城，玺及操期(守)指挥陈辉与战于干盐池，阵亡十八人。于是，由葫芦峡口寇镇戎所，寇黑水、板井等堡及静宁州，所杀虏人畜甚众。还至乱马川，指挥张瑛、把	《明武宗实录》卷11	1	以1次计

续表

公元	王朝纪年	战争概况	资料来源	战次	备注
		总张元宇率军迎敌，瑛中流矢死，[死者又十八人]。[虏]大众出锦鸡口时，一清累趣兵并力截其归路，然皆坐视不战。惟指挥郭溯追及余贼六骑于小盐池，与副总兵姜汉、守备都指挥侯勋部下各斩首二，余所获仅达马、夷器而已			
1509	正德四年六月壬申	先是，弘治十七年十二月，虏以三百余骑入宁夏镇安墩，分守宁夏东路右参将霍忠命庆阳卫千户袁鉴、百户王进等于腹里仓官堡哨探，进等辄游猎至磨盘山，遇贼而遁，鉴及所部死伤者三十四人，而忠观望不救。十八年九月，总兵官李祥领兵四千八百守宁夏城，副总兵卫勇以兵三千伏清水营。祥以兵部檄令忠与勇整兵击虏，且檄延绥守臣，令参将王戟驻花马池。十月十六日，忠等怠于警备，虏以二千余骑入自石旧儿等墩，伏野麻湖沙冈。忠闻之，使告宁夏镇巡及勇、戟。明日，虏数千骑又入伏沙窝，忠乃令千户张钦、司禄以百人前哨，自率马步二千继之。钦离花马池城十里为贼所围，及所部战死者二十七人。忠出城三里止营，率马步二千赴援，而沙窝伏贼突出，忠还营。贼方合众攻围，望见王戟领兵至城东，分兵逆战，势稍分，忠移营城北。两军战死者指挥唐彪、旗军李彪等百六十人。贼稍退，戟入城，及指挥季澄督兵出北门与忠合，贼乃少挫。遂散掠镇戎、固原诸处，径从锦鸡口出境。而祥、勇兵在石沟儿，与贼相背，及镇守太监葛全、都御史刘宪俱不能督兵要遮，既而忠乃掘死贼首级以为己功，且委罪王进等	《明武宗实录》卷51	7	
1509	正德四年十二月丁酉	镇西将军总兵官曹雄奏：十一月初五日，总制尚书才宽调臣与副总兵杨英御虏于花马池，自大川墩东空出境，露宿边外。明日宽侦知达贼五帐在柳条川，勒兵联络追之，斩首六级，获骆驼牛马二十六，夷器倍之。再战于羱羊泉，贼骑渐多，宽督官军力战，斩首四级，射死八人。沙窝	《明武宗实录》卷58	5	

续表

公元	王朝纪年	战争概况	资料来源	战次	备注
		贼伏，突出射我军，宽中流矢而颠。雄与英以隔远弗及应援，忽闻主将之变，乃合军以退，战于鼠湖，追至豊城，斩获倍前数。收宽尸，结营以还。臣雄将领无状，乞解兵柄就刑			
1511	正德六年六月癸未	宁夏都指挥佥事陈恂等败虏于唐渠，斩首四十一级	《明武宗实录》卷76	1	
1513	正德八年十月丙申	虏入宁夏宿嵬口，守臣以闻。因劾副总兵赵文、都指挥江山、郑卿等罪。兵部覆议，文等诚有罪，而镇守太监张昭、巡抚都御史冯清亦难辞责，且总兵官魏镇已死，宜促潘浩亟往代之，诸失事者令巡按御史逮问。从之	《明武宗实录》卷105	1	
1515	正德十年二月乙卯	虏入延绥、宁夏地方，陕西镇巡以闻。兵部议，甘肃渐宁，宜令总督都御史彭泽将原调延、宁、固原人马发回本处防御。从之	《明武宗实录》卷121	1	以1次计
1515	正德十年闰四月辛未	虏自守口等墩寇延绥，总兵官王勋、副总兵戴钦、参将冯大经等率兵御之于伍谷城，擒斩五十九人。复自赤木口寇，宁夏总兵官潘浩、参将阎勋等率兵御之于洪团庄，斩首十四级	《明武宗实录》卷124	1	
1529	嘉靖八年正月庚申	套虏万余骑驻杨柳堡石臼墩诸处，宁夏戒严，巡抚都御史翟鹏以闻。上命兵部移文总制王琼行令各镇巡官，协心防御，互相应援，不得自分彼此，致误事机	《明世宗实录》卷97	1	
1529	嘉靖八年三月甲辰	初，虏贼拥众数万入河套，乘冰渡河犯宁夏。总兵官杭雄迎敌，为虏所败，亡失甚多。守臣以闻。时雄已为总制王琼所劾，回卫致仕。上以该镇失事重大，守臣所奏尚有隐匿，令革雄任，下巡按御史勘实以闻	《明世宗实录》卷99	1	

续表

公元	王朝纪年	战争概况	资料来源	战次	备注
1529	嘉靖八年十月壬午	先是，套虏踏河冰从瓦窑墩南口入寇宁夏，逾贺兰山，众可六七千骑，谍者误报三百余骑。总兵杭雄、副总兵赵镇、游击将军李勋、都指挥吴云等率骑兵三千出平羌堡，与虏遇，虏尽伏其精锐，而以老弱接战，佯走，我军争利逐之。前锋已陷伏中，雄等望见尘起，谓且得虏，驰前，遇伏大败，死者九十二人，伤者七十八人，亡马七百余匹，器械甚众。雄等匿其败状，又减所亡失之数。至是，给事中李仁奉旨往勘，具得其状	《明世宗实录》卷106	1	
1530	嘉靖九年九月戊申	总制三边兵部尚书王琼奏言：宁夏墩台烽火西接庄浪，往年未尝通一虏骑，今年五月虏自西海由庄浪循广武营至贺兰山、赤木口南宁夏地界，拆墙入境，骑以四五万计，飞尘数十里，略无畏忌。向后，北虏或畏大王子势众，移营西入庄浪住牧，与西海达子连和，东西侵犯，则不惟宁夏孤悬，河北难守，而甘肃地方又为断我右臂矣。此今日西北第一大事，乞早为议处设备，毋使临事有误	《明世宗实录》卷117	1	
1533	嘉靖十二年十二月己卯	虏二千余骑犯宁夏，总兵王效、延绥副总兵梁震率兵御之，遇于柳门，虏败走，追至塞外蜂窝山，虏还兵接战，复大败。诸军乘胜蹙之于水，溺死者甚众，凡斩获虏首百四十有奇。总制尚书唐龙等以捷闻	《明世宗实录》卷157	3	
1534	嘉靖十三年八月壬子	虏吉囊十万骑由花马池入犯，副总兵梁震拒却之，虏从延干沟入，将窥固原及海喇都等处，复为总兵刘文所遏。乃从长流水趋青山岘以窥安会。事闻，诏行总制尚书唐龙等督诸将严兵御之	《明世宗实录》卷166	2	
1534	嘉靖十三年十一月甲申	总制陕西三边兵部尚书唐龙奏：虏寇宁夏，先事设备，诸将御之皆有功。计固原总兵刘文部斩首百二十七级；延绥总兵王效部斩首一百三级，副总兵梁震部斩首一百八十五级，把总刘致中等亦斩首二十级	《明世宗实录》卷169	4	

续表

公元	王朝纪年	战争概况	资料来源	战次	备注
1535	嘉靖十四年十月乙卯	先是,十三年七月,虏大举窥花马池,宁夏总兵王效、延绥副总兵梁震等拒之。乃是(从)定边营迤东干沟拥(入),震伏兵击虏,虏趋固原,陕西总兵刘文、参将崔天爵不能擒贼,遂分掠安定、会宁二县,其窥鼠湖千余虏为效所败,至沙湖及安定、灵州,劾(效)复败之。诸将大获功,然诸城堡亦多残破者。总制唐龙上其功而巡按张鹏以罪状闻	《明世宗实录》卷180	3	以3次计
1552	嘉靖三十一年五月丙午	虏八百骑围陕西红城子堡,二日乃退	《明世宗实录》卷385	1	
1552	嘉靖三十一年十二月戊午	陕西巡按御史姚一元奏:九月十三日,虏七十骑寇宁夏,蒋鼎、林皋等入堡,杀二千余人,掠头畜以万计	《明世宗实录》卷392	1	
1553	嘉靖三十二年八月乙亥	陕西兵出塞捣虏巢于牛儿营,斩首一百一十六级,获马三百匹	《明世宗实录》卷401	1	
1560	嘉靖三十九年四月辛酉	套虏都剌免台吉等寇宁夏河东毛不剌等处,将趋灵州。总督侍郎魏谦吉、巡抚都御史霍冀檄总兵赵应督兵御之,斩首六十二级,虏逃出边	《明世宗实录》卷483	1	
1561	嘉靖四十年十一月庚戌	虏二万余骑入陕西宁夏边,分犯螺山、铁柱泉、小盐池等处,进逼固原,循下马关而西,大掠数日始遁	《明世宗实录》卷503	3	
1562	嘉靖四十一年十一月辛丑	虏数万骑犯宁夏清水营等处,副总兵王勋战死,守臣以闻	《明世宗实录》卷515	1	
1565	嘉靖四十四年二月丙子	陕西巡按御史雷稽古疏报:去年十月中,虏万骑犯板桥响闸儿等处,深入五百余里,掳掠二十余日始遁	《明世宗实录》卷543	1	
1565	嘉靖四十四年四月己丑	陕西三边总督郭乾、宁夏巡抚王崇古等奏报延、宁二镇官军捣巢功:正月十六日,宁夏军自清水营等处出边,斩获七十人。二月初八日,延绥军自白崖墩出边,斩获虏酋哱罗台吉及从贼一百二十四人,各夺获头畜、器械无算	《明世宗实录》卷545	2	

续表

公元	王朝纪年	战争概况	资料来源	战次	备注
1567	隆庆元年十月甲辰	套虏谋犯固原，潜扑哨军，镇守宁夏总兵雷龙、灵州参将何其昌督兵出塞，破贼于倒狼、可免、白疙疸等处，斩首二十九级，夺获马匹、夷器甚众	《明穆宗实录》卷13	3	以3次计
1568	隆庆二年九月丙辰	巡按陕西御史杨鈐奏：五月内虏入宁夏半个城等处，杀掠人畜甚众	《明穆宗实录》卷24	1	
1569	隆庆三年四月己丑	套虏绰力兔、小黄台吉等纠众沿河东岸住牧，声言欲渡河抄掠宁夏，总兵雷龙等督兵由兴武营暗门出边，至敖忽洞前，袭虏营破之。斩首一百二十二级，夺马七十六匹及夷器千余	《明穆宗实录》卷31	1	
1592	万历二十年九月甲戌	宁夏巡抚朱正色题：八月初七日，搜出绰力兔与哱贼书一纸，约集虏兵三万余骑定期过河助贼，随行道将严哨探，定方略。李如松、萧如熏调发游击李宁等迎敌，斩获达级三十五颗，生擒虏贼男女十四名，夺获马畜一千一百有奇。已闻达贼万余渡河大举，仍统麻贵、马化英等迎敌，冲斫二十余阵，斩级六十九颗，生擒勾虏反贼二名，器械、马畜无算	《明神宗实录》卷252	2	
1592	万历二十年九月己未	总督魏学曾题称：虏数万内犯，分兵堵退，贼粮将尽，人马饥死，总兵萧如熏已到，并攻，城内生齿三十万，水灌将尽，为鱼未卜，竟能招安与否	《明神宗实录》卷252	1	
1593	万历二十一年七月丁卯	礼部题：查勘过宁夏达贼入犯井沟口，官军就阵，擒斩贼级一百七十六名颗口，夷器、马驼牛羊称是。照例择日宣捷，并告郊庙	《明神宗实录》卷262	1	
1595	万历二十三年正月乙未	陕西总督叶梦熊题：宁夏中卫游击石尚仁报称，斩获贼虏首级五十名	《明神宗实录》卷281	1	
1595	万历二十三年二月乙卯	兵部覆：宁镇松山住牧宰僧等酋，与河套卜土诸夷毳幕联络二千余里，向盘据套内，为西北大患。自昨秋今春，松酋屡入犯，陕西督臣叶梦熊与各抚镇道将同心戮力，俘斩虏一百六十六名颗	《明神宗实录》卷282	1	

续表

公元	王朝纪年	战争概况	资料来源	战次	备注
1595	万历二十三年四月庚戌	总督陕西叶梦熊题称:虏屡犯宁、固边疆,抚镇道臣屡挫其锋,共计斩首五十二颗,夺获夷畜器颇多	《明神宗实录》卷284	1	以1次计
1595	万历二十三年九月癸巳	虏犯宁夏枣园堡,官军御之,斩获首虏十九颗	《明神宗实录》卷289	1	
1598	万历二十六年四月甲戌	虏寇宁夏水塘沟地方,官军对敌,斩首一百二十三级,巡抚杨时宁以捷闻	《明神宗实录》卷321	1	
1601	万历二十九年八月庚午	兵部覆奏:宁夏平虏城兴武所属地方西破着宰等虏,斩馘二百余级,夺马驼、夷器无算	《明神宗实录》卷362	1	
1608	万历三十六年十一月甲辰	宁夏巡抚黄嘉善题:十月内银、歹二酋犯广武,我兵斩虏首八十余颗	《明神宗实录》卷452	1	
1609	万历三十七年三月壬午	虏银、歹二酋犯宁夏中卫。先是边夷湃彦儿密以虏情输我,参将贺世勋犹弗备,被杀掠人畜去,仅斩获虏首三颗。既复犯广武,游击潘国振、江应诏、贺维桢等连营合堵,共获贼级八十二颗	《明神宗实录》卷456	4	以4次计
1609	万历三十七年十月庚午	以银、歹部虏突入石空寺堡,杀军丁,掠男妇至八十余口,命革守备韩体、仁任,并把总扬衡,俱行巡按提问	《明神宗实录》卷463	1	
1630	崇祯三年二月戊午	总兵尤世禄上言:崇祯二年十月二十九日,套部大举犯宁夏,声势甚迫。套憨干儿骂披戴金龙盔甲,骑红沙战马,直当阵前对臣坐纛冲入,臣持铁简应战,击之坠马,左右亟前斩首,并盔甲什物尽皆获之。马飞奔欲还,我兵砍其前足,始得拿住	《崇祯长编》卷31	1	
1631	崇祯四年六月丁未	套部山旦、土埧等纠众千余,从永清界平沙口入,伏兵于红山之镇卯墩,欲要截官兵使不得东。中军戴尧天、参将张问政分兵剿堵,奋勇先登,一鼓斩获首级七十余颗,势遂披靡,于是引兵东指,会河东各营兵将并力剿杀,又斩首一百三十颗。宁夏巡抚耿好仁捷书以闻	《崇祯长编》卷47	2	

表 3 明代固原镇战争统计表

公元	王朝纪年	战争概况	资料来源	战次	备注
1369	洪武二年四月丁丑	都督副使顾时等兵克兰州，以指挥韩温守之	《明太祖实录》卷 41	1	
1369	洪武二年四月乙酉	谍报故元豫王驻西安州……遣右丞薛显将精兵五千袭豫王	《明太祖实录》卷 41	1	
1369	洪武二年六月甲戌	泾州逻卒获庆阳小元帅谍者张五十九人，斩之	《明太祖实录》卷 43	1	
1369	洪武二年六月甲戌	张良臣以兵战于(庆阳)东门，都督副使顾时击败之	《明太祖实录》卷 43	1	
1369	洪武二年七月辛亥	王保保部将韩扎儿攻破原州，指挥陈寿等俱陷没	《明太祖实录》卷 43	1	
1369	洪武二年七月辛亥	是夜，扎儿复攻陷泾州，丁千户退保灵台县	《明太祖实录》卷 43	1	
1369	洪武二年七月辛酉	右副将军冯宗异引兵自驿马关讨韩扎儿，扎儿走，追至邠州，又走宜禄	《明太祖实录》卷 43	1	
1369	洪武二年八月戊寅	大将军徐达督诸军攻庆阳	《明太祖实录》卷 44	1	
1369	洪武二年九月甲午	贺宗哲以其众掠兰州，大将军徐达遣右副将军冯宗异率步骑万七千道靖宁往击之。宗哲闻王师至，即由迭烈巡渡河遁去，宗异乃率所部还	《明太祖实录》卷 45	1	
1369	洪武二年十二月庚寅	元将王保保侦知大将军南还，以兵袭兰州，奄至城下。指挥张温……整兵出战，保保兵稍却。……时鹰扬卫指挥于光守巩昌，将兵来援，至兰州之马兰滩猝遇保保兵，战败被执至兰州城下……	《明太祖实录》卷 47	2	
1370	洪武三年四月丙寅	大将军徐达等率师出安定，驻沈儿峪口，与王保保隔深沟而垒，日数交战。王保保发兵千余人，由间道从东山下潜劫东南垒。东南一垒皆惊扰，左丞胡德济仓卒不知所措。达亲率兵急击之，敌乃退……明日，整众出战，诸将争奋，莫敢不力，遂大败保保兵于川北乱冢间	《明太祖实录》卷 51	2	以 2 次计

续表

公元	王朝纪年	战争概况	资料来源	战次	备注
1370	洪武三年五月辛亥	左副副将军邓愈自临洮攻克河州	《明太祖实录》卷 52	1	
1372	洪武五年六月戊寅	初,冯胜等师至兰州,傅友德先率骁骑五千直趋西凉,遇元失剌罕之兵,战败之。至永昌,又败元太尉朵儿只巴于忽剌罕口,大获其辎重牛马。进至扫林山,胜等师亦至,共击走胡兵。友德手射死其平章不花,追斩其党四百余人,降太尉锁纳儿加、平章管着等	《明太祖实录》卷 74	3	
1373	洪武六年二月二壬寅	故元将脱脱木儿犯庆阳、保安、会宁等处,延安卫发兵击走之	《明太祖实录》卷 79	1	以 1 次计
1373	洪武六年七月己巳	洮州三副使阿都儿等以出猎聚众,约故元岐王朵儿只班寇边,朵儿只班等遂率众驻大通山黑子城,入寇河、兰二州。西宁卫千户祈者公孙哥等领兵击之,斩其知院满答立等百余人,千户伦达力战死,寇遂解去	《明太祖实录》卷 83	1	
1373	洪武六年八月丙子	胡兵寇河州,夜入土门峡,千户王才战死。临江侯陈德统兵击败之	《明太祖实录》卷 84	1	
1377	洪武十年四月乙亥	故元将也速寇庆阳,庆阳卫发兵击却之	《明太祖实录》卷 111	1	
1445	正统十年五月己卯	鞑贼入掠安化县,陕西操备都指挥佥事杨信得报逗遛不进,庆阳卫千户曹旺承调,率兵策应,复推故不行,贼遂肆掠出境。巡按监察御史张文昌等按得状俱坐以失机斩。事闻,上命宥死杖之,充延安卫军,当先杀贼立功	《明英宗实录》卷 129	1	
1450	景泰元年三月癸丑	镇守陕西兴安侯徐亨奏:达贼犯宁夏、庆阳等处,杀千余人,掳六千六百人,马驼牛羊二十七万	《明英宗实录》卷 190	1	以 1 次计
1461	天顺五年二月甲午	镇守兰县右少监秦刚奏:侦报达贼四百余骑屯黄河北岸,数十骑过河剽掠,都指挥彭智率轻骑千人追之。至苇子湾遇贼,擒四人,斩首一级,余贼奔走,渡河尽溺死。河北贼亦望风遁去,获所掠牛羊马骡凡三千	《明英宗实录》卷 325	1	

续表

公元	王朝纪年	战争概况	资料来源	战次	备注
1461	天顺五年四月壬辰	兵部言，近得总兵官保定侯梁瑶奏：达贼犯靖虏地方，率官军与贼战，败之，斩首十三级，获马八匹。然虏贼随败，雙(变)诈莫测，恐乘我不备突入寇掠，宜令瑶等整搠军马，以逸待劳，不可狃于小胜轻敌，常使号令严明，以保万全。从之	《明英宗实录》卷327	1	
1462	天顺六年正月甲辰	参赞军务右侍郎白圭、左副都御史王竑等分兵巡边，适达贼分路入寇：一自枣园堡过河劫掠，圭与遇于固原川击之，擒九人，斩首二级，获马二十匹；一劫红崖子川，竑同副总兵冯宗与之遇，擒四人，斩首二级，余贼溃散奔靖虏城南各山口，右参将李杲追之，斩首二级，擒七人，复所掠牛羊马驴凡万余。圭等各以捷闻。上敕之曰：尔等同心协谋，出奇制胜，以副朝廷委任。朕甚嘉之，然贼方请和佯退，而又乘机潜入，其狡诈昭然，尔宜益加戒严，勿以小捷而萌怠心，勿以约和而弛兵备，常如寇至可也。其敬慎之	《明英宗实录》卷336	3	
1462	天顺六年二月乙亥	陕西总兵官保定侯梁瑶奏：达贼入寇靖虏，都指挥汪礼率兵追剿，擒六人，复所掠牛马二千三百有奇，贼弃遁出境	《明英宗实录》卷337	1	
1466	成化二年正月甲寅	镇守陕西左少监黄沁奏：虏拥众入庆阳环县境抢掠。上敕总兵官宁远伯任寿等相机截杀，并敕太监钱喜、大同总兵官杨信等会兵剿之	《明宪宗实录》卷25	1	
1466	成化二年正月庚申	虏犯环县境，指挥佥事周普、百户刘英等击之，获兵书器械等物	《明宪宗实录》卷25	1	
1466	成化二年二月戊寅	虏三百余入陕西环县，营于石硖口，四散剽掠，都指挥林盛率兵往击，走之。追至山城原，十余战，斩首九级，获马二十四匹并服器等物，夺回所掠男妇九十五人，牛羊三百有余。捷闻，上降敕嘉奖之	《明宪宗实录》卷26	2	
1466	成化二年七月戊戌	北虏毛里孩拥众入寇固原，都指挥林盛统精兵千余与贼遇，被围于群牧营堡，虏又深入散掠，报至，上敕总兵等官杨信及诸边将速发兵御之	《明宪宗实录》卷32	1	

续表

公元	王朝纪年	战争概况	资料来源	战次	备注
1466	成化二年八月乙丑	兵部言:陕西守臣屡报河套虏贼深入平凉、固原、静宁、隆德、开城、华亭等处,攻县治,掠民财,杀都指挥、知县等官。当其入寇之时,惟都指挥林盛独领一军与战,虽损失军马,亦能生擒寇贼,功可掩过。其总兵、参将等官李杲、张荣、王安、韩斌、赵英等既不能出奇剿截于其来,又不能据险邀击于其去,惟以贼多军少为词。请命整饬边务尚书王复会同巡按御史究治之。都御史项忠奉命往来调度亦不见运一筹策以摧丑虏,俱宜参究。上是之	《明宪宗实录》卷33	1	
1466	成化二年十一月丁丑	达贼入陕西安定县地方,杀死男妇二十四人,掠去二百四十七人,马骡牛羊以二万计,知县郭演以间。兵部覆奏:宜移文总兵官杨信等严为堤备,仍令巡按御史以失机官具实参奏究治。从之	《明宪宗实录》卷36	1	
1466	成化二年十二月乙丑	整饬边备兵部尚书王复奏:七月,虏贼由花马池散入平凉诸处劫掠,越二十日,参将韩斌、王安、游击将军赵英等合兵截其归路,众寡不敌,贼遂入兴武营,副总兵张荣畏其势众,不敢进兵。贼寻入灵州,总兵官李杲畏怯不出,使都指挥焦政出战,被杀死。八月,贼入固原州,都指挥林盛军屯甘州群牧所城外,遣指挥董晋等截杀,获一人,斩首二级。寻复遇贼,战于西山长城,大众突至,官军为贼杀死者二十二人,贼遂拥众至群牧所札营,官军坚壁不出,贼分众攻陷开城县,杀知县于达、教谕汤敏、大使汪士让,虏其妻子二十余口,居民一十六户,遂长驱深入静宁、隆德等六州县大掠。蒙旨令臣覆实,谨具以闻,具言林盛等畏缩失机,宜置于重法,都御史项忠虽往延绥会议边务,闻贼入境宜兼程回平凉调度军士应援,今乃在途延缓,日久致误军机,亦宜逮之。上曰:项忠、林盛、赵英、王安、韩斌,俟边警宁息,奏闻处分。时李杲已谪边戍,张荣以才不胜代回,故不及也	《明宪宗实录》卷37	5	

续表

公元	王朝纪年	战争概况	资料来源	战次	备注
1468	成化四年三月甲申	兵部奏:陕西洮、岷二卫地方番贼出没,杀略人财,分守千户阎庆、整饬兵备副使李玘、守备都指挥韩春、指挥何英等防御不严,俱当究问	《明宪宗实录》卷52	2	以2次计
1468	成化四年六月辛亥	镇守陕西太监刘祥等奏:开城县土达满俊即名满四等三百余人抢掠苑马寺官马,杀死土官指挥满璹所带官舍十七人,旬日啸聚一千余徒,披明甲,执弓矢,吹响器,势已猖獗。上命祥同宁远伯任寿、右副都御史陈价等量度贼情,速抚剿之	《明宪宗实录》卷55	1	
1468	成化四年八月戊申	兵部尚书白圭等奏:近敕宁夏、延绥总兵等官会兵征剿土达满四,而陕西总兵官任寿、都御史陈价、参将刘清一闻延绥调军,辄生疑忌,又不待项忠等大军会计,乃与宁夏总兵广义伯吴琮轻进,遇贼辄败,杀死都指挥蒋泰、申澄及官军甚众,遗失火器及马不计其数,丧师辱国,莫此为甚,请逮寿及价、清来京,明正其罪	《明宪宗实录》卷57	1	
1468	成化四年十一月壬戌	总督军务右副都御史项忠奏:臣等奉命征剿逆贼满四,以十月九日军分七路,臣与太监刘祥、总兵官刘玉、都御史马文升等由金佛沟进;都御史王锐、参将胡恺等由李俊沟进;伏羌伯毛忠等由木头沟进;右参将夏正等由乱麻川进;都指挥姜盛由黑城子进;副总兵林盛由好水川进;都指挥张瑛由骡母川进。贼众来御,臣与诸将夹攻,贼大败,追斩贼首二百二级,中伤堕崖涧死者甚众,夺还铜炮、神枪以千计,牛羊马骡二千余。毛忠军趋占木沟水头,擒斩夺获数多。翼日,毛忠督精锐四千进至石城,炮架山北,率励将士及其侄毛海、孙毛恺奋不顾身,躬冒矢石先登,遂夺炮架山北三峰头,乘胜上攻,又夺山西四峰头。适臣与各路官军俱会,遂攻石城东、西二门及山之东峰,克之。焚贼窝铺百余处,擒贼二十四人,斩首七十三级,堕崖死者甚众,夺获神枪、火炮、弓箭、牛马等物。贼窘迫皆号哭,有自缢死者。毛忠为流矢所中,回至山半而卒	《明宪宗实录》卷60	4	

续表

公元	王朝纪年	战争概况	资料来源	战次	备注
1471	成化七年十二月乙未	兵部奏:近宁夏报花马池、兴武、灵州、鸣沙州及贺兰山诸处俱有虏众寇钞,烟尘不绝,而山后又有虏潜伏窥伺。又,陕西报虏众分为二路:一从西安州入安会境;一从固原入隆、静境。意者,虏酋乩加思兰欲乘冰北遁,故分遣部落窃掠而去。宜移文总督军务右都御史王越会延绥镇守少监张逻、总兵官许宁议之,若虏复入寇,即督所部兵及增调陕西、宁夏兵,或分或合,多方邀击。仍令越究虏所从入及各守边官失机与否以闻。从之	《明宪宗实录》卷99	2	以2次计
1472	成化八年正月壬寅	巡抚陕西左副都御史马文升奏:虏酋乩加思兰纠合阿罗出部落渡河犯边,已及岁余,今虽互相仇杀,分为二路,而乩加思兰方驻花马池、定边营外,分遣部落入钞固原、宁夏,迄今未出。缘边方人畜俱收入堡洞,彼无所得。使窥知固原迤北及巩昌所属孳畜繁衍,必举众深入。往者,毛里孩侵犯固原,调兵至五万余,仅保无虞,今固原精兵仅三千人,战马仅二千匹,力必不支,有可虑者。乞预行总兵官朱永等备之,寇至固原宜即遣裨将领大同、宣府兵,取道策应,或益以甘凉兵三四千,庶无后患	《明宪宗实录》卷100	2	以2次计
1472	成化八年二月己巳	镇守陕西太监刘祥奏:去年十一月虏入固原海剌都至黄蒿坪,杀仓官等五人。十二月入通渭县,杀民三百余人,至稠泥河,杀苑马寺圉长、军余二十人,掠官私畜产七百余以去。今年正月又入固原,直抵平凉、白水诸处	《明宪宗实录》卷101	2	以2次计
1472	成化八年二月丙戌	命治守备会宁等处都指挥佥事董缙罪。时虏骑二百余入会宁境,缙领官军千余与遇于猪肝岔北山,隔河布阵,忽有二贼渡河答话,我师遂乱,虏乘势悉渡,缙遁避之,官军被杀者二十人,伤者甚多,马为所夺者二百匹,兵仗无算。缙复饰词掩罪,以夺获人畜为功	《明宪宗实录》卷101	1	

续表

公元	王朝纪年	战争概况	资料来源	战次	备注
1472	成化八年八月庚午	兵部奏：巡抚陕西都御史马文升奏：虏贼屡入靖虏、平凉、会宁、静宁等州县杀掠，宜移文武靖侯赵辅、都御史王越等调度军马，相机剿杀，毋徒拥兵自卫，坐耗边储	《明宪宗实录》卷107	4	以4次计
1472	成化八年九月甲辰	巡抚陕西左副都御史马文升奏：虏寇自夏及秋深入环庆、固原境内，四散抄掠，势日滋蔓，署右都督白玉、凉州右副总兵都督同知赵英各分兵邀击之，前后擒斩六级，追获被虏牛羊二十余。时总兵官武靖侯赵辅亦奏：延绥西路指挥孙鉴、阎威各率军御之，于半个城、红寺儿等处，追还牛羊千余。延绥总兵官许宁军夜袭其营于境外鸭子湖，杀伤甚众，夺获其马百匹以还。章俱下兵部，言虏众犯边首尾三月，赵辅、王越师行已久，今唯闻白玉、赵英及阎威等略有捍御擒斩之功，其余俱拥兵袖手，欲从举劾。但已遣给事中郭镗察访，未报。今且宜督责辅等力图后效，其赵英、白玉等曩缘失机立功赎罪，今宜宥之，使益加奋励。从之	《明宪宗实录》卷108	1	以1次计
1472	成化八年九月辛亥	巡按陕西监察御史王哲奏：虏寇久据河套出没无时。自去冬至今年夏，凡三入巩昌等府、会宁等县境内，杀掠人畜。近于六月间益肆深入。南至通渭、秦安等县，西至金县等境，杀虏尤多。窃恐此虏得利而归，复图再举，南必至秦州，西必至兰县	《明宪宗实录》卷108	4	
1472	成化八年十一月丁未	巡按陕西监察御史苏盛奏：今年六月虏众入平凉、靖虏等境，前后杀掠一千七百六十人，马骡牛羊一万五千七百余以去。指挥黄庆、陈泰等失于防御，罪宜究问	《明宪宗实录》卷110	1	
1472	成化八年十一月丁未	巡按陕西监察御史王哲奏：镇守兰县都指挥同知姜盛率军赴延绥听调，至车道岭，被虏劫掠兵仗、辎重并马牛一百三十，杀伤三十余人，宜加逮问	《明宪宗实录》卷110	1	

续表

公元	王朝纪年	战争概况	资料来源	战次	备注
1473	成化九年十一月丁亥	巡抚陕西左副都御史马文升奏：九月来，虏自花马池拥众深入，分寇静宁、青家驿等处，其势甚张。兵部议，欲遣近臣往视事势缓急	《明宪宗实录》卷121	2	
1474	成化十年六月辛巳	陕西都指挥傅泰、雷泽及指挥陈溥等，俱以去年虏骑入寇行巡按御史核实。至是，御史言：秦州、安定、会宁、通渭、秦安、陇西、宁远、伏羌、清水九州县俱被寇，而通渭、秦安尤甚。通计杀掠男妇三千三百六十四人，虏牛马等畜一十六万五千三百有奇，焚毁屋庐四千六百二十余间，食，践、烧毁收贮谷麦等物三十六万七千六百余束。时，泰、泽以兵千九百八十人守备会宁，溥及肃府仪卫正曹珍、指挥徐升、宴彬千五百人守备安定，指挥洪寿以兵三百人守备通渭，百户陈海、镇抚蒋彪以兵三百余人守备秦安，皆不能防御，失机贻患，俱宜罪之	《明宪宗实录》卷129	9	以9次计
1474	成化十年八月己丑	巡按陕西监察御史王毓奏：自去年虏入平凉、巩昌二府境内，杀掠男妇四千二百七十七人，掠去马牛等畜一十九万四百五十有奇，守备陕西都指挥苗玘、宣府总兵官周贤、宁夏右参将陈辉、陕西都指挥袁政及守备、指挥等官，俱宜坐以失机之罪	《明宪宗实录》卷132	2	
1480	成化十六年二月庚申	巡抚陕西右副都御史程宗奏：虏贼从宁夏中卫深入靖虏、会宁等处，四散杀掠，其沿边守御、瞭望、指挥、千百户等官祝祯、门启、陈泰等弛备失机，及分守宁夏左参将张翊、镇守固原等处参将都指挥使田广、守备署都指挥佥事甘泽、整饬兵备按察副使王继等不能督属御寇，乞治其罪	《明宪宗实录》卷200	2	

续表

公元	王朝纪年	战争概况	资料来源	战次	备注
1486	成化二十二年三月壬戌	巡抚陕西右副都御史郑时奏:今年正月虏贼深入临洮、金县杀掠军民三十余人,牛羊畜牧以万计。守备兰州太监蓝蕙、署都指挥佥事于升弛备召寇,畏缩敛兵,俱属有罪。事下兵部言:兰州等处自去冬以来累有虏警,尝令巡按御史核蓝蕙、于升罪。今虏复深入,所过杀掠又不知其几千万数,而两月之间不闻边将遣一人一骑少遏其锋,宜行巡按御史并加勘究。自兰州安定一带被虏之地,失误提督、守瞭墩台等官悉从逮问。守备太监蓝蕙等亦系失机,而都指挥于升情罪尤重,俱宜究治。且兰州自黄河迤北西至良(凉)州、庄浪,东接宁夏、中卫,相去三百余里,为虏贼屯牧之场,河南自州界东连靖虏,亦三百余里,俱缺墩堡守瞭,宜行令镇守、巡抚等官督属按视,某处可设城堡屯聚兵粮,某地可修筑台窑拘收人畜,凡一切御虏安边之策驰奏举行。上是之,曰:于升情罪尤重可逮问,蓝蕙令戴罪杀贼。兰州、安定地方务令通查失误之人,究问明白以闻,勿有所徇。未几,时复言:虏自去冬十一月乘冰渡河,先遣黠酋伪为僧,窃入兰州,觇我无备,是以深入兰州、安定境内,杀掠军民男妇及马牛羊畜一万三千有余,去而复来,无复畏忌。提督、哨守、千百户等官李春等十六人俱闭门自守,漫不经意,罪宜究治	《明宪宗实录》卷276	2	
1488	弘治元年正月壬戌	虏寇靖虏、兰州等处,守备都指挥同知廖斌等率兵御之,与战,败其众,斩首三十七级,获弓马器仗颇多	《明孝宗实录》卷9	1	
1488	弘治元年三月乙亥	虏因冰合渡河寇兰州、安会等处,都指挥廖斌等击败之。斩首三十七级,获马四十余匹,追还被虏人畜,虏奔北有溺死者	《明孝宗实录》卷12	1	
1492	弘治五年十二月庚戌	虏入陕西兰州,军士被杀者一人,被掠者二人。命停守备都指挥梁瑄俸,令戴罪杀贼	《明孝宗实录》卷72	1	

续表

公元	王朝纪年	战争概况	资料来源	战次	备注
1501	弘治十四年七月己巳	虏入陕西平凉境，杀虏纳粮民七人，掠其布并牛二百余以去。又攻烟墩山等处，杀掠人畜，官军御之，得所遗骆驼二、马四十四、牛四十、羊八百余	《明孝宗实录》卷176	1	
1501	弘治十四年八月乙未	时虏分道入寇固原等处，而监督、总兵、提督等官俱在榆林。兵部请敕保国公朱晖或都御史史琳率副总兵鲁麟游兵二千、参将杨玉京军三千，并大同、宣府、延绥官军速赴固原，分布要害，相机截杀。其被杀掳人畜并失机官军俱下巡按御史按验以闻。从之	《明孝宗实录》卷178	1	
1501	弘治十四年九月甲申	北虏小王子卒。自去冬入河套，至今年四月入境，大肆掳掠。时监督、提督、总兵诸臣方在宁夏，自五月初至闰七月，奏报才三至。兵部策边事急，急请遣使核其事。于是令锦衣卫千户牟斌往。斌还上疏，先具列会镇巡官访察者，谓虏聚营花马池，三月中时拆墙攻墩，至四月大举自盐池直抵韦州、固原掳掠，总兵官郭鞠、傅钊，延绥副总兵吴江、参将左方、马隆等各统兵分御之，但粮草已乏，虽各行转运及招商上纳，至韦州等处，数为贼杀掠以去，急宜设法护之。及疏诸将出兵之期，所统军马之数，并密访数事以闻。一谓盐池、萌城正当贼冲，诸将不久驻于此，有警，乃于百里驰赴，所以人马供困。如七月都指挥杨琳遇贼于固原黑城，兵千余人皆没。八月初，虏过盐池，杨玉、神英、郭鞠、傅钊、吴江率众追击，战复不利，京营都指挥金玉又为所杀，盐池驲至花马池道路为之不通	《明孝宗实录》卷179	2	
1502	弘治十五年正月辛卯	监察御史林世远等劾奏：保国公朱晖、都御史史林、监督军务苗逵，兵抵延绥，拥兵自守，还边警急，若罔闻知，虽乘虚过河一捣虏巢，然所获虏首止于三级，报功之人滥及万余。其后虏深入宁夏、固原、花马池、盐池、安定、会宁等处，晖等俱逗遛不援，坐失事机，致地方大被残虐，杀掠无算	《明孝宗实录》卷183	1	以1次计

续表

公元	王朝纪年	战争概况	资料来源	战次	备注
1503	弘治十六年四月乙丑	先是，十三年冬，北虏小王子率众入河套住牧。明年春，侵入榆林波罗堡等处，放兵四掠，巡抚都御史周季麟同镇守太监刘云、总兵官恭顺侯吴鑑议，留西安等卫原在还庆、固原等处备冬官军分守要害，以都指挥佥事杨琳统之……是时，北虏深入西安州，杀伤官军一百二十余人，掠去衣甲弓矢等物数百事，季麟具报以闻，而所报犹有遗者。及孔坝沟之败，将士死者几七百人，季麟发兵救之，无及，茂缘是遂奏	《明孝宗实录》卷198	2	以2次计
1503	弘治十六年十二月甲寅	升守备环庆羽林前卫指挥使刘雄为署都指挥佥事。先是，虏寇瓦窑沟，掠杀人畜，守臣皆坐罪。雄寻率部下斩首十二级，兵部言：雄功多于罪，宜录之。故有是命	《明孝宗实录》卷206	1	
1506	正德元年正月戊戌	兵部言：陕西守臣各报十二月二十日以来，虏贼拥众数万，毁边墙，散入固原诸处，势甚猖獗。宜移文都御史杨一清随宜征调延、宁游奇兵马及庄浪土兵相机战守。仍令各镇守臣务思共靖地方。更选锦衣卫千户一人星驰赴彼，访探虏情及防边诸务，具实还报，据之上请裁处。上是之，命千户屠璋往	《明武宗实录》卷9	1	
1506	正德元年二月庚午	巡抚陕西都御史杨一清以北虏深入静宁诸边境，不能防遏，上疏乞罢。时已命一清总制边务矣。诏尽心供职，以图后效，不必引咎求退	《明武宗实录》卷10	1	
1506	正德元年三月乙酉	锦衣卫千户屠璋自陕西勘事还报：虏众约五、六万，以去年十二月十七日自花马池毁垣而入，直抵隆德、静宁、会宁等处，至今年正月初四日始从旧路遁去。镇巡等官先调各卫官军、土达，召募民壮九千七百余人，委备冬把总指挥任玺等分布沿边防守，都御史杨一清又调延、宁、庄浪兵马邀击追剿，然或传报不豫，或备虏不谨，或应接不及，或心力不齐，以是失误事机，竟无成功。其初入花马池，参将霍忠等兵溃，遂转侵固原，围豫旺城，玺及操期（守）指挥陈辉与战于干盐池，阵	《明武宗实录》卷11	5	

续表

公元	王朝纪年	战争概况	资料来源	战次	备注
		亡十八人。于是,由葫芦峡口寇镇戎所,寇黑水、板井等堡及静宁州所,杀虏人畜甚众。还至乱马川,指挥张瑛、把总张元宇率军迎敌,瑛中流矢死,[死者又十八人]。[虏]大众出锦鸡口时,一清累趣兵并力截其归路,然皆坐视不战。惟指挥郭溯追及余贼六骑于小盐池,与副总兵姜汉、守备都指挥侯颐部下各斩首二,余所获仅达马、夷器而已			
1509	正德四年六月壬申	先是,弘治十七年十二月,虏以三百余骑入宁夏镇安墩,分守宁夏东路右参将霍忠命庆阳卫千户袁鉴、百户王进等于腹里仓官堡哨探,进等辄游猎至磨盘山,遇贼而遁,鉴及所部死伤者三十四人,而忠观望不救。十八年九月,总兵官李祥领兵四千八百守宁夏城,副总兵卫勇以兵三千伏清水营。祥以兵部檄令忠与勇整兵击虏,且檄延绥守臣令参将王戟驻花马池。十月十六日,忠等怠于警备,虏以二千余骑入自石旧儿等墩,伏野麻湖沙冈。忠闻之,使告宁夏镇、巡及勇、戟。明日,虏数千骑又入伏沙窝,忠乃令千户张钦、司禄以百人前哨,自率马步二千继之。钦离花马池城十里为贼所围,及所部战死者二十七人。忠出城三里止营,率马步二千赴援,而沙窝伏贼突出,忠还营。贼方合众攻围,望见王戟领兵至城东,分兵逆战,势稍分,忠移营城北。两军战死者指挥唐彪、旗军李彪等百六十人。贼稍退,戟入城,及指挥季澄督兵出北门与忠合,贼乃少挫。遂散掠镇戎、固原诸处,径从锦鸡口出境。而祥、勇兵在石沟儿,与贼相背,及镇守太监葛全、都御史刘宪俱不能督兵要遮,既而忠乃掘死贼首级以为己功,且委罪王进等	《明武宗实录》卷51	2	

续表

公元	王朝纪年	战争概况	资料来源	战次	备注
1515	正德十年七月乙巳	总制陕西军务都御史邓璋奏：游兵把总千户鲁经牧马固原城，闻虏警，骤率所部出御之，大败，被围于水头山，死者四十九人，伤九十六人。诏逮经究治	《明武宗实录》卷127	1	
1515	正德十年七月甲辰	总制陕西军务都御史邓璋奏：虏入瓦亭、隆德等处，都指挥陶文、沈珇、符深(?)时陈等御之，斩首五级，千户王友等九人战死	《明武宗实录》卷127	1	
1515	正德十年九月辛卯	北虏寇陇州，亦卜剌复寇洮、岷，命右都督张洪充总兵官提督陕西诸路军务，领京营五百人以行。洪以兵少，请调宣府左参将宋赟兵三千，辽东千总葛蔓、杨春等兵二千，并选总兵官韩玺兵一千以助征讨	《明武宗实录》卷129	2	
1515	正德十年九月甲辰	先是，巡按陕西御史常在奏：虏自春至秋，深入腹里为害，至八月十二日，十万余骑从花马池入固原，联营而行，长七十余里，肆行抢杀，城堡为空，皆将帅不得其人所致	《明武宗实录》卷129	1	
1515	正德十年十月戊辰	虏寇亦卜剌侵犯临洮，总兵右都督张洪等既奉命出师，以上希视朝未行(?)。兵部奏：道远事迫，兼恐河冻，虏出套转掠宣、大，乞请择日视朝，临遣洪等，令分道驰往	《明武宗实录》卷130	1	
1518	正德十三年十一月丁未	巡按陕西监察御史樊继祖奏：入秋以来，虏犯兰州、渭源、狄道等处，大肆杀掠，死者骸骨被野，即今自榆林、宁夏两界、固原中路以至临巩，虏所屯聚不下二千余里。切惟陕西当榆林、宁夏、甘肃三边，而西海一带又有亦卜剌一种，是四边矣	《明武宗实录》卷168	3	以3次计
1522	嘉靖元年十一月己未	虏亦卜剌千余骑将寇岷州，至冷地峪，百户俞泰据寨与战，却之。都御史王珝言：泰有保障岷州之功，虽无斩获，亦宜升赏，以励其后。且请于冷地峪、西三岔筑堡、驻兵、积谷，为洮岷声势。兵部覆奏，从之	《明世宗实录》卷20	1	

续表

公元	王朝纪年	战争概况	资料来源	战次	备注
1536	嘉靖十五年正月乙卯	先是，十三年七月，虏大举窥马池，宁夏总兵王效、延绥副总兵梁震等拒之。乃由定边营迤东干沟拥入。震伏兵击虏，虏趋固原，陕西总兵刘文、参将崔天爵不能擒贼，遂分掠安定、会宁二县，其窥鼠湖千余虏为效所败，至沙湖及安定、灵州，劾(效)复败之。诸将大获功，然诸城堡亦多残破者。总制唐龙上其功而巡按张鹏以罪状闻	《明世宗实录》卷180	1	
1540	嘉靖十九年十一月甲寅	先是，虏酋吉囊拥众数万由延绥西路定边营入寇。时诸镇兵悉分布守边，虏乘虚攻固原城，分兵四掠，杀戮甚惨。会大雨浃旬，道泞，虏骑不得骋，弓矢尽掺(?)。陕西总兵魏时督兵分道邀之，虏始引[去]。旋至黑水苑，延绥革任总兵周尚文尽锐攻之，自已至申，凡三战，胜负未决。吉囊子号小十王者骁果而轻，率其劲卒三十余人驰冲营中坚，为我军所歼，虏众遂夺气敛去。宁夏总兵任杰、副总兵陶希皋复选锐于铁柱泉迎击之，追奔出塞，斩获甚众。是役也，虏以八月二十一日入境，九月十二日始出	《明世宗实录》卷243	3	
1540	嘉靖十九年七月戊戌	总督陕西三边尚书刘天和奏：平虏城将士侦知虏候月满渡河，我军按服迎战，虏败走河上，伏兵起，又败之，多赴水死者，斩首二十八级	《明世宗实录》卷239	2	
1542	嘉靖二十一年闰五月辛亥	先是，虏入陕西兰州大肆杀掠，甘肃巡抚兵部右侍郎陈卿所部与之接境，蔽不以闻	《明世宗实录》卷262	1	
1546	嘉靖二十五年十月戊子	七月中，虏十万余骑由宁塞营入犯保安，西掠庆阳、环县等处	《明世宗实录》卷316	3	以3次计
1554	嘉靖三十三年五月丙辰	虏寇水沟墩，宁夏参将王宝帅兵拒却之	《明世宗实录》卷410	1	位置待考

续表

公元	王朝纪年	战争概况	资料来源	战次	备注
1554	嘉靖三十三年九月庚子	套虏数百骑犯红井，官兵袭败之，遁去	《明世宗实录》卷414	1	位置待考
1561	嘉靖四十年十一月庚戌	虏二万余骑入陕西宁夏边，分犯螺山、铁柱泉、小盐池等处，进逼固原，循下马关而西，大掠数日始遁	《明世宗实录》卷503	1	
1592	万历二十年九月丁丑	总督三边叶梦熊题：昨达虏大举助逆，李如松等前后统领兵将擒斩虏贼一百二十名，夺获虏马二百八十六匹，器械无算	《明神宗实录》卷252	1	
1595	万历二十三年正月乙未	陕西总督叶梦熊题：总兵官黄明臣报称，河外达虏聚结，苗头将犯靖虏，随(遂)督兵众逆战，斩获首级一百一十七颗，内生擒一名	《明神宗实录》卷281	1	
1595	万历二十三年四月庚戌	总督陕西叶梦熊题称：虏屡犯宁、固边疆，抚、镇、道臣屡挫其锋，共计斩首五十二颗，夺获夷畜器颇多	《明神宗实录》卷284	1	
1595	万历二十三年五月癸酉	初卜酋从定边阑入固镇，蔓及甘肃，折将损威，督臣叶梦熊称失事矣	《明神宗实录》卷285	1	
1596	万历二十四年四月辛丑	总督三边李汶题：三月初六日，于沙觜泉斩获虏首一十七颗。官军追杀，直抵虏巢千合沙，复斩五颗，获牛马、夷器无算	《明神宗实录》卷296	2	
1603	万历三十一年三月丙寅	虏犯洮、岷，陕西总兵官萧如熏等引兵御之，战于松山奔挩间，前后擒斩虏级共八十二名颗，番级共二百五十三颗，收获降番共五千一百四十四名口，夺获畜器共四千三百八十有奇	《明神宗实录》卷382	1	

表4 明代甘肃镇战争统计表

公元	王朝纪年	战争概况	资料来源	战次	备注
1378	洪武十一年五月庚子	胡兵寇陕西归德之三岔口，河州右卫指挥徐景等率兵击败，歼之，得马牛羊以万数	《明太祖实录》卷118	1	
1380	洪武十三年三月壬子	西平侯沐英师至灵州，遣候骑侦知脱火赤等兵次亦集乃路。英遂率师渡黄河，经宁夏，历贺兰山，涉流沙，凡七日夜至其境，去穹庐五十里，分军为四道。至夜衔枚而进，合围之，擒脱火赤、爱足等，尽获其部曲以归	《明太祖实录》卷130	1	
1380	洪武十三年三月甲申	都督濮英练兵西凉，袭虏故元柳城王等二十二人，民一千三百余人，并获马二千余匹	《明太祖实录》卷131	1	
1384	洪武十七年五月丙寅	命凉州卫指挥使宋晟等率师讨西番叛酋，兵进至亦集乃路，擒故元海道千户也先帖木儿、国公吴伯都剌赤、平章阿来等及其部属一万八千七百余人，收其壮士九百八十人，余悉放还	《明太祖实录》卷162	1	
1391	洪武二十四年八月乙亥	命左军都督佥事刘真、宋晟率兵征哈梅里……真等由凉州出哈梅里之境，乘夜直抵城下，四面围之。知院岳山夜缒城降。黎明，兀纳失里驱马三百余匹突围而出，我军争取其马，兀纳失里以家属随马后遁去。真等遂攻破其城	《明太祖实录》卷211	1	
1392	洪武二十五年五月辛巳朔	凉国公蓝玉兵至罕东……遣都督宋晟等率兵徇阿真川，土酋哈昝等惧，遁去。又袭逃寇祁者孙，弗及	《明太祖实录》卷217	1	
1397	洪武三十年六月庚寅	陕西行都指挥使司都指挥同知王英率兵至白石沟搜捕鞑靼，获伯颜答失邓男妇五十九人及马驼牛羊而还	《明太祖实录》卷253	1	
1410	永乐八年三月辛未	陕西凉州卫鞑官千户虎保、张孛罗台、鞑军伍马沙等及永昌卫鞑千户亦令真巴、土鞑军老的罕等叛，杀虏人口，掠夺马畜，屯据驿路，陕西行都司都指挥李智率军捕之。贼盗猖獗，欲攻永昌、凉州城。事闻，皇太子命后军都督佥事费瓛往讨之，又命刑部尚书刘观赞其军事	《明太宗实录》卷102	1	

续表

公元	王朝纪年	战争概况	资料来源	战次	备注
1425	洪熙元年八月戊辰	陕西行都司土官都指挥李英讨安定、曲先寇,败之,以捷闻。永乐末,朝廷遣中官乔来喜、邓成等使西域,道经安定、曲先之地,番寇五千余人邀劫之,……来喜、成皆被害。仁宗皇帝临御,命英与必里卫土官指挥康寿等讨之。英等率西宁诸卫及隆奔国师贾失儿、监藏散丹、星吉等十二番族之兵至罕东问故,罕东卫指挥绰里加言:实安定卫指挥哈三孙散哥及曲先卫指挥散即思卜答忽等所为。英等遂进兵讨贼,贼惊走,英追击逾昆仑山,西行数百里至雅令阔之地,与安定寇党锁南等战,败之	《明宣宗实录》卷 7	1	
1434	宣德九年十月丁巳	巡按陕西监察御史刘敬等奏:九月十九日,虏寇朵儿只伯等窃入凉州,至城东及杂木口堡等处,杀人掠财。指挥杨斌率兵与敌,擒寇一人卜鲁罕虎里,余寇遁走。总兵官都督佥事刘广闻之,发兵追击不及而还	《明宣宗实录》卷 113	1	
1434	宣德九年十一月壬午	镇守甘肃都督佥事王贵奏:肃州卫指挥同知胡麒等率兵巡哨至昌平头墩,见虏踪迹,追蹑之,至窑儿站遇虏,与战,斩虏首六级,获马四匹,余虏奔溃,军士李成等二人战死	《明宣宗实录》卷 114	1	
1435	宣德十年六月己巳	甘肃总兵都督同知刘广奏:比者,鞑贼屡犯边境,守备山丹、署都指挥刘礼等领军追剿,杀死鞑贼,擒获人马弓矢等物	《明英宗实录》卷 6	1	
1435	宣德十年十二月壬子	甘肃总兵官太保宁阳侯陈懋奏:官军连败阿台朵儿只伯贼众于黑山等处,生擒、斩首二百六十余人,获马驼牛羊驴骡三万五千有余,追回被掠男妇,悉还其家	《明英宗实录》卷 12	1	以 1 次计

续表

公元	王朝纪年	战争概况	资料来源	战次	备注
1436	正统元年正月己卯	升赏陕西庄浪等八卫官军，以征剿胡寇功也。先是，总兵官太保宁阳侯陈懋等奏：比因胡寇围困镇番城，臣懋同侍郎徐晞等率众往援，贼即解去。复来山丹，毁红寺儿关入，至是孛罗口等处劫掠。右副总兵都督李安先率官军侦知贼营，臣懋等拥兵继进，与贼战于平川，贼败遁入山，追及黑山，又战败之。甘州左卫指挥刘杰跃马入阵，刺贼首一人，获其枢密院印一颗。抵迤北沙山设伏，贼至伏发，其众扰乱，自相蹂践。生擒贼孛罗云阿台，朵儿只伯遁去，追至苏武山，官军贾勇奋击，获其马骡辎重等物，领军而还	《明英宗实录》卷13	6	
1436	正统元年三月癸酉	镇守陕西右副都御史陈镒奏：山丹卫达贼入境，杀死指挥陈玘，并伤旗军焦旺等，抢掠牛马，又杀死馈饷民人	《明英宗实录》卷15	1	
1436	正统元年六月丁未	镇守肃州都督同知王贵奏：胡寇百余骑犯临水站，杀伤人多，掠马骡牛羊凡千余	《明英宗实录》卷18	1	
1436	正统元年闰六月丙戌	镇守陕西都督同知郑铭等奏：胡寇六千余骑犯肃州，杀虏二百余人，掠马畜一万四千有奇。又犯石关及永兴墩。又犯盐池，尽掠其驿马	《明英宗实录》卷19	2	计甘肃2次
1437	正统二年四月丙子	赏征剿鞑贼将士。先是，鞑贼寇庄浪城，抢掠人畜，右都督蒋贵帅土、汉官军剿捕，都指挥江源等战死。至是，上其功状，命行在礼部议赏	《明英宗实录》卷29	1	
1440	正统五年三月甲寅	甘肃总兵官定西伯蒋贵等奏：庄浪卫都指挥同知魏荣不严守备，以致达贼潜入土豹岭，大肆杀掠。及令西宁卫指挥袁海等追剿，又畏缩不前，俱宜究治	《明英宗实录》卷65	1	
1444	正统九年正月丁丑	升大同左参将都指挥使石亨为后军都督佥事，内官韦力转为都知监右监丞。先是，达贼寇延安，亨等率兵追至金山，与贼交战，败之，生擒六人，斩首七级，获马二十五匹，弓矢、铠甲等物称是	《明英宗实录》卷112	1	延安甘肃各计1次

续表

公元	王朝纪年	战争概况	资料来源	战次	备注
1444	正统九年五月乙卯	陕西金山迤东等处达贼入寇，指挥佥事尹祯等八十九人俱阵亡	《明英宗实录》卷116	1	
1448	正统十三年七月丁亥	兵部奏：沙州卫达官喃哥弟锁南奔，先受瓦剌也先所封祁王伪号。今已被甘肃总兵官宁远伯任礼率兵直抵罕东擒获。候其至日宜正大法。上曰：朝廷先因沙州系近边卫分，每被瓦剌逼胁欺害，已准都督喃哥等奏，移其全卫头目、人民于境内安居优恤。锁南奔不感朝廷大恩，潜窜瓦剌，私受伪职，又拒官军，不听招抚，论其叛逆之罪，固当处死。但念其父兄忠顺年久，特屈法伸恩，免其死罪，待其到时，兵部与通事明白谕以恩意法度，连其家属送东昌卫，与其母兄完住	《明英宗实录》卷168	1	
1449	正统十四年七月乙酉	寇分道刻期入寇……又别遣人寇甘州，诸守将凭城拒守	《明英宗实录》卷180	1	
1449	正统十四年十月癸丑	陕西行都司奏：达贼二千余人寇肃州，官军击却之	《明英宗实录》卷184	1	
1449	正统十四年十二月丙子	虏寇陕西，镇夷总兵官宁远伯任礼、太监刘永诚遣左参将都督王喜，奉御阮和、福保，都指挥马驯、谷聪、蓝成、王祥等击之。喜违礼节制，败于临水堡西，和、聪俱死。镇守肃州卫都指挥胡麒来援，亦死。于是，礼等益兵，属右参将都指挥刘震等于两山口截杀，虏方渡河，猝遇之。指挥阎震战死，刘震惧，收军，虏追之，震急趋墩匿焉。援兵至，震得脱。人畜为虏所杀掠者万余	《明英宗实录》卷186	3	
1457	天顺元年四月壬戌	达贼二十骑犯甘肃放羊台，杀樵者二人，右参将署都督佥事李荣率官军追至黑山，斩贼一人，擒二人，获马五匹。镇守太监蒙泰以闻，上命实授荣都督佥事，升其子杰为所镇抚，余官军给赏	《明英宗实录》卷277	1	

续表

公元	王朝纪年	战争概况	资料来源	战次	备注
1457	天顺元年八月乙巳	镇守甘肃太监蒙泰奏:七月五日,达贼二千余骑入镇番境内,官军杀败贼众,生擒三人,斩首四十九级,获战马一百余匹,驼十八只。兵部议:恐此虏复来报仇,宜行甘肃等处总兵等官严切堤备。从之	《明英宗实录》卷281	1	
1457	天顺元年十一月乙亥	镇守庄浪奉御进保都指挥使魏荣奏:鞑贼四千余骑入境,径趋速罕秃营剽掠。兵部请敕镇守陕西保定侯梁瑶往兰县,征调秦州、巩昌、临洮等处兵,分屯要害,以遏贼冲。从之	《明英宗实录》卷284	1	
1458	天顺二年二月己亥	镇守甘肃太监蒙泰奏:怀安驿地方鞑贼突入抢掠,其把总守备指挥佥事雷玘等追见贼人,不行督军征剿,以致失机误事,宜治其罪	《明英宗实录》卷287	1	
1458	天顺二年六月乙丑	总兵官太傅安远侯柳溥奏:五月十六日,达贼犯凉州,突至城下。臣同少监龚荣等督令官军迎敌,斩首七级,生擒十一人,获驼马等畜,贼各奔散。明日,复帅官军都督李荣等追剿。贼见官军势整,亦列阵拒敌。臣等奖励将士,无不奋勇当先,自巳至申杀败贼众,生擒二十一人,斩首三十八级,死伤者不计其数,获驼马牛羊五百余。而右副总兵都督同知雷通自永昌率兵来援,至怀安站遇贼三百余人,与战,亦败之,生擒十人,斩首七级	《明英宗实录》卷292	3	
1458	天顺二年六月辛未	总兵官太傅安远侯柳溥奏:达贼自凉州败退,收合余众营于镇番卫南,游击将军武平伯陈友协同都指挥赵英等率兵与战,生擒二十六人,斩首一千六十二级,获头畜军资不可胜计,余贼奔散	《明英宗实录》卷292	1	
1458	天顺二年八月戊辰	右少监龚荣等奏:虏酋孛来、阿罗出等率众二万寇钞掠镇番、凉川等处,臣会总兵等官、安远侯柳溥等,号令三军,前后于南乐堡、黑山等处交锋,擒虏三十五人,斩首八十一级,并获驼马、军器等物。事下,兵部以为我军虽小捷而虏势益张,乞行总兵等官毋狃于小利而失大机。从之	《明英宗实录》卷294	2	

续表

公元	王朝纪年	战争概况	资料来源	战次	备注
1458	天顺二年八月丁丑	甘肃总兵官宣城伯卫颖奏：虏酋孛来等自今岁五月以来，从镇番抹山儿入境，至凉州、永昌，延及山丹黑城子等处，往来剽掠	《明英宗实录》卷294	3	以3次计
1458	天顺二年九月丁酉	兵部言：比得边报，七月十三日虏酋孛来犯镇番城，游击将军武平伯陈友等与之接战，杀退贼众。至二十七日复来，相持至八月初六日，又与大战，前后屡捷，生擒三人，斩首三十八级。及左参将都督刘震等亦于洪水等处生擒六人，斩首十级。乞将前后所获虏首于沿边枭示。从之	《明英宗实录》卷295	2	
1458	天顺二年十月丁丑	甘肃总兵官宣城伯卫颖等奏：达贼自五月及今屡寇凉州、永昌、古浪、庄浪、山丹、甘州诸处，杀官军男妇一千四百有奇，掠男妇五百余，马骡牛羊八万二千，仓粮七百余石，焚毁草二万束及驿站、屯堡、墩台数处	《明英宗实录》卷296	6	以6次计
1460	天顺四年八月乙丑	兵部奏：达贼入凉州虏掠官马，射伤军人，副总兵刘杰、右监丞福保等始既不能哨备，后又不能追袭，请治其罪	《明英宗实录》卷318	1	
1461	天顺五年二月甲午	凉州守将奏：虏酋孛来拥众万余于庄浪驻扎，攻围城堡，阻截道路。事下兵部，请命将出师，相机进剿。上命于宁夏及洮岷等卫调官军土兵一万一千人，各委骁勇头目统领，听副总兵仇廉调度剿贼	《明英宗实录》卷325	1	
1461	天顺五年四月丁丑	达寇犯庄浪地方，镇守都督佥事林宏等击却之	《明英宗实录》卷327	1	
1461	天顺五年夏四月己丑	镇守西宁都知监左监丞陈善奏：贼犯西宁长里店等地方，臣同都指挥汪清率官军御之，至高庙清辄先遁回，官军亦从而溃，以致阵亡四十员名，马匹甲仗甚众，乞执清治罪	《明英宗实录》卷327	1	
1461	天顺五年五月辛亥	镇守凉州右监丞福保奏：达贼犯白塔儿等处，会同总兵官宣城伯卫颖等，各率官军追击，败之	《明英宗实录》卷328	1	

续表

公元	王朝纪年	战争概况	资料来源	战次	备注
1461	天顺五年九月壬寅	兵部奏:本年六月二十日,达贼二千余骑入陕西西宁卫境劫掠,镇守左监丞陈善、都指挥汪清不能备御,乞正其罪。上曰:善等且不问,俾其杀贼赎罪	《明英宗实录》卷332	1	
1461	天顺五年九月戊午	兵部言,近得副总兵冯宗奏:本年八月十四日,达贼犯永昌卫地方,都指挥刘刚等追至塔儿湾,与之接战,擒获男妇三十二口,牛羊一千四百余头。又奏:凉州境外瞭见虏骑,常有万数,出没不常,恐为边患,乞敕总兵及参赞军务等官并陕西甘、凉、庄浪、兰县、延绥、宁夏等处边将会议区画,整饬官军,固守城池,约会邻境,互相策应。从之	《明英宗实录》卷332	1	
1461	天顺五年十月壬午	甘肃右参将李荣等奏:八月五日,达贼三千余骑犯永昌卫境。七日,又有万余骑自山丹境外直抵甘州近城劫掠。臣等各领官军分门四出,殊死战,生擒三人,斩首十级。至暮黑风暴起,贼众遂退。次日,臣等追至四十里店,获回被虏男妇五百三十口,牛羊驴六千二百四十只。臣等窃惟,贼酋孛来大举入寇,臣等不能运谋制胜尽数荡除,虽有小捷而得不偿失,罪当万死	《明英宗实录》卷333	2	
1462	天顺六年春正月癸丑	镇守庄浪奉御进保遣家人及土军二十人出境围猎,为达贼射伤数人,掠去官马十六匹。镇守甘肃太监蒙泰以其事闻,乞正其罪。上遣敕召进保还京,仍命司礼监选人代之	《明英宗实录》卷336	1	
1462	天顺六年春正月丁巳	巡抚甘肃右副都御史芮钊奏:虏酋孛来纠集丑类潜入我边住牧,分寇庄浪、西宁、甘、凉等处,虽屡被官军剿杀,而虏所杀官军五百五十人,掠去三百五十人,马骡牛羊五万余匹。皆总兵等官宣城伯卫颖、都督毛忠、林宏等提督不严,守御无策所致。颖等虽有微功,难赎其罪。请究治之。臣钊不能御寇亦当万死。上曰:颖等亦尝伏罪,姑宥之,仍令其戒严边备,复尔必罪不宥	《明英宗实录》卷336	4	以4次计

续表

公元	王朝纪年	战争概况	资料来源	战次	备注
1473	成化九年四月丙寅	土鲁番速檀阿力侵哈密卫，据其城。初，速檀阿力累引兵劫掠哈密诸部，地已略尽，正月围其城，破之，执其王母，夺朝廷所降金印，遂留居之。哈密回回马黑麻者窃贼马以逃，赤斤蒙古卫遣人送之，诉于甘肃守臣都督同知鲍政等以闻，事下兵部，尚书白圭等以为哈密乃朝廷所封，世为藩篱，非他夷比，今丧地失国，奔走控诉，安可置而不问，请命通事都指挥詹升赍敕往谕速檀阿力，令其悔过自新，退还哈密境土，并敕赤斤蒙古等卫会兵并力以相卫翼，仍敕甘肃总兵等官振扬威武，相机以行。从之	《明宪宗实录》卷115	1	
1482	成化十八年四月癸丑	克复哈密卫城。甘肃总兵官都督同知王玺等奏：哈密城既为土鲁番所据，都督罕慎等寄居苦峪城者几十年。臣等比尝以计间土鲁番党牙兰守哈密城者，不听。然得其所羁留及虏掠者九十余人以来，其势渐孤，乃召赤金、罕东二卫兵将，犒以牛酒，令助罕慎。于是二卫兵一千三百，罕慎兵八千六百，夜袭哈密城，破之。牙兰走，余或降或死。遂复城八，得人一千五百，罕慎始归旧城居之	《明宪宗实录》卷226	1	
1482	成化十八年十一月甲子	甘肃总兵官署都督同知王玺奏：罕东卫番贼拥众杀掠阿思都簇，并入境内河清堡等处，都指挥梅琛率军往御之，斩首六级，夺获番汉男妇五十余人，牛马等畜四千五百有余。此虏久服招徕，辄肆猖獗，乞调兵抚捕。事下兵部议，以为问罪之师未可轻举。上曰：罕东诸夷比尝听调，协取哈密，未有携贰之心，今小肆侵掠，若遽加兵似失柔远之义，宜遣人往谕俾改过自新，如果负固不服，亦止宜顿兵境上，使之畏威听抚为便	《明宪宗实录》卷234	1	
1482	成化十八年十二月丁亥	甘肃总兵官右军署都督同知王玺等奏：比因虏寇于境外莱伏山，杀掠哨望军马，即与分守右参将李俊率军三千余、赤斤夷兵百人往击之，至狼心山黑河西，擒斩二十七级，夺获驼马牛羊等畜八百余，并伏辎重共一千九百余，虏大败遁走	《明宪宗实录》卷235	1	

续表

公元	王朝纪年	战争概况	资料来源	战次	备注
1486	成化二十二年正月甲戌	巡抚甘肃右副都御史唐瑜等奏:成化二十一年冬,虏贼拥众入凉州、庄浪、镇番、永昌境内杀掠人畜。分守凉州都指挥刘晟、庄浪左参将田广各率所部分道御之,前后追获被虏牛羊几二千余。永昌卫指挥梅泓军遇之于清河坝,斩首一级,而余众纵横遍野,其势尚炽。事下兵部,言虏众如此,晟等止能斩首一级,且称追获牛羊几二千余,则生灵财畜被其杀虏者不知其几,宜加穷治,但今方用人之际,宜行巡按御史勘究杀虏之数,并先逮失误巡守瞭望之人,按问如律。其总兵、副参等官有罪奏闻裁处。从之	《明宪宗实录》卷 274	4	以 4 次计
1486	成化二十二年四月辛巳	巡抚甘肃右副都御史唐瑜奏:成化二十一年冬,虏贼屡入庄浪境内红城子等处,杀掠军民四十余人,牛羊等畜二千有余。分守左参将田广既畏缩纵寇,又隐匿不报,宜行究治	《明宪宗实录》卷 277	1	
1486	成化二十二年六月癸未	巡抚甘肃右副都御史唐瑜奏:三月间,赤斤、罕东二卫番达玉溪番仇杀,乘机入境掠财畜、军器以去,我军迫之,拒而不服。议遣译者谕其头目,令还所掠。尚未报,事下兵部,请如瑜等所拟,仍令督属防御	《明宪宗实录》卷 279	1	
1486	成化二十二年六月丙申	虏入凉州等卫、柔远等墩,杀掠军民数十,牛羊数千。镇守甘肃太监覃礼等以闻,遂劾提调墩台指挥佥事等官陈源等防范不谨,而分守庄浪左参将田广,分守凉州、镇番等处太监张睿,右副总兵刘晟等号令不严,请治其罪。事下兵部覆奏。上是之。报曰:甘肃境内数被虏贼纵横,杀掠人畜,实镇抚官平时不能严饬堤备,临事不能调度剿杀所至。礼等其俱令首实,晟及诸官军之失误事机者并加逮问,睿罪姑记之	《明宪宗实录》卷 279	1	

续表

公元	王朝纪年	战争概况	资料来源	战次	备注
1486	成化二十二年七月戊午	巡抚甘肃右副都御史唐瑜等奏:黠虏寇边岁久,知我虚实,近觇山丹兵备单弱,拥众突入,杀虏军民五十余人。后见甘州大兵追近,辄弃所掠人畜而遁。官军出追,不复与战。及我军马分屯永昌、山丹等处,则又乘隙潜至甘州迤北,伏兵边外,故遣轻骑入内诱我远追,逐杀指挥姚英、柳济,百户杨泰及旗军等十有七人,伤指挥朱玉等四十二人,掠男妇六人以去,请治提调、墩台、千户等官融春等失机之罪,而录英、济等战役之功。事下兵部议,行巡按御史勘处,因劾瑜等节制无方,亦合逮治。上曰:甘肃境内被虏杀掠者数矣。今总镇处所又亡失数多,守边者当不职如是耶?待瑜等自陈	《明宪宗实录》卷280	2	
1487	成化二十三年正月己巳	镇守陕西都督同知白玘等,以去冬虏二百骑入合家坝,遣指挥同知廖斌等击败之。斌分士马为五,追至锁黄川,虏还迎战,官军发矢毙其一酋,虏遂北奔。斌先令千户陈善、指挥李鉴伏兵于野鹊沟,虏至,火箭、礌石齐发,共斩首一十八级,获马三十五匹,刀箭器械甚众,余贼号哭而去。玘与太监欧贤等以捷闻	《明宪宗实录》卷286	3	
1488	弘治元年八月乙巳	虏寇甘肃山丹、永昌,镇守总兵官右都督周玉等劾奏指挥王瑾等并副总兵张宽、太监张睿失于防御之罪。事下兵部,覆奏:宜令巡按御史查究。因言总兵官周玉、巡抚右副都御史罗明,不知引咎自责,亦宜论之以法。上从其言,玉与明姑宥之	《明孝宗实录》卷17	1	
1490	弘治三年十二月己未	先是,虏入陕西永昌卫红沙沟等处杀掠人畜,守备都指挥朱瑄等失于防御,且奏报不实,下巡按御史逮问,拟边卫充军。命赎罪还职	《明孝宗实录》卷46	1	
1490	弘治三年十二月己未	先是,虏入肃州卫地方杀掠人畜,守备都指挥佥事何玉等失于防御,下巡按御史逮问,拟边远充军。上以玉等情轻律重,俱令赎罪还职	《明孝宗实录》卷46	1	

续表

公元	王朝纪年	战争概况	资料来源	战次	备注
1491	弘治四年三月甲申	先是，虏入陕西永昌破山口墩等处杀掳人畜，守备山丹都指挥同知史瑾坐戒谕不严，下巡按御史逮问	《明孝宗实录》卷 49	1	
1491	弘治四年七月癸巳	虏入甘肃白石崖等处，军士被杀者五人，伤者五人。镇巡官劾永昌卫指挥许璟等失于防御，并分守副总兵李宽之罪。命许璟等俱逮问，李宽姑宥之，仍停俸两月	《明孝宗实录》卷 53	1	
1491	弘治四年十月庚申	虏寇甘肃，杀掠颇众，分守右参将都指挥佥事彭清领兵蹑之，获其马匹、器杖并所掠人畜。镇守太监傅德请治失守之罪	《明孝宗实录》卷 56	1	
1492	弘治五年三月丙子	虏屡入甘州乐善堡等处，军士被杀者五人，虏者三人。兵部请治守备都指挥朱瑄、王智，分守右少监纪能及提督指挥宋杲等罪。命朱瑄、王智、纪能俱戴罪杀贼，宋杲下巡按监察御史逮问	《明孝宗实录》卷 61	1	
1494	弘治七年二月丙子	先是，虏入甘州平虏堡等处，军士死者一人，伤者六人，掠去者五十八人。既核实，命指挥等官支林等二十人并逮问如律	《明孝宗实录》卷 85	1	
1494	弘治七年九月壬寅	兵部奏：自弘治五年十月以后，虏入甘肃庄浪及古浪地方，杀官军二十五人，伤六十人，掠男妇十人，官布二千四百余匹，银六百四十余两，牛马八百有奇。入永昌，杀官军六十余人，掠男妇六十七人，马牛驼七万余。入凉州，杀伤军士四十人，掠牛马三十七。入镇番，杀伤军士十人，掠牛马十六。入山丹，杀军士二十七人，伤官军六十九人，掠牛马驴羊三千一百八十。巡按御史勘报得实，今不深治之不足以警其后。自镇巡等官以下俱请逮至京治其罪	《明孝宗实录》卷 92	5	以 5 次计
1494	弘治七年十月壬申	虏入山丹卫境，军士在阵及屯住被杀者二十四人，被虏者六人。守御都指挥同知史瑾、指挥佥事杨和、千户梅全俱下巡按御史逮问	《明孝宗实录》卷 93	1	

续表

公元	王朝纪年	战争概况	资料来源	战次	备注
1494	弘治七年十一月乙巳	甘肃游击将军都指挥同知鲁麟奏:今年九月内,虏众再至永昌卫城下,我军斩首十四级,追获马牛器械以千数。然我军死者亦十八人,伤者三十八人。于时,分守凉州副总兵陶祯领军至真景驿,距永昌仅余十里不进。又,原调西宁卫游兵三百皆不至。今贼虽退,而烽火未息,乞赐区处	《明孝宗实录》卷94	1	
1494	弘治七年十二月壬戌	虏入甘州平虏堡等处杀掠人畜,把总都指挥支林、指挥沈玉等九人俱下巡按监察御史逮问,当边远充军	《明孝宗实录》卷95	1	
1495	弘治八年正月壬子	虏数寇凉州境,总兵官都督刘宁率兵御之,遇虏,战于抹山儿墩,擒三人,斩首五十余级,相持者一日。薄暮,收辎重南行,虏复来袭,与战,擒虏酋一人,斩首三十余级。夜至沙嘴止营,虏仍来攻,官军复与战二十余合。明日,分守庄浪左参将颜玉率兵来援,犄角夹攻,复斩首六级,副总兵陶祯等兵亦至,虏望见尘起解去,师还。是役也,凡生擒四人,斩首八十七级,俘幼男女五十人,驱回被虏人口二十三人,获驼马牛羊二千一百三十五,器械三百三十余	《明孝宗实录》卷96	4	
1496	弘治九年八月丙申	虏数寇陕西庄浪卫境,军士死者二十四人,伤者七人,被掠者四十九人,并掠去孳畜数多。镇、巡官请治分守左参将颜玉及操备都指挥张灏等罪。兵部覆奏:即今秋深,用人防守,宜俟来春议之。得旨,张灏等五人并颜玉俱俟边方宁日逮问	《明孝宗实录》卷116	1	以1次计
1496	弘治九年八月丙申	虏数寇陕西永昌、凉州等处,杀掠人畜,镇、巡等官劾分守右参将郭鋐、右监丞梁玉及守备指挥濮钦等罪。兵部覆奏:命罚鋐俸三月,与玉俱戴罪杀贼,钦等俟边情宁日逮问	《明孝宗实录》卷116	1	以1次计
1497	弘治十年三月壬子	先是,虏数入甘肃境寇掠。甘肃游击将军都指挥同知鲁麟及署都指挥佥事颜玉、苗凤等七十三人下巡按御史逮问,俱拟边远充军。上以麟等俱情轻律重免充军,降麟为都指挥佥事,玉、凤俱署指挥使,余各降级有差	《明孝宗实录》卷123	1	

续表

公元	王朝纪年	战争概况	资料来源	战次	备注
1497	弘治十年九月丙寅	先是，虏入肃州境，操守都指挥刘忠等率众御之。贼伏发，忠被围，官军死者百余人，伤者八十余人，马失者三百九十四，器仗千数。兵备副使李旻援兵且至，贼稍退，忠移其军退驻屯庄堡，贼以其众之半围堡，半出虏掠，男妇被虏者五十余人，孳畜百八十。兵部以忠等丧师失律，请下巡按御史治之	《明孝宗实录》卷129	2	
1497	弘治十年九月丙寅	虏入庄浪红城子堡境，杀掠人畜，守备都指挥佥事张灏及致仕都指挥佥事赵珣等二十二人下巡按御史逮问	《明孝宗实录》卷129	1	
1497	弘治十年十二月庚午	北虏劫掠赤斤卫部落，肃州抚夷百户刘达合番汉兵四百余人败之于王子庄，斩首九级，驱回原虏夷人男妇七十四人，牛羊二千一百有奇	《明孝宗实录》卷132	1	
1498	弘治十一年三月丙午	虏入肃州境，杀掠男妇三十余人，并驱孳畜以去。命逮问防守都指挥朱玉等六十，以分守参将郭鏳到任未久，宥之	《明孝宗实录》卷135	1	
1498	弘治十一年五月戊申	虏数百骑驻肃州境外之喇哈兀速泉，将入寇，分守右参将杨翥率千户田志深调汉番兵迎袭之，虏遁去。翥等追至黑山，兵备副使李旻亦率众至，合兵与战，败之。又追至夹山及琐琐林，皆败之，斩首四十级，获马二百四十一匹，器仗千数	《明孝宗实录》卷137	3	
1498	弘治十一年六月癸酉	虏入古浪、庄浪、凉州、永昌、山丹境，军士死者十六人，伤者十人，掠去牛马百余。兵部请治提调、守备等官罪。命指挥等官叶森等十二人俱逮问，左监丞梁玉、左参将颜玉、副总兵熊冈、都指挥左方姑宥之，方仍罚俸两月	《明孝宗实录》卷138	5	以5次计
1499	弘治十二年四月甲寅	先是，虏入甘州境杀掠人畜，守备都指挥使李清、署都指挥使朱瑄、都指挥佥事赵钦、宋泰及指挥使王廉等俱下巡按御史逮问，拟其罪充军。上以清等情轻律重，各降一级，本卫所带俸差操	《明孝宗实录》卷149	1	
1499	弘治十二年七月戊辰	虏入甘州、庄浪境，逻卒死者二人，伤者一人，马被掠者四匹，命都指挥刘杰等逮问如律	《明孝宗实录》卷152	2	以2次计

续表

公元	王朝纪年	战争概况	资料来源	战次	备注
1499	弘治十二年十月戊戌	虏入甘州境，杀掳人畜。兵部请逮问指挥何钦等罪。从之	《明孝宗实录》卷155	1	
1499	弘治十二年十二月壬寅	虏入永昌及凉州境，军民被伤者七人，被掠者二十人，马被掠者十六匹	《明孝宗实录》卷157	2	以2次计
1501	弘治十四年七月甲寅	虏入甘州永昌、山丹境，杀逻卒三人，虏居民十九人，马畜四百余。都指挥杨莹等六人，命巡按御史逮治之	《明孝宗实录》卷176	2	以2次计
1501	弘治十四年七月己未	虏入甘州靖安堡等处，虏戍卒、男妇二十人，掠孳畜六百八十余。官军追还戍卒二人及孳畜六百。守臣以闻，兵部请治百户周英等四人罪。因言：自弘治十一年七月以来，虏入甘肃境者十八次，先后杀虏官军人口凡三百四十二，被掠马畜凡六千三百有奇，其总兵官彭清、前镇守太监刘瑯、巡抚都御史刘璋边务废弛如此，请并究治，以警其后。命周英等逮问如律，清、瑯、璋姑宥之，使戴罪杀贼，清仍罚俸两月，璋一月	《明孝宗实录》卷176	1	
1501	弘治十四年八月甲寅	甘肃守臣奏：贺兰山后达贼寇永昌，杀官军二十三人，伤六十六人，掠马八十五匹以去，请按核失将官罪	《明孝宗实录》卷178	1	
1501	弘治十四年十一月丙戌	虏前入甘州重岗等诸堡，官军死伤者九十余人。守臣劾奏都指挥等官张经等九人罪，请并副总兵刘胜、左监丞梁玉俱逮治之。命梁玉、刘胜待张经等逮问，毕日闻奏	《明孝宗实录》卷181	1	
1504	弘治十七年十月辛卯	虏万余骑连入庄浪，分散抄掠。镇、巡官奏调兵御之，兵部议谓：时方冱寒冰结，边境腹里皆为可虑，请命甘肃副总兵白琮、凉州副总兵把琮、游击将军徐谦、参将苏泰等各领官军，视贼所之，并力遏截。总兵官刘胜躬临策应	《明孝宗实录》卷218	1	
1507	正德二年八月己未	虏五百余骑入庄浪、镇羌等堡，杀掠人畜。按伏指挥佥事朱敬防守不严，下巡按御史逮问	《明武宗实录》卷28	2	

续表

公元	王朝纪年	战争概况	资料来源	战次	备注
1507	正德二年九月丁巳	巡抚甘肃都御史才宽等奏报明水湖之捷。初,达贼驻明水湖,宽等议,令副总兵白琮、把琮,参将吴鋐,游击将军徐谦出兵击之。贼退,以捷闻。凡斩首四十一级,得马五十八匹,牛羊一千有奇	《明武宗实录》卷30	1	
1507	正德二年十二月辛巳	虏千五百余骑入凉州、永昌等堡,杀掠人畜,陕西行都司都指挥佥事赵钦、王澄,凉州卫指挥同知苏济,洮州卫指挥使后玉,百户赵俊,下巡按御史逮问	《明武宗实录》卷33	2	
1510	正德五年四月甲午	虏寇庄浪,巡抚都御史张翼、镇守太监宋彬、总兵官卫勇,督游击将军吴英、参将吴鋐、都指挥鲁经等御之,左监臣王欣、副总兵徐谦继后。虏败走,斩首百五十八级,各以捷闻	《明武宗实录》卷62	1	
1510	正德五年六月辛丑	分守镇番右参将李恺奏:达贼驻牧大沙河,臣夜率马步军出城袭之,比旦至贼所,斩首四十一级,获马驼一百二十余匹,器械甚众。还至井泉,贼复来攻,臣督兵与战,贼遁去。既而谍报,贼三千余骑伏堡后沙中,又斩首二级	《明武宗实录》卷64	3	
1510	正德五年七月壬申	甘肃镇守太监宋彬、巡抚都御史张翼、总兵官卫勇奏:虏入临水堡抢掠,臣等督率将士追至硝池墩迤北,遇贼二千余骑,各奋勇剿杀,共斩获一百二十九级,获马一百三十二匹,驼一十三只,兵器什物一千八百三十余件。官军被伤及死者一百九十有奇,马死六百九十余匹	《明武宗实录》卷65	1	
1511	正德六年八月壬辰	虏寇柳条湾,分守镇番右参将李恺败之,斩获四十四级	《明武宗实录》卷78	1	
1511	正德六年十月丁酉	虏犯陕西山丹境,守备都指挥张鹏御之,战于独峰山湖,斩首六十五级。再犯甘州西北,副总兵白琮等与战于黑柴沟,斩首百六十三级	《明武宗实录》卷80	2	
1511	正德六年十一月丁酉	甘肃巡抚都御史张翼、总兵官王勋奏:虏入寇,败之于观音山,斩首二百六十六级	《明武宗实录》卷81	1	

续表

公元	王朝纪年	战争概况	资料来源	战次	备注
1511	正德六年十一月甲子	甘肃巡抚都御史张翼、总兵官王勋奏:虏入寇,都指挥张鹏、傅德与战于新河北山坡,斩首一百八十六级	《明武宗实录》卷81	1	
1511	正德六年十一月戊辰	巡抚甘肃都御史张翼、总兵官王勋复奏:虏寇凉州,督副总兵苏泰、游击将军吴英等御之于姚家寨,斩首二百四十七级	《明武宗实录》卷81	1	
1511	正德六年十二月癸巳	甘肃都御史张翼、总兵官王勋奏:虏入寇,副总兵苏泰等与战于大沙窝,斩首百有七级。副指挥同知吕桧战于陆坝湖,斩首七十三级	《明武宗实录》卷82	2	
1512	正德七年正月癸丑	巡抚甘肃都御史张翼等奏:虏犯肃州,都指挥董杰等御之,斩首百十有九级	《明武宗实录》卷83	1	
1512	正德七年正月乙丑	甘肃总兵官王勋率游击将军吴英等追击达贼于赤斤番城,斩首凡九十九级	《明武宗实录》卷83	1	
1512	正德七年四月戊子	总制都御史张泰奏:虏牧啰啰墩谋入寇,督副总兵苏泰、都指挥徐谦等夜袭之,斩首八十一级	《明武宗实录》卷86	1	
1512	正德七年闰五月己丑	总制都御史张泰奏:虏亦卜剌散掠甘肃丰稔渠等处,为指挥同知吕桧所袭。复由观音山突至太平堡,牧于红泉。都指挥王杲、童杰、王琏夹击之,追至松山。前后斩首凡百三十二级	《明武宗实录》卷88	2	
1512	正德七年六月乙卯	巡抚甘肃都御史张翼奏:虏寇凉州,副总兵苏泰等袭败之,斩首八十一级	《明武宗实录》卷89	1	
1512	正德七年六月辛酉	巡抚甘肃都御史张翼奏:都指挥王杲等追虏于观音山及干柴墩,斩首六十级	《明武宗实录》卷89	2	
1512	正德七年七月己亥	甘肃守臣奏:往者虏酋阿尔秃厮、亦卜剌东寇山、永,西侵来川,今复入山丹、甘州,寇掠转甚	《明武宗实录》卷90	3	以3次计
1512	正德七年九月甲戌	虏寇西宁北川,守备署都指挥佥事汪淮、兵备副使胡经御之,战于陶家寨旱平山,斩获五十余人	《明武宗实录》卷92	1	

续表

公元	王朝纪年	战争概况	资料来源	战次	备注
1512	正德七年十一月乙未	巡按陕西御史成文奏：自六年正月以来，虏酋阿尔秃厮亦卜剌为小王子所攻，部众奔甘、凉、永昌、肃州等处驻牧，伤残疾疫死者甚众。官军掩取虏尸，辄以报功，间有斩获，不逮十之一二，而镇守太监宋彬、巡抚都御史张翼、总兵官王勋同肆欺罔，隐匿丧败，致使分守太监张昭去任，总兵官卫勇、右副总兵苏泰、右参将赵承序、芮宁纷纭诈冒，共受奖励	《明武宗实录》卷94	1	
1514	正德九年五月己丑	土鲁番据哈密。敕都御史彭泽总督军务，量调延绥、宁夏、固原官军驻甘肃御之。哈密即古伊州，乃西域诸国入贡之路。永乐间，封元遗派脱脱为忠顺王，赐以金印，俾世为藩篱。传至王孛罗帖木儿，无嗣，母为守国。成化间，土鲁番速坛阿力王乘其微弱，夺金印去。阿力死，守臣复哈密城，请令忠顺王外孙都督罕慎摄守，寻袭王爵。阿力子速坛阿黑麻杀之。弘治中，立忠顺王孙陕巴，复为阿黑麻所虏，乃议兴兵讨其罪，闭关绝贡，阿黑麻惧，归陕巴。陕巴嗜酒，国内不治，属夷阿孛剌诱阿黑麻子真帖木儿侵之，陕巴出走。守臣定其乱，乃羁真帖木儿于甘州，立陕巴子速坛拜牙即为王。正德六年，赐赉真帖木儿归于土鲁番。由是，真帖木儿之兄速坛满速儿诱速坛拜牙即匿之他所，复夺城印，使头目火者他只丁守其国，盖首尾为患者四十余年。而他只丁者，复要求赐与，狂悖益甚。总制陕西都御史邓璋奏其事，请命重臣经略。故以命泽，各镇巡等官俱听节制，仍敕哈密邻近赤斤蒙古等诸夷卫，互相应援，并力防守，有功之日一体升赏	《明武宗实录》卷112	1	

续表

公元	王朝纪年	战争概况	资料来源	战次	备注
1514	正德九年七月庚午	虏酋阿尔秃厮亦卜剌等自正德五年以来避小王子,引众至凉州、永昌、山丹、甘州及高台、镇夷、肃州联络住牧。时巡抚都御史张翼,镇守太监宋彬,总兵官王勋、卫勇,分守太监张昭不能制。虏渐深入,攻破堡寨五十三,杀掠官军并居民一千二百有奇,孳畜器械粮饷亡失以数万计。翼、彬等皆隐匿不奏,间袭取虏老弱残病及为小王子所败亡者断其首,冒为首功,凡一千九百余,其所斩获实不及二百,前后以捷奏者十一次,每奏辄赐敕奖励,至增翼俸,赐勋蟒衣,加彬禄米,而贼益猖獗	《明武宗实录》卷114	2	以2次计
1514	正德九年十一月庚午	瓦剌达子侵哈密,土鲁番速坛满速王等败之,斩首八级。甘肃守臣以闻,且为乞赏	《明武宗实录》卷118	1	
1517	正德十二年正月壬寅	土鲁番速坛满速儿复据哈密,寇肃州,游击将军芮宁率众出御之,败没。先是,夷人之侨居肃州者若阿剌思罕儿、失拜烟答之属,多土番姻党,而写亦虎仙尤桀黠,名虽内属,实与速坛满速儿交通,为之耳目。凡土番之羁速坛拜牙即及据城夺印以要重赂,皆出其谋。至是,以事忤速坛满速儿,将杀之,乃求火者他只丁为之解,许赂币千五百匹,期至肃州界之,且啖之入寇,曰肃州可得也。满速儿悦,乃遣写亦虎仙及其婿马黑木入贡,以觇虚实。因征其賄,守臣以随贡头目火者散者儿为火者他只丁弟,惧其为变,乃并其党虎都写亦羁之甘州,而督写亦虎仙出关。虎仙惧,弗去,火者他只丁遂复诱夺哈密城,请速坛满速儿移居之,分兵胁据处沙州,纠众入寇。至兔儿坝,宁与参将蒋存礼,都指挥黄荣、王琮,各率所部往御之。宁先进至沙子坝遇贼,贼以大兵围宁,而分兵缀存礼等,令不得合,宁势孤援绝,遂为所败,死焉,一军皆没,凡七百人。贼既败我军,又遣斩巴思等十余人以驼马至肃州,诡言乞和,而阴贻阿剌思罕儿、写亦虎仙等书,约举火为内	《明武宗实录》卷145	1	

续表

公元	王朝纪年	战争概况	资料来源	战次	备注
		应。兵备副使陈九畴廉得其情，执阿剌思罕儿等并斩巴思付狱。令通事毛鑑等防守，鑑等故缓之，令与其党通，欲伺隙而逸。时，初闻宁败，城中恟惧，及贼薄城，军士皆出战。众夷果欲为变，九畴备严不得发，乃戮鑑等数人于市以徇，并系其通谋者二百余人。贼久驻无援，恐谋泄为我所乘，遂遁去			
1517	正德十二年四月丙辰	甘肃副总兵郑廉及哈密都督奄克孛剌等败土鲁番于瓜州，斩获七十九级，乃遁去。又与瓦剌相攻，遣书求和	《明武宗实录》卷148	1	
1518	正德十三年十一月癸丑	提督甘肃军务都御史邓璋奏：土鲁番速坛满速儿谋欲犯边，亦卜剌屯西海者复掠西川，请命总兵官郄永逐剿，量调洮、岷、延、宁等处兵马应援。且请再设都御史一人巡抚。兵部议不可，惟令璋屯兵积蓄，为经久计。从之	《明武宗实录》卷168	1	
1521	正德十六年七月丁巳	虏小王子二千余骑由庄浪马场沟入边，指挥刘爵与战，却之	《明世宗实录》卷4	1	
1521	正德十六年七月乙亥	虏寇庄、凉、洮、岷等处，守臣告急，巡按御史许翔凤以闻	《明世宗实录》卷4	1	
1521	正德十六年七月戊寅	陕西巡抚都御史郑阳言：虏亦卜剌扰掠熟番，顷以小王子追逼渡河，窥伺边境	《明世宗实录》卷4	1	
1523	嘉靖二年闰四月甲子	海西亦卜剌与套虏出没甘、凉，楼道阻绝	《明世宗实录》卷26	1	
1523	嘉靖二年六月乙丑	虏入甘肃永昌境，杀指挥孙仁、百户高经	《明世宗实录》卷28	1	
1524	嘉靖三年十二月丁未	兵部尚书金献民等言：九月十九日，总兵姜奭勒所部左副总兵赵镇等，与回贼战于甘州镇城西南张钦堡，败之。贼从山丹遁。十一月十八日，西海达贼八千骑犯凉州，奭复率游击将军周伦等袭贼苦水墩，大败之。都指挥张锦战死，所斩获回达贼一百四十六人，夺获头畜二千九十有余，救回被贼虏者一千二百一十五人	《明世宗实录》卷46	2	

续表

公元	王朝纪年	战争概况	资料来源	战次	备注
1525	嘉靖四年正月丙寅	西虏万余骑寇甘肃，镇守总兵官姜奭率师御于苦水墩，败之。斩首一百一十有奇，歼其酋首	《明世宗实录》卷47	1	
1525	嘉靖四年八月戊子	先是，西海虏正德初为小王子仇杀，率其余党假息西宁，春夏逐水草驻牧，秋冬踏河冰掠洮、泯。时总督杨一清请调兵剿之，会一清召还，议遂寝。后贼益众，颇为边患。至是一清复提督三边，请得相机以便益从事。兵部上其议。上可之	《明世宗实录》卷54	1	
1525	嘉靖四年十月癸巳	初土鲁番入寇，我师败之，虏留驻哈密以窥肃州。是秋，遂拥众入，分兵围参将云冒，而以大众掠南京山。肃州告急。诏提督尚书杨一清严督镇、巡官，加谨防御，相机战守	《明世宗实录》卷56	2	
1526	嘉靖五年六月丁丑	番贼二百余骑寇甘沟寨，达虏拥众住牧洮河，时以轻骑入边掳掠。镇守都督郑卿、守备田登、参将王(?)……各拥众不战，所亡失甚多。提督军务尚书王宽以闻	《明世宗实录》卷65	2	
1528	嘉靖七年十月己未	时虏寇庄浪，总督王琼分部诸将于要害遮击之，前后斩首十数级，所获战马、夷器甚众。未几，虏复从红城子入掠，会三原主簿张文明解赏军银、布至，猝与之遇，遂被害。都指挥袁英以守备不设论死	《明世宗实录》卷93	2	
1528	嘉靖七年闰十月癸酉	先是，土鲁番屡寇甘肃，官军一败之于张钦堡，再败之于肃州，又败之于永昌。部议各以征剿番夷事例行赏，巡按御史刘濂谓番夷猖獗，势等北虏，今官军斩获功次亦当从先年深入哈密之例。上从其请，升赏永昌守备马云、肃州参将云冒等官军一百九十六人有差	《明世宗实录》卷94	3	
1528	嘉靖七年十二月庚寅	初土鲁番虎力纳咱儿引瓦剌二千余骑犯肃州，至老鹳窝堡。时撒马儿罕夷人以入贡留堡中，虏从堡下呼诸夷，与语，问以通贡事。游击将军彭浚急引兵迎战，斩首数级。虏言欲问信通和，浚不听，麾兵进击，破之，虏退走赤斤，使人持番文来言，乞许入贡，还，羁留之。使因委罪瓦剌，词多悖谩。提督尚书王琼等以闻	《明世宗实录》卷96	1	

续表

公元	王朝纪年	战争概况	资料来源	战次	备注
1531	嘉靖十年三月丙申	甘肃镇巡等官奏报:套贼二万、西海贼数千一时并犯,自庄浪至甘州无处非寇	《明世宗实录》卷123	1	
1532	嘉靖十一年十月壬寅	虏掠西海,过宁夏,巡抚杨志学议调兵御之,总兵周尚文不从。志学劾尚文偏执自任,贻患边方。诏罢之,而令志学及副总兵苗銮等戴罪杀贼	《明世宗实录》卷143	1	
1536	嘉靖十五年八月丙午	先是,四月中虏酋吉囊率众十万屯牧贺兰山后,已而分遣其众入寇凉州。副总兵都指挥佥事王辅率卒八百骑分三哨逐之,至塞外孤山墩,再与虏接战,戮酋长一人,夺其纛,斩首五十七级,获马百四十匹。已,虏复入庄浪境,总兵都督佥事姜奭等以凉州兵驰至庄浪,与虏五六百骑遇于分水岭,再战再胜。遂至平岭,虏骑大集,奭伏兵岔口,佯北走以诱之。虏追奔,陷伏中,我兵四起,遂大败之,斩首七十一级,夺马二百匹,酋首旗纛一	《明世宗实录》卷190	4	
1537	嘉靖十六年三月壬寅	虏入甘州大掠,总督侍郎刘天和、巡按御史胡守中劾镇守诸臣失机之罪	《明世宗实录》卷198	1	
1537	嘉靖十六年七月戊戌	总督刘天和言,四月中,虏侵永昌,游击魏庆、守备郑纪督兵斩首五十五级,诸将亦时有获,乞行录赏	《明世宗实录》卷202	1	
1538	嘉靖十七年八月甲辰	虏酋吉囊犯河西,总督刘天和部署将卒御之,斩首八十三级。兵部以闻	《明世宗实录》卷215	1	
1545	嘉靖二十四年闰正月甲申	总督陕西三边侍郎张珩及镇巡官咸宁侯仇鸾、都御史赵锦各奏:去年十一月,虏犯永昌,我军合兵游击,五战皆捷,斩虏酋狼台吉及其党百二十余级,俘获甚众。疏下兵部,科臣以五捷之语涉于夸张,狼台吉首级未有明验,而疏内叙功,鸾兄弟与其掾史、家丁皆与焉,冒滥尤甚	《明世宗实录》卷295	5	
1547	嘉靖二十六年五月癸亥	兵部覆:总督陕西三边侍郎曾铣奏:正月一日虏犯永昌,副总兵萧汉御之,败绩,复夺庄民朱英等,斩获首级,冒功遮罪	《明世宗实录》卷323	1	

续表

公元	王朝纪年	战争概况	资料来源	战次	备注
1547	嘉靖二十六年五月丁卯	先是，三月中，套虏以草青近塞驻牧，零骑往来侵掠，居民不敢樵采。总督侍郎曾铣方鸠兵缮塞，虏为所扰，乃搜选锐卒督之出战。凡斩首二十七级，生擒一人脱脱虎，余毙于矢石者甚众，获马牛驼及夷器以千计。虏移帐渐北，间以轻骑入掠，铣复督诸军驱之，虏遂远徙，不复近塞	《明世宗实录》卷323	2	
1547	嘉靖二十六年五月壬申	先是二十五年，虏十万骑以七月二十五日自宁塞营入犯延安、庆阳、保安、安化、合水、环县诸处，杀掠男妇八千四十四人，诸军御之不能却。总督侍郎曾铣遣参将李珍夜出塞劫其营帐，斩虏百十一级，生擒虏一人，虏闻之，始遁去	《明世宗实录》卷323	1	以1次计
1549	嘉靖二十八年八月庚申	先是正月，套虏自西海还，掠永昌、镇羌等处，甘肃总兵王继祖督诸将御却之。四月，虏复犯镇羌、永昌、镇番、山丹等处，参将蔡勋、游击马宗援等三战三捷，前后斩虏首一百四十余级，夺获马畜、夷器无算	《明世宗实录》卷351	4	
1555	嘉靖三十四年正月乙丑	总督陕西三边侍郎贾应春奏：三十三年秋九月，套虏悉众分犯永昌、西宁等处，(官军)守御敌胜之，斩首四十余级，又岔口生番写尔等族屡犯镇羌等边，总兵王继祖督众掩击其巢，斩首五十九级，夺获牲畜千计	《明世宗实录》卷418	3	
1556	嘉靖三十五年十二月丁未	虏五千骑犯陕西环庆等处，镇守都督佥事袁正等率兵御之，斩首四十二级，夺获马九十二匹	《明世宗实录》卷442	1	
1557	嘉靖三十六年五月丁丑	去冬，套虏数万踏冰西渡，由宁夏山后直抵凉、庄。我军设伏掩击，前后斩首一百一十余级	《明世宗实录》卷447	1	
1558	嘉靖三十七年八月己未	虏三万骑犯永昌、凉州等处，围甘州十四日，始遁	《明世宗实录》卷463	3	以3次计

续表

公元	王朝纪年	战争概况	资料来源	战次	备注
1560	嘉靖三十九年二月乙巳	总督陕西三边侍郎魏谦吉言:虏酋俺答结连套虏,盘据西海,且逾年累犯庙儿沟等处,近复移营庄、凉,胁诱我属番板撒儿等簇,分兵抄劫。臣多方抚谕诸番,示以祸福顺逆,而檄总兵徐仁等帅副总兵吴征、参将周钦、游击李震等各分道击之,遇虏于山丹、岔口、西宁等处,诸番以兵来助,连战,斩首虏一百余级	《明世宗实录》卷481	3	
1568	隆庆二年三月壬戌	先是,正月中,虏三千余骑驻红城子、石棚沟等处,由庄浪飞石崖入犯西宁、河州界,掠熟番灵藏宗剌等族,寻引还	《明穆宗实录》卷18	4	
1588	万历十六年正月辛丑	总督陕西兵部尚书部光先会同甘肃巡抚右佥都御史曹子登题:庄酋,榆林套虏也,十四年拥众过西(宁),环牧海上,以抢番为名,渐次求桦林川住牧,遂扰西宁,闯榆木,趋水塘。水塘四面皆番,斗绝边外,与各堡声援相倚,为肃镇肩背。庄酋一盘踞,则群虏附之,盗边益甚,故西宁将士奋勇剿杀,今斩获既多,惧而献汉、番之掠以谢,拔帐东去	《明神宗实录》卷194	1	
1588	万历十六年十一月庚申	甘肃海虏瓦剌他不囊拥众自南川入,杀副将李魁及中军阿承印等,亡失多	《明神宗实录》卷205	1	
1590	万历十八年正月乙丑	巡抚甘肃李廷仪奏言:十月十二日,套虏吉囊纠合火落赤等,指抢生番,两路并进,侵犯射死居民,抢掠牲畜,乞敕兵部查议	《明神宗实录》卷215	1	
1590	万历十八年九月乙巳	先是,虏酋火落赤等纠众再犯洮河,我兵与战,杀伤略相当。会天雨,总兵刘承嗣兵败,亡伤士马甚多。前后二十日,虏始出境	《明神宗实录》卷227	1	
1591	万历十九年正月丁巳	先是,鞑虏屡次闯边,官军拒战,报称生擒、斩首八十一名颗,俘获夷妇一名,鞑马骆驼牛驴并夷器盔甲弓箭等件,又投降真夷五十六名。其抄胡儿、青台吉打儿二部鞑虏共五千七百名,俱驱出边外。经略郑雒以闻	《明神宗实录》卷231	2	以2次计

续表

公元	王朝纪年	战争概况	资料来源	战次	备注
1591	万历十九年正月戊午	经略郑雒上疏曰：莽、捏二川，地在甘肃之南，今为流虏渊薮，皆由甘肃借路，不行力拒。臣再三申饬，凡诸虏自南而北者，准开一路，押发出边；自北而南者，极力谕阻，使其回巢；谕之不从，敢于扒墙闯边者，必須相机堵剿。将吏奋勇，先经俘获八十一名颗，已具奏报，虏亦稍行远遁。惟卜失兔屡次住牧甘肃，大肆抢掠，仍率众西行，应援火酋，当被捕剿，共斩获虏首九十五颗，头目首级三颗，夺其坐纛及原授敕书，卜酋被伤奔窜。所获骆驼马驼牛羊则一万八百有奇，戎器、达衣、帐房、行李则三千六百有奇。是役也，西镇之捷未之前闻	《明神宗实录》卷231	2	
1591	万历十九年四月壬寅	经略尚书郑雒会巡按御史周盘题称：逆酋火落赤等闻我兵调集，声言剿杀，遂踏冰宵遁。其可卜列、宗塔儿等五百余人，以冰开，隔在莽剌南山潜住，属番哈六束、韩六等侦报明白，总兵刘继先同原进学等率番、汉兵于二月十八日驰赴莽剌川遇贼格斗，斩获首级一百四十三颗，生擒十二名，马牛羊约三千余匹。又续报获首级十一颗，生擒二名	《明神宗实录》卷235	1	
1591	万历十九年六月癸卯	陕西巡抚叶梦熊言：虏酋结谋内犯，频遣奸细，今活拏一起系火落赤所差，一起永邵卜所差。阴谋毕露，凶计潜消，宜审勘正法	《明神宗实录》卷237	1	
1591	万历十九年七月丙子	扯酋假道言归，复变路从镇羌，愈变愈狡；吉囊亦诈为罚服，暗招套虏，复图后举；西海诸虏列市延、宁而驰蹂五郡，要币宣大而流毒两河。陕西巡按王有功请合各镇以制之，各责其越扰革赏，捣巢以绝火酋党与，使不能横行甘肃、洮、巩一带。其虏王一年停赏二十万金，当给甘肃为战守之资	《明神宗实录》卷238	1	
1591	万历十九年十月戊午	总督魏学曾奏：虏庄秃赖明爱因索讨额外赏，聚兵入犯，各官军堵截出边	《明神宗实录》卷241	1	

续表

公元	王朝纪年	战争概况	资料来源	战次	备注
1591	万历十九年十一月乙亥	兵部覆经略尚书郑雒题：吉囊率达虏二千入犯，游击姜河提兵迎敌，斩首级五颗。为照卜失兔作孽有年，诛剿宜亟，其松、套各虏宜别顺逆，以为剿抚，毋得曲意徇虏。依议行	《明神宗实录》卷242	1	
1591	万历十九年十一月丙子	兵部题：经略尚书郑雒奏称，先锋兵马至西海仰华寺，将虏一时焚烧，各虏望见火光驰至，官军对敌，昏夜射死不及取首，生擒达虏二名，余虏逃奔山后	《明神宗实录》卷242	1	
1592	万历二十年七月癸酉	兵部言：督臣魏学曾奏称，六月十六日，甘肃虏众犯抢，总兵杨浚斩获首级七十颗，驱逐三百余里，应即勘明升赏	《明神宗实录》卷250	1	
1595	万历二十三年五月丙申	陕西升任督臣叶梦熊题：套虏青把都儿大犯甘镇，总兵杨浚督军奋勇截杀，镇番参将马应龙斩级一百七十有奇，各营副总兵何崇德、游击朱翰明等亦各有斩馘，共计六百三十余颗	《明神宗实录》卷285	1	
1595	万历二十三年七月丁丑	兵部题：青酋素称狡黠，流螯甘、凉，分投入犯，幸抚镇司道戮力同心，深入不毛，奋犁扫追，奔二百余里，斩首六百有奇	《明神宗实录》卷287	1	
1595	万历二十三年十月庚子	海虏入犯甘肃，参将达云、游击白泽设伏邀击，馘首虏六百七十余级	《明神宗实录》卷290	1	
1596	万历二十四年正月己巳	甘肃巡抚田乐题：青酋部落伯颜兔吾降称，有虏见在半个山，图谋入犯，游击葛赖等于念(廿)三年九月念(廿)二日督兵追赶，斩获虏首四十七颗	《明神宗实录》卷293	1	
1596	万历二十四年二月癸丑	兵部题叙西宁官军获捷功次：西宁孤亘山南，控扼青海。国初曾于山海置设安定、罕东四卫，抚插归附戎羌，壮我籓篱，故称无虏。自正德四年，套酋亦卜剌窜入海堧，残破四卫。而嘉靖末年，虏王俺答拥众南牧，党与渐繁。至万历六年，又复挟视拳款，迎佛假道，往来无禁，遂于海南建寺，题额“仰华”，而永邵卜遂统领部落，主守寺刹，掠番聚丑，负海称雄，而火真等酋遂渡河南牧，营成三窟。以故两河东西无处无虏，无地无市，要挟不遂，无日无抢，甚则犯	《明神宗实录》卷294	1	以1次计

续表

公元	王朝纪年	战争概况	资料来源	战次	备注
		西宁而杀副将李魁，继犯洮州而杀副使李联芳，三犯洮河而杀游击李芳。致廑廷议，遣大臣经略，断其假道，革其市赏，焚其寺刹。而永、火穷酋尚尔远窜西脑，遁逃天诛，迄今神人愤恨，靡不欲缚其首歼其类而甘心焉。乃永酋怙迷负固，仍逞故态，要挟市赏，纠众内窥。幸督抚道将屡遵庙谟，鼓作番汉，严行侦探，虏方横行直闯，乞榨越关而不知已堕伏中，我攻其内，番攻其外，夹击摧残，首尾不救，几致只蹄不返。头目把都儿恰即系亲杀李魁之人，地名朵尔峡口即系李魁殒命之地，且前后两时皆于九月，则又若天道好还之报。前后共计斩首六百八十三颗，而久积不雪之愤，庶少快其一二			
1596	万历二十四年七月己丑	兵部覆：陕西总督李汶题称，真相等虏自洮州境外抢西番拨剌等族，回至地方野牛川等处住牧。今又纠合昆揣等虏，意欲密抢哈家番人，乘便窥犯内地，又有人在思打令族内窃探谋抢。即会陕西巡抚道将督发参将周国柱、韩完卜等汉、番兵马，于本月十四日莽剌川脑与昆都鲁、歹成、他卜囊等贼相遇对敌，斩获首虏一百三十六名颗，获头牧（畜）约二万有余，夷器无算，兵马保全无失	《明神宗实录》卷299	1	
1597	万历二十五年九月壬寅	甘镇海虏清永等酋纠众分犯，官军先后擒馘一百七十有奇	《明神宗实录》卷314	1	
1598	万历二十六年十二月庚午	初，青、火等酋盘踞川海，为甘镇患。自两经大创，蓄忿益深，图谋愈狡，乃分投狂肆。我兵深入，直探虏穴，先后擒斩一百六十级，督、抚以闻。至是宣捷	《明神宗实录》卷329	1	
1600	万历二十八年正月壬子	兵部尚书田乐题：总督李汶揭报甘肃大捷，斩虏一百一十七级	《明神宗实录》卷343	1	

续表

公元	王朝纪年	战争概况	资料来源	战次	备注
1603	万历三十一年二月己丑	先是，正月初二日，海虏千余骑奔西石硖，犯抢番、汉，兵备副使李有实同西宁参将张大纪、镇海游击杨柱统兵御之，当阵斩获首级一百三十六颗。总督李汶至是以闻	《明神宗实录》卷381	1	
1603	万历三十一年三月丙寅	虏犯甘镇，御虏总兵达云、司道官李徽猷等出奇设伏，前后擒斩共六十五名颗，夺获夷器、牲畜以千百计	《明神宗实录》卷382	1	
1605	万历三十三年正月庚辰	虏酋银定、歹成纠众犯甘肃镇番卫，总兵官达云遣副将柴国程等击败之，斩首虏二百有奇，获马驼、夷器甚众	《明神宗实录》卷405	1	
1606	万历三十四年正月己亥	兵科给事中孙善继论劾甘肃巡抚徐三畏奏报：去年十月初八日，银、歹诸酋率众三千入犯凉州地方，繇迤西怀安、三岔等堡，杀掳男妇四名口，抢去牲畜一百八十余头只。我兵对敌，斩获虏级一十四颗，当日虏出边等情。今接按臣史学迁揭帖报称：前虏于十月初八日寅时入边，抢掠地方，东西二百余里，南北百余里，经过四十余里，抢掠男妇以千百计，驱掳牲畜以万万计，至初十日已时饱欲而去。署凉州副总兵马应龙闻声领兵扎营于魏佐寨，距虏二十余里，不敢一矢相加，生员赵完璧等诣营请兵追夺，畏怯不行，与抚臣所报悬绝，边臣欺罔未有如此之甚者	《明神宗实录》卷417	1	
1606	万历三十四年九月丙戌	虏犯镇羌、古城等堡，大松山都司王从谏、凉州副总兵柴国柱等率兵击走之，斩首二十余级	《明神宗实录》卷425	1	
1607	万历三十五年四月戊戌	银、歹二酋犯河西凉州，副总兵柴国柱破之，斩首虏百二十八级。总兵达云、副总兵官秉忠等又破虏于红崖，斩首虏百三十九级	《明神宗实录》卷432	2	
1608	万历三十六年四月壬午	河西狡虏银、歹二酋再谋入犯，总兵官柴国柱率所部将士先后斩获甲首共一百六十二颗	《明神宗实录》卷445	1	
1610	万历三十八年四月丁丑	甘肃巡抚周盘以去年十月松、套各虏捷闻，计斩馘一百六十余级	《明神宗实录》卷470	1	

续表

公元	王朝纪年	战争概况	资料来源	战次	备注
1610	万历三十八年四月丁亥	陕西总督顾其志以讨来等川捷闻，计斩获虏首一百二十余级	《明神宗实录》卷470	1	
1611	万历三十九年二月庚子	兵部题：甘镇东、西各虏纠合谋犯该镇红崖、青湖、讨来、河西等处，我兵随地堵战，先后四大捷，共斩虏首五百有余	《明神宗实录》卷480	4	
1612	万历四十年正月丁未	兵部题：沙计、猛克二酋为患延东，银、歹诸丑窥窃甘、凉，非一朝夕。幸督抚号令惟严，道将哨探惟谨，不待虏酋内入，两镇官兵四起堵剿，在延绥一次斩首一百八十有奇，甘肃三次斩首四百有奇	《明神宗实录》卷491	3	
1613	万历四十一年正月壬午	虏犯镇番，甘肃副总兵王允中等御却之，斩级二十余。巡抚都御史周盘以闻	《明神宗实录》卷504	1	
1614	万历四十二年二月壬辰	陕西三边都察院右都御史兼兵部右侍郎黄嘉善疏上：四十一年十一月，丑虏银定、歹成谋犯，官军堵剿，前后共斩虏首一百二十二颗有奇，夺获虏马一百四十四匹，骆驼一百只，骡十头，坐纛三杆，夷器、盔甲等物二千一百一十七件	《明神宗实录》卷519	1	
1614	万历四十二年八月丁亥	总督陕西三边军务兵部尚书兼右副都御史黄嘉善题：松虏谋犯，官军协剿获功，共斩三百八十余级，夺获夷畜、夷器无算	《明神宗实录》卷523	1	
1615	万历四十三年三月己酉	兵部题覆延绥、甘肃战功言：先是，虏酋猛尧什力与银、歹、海、火诸酋纠众入犯，官军闻警，介马先驰，虏众大溃，延镇斩首一百二十有奇，甘肃斩首二百七十有奇，所获夷器、马驼无算	《明神宗实录》卷530	1	
1616	万历四十四年八月丁未	三边总督刘敏宽奏：松酋今春入犯我芦沟墩等处，幸我镇道合谋决胜，官军禀令长驱，前后擒斩三百余级，夺获虏器、虏畜以数千计	《明神宗实录》卷548	1	
1616	万历四十四年九月己巳	甘肃虏银定、歹成入犯镇番，参将潘国振却之	《明神宗实录》卷549	1	
1616	万历四十四年十月辛丑	虏酋银、歹等率众二千余夜犯永昌，分兵剽掠。参将祁秉忠提兵三百拒之，转战两昼夜，援兵四至，虏惧奔逃，追斩二十余级，夺回被抢人畜过半	《明神宗实录》卷550	1	

续表

公元	王朝纪年	战争概况	资料来源	战次	备注
1618	万历四十六年六月丁丑	总督三边杨应聘题:四月初二日,青上湖达虏分三股入犯镇番,总兵李怀信督官兵击却之,共斩级一百八十八颗	《明神宗实录》卷571	1	
1620	泰昌元年八月己巳	虏犯甘肃,官兵拒却之。虏酋银定、歹青合兵数万从哨马营扑边,甘镇副总兵薛永寿、凉镇营中军千总马永禄等协同堵截,阵斩贼首七十余级,乃退	《明光宗实录》卷7	1	
1623	天启三年三月甲寅	银酋两次鸩众西犯,官兵迎击、追杀,先后斩首三百五十余级。陕西总督李起元以闻	《明熹宗实录》卷32	1	
1624	天启四年正月戊寅	甘肃松首银定等思复故巢,谋犯松山,西宁道冯任、参将李维新邀大明沙,斩六十五级	《明熹宗实录》(梁本)卷38	1	
1624	天启四年五月丁卯	甘肃松山银定台吉纠海西古六台吉犯甘肃榆林,兵备宋盘、游击周世显以报,巡抚李若星预备之,总兵董继舒击斩二百七十七级,大创去	明熹宗实录》(梁本)卷42	1	
1625	天启五年三月癸丑	甘肃巡抚李若星报镇番之捷,言套虏拥众西行,松虏乘势大举入犯。镇番将官丁孟科、官惟贤领兵堵御,斩获虏级二百四十一颗,余孽被衄奔窜	《明熹宗实录》卷57	1	
1626	天启六年闰六月丙辰	甘肃巡抚王家祯奏天启五年五月内牛心山之捷:哈(尔)罕一旅,宣、大山后其故巢也,移牧哈密,为回夷所败而投海虏,因住牧于甘州之南山一带。黑炭等酋勾引此酋,无日不思犯抢,先曾犯卯来泉,虽未得深入,亦未经大创,其志益奢,遂纠合诸酋众二千余人来犯甘镇近堡,总兵董继舒亲提大兵战于牛心山,对垒交锋,历两昼夜,斩首四十三颗,虏奔溃。我兵又用大炮打一阵,贼纷纷落马,我乘胜长驱,再斩首二十九颗,贼虏拥挤渡河,淹死者不知其数	《明熹宗实录》卷73	2	

续表

公元	王朝纪年	战争概况	资料来源	战次	备注
1627	天启七年正月壬午	巡抚甘肃王家祯言：松虏银歹屡年犯我河西，被挫而返，近犯镇番，酋首三见台吉被伤而死，此番忿恨，纠结套虏土巴台吉分路狂逞，犯威胜堡等处。总兵徐永寿率镇番副总兵官惟贤、西协副总兵陈洪范、凉州副总兵王永先等分兵御之，共斩获强壮首级一百六十三颗。虏经两旬始遁去	《明熹宗实录》卷80	3	
1627	天启七年四月丁酉	陕西总督王之采、甘肃巡抚王家祯疏言：今春银定、矮木素、剌麻、宾免、班记诸虏约会土卖、火刀赤等，由黑水河地突犯。副总兵陈洪范、官惟贤等帅兵御之，将士奋勇，斩首百八十余颗。得旨：丑虏入犯，军士戮力堵剿，斩获多级，具见方略，朕心加悦，念狂锋受挫，狡谋叵测，还着用心提防，以保无虞	《明熹宗实录》卷83	1	
1627	天启七年五月庚辰	总督陕西三边兵部左侍郎王之采奏：松套诸虏愤甘、凉连年剿衄，无时不思报复。乃今春作，方始辄犯宁远，既已遭创，又图复逞，所幸官兵侦哨严明，设伏待战，乘彼屡挫之余，鼓我同仇之勇，所向皆捷，斩首一百八十有奇	《明熹宗实录》卷84	2	

二、明代陕西四镇战争数量统计表

表 1 明代陕西四镇各时期战争数量统计表

时期	公元	王朝纪年	战次	总计	时期	公元	王朝纪年	战次	总计
洪武	1369	洪武二年	12	31	景泰	1450	景泰元年	4	6
	1370	洪武三年	3			1453	景泰四年	2	
	1372	洪武五年	3		天顺	1457	天顺元年	5	59
	1373	洪武六年	4			1458	天顺二年	22	
	1376	洪武九年	1			1459	天顺三年	4	
	1377	洪武十年	1			1460	天顺四年	6	
	1378	洪武十一年	1			1461	天顺五年	13	
	1380	洪武十三年	2			1462	天顺六年	9	
	1384	洪武十七年	1		成化	1465	成化元年	8	205
	1391	洪武二十四年	1			1466	成化二年	27	
	1392	洪武二十五年	1			1468	成化四年	9	
	1397	洪武三十年	1			1469	成化五年	5	
永乐	1409	永乐七年	1	4		1470	成化六年	29	
	1410	永乐八年	1			1471	成化七年	25	
	1411	永乐九年	1			1472	成化八年	32	
	1412	永乐十年	1			1473	成化九年	24	
洪熙	1425	洪熙元年	1	1		1474	成化十年	11	
宣德	1434	宣德九年	2	4		1480	成化十六年	9	
	1435	宣德十年	2			1482	成化十八年	3	
正统	1436	正统元年	14	34		1483	成化十九年	5	
	1437	正统二年	4			1484	成化二十年	1	
	1438	正统三年	1			1485	成化二十一年	3	
	1439	正统四年	1			1486	成化二十二年	11	
	1440	正统五年	1			1487	成化二十三年	3	
	1443	正统八年	2		弘治	1488	弘治元年	3	100
	1444	正统九年	4			1490	弘治三年	2	
	1445	正统十年	1			1491	弘治四年	3	
	1448	正统十三年	1			1492	弘治五年	3	
	1449	正统十四年	5			1493	弘治六年	1	

续表

时期	公元	王朝纪年	战次	总计	时期	公元	王朝纪年	战次	总计
	1494	弘治七年	9			1531	嘉靖十年	1	
	1495	弘治八年	6			1532	嘉靖十一年	1	
	1496	弘治九年	4			1533	嘉靖十二年	3	
	1497	弘治十年	5			1534	嘉靖十三年	8	
	1498	弘治十一年	14			1536	嘉靖十五年	13	
	1499	弘治十二年	8	100		1537	嘉靖十六年	2	
	1500	弘治十三年	1			1538	嘉靖十七年	1	
	1501	弘治十四年	25			1539	嘉靖十八年	1	
	1502	弘治十五年	5			1540	嘉靖十九年	6	
	1503	弘治十六年	5			1542	嘉靖二十一年	1	
	1504	弘治十七年	5			1543	嘉靖二十二年	4	
	1505	弘治十八年	1			1545	嘉靖二十四年	5	
	1506	正德元年	8			1546	嘉靖二十五年	9	
	1507	正德二年	5			1549	嘉靖二十八年	5	
	1509	正德四年	21			1552	嘉靖三十一年	2	
	1510	正德五年	5			1553	嘉靖三十二年	3	
	1511	正德六年	11			1554	嘉靖三十三年	2	
正德	1512	正德七年	13	90		1555	嘉靖三十四年	3	
	1513	正德八年	1			1556	嘉靖三十五年	2	
	1514	正德九年	4			1557	嘉靖三十六年	3	
	1515	正德十年	12			1558	嘉靖三十七年	3	
	1517	正德十二年	2			1560	嘉靖三十九年	4	
	1518	正德十三年	4			1561	嘉靖四十年	4	
	1521	正德十六年	4			1562	嘉靖四十一年	1	
	1522	嘉靖元年	3			1563	嘉靖四十二年	2	
	1523	嘉靖二年	2			1565	嘉靖四十四年	8	
	1524	嘉靖三年	3			1566	嘉靖四十五年	6	
嘉靖	1525	嘉靖四年	4	127		1567	隆庆元年	8	
	1526	嘉靖五年	2		隆庆	1568	隆庆二年	11	21
	1528	嘉靖七年	6			1569	隆庆三年	2	
	1529	嘉靖八年	3		万历	1588	万历十六年	2	125
	1530	嘉靖九年	1			1589	万历十七年	3	

续表

时期	公元	王朝纪年	战次	总计	时期	公元	王朝纪年	战次	总计
	1590	万历十八年	2			1612	万历四十年	7	
	1591	万历十九年	14			1613	万历四十一年	2	
	1592	万历二十年	6			1614	万历四十二年	4	
	1593	万历二十一年	1			1615	万历四十三年	5	
	1594	万历二十二年	4			1616	万历四十四年	9	
	1595	万历二十三年	11			1617	万历四十五年	13	
	1596	万历二十四年	6			1618	万历四十六年	4	
	1597	万历二十五年	1			1619	万历四十七年	1	
	1598	万历二十六年	2		泰昌	1620	泰昌元年	5	5
	1600	万历二十八年	1		天启	1621	天启元年	2	18
	1601	万历二十九年	1			1622	天启二年	2	
	1603	万历三十一年	3			1623	天启三年	1	
	1605	万历三十三年	1			1624	天启四年	3	
	1606	万历三十四年	4			1625	天启五年	1	
	1607	万历三十五年	2			1626	天启六年	2	
	1608	万历三十六年	2			1627	天启七年	7	
	1609	万历三十七年	6		崇祯	1630	崇祯三年	1	3
	1610	万历三十八年	3			1631	崇祯四年	2	
	1611	万历三十九年	5		战争次数合计				833

表 2　明代延绥镇战争数量统计表

时期	公元	王朝纪年	战次	总计	时期	公元	王朝纪年	战次	总计
洪武	1369	洪武二年	1	2		1540	嘉靖十九年	1	41
	1373	洪武六年	1			1543	嘉靖二十二年	4	
正统	1437	正统二年	1	4		1546	嘉靖二十五年	6	
	1439	正统四年	1			1549	嘉靖二十八年	1	
	1443	正统八年	1			1553	嘉靖三十二年	2	
	1444	正统九年	1			1556	嘉靖三十五年	1	
天顺	1458	天顺二年	3	9		1557	嘉靖三十六年	2	
	1459	天顺三年	4			1563	嘉靖四十二年	2	
	1460	天顺四年	2			1565	嘉靖四十四年	5	
成化	1465	成化元年	8	92		1566	嘉靖四十五年	6	
	1466	成化二年	10		隆庆	1567	隆庆元年	5	12
	1468	成化四年	1			1568	隆庆二年	6	
	1469	成化五年	5			1569	隆庆三年	1	
	1470	成化六年	29		万历	1589	万历十七年	3	53
	1471	成化七年	13			1591	万历十九年	4	
	1472	成化八年	6			1592	万历二十年	1	
	1473	成化九年	4			1594	万历二十二年	4	
	1480	成化十六年	7			1595	万历二十三年	1	
	1483	成化十九年	5			1596	万历二十四年	1	
	1484	成化二十年	1			1606	万历三十四年	2	
	1485	成化二十一年	3			1609	万历三十七年	1	
弘治	1495	弘治八年	1	11		1610	万历三十八年	1	
	1496	弘治九年	1			1611	万历三十九年	1	
	1501	弘治十四年	5			1612	万历四十年	4	
	1502	弘治十五年	1			1613	万历四十一年	1	
	1503	弘治十六年	1			1614	万历四十二年	2	
	1504	弘治十七年	1			1615	万历四十三年	4	
	1505	弘治十八年	1			1616	万历四十四年	6	
正德	1509	正德四年	7	14		1617	万历四十五年	13	
	1511	正德六年	2			1618	万历四十六年	3	
	1515	正德十年	4			1619	万历四十七年	1	
	1521	正德十六年	1		泰昌	1620	泰昌元年	4	4
嘉靖	1522	嘉靖元年	2		天启	1621	天启元年	2	6
	1524	嘉靖三年	1			1622	天启二年	2	
	1534	嘉靖十三年	2			1624	天启四年	1	
	1536	嘉靖十五年	5			1627	天启七年	1	
	1539	嘉靖十八年	1		战争次数合计				248

表 3 明代宁夏镇战争数量统计表

时期	公元	王朝纪年	战次	总计	时期	公元	王朝纪年	战次	总计
洪武	1376	洪武九年	1	1	弘治	1504	弘治十七年	3	
永乐	1409	永乐七年	1	3	正德	1506	正德元年	1	17
	1411	永乐九年	1			1509	正德四年	12	
	1412	永乐十年	1			1511	正德六年	1	
正统	1436	正统元年	4	9		1513	正德八年	1	
	1437	正统二年	2			1515	正德十年	2	
	1438	正统三年	1		嘉靖	1529	嘉靖八年	3	27
	1443	正统八年	1			1530	嘉靖九年	1	
	1444	正统九年	1			1533	嘉靖十二年	3	
景泰	1450	景泰元年	3	5		1534	嘉靖十三年	6	
	1453	景泰四年	2			1536	嘉靖十五年	3	
天顺	1457	天顺元年	2	9		1552	嘉靖三十一年	2	
	1458	天顺二年	1			1553	嘉靖三十二年	1	
	1460	天顺四年	3			1560	嘉靖三十九年	1	
	1461	天顺五年	3			1561	嘉靖四十年	3	
成化	1466	成化二年	8	45		1562	嘉靖四十一年	1	
	1471	成化七年	10			1565	嘉靖四十四年	3	
	1472	成化八年	10		隆庆	1567	隆庆元年	3	5
	1473	成化九年	17			1568	隆庆二年	1	
弘治	1492	弘治五年	1	30		1569	隆庆三年	1	
	1493	弘治六年	1		万历	1592	万历二十年	3	16
	1495	弘治八年	1			1593	万历二十一年	1	
	1496	弘治九年	1			1595	万历二十三年	4	
	1498	弘治十一年	5			1598	万历二十六年	1	
	1499	弘治十二年	2			1601	万历二十九年	1	
	1500	弘治十三年	1			1608	万历三十六年	1	
	1501	弘治十四年	11			1609	万历三十七年	5	
	1502	弘治十五年	3		崇祯	1630	崇祯三年	1	3
	1503	弘治十六年	1			1631	崇祯四年	2	
战争次数合计									170

表 4　明代固原镇战争数量统计表

时期	公元	王朝纪年	战争次数	总计
洪武	1369	洪武二年	11	21
	1370	洪武三年	3	
	1372	洪武五年	3	
	1373	洪武六年	3	
	1377	洪武十年	1	
正统	1445	正统十年	1	1
景泰	1450	景泰元年	1	1
天顺	1461	天顺五年	2	6
	1462	天顺六年	4	
成化	1466	成化二年	9	52
	1468	成化四年	8	
	1471	成化七年	2	
	1472	成化八年	16	
	1473	成化九年	2	
	1474	成化十年	11	
	1480	成化十六年	2	
	1486	成化二十二年	2	
弘治	1488	弘治元年	2	11
	1492	弘治五年	1	
	1501	弘治十四年	4	
	1502	弘治十五年	1	
	1503	弘治十六年	3	
正德	1506	正德元年	7	18
	1509	正德四年	2	
	1515	正德十年	6	
	1518	正德十三年	3	
嘉靖	1522	嘉靖元年	1	14
	1536	嘉靖十五年	1	
	1540	嘉靖十九年	5	
	1542	嘉靖二十一年	1	
	1546	嘉靖二十五年	3	
	1554	嘉靖三十三年	2	
	1561	嘉靖四十年	1	
万历	1592	万历二十年	1	7
	1595	万历二十三年	3	
	1596	万历二十四年	2	
	1603	万历三十一年	1	
战争次数合计				131

表 5 明代甘肃镇战争数量统计表

时期	公元	王朝纪年	战次	总计
洪武	1378	洪武十一年	1	7
	1380	洪武十三年	2	
	1384	洪武十七年	1	
	1391	洪武二十四年	1	
	1392	洪武二十五年	1	
	1397	洪武三十年	1	
永乐	1410	永乐八年	1	1
洪熙	1425	洪熙元年	1	1
宣德	1434	宣德九年	2	4
	1435	宣德十年	2	
正统	1436	正统元年	10	20
	1437	正统二年	1	
	1440	正统五年	1	
	1444	正统九年	2	
	1448	正统十三年	1	
	1449	正统十四年	5	
天顺	1457	天顺元年	3	35
	1458	天顺二年	18	
	1460	天顺四年	1	
	1461	天顺五年	8	
	1462	天顺六年	5	
成化	1473	成化九年	1	16
	1482	成化十八年	3	
	1486	成化二十二年	9	
	1487	成化二十三年	3	
弘治	1488	弘治元年	1	48
	1490	弘治三年	2	
	1491	弘治四年	3	
	1492	弘治五年	1	
	1494	弘治七年	9	
	1495	弘治八年	4	
	1496	弘治九年	2	
	1497	弘治十年	5	
	1498	弘治十一年	9	
	1499	弘治十二年	6	
	1501	弘治十四年	5	
	1504	弘治十七年	1	
正德	1507	正德二年	5	41
	1510	正德五年	5	
	1511	正德六年	8	
	1512	正德七年	13	
	1514	正德九年	4	
	1517	正德十二年	2	
	1518	正德十三年	1	
	1521	正德十六年	3	
嘉靖	1523	嘉靖二年	2	45
	1524	嘉靖三年	2	
	1525	嘉靖四年	4	
	1526	嘉靖五年	2	
	1528	嘉靖七年	6	
	1531	嘉靖十年	1	
	1532	嘉靖十一年	1	
	1536	嘉靖十五	4	
	1537	嘉靖十六年	2	
	1538	嘉靖十七年	1	
	1545	嘉靖二十四年	5	
	1549	嘉靖二十八年	4	
	1555	嘉靖三十四年	3	
	1556	嘉靖三十五年	1	
	1557	嘉靖三十六年	1	
	1558	嘉靖三十七年	3	
	1560	嘉靖三十九年	3	
隆庆	1568	隆庆二年	4	4

续表

时期	公元	王朝纪年	战次	总计	时期	公元	王朝纪年	战次	总计
万历	1588	万历十六年	2			1611	万历三十九年	4	49
	1590	万历十八年	2			1612	万历四十年	3	
	1591	万历十九年	10			1613	万历四十一年	1	
	1592	万历二十年	1			1614	万历四十二年	2	
	1595	万历二十三年	3			1615	万历四十三年	1	
	1596	万历二十四年	3			1616	万历四十四年	3	
	1597	万历二十五年	1			1618	万历四十六年	1	
	1598	万历二十六年	1		泰昌	1620	泰昌元年	1	1
	1600	万历二十八年	1		天启	1623	天启三年	1	12
	1603	万历三十一年	2			1624	天启四年	2	
	1605	万历三十三年	1			1625	天启五年	1	
	1606	万历三十四年	2			1626	天启六年	2	
	1607	万历三十五年	2			1627	天启七年	6	
	1608	万历三十六年	1		战争次数合计				284
	1610	万历三十八年	2						

参考文献

一、历史文献

张廷玉:《明史》,二十四史(全 20 册),中华书局,1997 年。

魏　焕:《皇明九边考》,中国西北文献丛书第三辑《西北史地文献》第四卷,兰州古籍书店影印出版,1990 年。

《明实录》,(台湾)中研院历史语言研究所校印,1962 年。

夏　燮:《明通鉴》,沈仲九标点,中华书局,2009 年。

张　岱:《夜航船》,刘耀林校注,浙江古籍出版社,2012 年。

申时行等修:《明会典》,中华书局,1989 年。

《明太祖宝训》,(台湾)中研院历史语言研究所校印,1962 年。

王圻、王思义编:《三才图会》,上海古籍出版社,1988 年。

顾祖禹:《读史方舆纪要》,贺次君、施和金点校,中华书局,2005 年。

王士琦:《三云筹俎考》,中国西北文献丛书第三辑《西北史地文献》第二十七卷,兰州古籍书店影印出版,1990 年。

郑汝璧等:万历《延绥镇志》,上海古籍出版社,2011 年。

张　雨:《边政考》,中国西北文献丛书第三辑《西北史地文献》第三卷,兰州古籍书店影印出版,1990 年。

王　琼:《北虏事迹》,中国西北文献丛书第三辑《西北史地文献》第一〇三卷,兰州古籍书店影印出版,1990 年。

杨一清:《杨一清集》,唐景绅、谢玉杰点校,中华书局,2001 年。

永瑢等撰:《四库全书总目》,中华书局,1965 年。

朱约淳:《阅史津逮》,《四库全书存目丛书》史部第 173 册,齐鲁书社,1995 年。

梁　份:《秦边纪略》,赵盛世、王子贞、陈希夷校注,青海人民出版社,1987 年。

弘治《宁夏新志》,天一阁藏明代方志选刊续编(72),上海书店,1990 年。

郑　晓:《今言》,李致忠点校,中华书局,1984年。
严从简:《殊域周咨录》,余思黎点校,中华书局,1992年。
陈子龙等:《明经世文编》,中华书局,1962年。
谭吉璁:康熙《延绥镇志》,上海古籍出版社,2012年。
孙世芳等:嘉靖《宣府镇志》,(台北)成文出版社有限公司,1970年。
胡汝砺编、管律重修:《嘉靖宁夏新志》,陈明猷校勘,宁夏人民出版社,1982年。
汪绎辰:《银川小志》,中国西北文献丛书第一辑《西北稀见方志文献》第五十一卷,兰州古籍书店影印出版,1990年。
陈世桢修,涂鸿仪编辑:道光《兰州府志》,(台北)成文出版社有限公司,1976年。
沈德符:《万历野获编》,中华书局,1959年。
毕恭等修,任洛等重修:《辽东志》,金毓黻编《辽海丛书》(一),辽海出版社,2009年。
黄璟、朱逊志等:道光《山丹县志》,(台北)成文出版社有限公司,1970年。
曾招美修,曾钧等纂:《五凉全志》,(台北)成文出版社有限公司,1976年。
王树楠等纂:《奉天通志》,沈阳古旧书店,1983年。
毕恭等修,任洛等重修:《全辽志》,金毓黻编《辽海丛书》(一),辽海出版社,2009年。
周树清等纂修:《永登县志》,(台北)成文出版社有限公司,1970年。
康熙《兰州志》,全国公共图书馆古籍文献编委会编《中国西北稀见方志续集》(六),全国图书馆文献缩微复制中心,1997年。
嘉靖《安定县新志》,中国西北文献丛书第一辑《西北稀见方志文献》第三十九卷,兰州古籍书店影印出版,1990年。
雍正《朔平府志》,中国地方志集成·山西府县志辑⑨,凤凰出版社,2005年。
张金城修,杨浣雨辑:嘉庆《宁夏府志》,(台北)成文出版社有限公司,1968年。
钟庚起纂修:乾隆《甘州府志》,(台北)成文出版社有限公司,1976年。
洪蕙纂修:嘉庆《延安府志》,(台北)成文出版社有限公司,1970年。
王者辅原本,张志奇等续修:乾隆《宣化府志》,中国地方志集成·河北府县志辑(11),上海书店出版社,2006年。

《古今图书集成·职方典》,中华书局、巴蜀书社影印出版,1986年。

张金城修,杨浣雨纂:《乾隆宁夏府志》,陈明猷点校,宁夏人民出版社,1992年。

谷应泰:《明史纪事本末》,中华书局,1977年。

万斯同:《明史》,上海古籍出版社,2008年。

王　圻:《续文献通考》,《续修四库全书》第766册,上海古籍出版社,2002年。

李　贤:《大明一统志》,黄永年点校,三秦出版社,1990年。

许　论:《九边图论》,徐丽华主编《中国少数民族古籍集成》(第6册),四川民族出版社,2002年。

徐日久:《五边典则》,徐丽华主编《中国少数民族古籍集成》(第3册),四川民族出版社,2007年。

李　焘:《续资治通鉴长编》,中华书局,1986年。

赵廷瑞修,马理、吕柟纂:嘉靖《陕西通志》,董健桥等校注,三秦出版社,2006年。

张琏辑:嘉靖《耀州志》,天一阁藏明代方志选刊续编(72),上海书店出版社,1990年。

焦　竑:《国朝献征录》,台湾学生书局,1965年。

郑　晓:《吾学编》,上海古籍出版社,1995年。

杨时乔:《马政纪》,《文渊阁四库全书》(663),台北故宫博物院藏本。

程道生:《九边图考》,徐丽华主编《中国少数民族古籍集成》(第4册),四川民族出版社,2007年。

张学颜等:《万历会计录》,北京图书馆古籍珍本丛刊(53),书目文献出版社,1998年。

孙承泽:《春明梦余录》,北京古籍出版社,1992年。

茅元仪:《武备志》,(台北)华世出版社,1984年。

张　萱:《西园闻见录》,(台北)明文书局印行,1991年。

叶伯臣:《御选明臣奏议》,文渊阁四库全书·史部(445),台湾商务印书馆,2008年。

方孔炤:《全边略记》,《明代蒙古汉籍史料汇编》第三辑,内蒙古大学出版社,2006年。
方孔炤:《全边略记》,《历代边事资料辑刊》③,北京图书馆出版社,2005年。
万表编:《皇明经济文录》(上、下),全国图书馆文献缩微复制中心,1994年。
《皇明制书》,杨一凡点校,社会科学文献出版社,2013年。
朱国寿:《河南赋役总会文册》,北京图书馆古籍出版编辑组编《北京图书馆古籍珍本丛刊》(第60册),书目文献出版社,1998年。
焦竑:《焦氏笔乘》,上海古籍出版社,1986年。
宋应星:《天工开物》,广东人民出版社,1976年。
赵世卿:《司农奏议》,《续修四库全书》第480册,上海古籍出版社,2002年。
贺长龄、魏源等编:《清经世文编》,中华书局,1992年。
张溥:《七录斋集》,四库禁毁书丛刊第182册,北京出版社,2000年。
马中锡:《东田文集》,中华书局,1985年。
傅学礼:嘉靖《庆阳府志》,甘肃人民出版社,2001年。
龙文彬:《明会要》,中华书局,1956年。
顾炎武:《天下郡国利病书》(四),黄珅等点校,上海古籍出版社,2012年。
吴祯:《河州志校刊》,马志勇校,甘肃文化出版社,2004年。
谈迁:《国榷》,中华书局,1958年。
陈建:《皇明通纪》,钱茂伟点校,中华书局,2008年。
《寰宇通志》,郑振铎辑《玄览堂丛书续集》,国立中央图书馆影印,1947年。
何景明纂修:《雍大记校注》,吴敏霞等校注,三秦出版社,2010年。
康海纂、孙景烈评注:正德《武功县志》,中国地方志集成·陕西府县志辑(36),凤凰出版社,2007年。
沈华修、崔昭等纂:雍正《武功县志》,中国地方志集成·陕西府县志辑(36),凤凰出版社,2007年。
《清实录》(第20册),中华书局影印出版,1986年。
郑文彬:《抄本筹边纂议》(上),全国图书馆文献缩微复制中心,1999年。
穆彰阿、潘锡恩等纂修:《大清一统志》,上海古籍出版社,2008年。
杨经编修:嘉靖《固原州志》,固原市地方志办公室编《明清固原州志》,李作斌校注，宁夏回族自治区内部资料出版物准印[2003]第411号，2003年。
谭瑀纂修：道光《吴堡县志》，（台北）成文出版社有限公司，1970年。

二、现代著作与论文等

王逸明编著：《1609中国古地图集——〈三才图会·地理卷〉导读》，首都师范大学出版社，2010年。
王　庸：《中国地理图籍丛考》（修订本），（上海）商务印书馆，1956年。
刘师培：《清儒得失论》，中国人民大学出版社，2009年。
章太炎、刘师培等：《中国近三百年学术史论》，上海古籍出版社，2006年。
杜瑜、朱玲玲编：《中国历史地理学论著索引》（1900—1980），书目文献出版社，1986年。
中国社会科学院历史研究所明史研究室编：《中国近八十年明史论著目录》，江苏人民出版社，1981年。
郭红、靳润成：《中国行政区划史》（明代卷），复旦大学出版社，2007年。
翦伯赞主编：《中外历史年表》，中华书局，1985年。
中国军事史编写组：《中国历代战争年表》，解放军出版社，2003年。
（美）黄仁宇：《中国大历史》，生活·读书·新知三联书店，1997年。
台湾三军大学编：《中国历代战争史》第十四册，军事译文出版社，1983年。
（日）和田清：《明代蒙古史论集》（上、下册），潘世宽译，商务印书馆，1984年。
艾　冲：《明代陕西四镇长城》，陕西师范大学出版社，1990年。
靳润成：《明朝总督巡抚辖区研究》，天津古籍出版社，1996年。
侯外庐：《中国封建社会史论》，人民出版社，1979年。
王毓铨：《明代的军屯》，中华书局，2009年。
（英）崔瑞德、（美）牟复礼：《剑桥中国明代史（1368—1644）》，杨品泉等译，中国社会科学出版社，2006年。
刘达临：《中国古代性文化》，宁夏人民出版社，2003年。
曹树基：《中国人口史》第四卷（明时期），复旦大学出版社，2000年。
顾颉刚：《浪口村随笔》，辽宁教育出版社，1998年。
钱　穆：《中国学术思想史论丛》（卷一、卷三），安徽教育出版社，2004年。

章太炎:《章太炎国学讲义》,海潮出版社,2007 年。
邓洪波:《中国书院史》,中国出版集团东方出版中心,2004 年。
张 维:《兰州古今注》,中国西北文献丛书第三辑《西北史地文献》第二十四卷,兰州古籍书店影印出版,1990 年。
郭厚安、李清凌主编:《西北通史》(第三卷),兰州大学出版社,2005 年。
翁独健主编:《中国民族关系史纲要》,中国社会科学出版社,2001 年。
马大正主编:《中国疆域经略史》,中州古籍出版社,2000 年。
吴廷燮:《明督抚年表》,《二十五史补编》本,中华书局,1955 年。
吴 晗:《朱元璋传》,人民出版社,2004 年。
吴 晗:《读史札记》,生活·读书·新知三联书店,1956 年。
苑书义编:《中国历史大事典》,河北教育出版社,1988 年。
陈正祥:《中国文化地理》,生活·读书·新知三联出版社,1983 年。
(美)黄仁宇:《万历十五年》,中华书局,2006 年。
唐嘉弘编:《中国古代典章制度大辞典》,中州古籍出版社,1998 年。
郑天挺、吴泽、杨志玖主编:《中国历史大辞典》(上卷),上海辞书出版社,2000 年。
梁方仲:《明代粮长制度》,上海人民出版社,2001 年。
(日)寺田隆信:《山西商人研究》,张正明译,山西人民出版社,1986 年。
赖建诚:《边镇粮饷——明代中后期的边防经费与国家财政危机,1531—1602》,浙江大学出版社,2010 年。
张作耀、蒋福亚、邱远猷编:《中国历史辞典》,国际文化出版公司,2000 年。
吕宗力编:《中国历代官制大辞典》,北京出版社,1994 年。
杨正泰:《明代驿站考》(增订本),上海古籍出版社,2006 年。
王开主编:《陕西古代交通道路史》,人民交通出版社,1989 年。
史念海:《河山集》(四集),陕西师范大学出版社,1991 年。
《辞海》(缩印本),上海辞书出版社,1990 年。
吴宏岐:《元代农业地理》,西安地图出版社,1997 年。
陈育宁主编:《塞北江南旧有名——宁夏历史十五题》,宁夏人民出版社,2003 年。
陈明猷:《贺兰集》,宁夏人民出版社,1994 年。
李 刚:《陕西商帮史》,西北大学出版社,1997 年。

史念海:《黄土高原历史地理研究》,黄河水利出版社,2001 年。
赵俪生主编:《古代西北屯田开发史》,甘肃文化出版社,1997 年。
杨　旸:《明代辽东都司》,中州古籍出版社,1988 年。
张正明:《明清晋商及民风》,人民出版社,2003 年。
季啸风主编:《中国书院辞典》,浙江教育出版社,1996 年。
华夏子:《明长城考实》,档案出版社,1988 年。
赵现海:《明代九边长城军镇史——中国边疆假说视野下的长城制度史研究》(上、下册),社会科学文献出版社,2012 年。
彭　勇:《明代北边防御体制研究——以边操班军的演变为线索》,中央民族大学出版社,2009 年。
彭　勇:《明代班军制度研究——以京操班军为中心》,中央民族大学出版社,2006 年。
周　松:《明初河套周边边政研究》,甘肃人民出版社,2008 年。
陕西省编纂委员会编:《中华人民共和国地名词典・陕西省》,商务印书馆,1994 年。
向燕南:《明代北塞军事危机与边镇志书的编纂》,《中州学刊》2006 年第 1 期。
李逸友:《明开平卫及其附近遗迹的考察》,《内蒙古文物考古》1999 年第 2 期。
宁墨公:《明代九边学说之研究》,《中国边疆》,1942 年第 1 卷,第 5—7 期。
胡　凡:《论明代九边延绥镇之形成》,《中国史研究》2008 年第 2 期。
韦占彬:《明代九边设置时间辨析》,《石家庄师范专科学校学报》2002 年第 3 期。
赵现海:《明代九边军镇体制研究》,中国期刊网——中国博士学位论文全文数据库。
刘景纯:《明代陕西四镇分路防守体制的形成和演变》,《陕西师范大学学报》(哲学社会科学版)2010 年第 2 期。
吴洪成、张阔:《元代河北书院述论》,《衡水学院学报》2011 年第 2 期。
韦占彬:《明初西北边政述略》,《石家庄师范专科学校学报》2000 年第 3 期。
姚继荣:《明代西北马政述论》,《青海师专学报》1996 年第 1 期。

余同元:《明后期长城沿线的民族贸易市场》,《历史研究》1996 年第 2 期。
吴景山:《〈大明成化年镇番卫军民屯田图〉疏正》,《明史研究》1991 年第 2 辑。
(美)H.赛瑞斯:《明朝政府给予蒙古人的封地》,《蒙古学信息》1990 年第 3 期。
王　雄:《明洪武时期对蒙古人众的招抚和安置》,《内蒙古大学学报》(哲学社会科学版)1987 年第 4 期。
邸富生:《试论明朝初期居住在内地的蒙古人》,《民族研究》1996 年第 3 期。
彭　勇:《明代"达官"在内地卫所的分布及其社会生活》,《内蒙古社会科学》(汉文版)2003 年第 3 期。
奇文瑛:《明洪武时期内迁蒙古人辨析》,《中国边疆史地研究》2004 年第 2 期。
宝日吉根:《试述明朝对所辖境内蒙古人的政策》,《内蒙古社会科学》(汉文版)1984 年第 6 期。
刘冠森:《明朝初期中国内地蒙古人的住地和姓名》,《辽宁师范大学学报》(社会科学版)1998 年第 1 期。
王尊旺:《明代九边军费考论》,厦门大学博士学位论文,2011 年 5 月。

后 记

本书稿是几年来我们围绕明代九边及其相关问题研究的初步成果。2011年下半年我们以《明代九边史地研究》为题，申报陕西师范大学优秀学术著作出版资助，经校学术委员会评审通过，2011年12月获得资助出版。同年9月，我们以该书稿申报国家社科基金后期资助项目，2012年1月获得立项资助，项目编号是11FZS025。这样，稍前申报的陕西师范大学优秀学术著作出版资助就被放弃。随后，我们根据国家社科基金后期资助项目的要求，在原来书稿的基础上，进一步扩充和增补研究内容，形成现在这部书稿。本书稿以研究明代九边地区的历史、地理问题为主要内容。在章节设计上，主要围绕我们关注的重要问题或专题来进行研究，而没有更多地拘泥于系统性和完整性的考虑。这样做，一方面是因为明代九边史地问题研究是一项长期的工作，需要论述和解决的基本问题还很多，围绕一些基本问题作专题研究，能够更好地体现学术研究的价值；另一方面，这样的设计也能够更好地将我们四五年来的研究成果尽可能地吸收进去，以体现我们的研究心得。参与本课题研究和撰写的人员，除我本人以外，尚有孙卫春和段琳两位同志。孙卫春同志承担了第八章的撰写任务，又与我合作撰写了第十章的内容。段琳同志承担了第十一章、第十二章的主要研究和撰写任务，其余各章包括附录一、附录二均由我个人独立完成，附录三由孙卫春和我共同完成。作为课题主持人和主撰人，我个人对全书进行了系统的设计和统稿，并对他们两人完成的撰写内容进行了具体的指导。在统稿过程中，对他们两位撰写的部分内容，除了在文字上进行必要的修改外，还在一些分节论述上也进行了必要的改写。课题进行期间，我们围绕课题，先后在《中国边疆史地研究》、《陕西师范大学学报》、《中国历史地理论丛》和《宁夏社会科学》等核心期刊发表专题论文9篇，在重要期刊和相关会议论文集发表专题论文2篇。这些成果多以不同形式吸收在本书稿中。由于我们的水平有限，书稿中一定还存在一些疏漏、错误或论述上的不当之处，尚祈同行专家和读者批评指正。

在书稿后期修改过程中，我的学生何乃恩、高超、王海银、符晓洁等在相关资料和参考文献页码核对方面做了不少工作。潘威博士友情绘制了《明代九边形势图》一幅。孙建国先生对几幅地图加以清绘。国家社科基金后期资助项目评审组给出了很好的评审意见，我们得以按此意见进行了更好的修改。在此，谨对他们的热情支持和帮助致以诚挚的感谢！最后，我要感谢陕西师范大学校学术委员会对本成果的肯定和鼓励！感谢国家社科基金后期资助项目对本课题的厚爱和支持！感谢中华书局对本书稿出版的积极支持！

刘景纯

2014 年 1 月 10 日于陕西师范大学西北

历史环境与经济社会发展研究院 409 室